# 唐人軼事彙編

三

周勛初 主編

嚴杰 武秀成 姚松 編

上海古籍出版社

# 唐人軼事彙編卷二十

## 韓愈

1 退之嘗説：少時夢人與丹篆一卷，令强吞之，傍一人撫掌而笑。覺後，亦似胸中如物噎，經數日方無恙。記其上一兩字，筆勢非人間書也。後識孟郊，似與之目熟，思之，乃夢中傍笑者。信乎相契如此。《龍城録》上。《異人録》（《類説》一二）。

2 韓愈家江南，讀書著文，其譽藹鬱。當時名公，皆折官位輩行願爲交。《錦繡萬花谷》後集一六。

3 見梁肅1。

4 陸長源以舊德爲宣武軍行軍司馬，韓愈爲巡官，同在使幕，或譏其年輩相遼。愈聞而答曰：「大蟲老鼠，俱爲十二相屬，何怪之有！」旬日傳布于長安。《國史補》上。又《廣記》二五一引。《唐語林》一。《侯鯖録》三。

案：「愈聞而答曰」，《廣記》等並作「周愿曰」，《紺珠集》三、《類説》二六、《白孔六帖》四一引《國史補》同此。

5 貞元十八年，權德輿主文，陸傪員外通榜帖，韓文公薦十人於傪，其上四人曰侯喜、侯雲長、劉述古、韋紓，其次六人：張苰、尉遲汾、李紳、張浚餘，而權公凡三榜共放六人，而苰、紳、浚餘不出五年内，皆捷矣。《唐摭言》八。

6 韓十八初貶之制，席十八舍人爲之詞，曰：「早登科第，亦有聲名。」席既物故，友人曰：「席無令子弟，豈有病陰毒傷寒而與不潔喫邪？」韓曰：「席十八喫不潔太遲。」人問之：「何也？」曰：「出語不是。」蓋忿其責辭云「亦有聲名」耳。《劉賓客嘉話録》。又《廣記》四九七引。《唐語林》六。

7 見牛僧孺5。

8 見韋乾度1。

9 見李賀1、3。

10 李賀以歌詩謁韓吏部，吏部時爲國子博士分司，送客歸，極困，門人呈卷，解帶旋讀之。首篇《雁門太守行》曰：「黑雲壓城城欲摧，甲光向日金鱗開。」却援帶，命邀之。《幽閒鼓吹》。又《廣記》一七〇引。《唐語林》三。《唐詩紀事》四三。

11 李河南素替杜公兼，時韓吏部愈爲河南令，除職方員外。歸朝，問前後之政如何，對曰：「將縑來比素。」《大唐傳載》。又《廣記》一七四引。《南部新書》辛。

12 見裴度20。

13 元和中，有老卒推倒《平淮西碑》，官司鏁其項，又以枷擊守獄者。憲宗怒，命縛來殺之。既至京，上曰：「小卒何故毀大臣所撰碑？」卒曰：「乞一言而死。碑文中有不了語，又擊殺陛下獄卒，所願於聞奏。文中美裴度，不述李愬功，是以不平。」上命釋縛，賜酒食，敕翰林學士段文昌別撰。《唐語林》六。《芝田録》(《類説》一二)。參見《野客叢書》二七。

14 陳珦字中玉，鄭州人，文惠公諸孫也。政和中爲蔡州守，始視事，謁裴晉公廟，讀《平淮西碑》，乃段文昌所製者，怪而問邦人，曰：「自韓文公碑刻石，後爲李愬卒所訴，以爲不述愬功而專美裴度。憲宗詔文昌別撰，事已久矣。」珦忿然不平，即日磨去舊碑，別誘能書者寫韓文刻之。《夷堅志》(《苕溪漁隱叢話》前集一八)。

15 韓文公在潮州，與僧大顛往還，今集中有《與大顛書》三首，世以爲非是。予讀《宗門統要》，初憲宗迎佛舍利入大内供養，夜放光明。早朝，宣示羣臣，皆賀陛下聖德所感，惟文公不賀。上問：「羣臣皆賀，惟卿不賀，何也？」文公奏：「微臣嘗看佛書，見佛光非青黄赤白等相，此是神龍護衛之光。」上問公：「如何是佛光？」文公無對，因以罪謫出。至潮州，遇大顛，公問：「和尚春秋多少？」顛乃提起數珠示之，云：「會麽？」公云：「不會。」顛云：「晝夜一百八。」文公歸宅，怏怏而已。夫人問：「侍郎情思不懌，復有何事？」遂舉前話。夫人云：「何不進問，晝夜一百八，意旨如何？」公明日凌晨遂去，纔到門首，乃遇首座，云：「侍郎入寺何早？」公云：「特去堂頭通話。」座云：「堂頭有何言句開示侍郎？」公舉前話，座云：「侍郎怎生會？」公云：「晝夜一百八，意旨何如？」座乃叩齒三聲。公至堂頭，復進前話：「晝夜一百八，意旨如何？」顛亦叩齒三聲。公云：「信却佛法一同。」顛云：「見甚道理，乃云一般！」公云：「適來門首，接見首座，亦復如此。」遂唤首座：「適來祇對侍郎佛法是否？」座云：「是。」顛遂打首座，趕出院。文公一日復白大顛曰：「弟子軍州事多，佛法要省處，乞師一句。」顛良久，文公未會。時三平爲侍者，乃敲禪牀三聲。顛云：「作麽？」平云：「先以定動，然後智拔。」公乃領謝三平云：「和尚門風高峻，弟子於侍者邊得個入處。」觀與大顛往還事迹如此。今史傳但載公論佛骨，而不知其始對佛光已自不合上意，其實未知佛法大義。既見顛師，遂有入處，而世復以公答孟簡書爲疑，以公與大顛遊，是與文暢意義等無異，非信其道也。予謂顛古尊宿，非二師比，況聞文公論佛骨來，使文公不見則已，見之必有以啓悟公者。今觀大顛與首座、侍者三人互相引法，皆迥絶言議之表，所謂爲上根者，説大乘法，因果報應，文字語言，固不論也。今世所傳《韓退之别傳》，乃一切掎摭《昌黎集》中文義長短以爲問答，如市俚稽較。然彼欲以伸大顛之辨，而抑文公，不知公於大顛所以相與，開示悟入蓋如此。予欲學者盡見文公始末，故備録于此。雖然答孟簡書公應不妄作，必有能辨之者。《捫蝨新話》一一。

16 吏部侍郎韓昌黎公愈，自刑部侍郎貶潮陽守。先是郡西有大湫，中有鰐魚，長者百尺，每一怒，則湫水騰溢，林嶺如震。民之馬牛有濱其水者，輒吸而噬之，一瞬而盡。爲所害者，莫可勝計。民患之有年矣。及愈刺郡，即至之三日，問民間不便事，俱曰：「郡西湫中之鰐魚也。」愈曰：「吾聞至誠感神：昔魯恭宰中牟，雉馴而蝗避； 黄霸治九江，虎皆遁去。是知政之所感，故能化鳥獸矣。」即命庭掾以牢醴陳於湫之傍，且祝曰：「汝，水族也，無爲生人患。將以酒沃之。」是夕，郡西有暴風雷，聲振山郭，夜分霽焉。明日，里民視其湫，水已盡。公命使窮其跡，至湫西六十里易地爲湫，巨鰐亦隨而徙焉。自是郡民獲免其患。故工部郎中皇甫湜撰愈神道碑序曰： 刑部爲潮陽守，云：「峒獠海夷，陶然自化； 鰐魚稻蟹，不暴民物。」蓋謂此也。《宣室志》四。又《廣記》四六六引。

17 韓愈刺潮州，嘗暑中出，張皂蓋。歸而喜曰：「此物能與日輪争功，豈細事耶？」《傳芳略記》（《雲仙雜記》五）。

18 韓昌黎貶潮州時，小女道死，瘞之層峯驛之下，題詩驛梁云：「數條藤束木皮棺，草殯荒山白骨寒。」《古今事文類聚》後集七。

19 潮州韓文公祠有異木，世傳退之手植，去祠十數步，種之輒死。有題文公祠者，云「韓木有情春谷暖，鱷魚無種海潭清」者是也。《竹坡詩話》。

20 韓文公名播天下，李翺、張籍皆升朝，籍北面師之，故愈答崔立之書曰：「近有李翺、張籍者，從予學文。」翺與陸傪員外書亦曰：「韓退之之文，非兹世之文也，古之文也；其人非兹世之人，古之人也。」後愈自潮州量移宜春郡，郡人黄頗師愈爲文，亦振大名。頗嘗覩盧肇爲碑版，則唾之而去。案實録：愈與人交，其有淪謝，皆能卹其孤，復爲畢婚嫁，如孟東野、張籍之類是也。《唐摭言》四。

21 見蕭穎士14。

22 韓文公與孟東野友善。韓公文至高，孟長於五言，時號孟詩韓筆。元和中，後進師匠，韓公文體大變。又柳柳州宗元、李尚書翺、皇甫郎中湜、馮詹事定、祭酒楊公、余座主李公，皆以高文爲諸生所宗，而韓、柳、皇甫、李公皆以引接後學爲務。楊公尤深於獎善，遇得一句，終日在口，人以爲癖，終不易初心。長慶以來，李封州甘爲文至精，獎拔公心，亦類數公。甘出於李相國武都公門下，時以爲得人。惜其命運湮厄，不得在掄鑒之地。《因話録》三。《唐語林》二。

23 韓退之戲孟郊云：「公合識安禄山。」郊低頭云：「識即不識，大知有它。」《續世説》六。

24 見賈島2。

25 韓愈與人交，榮悴不易，而觀諸權門豪士，如僕隸焉，瞪然不顧。穆宗以愈爲京兆尹，六軍不敢犯法，私相謂曰：「是尚欲燒佛骨，何可犯之！」《續世説》三。

26 韓退之有二妾，一曰絳桃，一曰柳枝，皆能歌舞。初使王庭湊，至壽陽驛，絶句云：「風光欲動別長安，春半邊城特地寒，不見園花兼巷柳，馬頭惟有月團團。」蓋有所屬也。柳枝後踰垣遁去，家人追獲。及鎮州初歸，詩曰：「别來楊柳街頭樹，擺弄春風只欲飛。還有小園桃李在，留花不放待郎歸。」自是專寵絳桃矣。《唐語林》六。案：《甕牖閒評》三謂此二詩非韓愈所作，蓋當時附會者爲之爾。

27 昌黎公愈晚年頗親脂粉。故事：服食用硫黄末攪粥飯啖鷄男，不使交千日。烹庖，名火靈庫，公間日進一隻焉。始亦見功，終致絶命。《清異録》上。

28 韓退之晚年遂有聲樂而服金石藥。張籍祭文云：「乃出二侍女，合彈琵琶箏。」既而遂曰：「父疾日浸加，孺人侍藥湯。」白樂天《思舊詩》云：「退之服硫黄，一病訖不痊。微之煉秋石，未老身溘然。」退之嘗譏人「不解文字飲」，而自敗於女妓乎？作《李博士墓誌》，切戒人服金石藥，而自餌硫黄乎？《珩璜新論》三。《後山詩話》。

29 韓愈病將卒，召羣僧曰：「吾不藥，今將病死矣。汝詳視吾手足支體，無誑人云『韓愈癩死』也。」《唐語林》三。

30 韓文公之寢疾也，名醫良藥日進有加而無瘳。忽宵中驚怖，既寤，而汗霑衾裯，命侍人扶坐。小君問之，良久曰：「向來夢神人長丈餘，金鎧持戟，直入寢門，我不覺降階拜之。自稱大聖，瞋目謂我曰：『睢遂骨梲國世與韓爲讎，吾欲討之不能，如何？』我跪答曰：『願從大聖討焉。』」不旬日而文公薨。果從其請焉。《三水小牘》上。《宣室志》二。又《廣記》三〇七引。

31 古者，尚書、令史防禦甚嚴。宋法：令史白事，不得宿外，雖八座命亦不許。李唐：令史不得出入，夜則鎖之。韓愈爲吏部侍郎，乃曰：「人所以畏鬼，以其不見鬼，如可見，則人不畏矣。選人不得見令史，故令史勢重，任其出入，則勢輕。」始不禁其出入，自文公始。《幕府燕閒録》（張本《説郛》一四）。《江行雜録》（《陶本《説郛》四七、《歷代小史》一九）。

32 張籍祭退之詩云：「魯論未訖注，手跡今微茫。」是退之嘗有《論語》傳，未成也。《邵氏聞見後録》四。

33 張籍勸退之著書排佛老，公請待五六十。蓋恐年少望輕，人未信服也。士大夫之制行亦然。《吹劍四録》。

34 韓文公著《毛穎傳》，好博塞之戲。張水部以書勸之，凡二書。其一曰：「比見執事多尚駮雜無實之説，使人陳之於前以爲歡，此有累於令德。又高論之際，或不容人之短，如任私尚勝者，亦有所累也。先王存六藝，自有常矣，有德者不爲，猶以爲損；況爲博塞之戲，與人競財乎！君子固不爲也。今執事爲之，以廢棄時日，籍實不識其然。」文公答曰：「吾子譏吾與人言爲無實駮雜之説，此吾所以爲戲耳，比之酒色，不有間乎！吾子譏之，似同浴而譏裸體也。若高論不能下氣，或似有之，當更思而誨之耳。博塞之譏，敢不承教！其他俟相見。」《唐摭言》五。

35 韓愈引致後進，爲求科第，多有投書請益者，時人謂之韓門弟子。愈後官高，不復爲也。《國史補》下。又《廣記》二〇二引。

36 皇甫湜謁韓愈，愈贈以詩。湜退，有言怒愈不爲置酒，愈曰：「豈不勝以爛黄魚待汝耶？」《續鍾嶸句》（《雲仙雜記》五）。

37 韓愈好奇，與客登華山絶峯，度不可返，乃作遺書，發狂慟哭，華陰令百計取之，乃下。《國史補》中。又《廣記》二〇一引。《唐語林》四。案：《臨漢隱居詩話》、《邵氏聞見後録》一七、《苕溪漁隱叢話》後集一七有辯説之言。

38 韓十八愈直是太輕薄，謂李二十六程曰：「某與丞相崔大羣同年往還，直是聰明過人。」李曰：「何處是過人者？」韓曰：「共愈往還二十餘年，不曾共説著文章。此豈不是敏慧過人也？」《劉賓客嘉話録》。《唐語林》六。

39 世人畫韓退之，小面而美髯，著紗帽，此乃江南韓熙載耳。尚有當時所畫，題誌甚明。熙載謚文靖，江南人謂之韓文公，因此遂謬以爲退之。退之肥而寡髯。元豐中，以退之從享文宣王廟，郡縣所畫，皆是熙載。後世不復可辯，退之遂爲熙載矣。《夢溪筆談》四。《南唐拾遺記》。

40 予舊于湜城孔寧極家，見《孔戣私記》一編，有云：退之豐肥喜睡，每來吴家，必命枕簟。近潮陽劉方明，摹唐本退之像來，信如戣之記，益知世所傳好鬚髯者，果韓熙載也。《邵氏聞見後録》二七。

41 韓愈侍郎有疏從子姪自江淮來，年甚少，韓令學院中伴子弟，子弟悉爲凌辱。韓知之，遂爲街西假僧院令讀書。經旬，寺主綱復訴其狂率，韓遽令歸，且責曰：「市肆賤類營衣食，尚有一事長處。汝所爲如此，竟作何物？」姪拜謝，徐曰：「某有一藝，恨叔不知。」因指階前牡丹曰：「叔要此花，青、紫、黄、赤，唯命也。」韓大奇之，遂給所須，試之。乃豎箔曲，盡遮牡丹叢，不令人窺。掘棵四面，深及其根，寬容人座。唯賫紫鑛、輕粉、朱紅，旦暮治其根。凡七日，乃填坑，白其叔曰：「恨較遲一月。」時冬初也。牡丹本紫，及花發，色白紅歷緑，每朵有一聯詩，字色紫分明，乃是韓出官時詩。一韻曰「雲横秦嶺家何在？雪擁藍關馬不前」十四字，韓大驚異。姪且辭歸江淮，竟不願仕。《酉陽雜俎》前集一九。

## 韓　昶

1 昌黎生者，名父子也。雖教有義方，而性頗闇劣。嘗爲集賢校理，史傳中有説金根車處，皆臆斷之曰：「豈其誤歟？必金銀車。」悉改根字爲銀字。至除拾遺，果爲諫院不受。俄有以故人子憫之者，因辟爲鹿門從事也。《尚書故實》。又《廣記》二六一引。《玉泉子》。《蘆浦筆記》六。案：《靖康緗素雜記》一〇亦載此文，云出《劉公嘉話》。《雲谷雜記》一云《劉賓客嘉話録》、《尚書故實》皆載此事。

## 白居易

1 白居易，季庚之子。始生未能言，默識「之、無」二字，乳媼試之，能百指而不誤。間日復試之，亦然。既能言，讀書勤敏，與他兒異。五六歲識聲韻，十五志詩賦，二十七舉進士。貞元十六年，中書舍人高郢掌貢闈，居易求試，一舉擢第。明年，拔萃甲科。由是《性習相近遠》、《求玄珠》、《斬白蛇》等賦，爲時楷式，新進士競相傳於京師矣。會憲宗新即位，始用爲翰林學士。元稹《長慶集序》（《廣記》一七五）。

2 見顧況3。

3 貞元中，樂天應宏辭，試《漢高祖斬白蛇賦》，考落。蓋賦有「知我者謂我斬白帝，不知我者謂我斬白蛇」也。然登科之人，賦並無聞，白公之賦，傳於天下也。《唐摭言》一〇。

4 白樂天一舉及第，詩曰：「慈恩塔下題名處，十七人中最少年。」樂天時年二十七。省試《性習相近遠賦》，《玉水記方流詩》。攜之謁李涼公逢吉。公時爲校書郎，於時將他適。白遽造之，逢吉行攜行看，初不以爲意；及覽賦頭，曰：「噫！下自人上，達由君成；德以慎立，而性由習分。」逢吉大奇之，遂寫二十餘本。其日，十七本都出。《唐摭言》三。《古今詩話》(《詩話總龜》前集一七)。《庶齋老學叢談》下。

5 白樂天、元微之同習制科，中第之後，白公《寄微之》詩曰：「皆當少壯日，同惜盛明時。光景嗟虛擲，雲霄竊暗窺。攻文朝矻矻，講學夜孜孜。策目穿如札，毫鋒鋭若錐。」注云：「時與微之結集策略之目，其數至百十，各有纖鋒細管筆，攜以就試，相顧輒笑，目爲毫錐。」乃知士子待敵，編綴應用，自唐以來則然，毫錐筆之名起於此也。《容齋五筆》七。《負暄野録》下。《鷄跖集》(《紺珠集》一二)。

6 僕讀元微之詩，有曰：「白樸流傳用轉新。」注云：「樂天於翰林中，專取書詔批答詞，撰爲矜式，禁中號爲『白樸』。每新入學，求訪寶重過於《六典》。」檢《唐·藝文志》及《崇文總目》無聞，每訪此書不獲。適有以一編求售，號曰《制樸》，開帙覽之，即微之所謂「白樸」者是也。爲卷上中下三，上卷文武階勳等，中卷制頭、制肩、制腹、制腰、制尾，下卷將、相、刺史、節度之類。此蓋樂天取當時制文編類，以規後學者。《野客叢書》三〇。

7 白居易在翰林，賜防風粥一甌。剔取防風，得五合餘，食之口香七日。《金鑾密記》（《雲仙雜記》五）。

8 白居易爲翰林學士，奏云：「今日奉宣令撰〔與〕李師道〔詔〕：〔所〕請收贖魏徵宅，還其子孫，甚合朕心，允依來奏者。臣伏以魏徵太宗宰相，盡忠輔佐，以致太平，在其子孫，合加優卹。事關激勸，合出朝廷；師道何人，輒掠此美。伏願明勑有司，特以官錢收贖，使還後嗣，以勸忠臣，則事出皇恩，美歸聖德。」憲宗深然之。其後有司以爲詩題試進士。《唐詩紀事》五〇。案：白居易文載《白氏文集》卷四一，題《論魏徵舊宅狀李師道奏請出私財收贖魏徵舊宅事宜》，《紀事》脱文，據白集補入。

9 元相公稹爲御史，鞫獄梓潼。時白尚書在京，與名輩遊慈恩，小酌花下，爲詩寄元曰：「花時同醉破春愁，醉折花枝當酒籌。忽憶故人天際去，計程今日到梁州。」時元果及褒城，亦寄《夢遊》詩曰：「夢君兄弟曲江頭，也向慈恩院裏遊。驛吏喚人排馬去，忽驚身在古梁州。」千里神交，合若符契，友朋之道，不期至歟。《本事詩·徵異》。《古今詩話》（《詩話總龜》前集二七）。《唐詩紀事》三七。

10 元白交道臻至，酬唱盈編。微之爲御史，奉使往蜀，路傍見山花，吟寄樂天曰：「深紅山木艷彤雲，路遠無由摘寄君。恰似牡丹如許大，淺深看取石榴裙。」又曰：「向前已説深紅木，更有輕紅説向君。深葉淺花何所似，薄妝愁坐碧羅裙。」白因南遷回，過商山層峯驛忽睹元題迹，寄元詩曰：「與君前後多遷逐，七度曾過此路隅。笑問階前老桐木：這回歸去免來無？」後微之鎮浙東，樂天牧杭州，更迭唱和，末句有云「任添鐺脚作三人」，逸趣如此。「鐺脚」事見《國史》。《唐賢抒情》（《詩話總龜》前集二七）。

11 白樂天之母，因看花墜井。後有排擯者，以《賞花》、《新井》之作左遷。穆皇嘗題柱曰：「此人一生争得水喫。」《南部新書》甲。

12 元和十年六月，盜殺宰相武元衡，公首上疏，請急捕賊以雪國耻。宰相以非諫職言事惡之，會有惡公者言其母看花墮井死，而作《賞花》及《新井》詩。貶江州刺史。中書舍人王涯言其所犯不可復理郡，又改司馬。宰相，韋貫之、張弘靖也。……新井之事，世莫知其實，史氏亦不辨其有無。獨高彦休《闕史》言之甚詳：公母有心疾，因悍妬得之，及嫠，家苦貧。公與弟不獲安居，常索米丐衣於鄰郡邑，母晝夜念之，病益甚。公隨計宣州，母因憂憤發狂，以葦刀自剄；人救之得免。後徧訪醫藥，或發或瘳，常恃二壯婢厚給衣食，俾扶衛之，一旦稍怠，斃於坎井。時裴晉公爲三省，本廳對客，京兆府申堂狀至，四坐驚愕。薛給事存誠曰：「某所居與白鄰，聞其母久苦心疾，叫呼往往達於鄰里。」坐客意稍釋。他日，晉公獨見夕拜謂曰：「前時衆中之言，可謂存朝庭大體矣。」夕拜正色曰：「言其實也，非大體也。」由是晉公信其事。後除河南尹、刑部侍郎，皆晉公所擬。凡曰墜井，必恚恨也，隕穫也；凡曰看花，必怡暢也，閒適也。安有怡暢閒適之際，遽致顛沛廢墜之事？樂天長於情，無一春無詠花之什，因欲皺藻其罪。又驗《新井》篇，是尉盩屋時作，隔官三政，不同時矣。彦休所記，大略如此，聞之東都聖善寺老僧，僧故佛光和尚弟子也。今考集中亦無所謂《新井》詩者，意其删去。然則公母死以心疾，固人倫之大不幸，而傳致詩篇，以成讒謗，則憸壬娼嫉者爲之也。故删述彦休之語以告來者。陳振孫《白文公年譜》。

13 白樂天燒丹于廬山草堂，作飛雲履，玄綾爲質，四面以素綃作雲朵，染以四選香，振履則如烟霧。樂天着示山中道友曰：「吾足下生雲，計不久上升朱府矣。」《樵人直説》（《雲仙雜記》一）。

14 樂天作廬山草堂，蓋亦燒丹也，欲成而爐鼎敗。來日，忠州刺史除書到，迺知世間、出世間事不兩立也。《東坡志林》一。

15 秭歸縣繁知一，聞白樂天將過巫山，先於神女祠粉壁，大署之曰：「蘇州刺史今才子，行到巫山必有詩。爲報高唐神女道，速排雲雨候清詞。」白公覩題處悵然，邀知一至，曰：「歷陽劉郎中禹錫，三年理白帝，欲作一詩於此，怯而不爲。罷郡經過，悉去千餘首詩，但留四章而已；此四章者，乃古今之絕唱也。而人造次不合爲之。」沈佺期詩曰：「巫山高不極，合沓狀奇新。闇谷疑風雨，幽崖若鬼神。月明三峽曙，潮滿九江春。爲問陽臺客，應知入夢人。」王無競詩曰：「神女向高唐，巫山下夕陽。徘徊作行雨，婉孌逐荊王。電影江前落，雷聲峽外長。霽雲無處所，臺館曉蒼蒼。」李端詩曰：「巫山十二重，皆在碧虛中。迴合雲藏日，霏微雨帶風。猿聲寒渡水，樹色暮連空。愁向高唐去，千秋見楚宮。」皇甫冉詩曰：「巫峽見巴東，迢迢出半空。雲藏神女館，雨到楚王宮。朝暮泉聲落，寒暄樹色同。清猿不可聽，偏在九秋中。」白公但吟四篇，與繁生同濟，竟而不爲。《雲溪友議》上。又《廣記》一九八引。《唐詩紀事》五一。

16 致仕尚書白舍人，初到錢塘，令訪牡丹花。獨開元寺僧惠澄，近於京師得此花，始栽植於庭，欄圈甚密，他處未之有也。時春景方深，惠澄設油幕以覆其上，牡丹自此東越分而種之也。會徐凝自富春來，未識白公，先題詩曰：「此花南地知難種，慚媿僧閒用意栽。海燕解憐頻睥睨，胡蜂未識更徘徊。虛生芍藥徒勞妬，羞殺玫瑰不敢開。唯有數苞紅幞在，含芳只待舍人來。」白尋到寺看花，乃命徐生同醉而歸。時張祜榜舟而至，甚若疏誕。然張、徐二生，未之習隱，各希首薦焉。中舍曰：「二君論文，若廉、白之鬬鼠穴，勝負在於一戰也。」遂試《長劍倚天外賦》、《餘霞散成綺詩》。試訖解送，以凝爲元，祜其次耳。張曰：「祜詩有『地勢遥尊岳，河流側讓關』。多士以陳後主『日月光天德，山河壯帝居』比，徒有前名矣。又祜《題金山寺詩》曰：（此寺大江之中。）『樹影中流見，鍾聲兩岸聞。』雖綦毋潛云：『塔影挂青漢，鍾聲和白雲。』此句未爲佳也。」祜《觀獵》四句及《宫詞》，白公曰：「張三作獵詩，以較王右丞，予則未敢優劣也。」王維詩曰：「風勁角弓鳴，將軍獵渭城。草枯鷹眼疾，雪盡馬蹄輕。忽過新豐戍，還歸細柳營。迴看失雁處，千里暮雲平。」張祜詩曰：「曉出禁城東，分圍淺草中。紅旗開向日，白馬驟臨風。背手抽金鏃，翻身控角弓。萬人齊指處，一雁落寒空。」白公又以《宫詞》四句之中皆數對，何足奇乎？然無徐生云：「今古長如白練飛，一條解破青山色。」徐凝賦曰：「譙周室裏，定遊夏於丘虔；馬守帷中，分《易》《禮》於盧鄭。如我明公薦，豈唯偏黨乎？」張祜曰：「虞《韶》九奏，非瑞馬之至音；荆玉三投，佇良工之必鑒。且鴻鍾運擊，瓦缶雷鳴；榮辱糾纏，復何定分？」祜遂行歌而邁，凝亦鼓枻而歸。二生終身偃仰，不隨鄉試者乎。先是李補闕林宗、杜殿中牧，與白公輦下較文，具言元、白詩體舛雜，而爲清苦者見嗤，因茲有恨也。白爲河南尹，李爲河南令。道上相遇，尹乃乘馬，令則肩輿，似乖趨事之禮。嘗謂樂天爲囁嚅公，聞者皆笑，樂天之名稍減矣。白尹曰：「李直水，（林宗字也。）吾之猘子也，其鋒不可當。」後杜舍人之守秋浦，與張生爲詩酒之交，酷吟祜宫詞，亦知錢塘之歲，白有是非之論，懷不平之色，爲詩二首以高之，則曰：「誰人得似張公子，千首詩輕萬户侯。」又云：「如何故國三千里，虚唱歌詞滿六宫。」張君詩曰：「故國三千里，深宫二十年。一聲河滿子，雙淚落君前。」此歌宫娥諷念思鄉，而起長門之思也。祜復遊甘露寺，觀前盧肇先輩題處曰：「不謂三吳，經此詩人也。」祜曰：「日月光先到，山川勢盡來。」盧曰：「地從京口斷，山到海門迴。」因而仰伏，願交於此士矣。《雲溪友議》中。又《廣記》一九九引。《唐語林》三。《詩話總龜》前集二〇。《實賓録》七。《唐詩紀事》五二。

17 詩人張祜，未嘗識白公。白公刺蘇州，祜始來謁。才見白，白曰：「久欽籍，嘗記得君款頭詩。」祜愕然曰：「舍人何所謂？」白曰：「『鴛鴦鈿帶抛何處，孔雀羅衫付阿誰？』非款頭何邪？」張頓首微笑，仰而答曰：「祜亦嘗記得舍人目連變。」白曰：「何也？」祜曰：「『上窮碧落下黄泉，兩處茫茫皆不見。』非目連變何邪？」遂與歡宴竟日。《本事詩·嘲戲》。《唐摭言》一三。又《廣記》二五一引。

18 白居易長慶二年以中書舍人爲杭州刺史，替嚴員外休復。休復有時名，居易喜爲之代。時吴興守錢徽、吴郡守李穰皆文學士，悉生平舊友，日以詩酒寄興。官妓高玲瓏、謝好好巧於應對，善歌舞。後元稹鎮會稽，參其酬唱，每以筒竹盛詩來往。居易在杭，始築隄捍錢塘潮，鍾聚其水，溉田千頃。復浚李泌六井，民賴其汲。在蘇作詩，有「使君全未厭錢塘」之句。及罷，俸錢多留守庫，繼守者公用不足，則假而復填，如是五十餘年。及黄巢至郡，文籍多焚燒，其俸遂亡。《唐語林》二。

19 商玲瓏，餘杭之歌者。白公守郡日與歌曰：「罷胡琴，掩瑶瑟，玲瓏再拜當歌出。莫爲使君不解歌，聽唱黄雞與白日。黄雞催曉丑前鳴，白日催人酉後没。腰間紅綬繫未穩，照裏朱顔看已失。玲瓏玲瓏奈老何，使君歌了汝更歌。」元微之在越州聞之，厚幣來邀，樂天即時遣去，到越州住月餘，使盡歌所唱之曲，即賞之。後遣之歸，作詩送行兼寄樂天曰：「休遣玲瓏唱我詞，我詞都是寄君詩。却向江邊整回棹，月落潮平是去時。」《脞説》(《詩話總龜》前集四二)。又《苕溪漁隱叢話》後集一三引。

20 杭州靈隱山多桂，寺僧云：「此月中種也。」至今中秋望夜，往往子墜，寺僧亦嘗拾得。而巖頂崖根後産奇花，氣香而色紫，芳麗可愛，而人無知其名者。招賢寺僧取而植之。郡守白公尤愛賞，因名曰紫陽花。《南部新書》庚。

21 白樂天任杭州刺史，攜妓還洛，後卻遣回錢唐。故劉禹錫有詩答曰：「其那錢唐蘇小小，憶君淚染石榴裙。」《南部新書》戊。

22 白樂天爲郡時，嘗攜容、滿、蟬、態等十妓，夜遊西武邱寺。嘗賦紀遊詩，其末云：「領郡時將久，遊山數幾何？一年十二度，非少亦非多。」可見當時郡政多暇而吏議甚寬。使在今日，必以罪去矣。《中吴紀聞》一。《吴郡志》五〇。

23 白樂天爲守時，恩信及民，皆敬而愛之。嘗植檜數本於郡圃，後人目之爲白公檜，以況甘棠焉。《中吴紀聞》三。

24 蘇州白樂天手植檜，在州宅後池口光亭前，余政和初嘗見之，已槁瘁，高不滿二丈，意非四百年物，真僞未知也。後爲朱沖取獻，聞槁死於道中，乃以他檜易之，禁中多不知。《避暑録話》上。

25 元白酬和千篇。元守浙東，白牧蘇臺，置驛遞詩筒。及云：「有月常同賞，無杯不共持。」其句暗合。《記聞譚》(張本《説郛》七三)。《西墅記譚》(陶本《説郛》二六)。《唐詩紀事》三七。

26 沃州山禪院，在剡縣南三十里，頗爲勝境，本白道猷居之。大和二年，有頭陀白寂然重修，白居易爲其記。白君自云：「白道猷肇開兹山，白寂然嗣興兹山，白樂天垂文兹山，沃州與白氏有緣乎？」《南部新書》庚。

27　裴令公居守東洛，夜宴半酣，公索聯句，元、白有得色。時公爲破題，次至楊侍郎汝士，或曰非也。曰：「昔日蘭亭無艷質，此時金谷有高人。」白知不能加，遽裂之曰：「笙歌鼎沸，勿作此冷淡生活！」元顧曰：「白樂天所謂能全其名者也。」《唐摭言》一三。《古今詩話》（《詩話總龜》前集二二）。《唐詩紀事》四六。

28　見楊汝士1。

29　樂天爲王涯所誣，謫江州司馬。甘露之禍，樂天在洛，適遊香山寺，有詩云：「當君白首同歸日，是我青山獨往時。」不知者以樂天爲幸之，樂天豈幸人之禍者？蓋悲之也。《百斛明珠》（《詩話總龜》前集七）。《仇池筆記》上。《容齋隨筆》一。《苕溪漁隱叢話》前集二一。

30　開成中，户部楊侍郎汝士檢校尚書鎮東川，白樂天即尚書妹壻。時樂天以太子少傅分洛，戲代內子賀兄嫂曰：「劉綱與婦共升仙，弄玉隨夫亦上天，何似沙哥沙哥，汝士小字。領崔嫂，碧油幢引向東川！」又曰：「金花銀椀饒兄用，罨畫羅裙盡嫂裁。覓得黔婁爲妹壻，可能空寄蜀茶來！」《唐摭言》一五。《古今詩話》（《詩話總龜》前集二七）。《唐詩紀事》四六。

31　白尚書姬人樊素，善歌；妓人小蠻，善舞。嘗爲詩曰：「櫻桃樊素口，楊柳小蠻腰。」年既高邁，而小蠻方豐艷。因爲楊柳之詞以託意，曰：「一樹春風萬萬枝，嫩於金色軟於絲。永豐坊裏東南角，盡日無人屬阿誰？」及宣宗朝，國樂唱是詞，上問誰詞，永豐在何處？左右具以對之。遂因東使，命取永豐柳兩枝，植於禁中。白感上知其名，且好尚風雅，又爲詩一章，其末句云：「定知此後天文裏，柳宿光中添兩星。」《本事詩·事感》。《廣記》一九八誤引作《雲溪友議》。《近事會元》四。

32 見裴度29。

33 白樂天晚極喜李義山詩文，嘗謂「我死得爲爾子足矣」。義山生子，遂以白老字之，既長，略無文性。温庭筠嘗戲之曰：「以爾爲樂天後身，不亦忝乎？」然義山有「袞師我嬌兒，美秀乃無匹」之句，其譽之亦不減退之。《蔡寬夫詩話》（《苕溪漁隱叢話》前集一八）。

34 唐會昌元年，李師稷中丞爲浙東觀察使，有商客遭風飄蕩，不知所止。月餘，至一大山，瑞雲奇花，白鶴異樹，盡非人間所覩。山側有人迎問曰：「安得至此？」具言之。令維舟上岸，云：「須謁天師。」遂引至一處，若大寺觀。通一道士入，道士鬚眉悉白，侍衛數十，坐大殿上。與語曰：「汝中國人，茲地有緣方得一到，此蓬萊山也。既至，莫要看否？」遣左右引於宮内遊觀，玉臺翠樹，光彩奪目，院宇數十，皆有名號。至一院，扃鐍甚嚴，因窺之，衆花滿庭，堂有裀褥，焚香階下。客問之，答曰：「此是白樂天院。樂天在中國未來耳。」乃潛記之。遂別之歸，旬日至越，具白廉使，李公盡録以報白公。先是，白公平生唯修上坐業。及覽李公所報，乃自爲詩二首，以記其事，及答李浙東云：「近有人從海上回，海山深處見樓臺。中有仙龕開一室，皆言此待樂天來。」又曰：「吾學空門不學仙，恐君此語是虚傳。海山不是吾歸處，歸即應歸兜率天。」然白公脱屣煙埃，投棄軒冕，與夫昧昧者固不同也。安知非謫仙哉！《逸史》（《廣記》四八）。又張本《説郛》二四引。《古今詩話》（《詩話總龜》前集四七）。

35 唐白文公自勒文集，成五十卷，後集二十卷，皆寫本，寄藏廬山東林寺，又藏龍門香山寺。高駢鎮淮南，寄語江西廉使，取東林集而有之。香山集經亂亦不復存。其後履道宅爲普明僧院。後唐明宗子秦王從榮又寫本寘院之經藏，今本是也。後人亦補東林所藏，皆篇目次第非真，與今吴、蜀摹版無異。《春明退朝録》下。參見《澠水燕談録》六。

36 聖善寺銀佛，天寶亂，爲賊截將一耳。後少傅白公奉佛，用銀三鋌添補，然不及舊者。會昌拆寺，命中貴人毀像，收銀送内庫，中人以白公所添鑄，比舊耳少銀數十兩，遂詣白公索餘銀，恐涉隱没故也。《尚書故實》。《唐語林》七。 案：《劉賓客嘉話録》亦有此文，唐蘭考爲誤入。

37 白樂天爲翰林學士，奉詔寫真集賢院，後爲九老會，又寫真香山寺，故賦詩云：「昔作少學士，圖形入集賢；今爲老居士，寫貌寄香山。」《古今事文類聚》前集四一。

38 樂天所至處必築居。在渭上有蔡渡之居，在江州有草堂之居，在長安有新昌之居，在洛中有履道之居，皆有詩以紀勝。故其自謂云：「余自幼迨老，若白屋，若朱門，凡所止，雖一日二日，輒覆簣土爲臺，聚拳石爲山，環斗水爲池。」所謂君子之居，一日必葺者耶！《韻語陽秋》一三。

39 白尚書爲少傅，分務洛師，情興高逸，每有雲泉勝境，靡不追遊。常以詩酒爲娱，因著《醉吟先生傳》以叙。盧尚書簡辭有別墅，近枕伊水，亭榭清峻。方冬，與羣從子姪同遊，倚欄眺翫嵩洛。俄而霰雪微下，情興益高，因話廉察金陵，常記江南煙水，每見居人以葉舟浮泛，就食菰米鱸魚，近來思之，如在心目。良久，忽見二人衣簑笠，循岸而來，牽引水鄉蓬艇。船頭覆青幕，中有白衣人，與衲僧偶坐；船後有小竈，安桐甑而炊，丱角僕烹魚煮茗，泝流過於檻前。聞舟中吟嘯方甚。盧撫掌驚歎，莫知誰氏。使人從而問之，乃曰白傅與僧佛光，同自建春門往香山精舍。其後每遇親友，無不話之，以爲高逸之情，莫能及矣。《劇談録》下。《唐語林》四。

40 白氏履道里宅，有池水可泛舟。樂天每命賓客，繞舡以百十油囊，懸酒炙沉水中，隨舡而行。一物盡，則左右又進之，藏盤筵於水底也。《窮幽記》（《雲仙雜記》七）。

41 白居易字樂天，太原人，以文章德範稱於憲、穆、文、武之間。自云嗜酒、耽琴、淫詩。凡酒徒、琴侣、詩客，多與之遊。每良辰美景，或花朝月夕，好事者相過，必爲之先拂酒罍，次開詩篋。酒既酣，乃自援琴，操宫聲，弄《秋思》一遍。若興發，命家僮調法部絲竹，合奏《霓裳羽衣》一曲，放情自娱，酩酊而後已。有時肩舁適野，舁中置一琴、一枕，陶、謝詩數卷，竿左右懸雙酒壺，尋水望山，率情便去，抱琴引酌，興盡而返。其曠達如此。《琴史》四。

42 白傅用胡松節支琴。《金徽變化篇》（《雲仙雜記》四）。

43 居易薨於洛中，臨終，謂所親曰：「昔自蓬萊，與帝謂武宗也。有閻浮之因，帝於閻浮爲麟德之別。」言畢而逝。人莫曉也。較其日月，當捐館之時，乃上宴麟德殿也。《唐年補録》（《廣記》三一一）。

44 見唐宣宗106。

45 白傅葬龍門山，河南尹盧貞刻《醉吟先生傳》，立於墓側，至今猶存。洛陽士庶及四方遊人過其墓者，必奠以巵酒，故塚前方丈之土常成泥濘。《賈氏談録》。《南部新書》庚。《唐語林》四。

46 白傅，大中末曾有諫官獻疏請賜謚。上曰：「何不取《醉吟先生墓表》耶？」卒不賜謚。弟敏中在相位，奏立神道碑，其文即李義山之詞也。《賈氏談録》。又張本《説郛》九、陶本《説郛》三七引，陶本引文有誤。《南部新書》己。《唐語林》三。

47 白居易作《六帖》，以陶家瓶數千，各題門目，作七層架列齋中，命諸生采集事類投瓶中，倒取抄録成書，故所記時代無次。《談苑》（《類説》五三）。又陶本《説郛》一六引。

48 《牛羊日曆》以白居易《六帖》爲「不語先生」。《談助》（《紺珠集》一一）。《海録碎事》一八。《牛羊日曆》見《續談助》三。

49 白傅每一詩輒洗其筆。《文覽》（《雲仙雜記》三）。

50 白樂天每作詩，令一老嫗解之，問曰：「解否？」嫗曰解，則録之；不解，則易之。故唐末之詩近於鄙俚。《冷齋夜話》一。《墨客揮麈》三。《孔氏談苑》五。案：前人多辯是説之謬。如《詩人玉屑》卷八等。

51 張文潛云：世以樂天詩爲得於容易，而未嘗於洛中一士人家見白公詩草數紙，點竄塗抹，及其成篇，殆與初作不侔。《詩人玉屑》卷八。

52 雄州安撫都監稱宣事云：「虜中好樂天詩，聞虜有詩云：『樂天詩集是吾師。』」《古今詩話》（《詩話總龜》前集一七）。

53 荆州街子葛清，勇不膚撓，自頸以下，遍刺白居易舍人詩。成式嘗與荆客陳至呼觀之，令其自解，背上亦能闇記。反手指其劄處，至「不是此花偏愛菊」，則有一人持杯臨菊叢。又「黄夾纈林寒有葉」，則指一樹，樹上挂纈，纈窠鎖勝絶細。凡刻三十餘首，體無完膚，陳至呼爲白舍人行詩圖也。《酉陽雜俎》前集八。

又《廣記》二六四引。

54 見王維15。

55 長安冰雪，至夏月則價等金璧。白少傅詩名動於閭閻，每需冰雪，論筐取之，不復償價，日日如是。《止戈集》（《雲仙雜記》六）。

56 開成中物價至微。村落買魚肉者，俗人買以胡絹半尺，士大夫買以樂天詩一首，兼與之。《豐年編》（《雲仙雜記》四）。

57 有舉子亂爲詩章，每通名刺云：「鄉貢進士黄居難，字樂地。」欲比白居易字樂天也。又有張碧者，業歌詩，云：「與李白爲對。」《後史補》（《類説》二六）。

58 四明人胡抱章，作擬白氏諷諫五十首，亦行於東南，然其辭甚平。後孟蜀末，楊士達亦撰五十篇頗諷時事。《南部新書》癸。

59 見李白31。

60 觀其書《豐年》、《洛下》兩帖與夫雜詩，筆勢翩翩。大抵唐人作字，無有不工者。如居易以文章名世，至於字畫，不失書家法度。作行書，妙處與時名流相後先。蓋胸中淵著，流出筆下，便過人數等。觀之者亦想見其風概云。今御府所藏行書五。《宣和書譜》九。

61 白樂天自稱「醉尹」。《酒譜》（《類説》五九）。

62 白太傅與元相國友善，以詩道著名，時號元、白。其集内有詩輓元相云：「相看掩淚俱無語，別後傷心事豈知。想得咸陽原上樹，已抽三丈白楊枝。」洎自撰墓誌，云與彭城劉夢得爲詩友。殊不言元公。時人疑其隙終也。《北夢瑣言》六。又《廣記》二三五引。《唐語林》六。 案：「與彭城」句非《墓誌》語，乃《醉吟先生傳》中語。

63 見元稹23。

64 見李德裕45。

65 見劉禹錫12。

66 樂天方入關，劉禹錫正病酒。禹錫乃餽菊苗齏、蘆菔鮓，換取樂天六班茶二囊以醒酒。《蠻甌志》（《雲仙雜記》二）。《澄懷録》（陶本《説郛》二三）。

67 樂天語人曰：「吾已脱去利名枷鎖，開清高門户，但蓮龕子母丹，不知何時可成。」《自慶傳》（《雲仙雜記》一）。

68 貞元末，妓阿軟産一女，求小名於樂天。樂天曰：「此兒甚白皙，可名之曰皎皎。」有文士過之，見呼皎皎爲什，其久始寤樂天之戲。蓋其種姓不明，取古詩云「皎皎河漢女」也。《善謔集》（《天中記》二〇）。

69 白樂天、元微之皆老而無子，屢見於詩章。樂天五十八歲始得阿崔，微之五十一歲始得道保。同時得嗣，相與酬唱喜甚。樂天詩云：「膩剃新胎髮，香綳小繡襦。玉牙開手爪，蘇顆點肌膚。」微之云：「且有承家望，誰論得力時。」又云：「嘉名稱道保，乞姓號崔兒。」後崔兒三歲而亡。白賦詩曰：「懷抱又空天默默，依前仍作鄧攸身。」傷哉！微之五十三而亡。按墓誌，有子道護，年三歲而卒。以歲月考之，即道保也。《韻語陽秋》一〇。

70　樂天女金鑾十歲，忽書《北山移文》示家人。樂天方買終南紫石，欲開文士傳，遂輟，以勒之。《豐寧傳》（《雲仙雜記》三）。案：金鑾三歲已卒，《雲仙雜記》所引有誤。清章大來《偶陽雜録》及俞樾《茶香室叢鈔》四均有辨正。

## 劉禹錫

1　順宗時，劉禹錫干預大權，門吏接書尺日數千，禹錫一一報謝。緑珠盆中日用麪一斗爲糊，以供緘封。《宣武盛事》（《雲仙雜記》五）。

2　賓客劉公之爲屯田員外郎時，事勢稍異，旦夕有騰趠之勢。知一僧有術數極精，寓直日邀之至省，方欲問命，報韋秀才在門外。公不得已，且令僧坐簾下。韋秀才獻卷已，略省之，而意色殊倦。韋覺之乃去。與僧語，不對。吁嗟良久，乃曰：「某欲言，員外必不愜，如何？」公曰：「但言之。」僧曰：「員外後遷乃本行正郎也，然須待適來韋秀才知印處置。」公大怒，揖出之，不旬日貶官。韋秀才乃處厚相也，後三十餘年在中書，劉轉屯田郎中。《幽閒鼓吹》。又《廣記》二二四引。《唐語林》六。

3　見段文昌2。

4　劉尚書自屯田員外左遷朗州司馬，凡十年始徵還。方春，作贈看花諸君子詩曰：「紫陌紅塵拂面來，無人不道看花回。玄都觀裏桃千樹，盡是劉郎去後栽。」其詩一出，傳於都下。有素嫉其名者，白於執政，又誣其有怨憤。他日見時宰，與坐，慰問甚厚，既辭，即曰：「近者新詩，未免爲累，奈何？」不數日，出爲連州刺史。其自叙云：「貞元二十一年春，余爲屯田員外，時此觀未有花。是歲出牧連州，至荆南，又貶朗州司馬。居十年，詔至京師，人人皆言有道士手植仙桃滿觀，盛如紅霞，遂有前篇，以記一時之事。旋又出牧，於今十四年，始爲主客郎中，重遊玄都，蕩然無復一樹，唯兔葵、燕麥動摇於春風耳。因再題二十八字，以俟後再遊。時太和二年三月也。」詩曰：「百畝庭中半是苔，桃花浄盡菜花開。種桃道士歸何處，前度劉郎今獨來。」《本事詩·事感》。又《廣記》四九八引。《古今詩話》（《詩話總龜》前集三二）。《續世説》六。

5 予與竇丈及王承昇同在朗州日，共歡宴。後三人相代爲夔州，亦異矣。《劉賓客嘉話録》。

6 見裴度9。

7 劉禹錫守連州，替高霞寓，霞寓後入爲羽林將軍。自京附書，曰：「以承眷，輒請自代矣。」公曰：「奉感。然有一話：曾有老嫗，山行見大蟲，羸然跬步而不進，若傷其足者。嫗因即之，而虎舉前足以示嫗，嫗看之，乃有芒刺在掌下，因爲拔之。俄而奮迅闞吼，别嫗而去，似媿其恩者。及歸，翌日，自外擲麋鹿狐兔至於庭者，日無闕焉。嫗登垣視之，乃前傷虎也，因爲親族具云其事，而心異之。一旦，忽擲一死人入，血肉狼藉，乃被村人凶者呵捕，云『殺人』。嫗具説其由，始得釋縛。乃登垣，伺其虎至而語之，曰：『感則感矣，叩頭大王，已後更莫抛人來也！』」《劉賓客嘉話録》。又《廣記》二五一引。《唐語林》六。《侯鯖録》六。

8 見白居易15。

9 襄陽牛相公赴舉之秋，每爲同袍見忽。及至昇超，諸公悉不如也。嘗投贄於劉補闕禹錫，對客展卷，飛筆塗竄其文，且曰：「必先輩未期至矣！」然拜謝礱礪，終爲怏怏乎。歷廿餘歲，劉轉汝州，隴西公鎮漢南，枉道駐旌旄。信宿，酒酣，直筆以詩喻之。劉公承詩意，方悟往年改張牛公文卷，因誡子弟咸亓、承雍等曰：「吾立成人之志，豈料爲非。況漢上尚書，高識達量，罕有其比。昔主父偃，家爲孫弘所夷；嵇叔夜，身死鍾會之口。是以魏武誡其子云：『吾大忿怒、小過失，慎勿學焉。』汝輩修進守忠爲上也。」《席上贈汝州劉中丞》，襄州節度牛僧孺詩曰：「粉署爲郎四十春，今來名輩更無人。休論世上昇沉事，且鬬罇前見在身。珠玉會應成咳唾，山川猶覺露精神。莫嫌恃酒輕言語，曾把文章謁後塵。」《奉和牛尚書》，汝州刺史劉禹錫：「昔年曾忝漢朝臣，晚歲空餘老病身。初見相如成賦日，後爲丞相掃門人。追思往事咨嗟久，幸喜清光語笑頻。猶有當時舊冠劍，待公三日拂埃塵。」牛公吟和詩，前意稍解，曰：「三日之事，何敢當焉！」宰相三朝後主印，所以昇降百司也。於是移宴竟夕，方整前驅也。中山公謂諸賓友曰：「予昔與權丞相德輿庾詞，同舍郎莫之會也；「庾詞」，隱語，時人罕之。與韓退之愈優劣人物，而浙袁給事同肩；與李表臣程突梯而侮李兵部紳；與柳子厚宗元評修國史，而薄侍郎衮；與呂光化論制誥，而鄙席舍人夔。余二十八年在外，五爲刺史，言遵道路知蘇杭五郡。而不復親臺省，以此將知清途隔絶，其自取乎！或有淡薄相於、緘翰莽鹵者，每吟張博士籍詩云：『新酒欲開期好客，朝衣暫脱見閒身。』對花木則吟王右丞詩云：『興闌啼鳥換，坐久落花多。』則幽居之趣少安乎？余友稀舊人，名爲異代；近日爲文，都不愜。洛中白二十居易苦好余《秋水詠》曰：『東屯滄海闊，南壤洞庭寬。』又《石頭城上作》云：『山連故國周遭在，潮打空城寂寞迴。』余自知不及蘇州韋十九郎中應物詩曰：『春潮帶雨晚來急，野渡無人舟自横。』嘗過洞庭，雖爲一篇，靜思杜員外甫落句云：『年去年來洞庭上，白蘋愁殺白頭人。』鄙夫之言，有愧於杜公也。楊危卿校書過華山詩曰：『河勢崑崙遠，山形菡萏秋。』此句實爲佳對。又皇甫博士湜《鶴處雞羣賦》云：『若李君之在胡，但見異類；如屈原之相楚，唯我獨醒。』然二君矜衒，俱爲朝野之絕倫。余亦昔時直氣，難以爲制，因作一口號，贈歌人米嘉榮曰：『唱得梁州意外聲，舊人唯有米嘉榮。近來年少輕前輩，好染髭鬚事後生。』夫人遊尊貴之門，常須慎酒。昔赴吴臺，揚州大司馬杜公鴻漸爲余開宴。沉醉歸驛亭，似醒見二女子在旁，驚非我有也，乃曰：『郎中席上與司空詩，特令二樂伎侍寢。』且醉中之作，都不記憶。明旦，修狀啓陳謝，杜公亦優容之，何施面目也！余郎署州牧，輕忤三司，豈不難也。詩曰：『高髻雲鬟宫樣妝，春風一曲杜韋娘。司空見慣尋常事，斷盡蘇州刺史腸。』」中山劉公後以太子校書尚書令呼到爲州牧也。曰：「頃在夔州，少逢賓客。縱有停舟相訪，不可久留。而獨吟曰：『巴人淚逐猿聲落，蜀客舟從鳥道來。』忽得京洛故人書題，對之零涕，又曰：『浮生誰至百年，倏爾衰暮，富貴窮愁，實其常分，胡爲嗟惋焉！』」《雲溪友議》中。又《廣記》二七三、四九七引。《唐詩紀事》三九。 案：杜鴻漸席上賦詩事，它書有作韋應物者。參見韋應物4。岑仲勉《唐史餘瀋》三有考辨。

10 劉尚書禹錫罷和州，爲主客郎中，集賢學士。李司空罷鎮在京，慕劉名，嘗邀至第中，厚設飲饌。酒酣，命妙妓歌以送之。劉於席上賦詩，曰：「鬖鬌梳頭宫樣妝，春風一曲杜韋娘。司空見慣渾閒事，斷盡江南刺史腸。」李因以妓贈之。《本事詩·情感》。

11 劉禹錫作《金陵》詩云：「千尋鐵鎖沉江底，一片降旗出石頭。」當時號爲絕唱。又六朝中《石頭城》詩云：「山圍故國周遭在，潮打空城寂寞回。」白樂天讀之曰：「我知後人不復措筆矣。」其自矜云：「餘雖不及，然亦不孤樂天之賞耳。」《珊瑚鉤詩話》一。

12 長慶中，元微之、劉夢得、韋楚客同會白樂天之居，論南朝興廢之事。樂天曰：「古者言之不足，故嗟歎之；嗟歎之不足，故詠歌之。今羣公畢集，不可徒然，請各賦《金陵懷古》一篇，韻則任意擇用。」時夢得方在郎署，元公已在翰林，劉騁其俊才，略無遜讓，滿斟一巨杯，請爲首唱，飲訖，不勞思忖，一筆而成。白公覽詩，曰：「四人探驪，吾子先獲其珠，所餘鱗甲何用？」三公於是罷唱，但取劉詩吟味竟日，沈醉而散。劉詩曰：「王濬樓船下益州，金陵王氣黯然收。千尋鐵鎖沈江底，一片降幡出石頭。荒苑至今生茂草，古城依舊枕寒流。而今四海歸皇化，兩岸蕭蕭蘆荻秋。」《鑒誡録》七。《詩話總龜》前集二四。《唐詩紀事》三九。

13 爲詩用僻事，須有來處。宋考功詩云：「馬上逢寒食，春來不見餳。」常疑此字。因讀《毛詩》《鄭箋》説簫處，注云：「即今賣餳者所吹。」六經惟此注中有「餳」字。吾緣明日是重陽，欲押一「餻」字，續尋思六經竟未見有「餻」字，不敢爲之。嘗訝杜員外「巨顙折老拳」，疑「老拳」無據，及覽《石勒傳》云：「卿既遭孤老拳，孤亦飽卿毒手。」豈虚言哉！後輩業詩，即須有據，不可率爾道也。《劉賓客嘉話録》。又《詩話總龜》前集五引。《唐語林》二。

14 爲文自鬭異一對不得。予嘗爲大司徒杜公之故吏，司徒冢嫡之薨於桂林也，柩過渚宮，予時在朗州，使一介具奠酹，以申門吏之禮。爲一祭文云：「事吴之心，雖云已矣；報智之志，豈可徒然！」「報智」，人或用之，「事吴」，自思得者。《唐語林》二。案：此條原出《劉賓客嘉話録》。

15 薛伯皋修史，爲〔李〕愬傳：收蔡州，徑入爲能。禹錫曰：「我則不然。若作史官，以愬得李祐，釋縛委心用之爲能。入蔡非能，乃一夫勇耳。」《唐語林》二。案：此條原出《劉賓客嘉話録》。

16 禮部劉尚書禹錫與友人三年同處，其友人云：「未嘗見劉公説重話。」《大唐傳載》。

17 見白居易66。

18 見崔羣6。

## 柳宗元

1 柳宗元與劉禹錫同年及第，題名於慈恩塔。談元茂秉筆，時不欲名字者彰，曰：「押縫版子上者率多不達，或即不久物故。」柳起草，暗斟酌之。張復已下，馬徵、鄧文佐名盡著版子矣。題名皆以族望，而辛南容人莫知之。元茂閣筆，曰：「請辛先輩言其族望。」辛君適在他處。柳曰：「東海人。」元茂曰：「争得知？」柳曰：「東海之大，無所不容。」俄而辛至，人問其望，曰：「渤海。」衆大笑。慈恩題名，起自張莒，本於寺中閒遊而題其同年人，因爲故事。《劉賓客嘉話録》（《廣記》二六五）。

2 柳員外宗元自永州司馬徵至京，意望録用。一日，詣卜者問命。且告以夢曰：「余柳姓也，昨夢柳樹仆地，其不吉乎？」卜者曰：「無苦，但憂爲遠官耳。」徵其意，曰：「夫生則柳樹，仆則柳木；木者，牧也。君其牧柳州乎？」卒如其言。或傳是陳子諒。《因話録》六。又《廣記》二七九引。《續前定録》。

3 見裴度9。

4 見南卓1。

5 柳宗元吟《春水如藍》詩，久之不成，乃取九脚床於池邊沙上玩味，終日僅能成篇。《白氏金鎖》（《雲仙雜記》六)。

6 柳八駮韓十八《平淮西碑》云:「『左飧右粥』,何如我《平淮西雅》云『仰父俯子』。」禹錫曰:「美憲宗俯下之道盡矣。」柳曰:「韓碑兼有帽子,使我爲之,便説用兵討叛矣。」《唐語林》二。原出《劉賓客嘉話録》。《詩話總龜》前集五。《唐詩紀事》三九。

7 柳宗元得韓愈所寄詩,先以薔薇露灌手,薰玉蕤香後發讀,曰:「大雅之文,正當如是!」,《好事集》(《雲仙雜記》六)。

8 見柳公權7。

9 見呂温1。

10 君誨嘗夜坐,與退之、余三人談鬼神變化。時風雪寒甚,牕外點點火明,若流螢,須臾千萬點,不可數度。頃入室中,或爲圓鏡,飛度往來,乍離乍合,變爲大聲去。而三人中雖退之剛直,亦爲之動顔,君誨與余,但匍匐掩目前席而已。信乎俗諺曰:「白日無談人,談人則害生;昏夜無談鬼,談鬼則怪至。」亦知言也。余三人後皆不利。《龍城録》上。《異人録》(《類説》一二)。

## 孟郊

1 唐孟庭份,郊之父。庭份爲崑山尉,生郊,以詩名世。或云份亦能詩。《吴郡志》一二。

2 唐孟郊因其父爲崑山尉,常至山中,題詩於上方云:「昨日到上方,片霞封石床。錫杖莓苔青,袈裟松柏香。晴磬無短韻，晝燈含永光。有時乞鶴歸，還放逍遥場。」其後張祐嘗遊，亦有詩云：「寶殿依山險，凌虚勢欲吞。畫簷齊木末，香砌壓雲根。遠景窗中岫，孤烟竹裏村。凭高聊一望，歸思隔吴門。」皇祐中，王荆公以舒倅被旨來相水事，到邑已深夜，艤舟寺之前，秉火炬登山，閲寺中之詩，一夕和竟二公之詩，詰旦即回棹。……此四詩爲山中之絶唱。《中吴紀聞》二。

3 孟郊，字東野，工古風，詩名播天下，與李觀、韓退之爲友。貞元十二年及第，佐徐州張建封幕。卒，使下廷評，韓文公作東野誌：諡曰貞曜先生。賈島詩曰：「身殁聲名在，多應萬古傳，寡妻無子息，破宅帶林泉。冢近登山道，詩隨過海船，故人相弔處，斜日下寒天。」〔韋〕莊云不及第，誤也。《唐摭言》一〇。《唐詩紀事》三五。

## 李賀

1 李賀，字長吉，唐諸王孫也，父瑨肅，邊上從事。賀年七歲，以長短之製，名動京華。時韓文公與皇甫湜覽賀所業，奇之，而未知其人。因相謂曰：「若是古人，吾曹不知者；若是今人，豈有不知之理！」會有以瑨肅行止言者，二公因連騎造門，請見其子。既而總角荷衣而出，二公不之信，賀就試一篇，承命欣然，操觚染翰，旁若無人。仍目曰《高軒過》，曰：「華裾織翠青如葱，金鐶壓轡摇冬瓏，馬蹄隱耳聲隆隆，入門下馬氣如虹。云是東京才子、文章鉅公，二十八宿羅心胸，殿前作賦聲磨空，筆補造化天無功，元精炯炯貫當中。龐眉書客感秋蓬，誰知死草生華風，我今垂翅負冥鴻，他日不羞蛇與龍。」二公大驚，以所乘馬命連鑣而還所居，親爲束髮。年未弱冠，丁内艱，他日舉進士，或謗賀不避家諱，文公特著《諱辨》一篇，不幸未登壯室而卒。《唐摭言》一〇。又《廣記》二〇二引。《古今詩話》（《詩話總龜》前集二）。《唐才子傳》五。

2 見韓愈10。

3 元和中，進士李賀善爲歌篇，韓文公深所知重，於縉紳之間每加延譽，由此聲華藉甚。時元相國稹年老，以明經擢第，亦攻篇什，常願交結賀。一日，執贄造門，賀覽刺不容，遽令僕者謂曰：「明經擢第，何事來看李賀？」相國無復致情，慙憤而退。其後左拾遺制策登科，日當要路。及爲禮部郎中，因議賀父名晉肅，不合應進士舉。亦以輕薄時輩所排，遂成轗軻。文公惜其才，爲著《諱辯》録明之，然竟不成事。《劇談録》下。又《廣記》二六五引。《唐語林》六。　案：元稹謁李賀事，王士禛《古夫于亭雜録》卷二辨明其非。

4 有人謁李賀，見其久而不言，睡地者三，俄而成文三篇。《文筆襟喉》（《雲仙雜記》三）。

5 李商隱作賀小傳云：京兆杜牧爲李長吉序，狀長吉之奇甚盡，世傳之。長吉姊嫁王氏者，語長吉之事尤備。長吉細瘦，通眉，長指爪，能苦吟疾書。最先爲昌黎韓愈所知，所與遊者王參元、楊敬之、權璩、崔植爲密。每旦日出與諸公游，未嘗得題然後爲詩，如他人思量牽合以及程限爲意。常從小奚奴，騎距驉，背一古破錦囊，遇有所得，即書投囊中。及暮歸，太夫人使婢探囊出之，見所書多，輒曰：「是兒要當嘔出心始已耳。」上燈與食，長吉從婢取書，研墨疊紙，足成之，投他囊中。非大醉及弔喪日，率如此。過亦不復省，王、楊輩時復來探取寫去。長吉往往獨騎往京洛，所至或時有著，隨棄之，故沈子明家所餘四卷而已。長吉將死時，忽晝見一緋衣人，駕赤虬，持一版書，若太古篆，或霹靂石文者，云當召長吉。長吉了不能讀，欻下榻叩頭，言：「阿㜷長吉學語時，呼太夫人云。老且病，賀不願去。」緋衣人笑曰：「帝成白玉樓，立召君爲記。天上差樂，不苦也。」長吉獨泣，邊人盡見之。少之，長吉氣絶。常所居窗中，㶿㶿有煙氣，聞行車嘒管之聲。太夫人急止人哭，待之如炊五斗黍許時，長吉竟死。王氏姊非能造作謂長吉者，實所見如此。嗚呼！天蒼蒼而高也，上果有帝也耶！帝果有苑囿宮室觀閣之玩耶！苟信然，則天之高邈，帝之尊嚴，亦宜有人物文彩愈此世者，何獨眷眷於長吉，而使其不壽耶！噫！又豈世所謂才而奇者，不獨地上少，即天上亦不多耶！長吉生二十七年，位不過奉禮太常，當時人亦多排擯毁斥之，又豈才而奇者，帝獨重之，而人反不重耶！又豈人見會勝帝耶！《唐詩紀事》四三。《唐才子傳》五。《李賀小傳》見《李義山文集》。

6 隴西李賀，字長吉，唐鄭王之孫。稚而能文，尤善樂府詞句，意新語麗，當時工於詞者，莫敢與賀齒，由是名聞天下。以父名晉肅，子故不得舉進士。卒於太常官，年二十四。其先夫人鄭氏，念其子深，及賀卒，夫人哀不自解。一夕夢賀來，如平生時，白夫人曰：「某幸得爲夫人子，而夫人念某且深，故從小奉親命，能詩書，爲文章。所以然者，非止求一位而自飾也，且欲大門族，上報夫人恩。豈期一日死，不得奉晨夕之養，得非天哉？然某雖死，非死也，乃上帝命。」夫人訊其事，賀曰：「上帝神仙之居也，近者遷都于月圃，構新宮，命曰白瑶。以某榮於詞，故召某與文士數輩，共爲新宮記。帝又作凝虚殿，使某輩纂樂章。今爲神仙中人，甚樂，願夫人無以爲念。」既而告去。夫人寤，甚異其夢，自是哀少解。《宣室志》（《廣記》四九）。

7　李藩侍郎嘗綴李賀歌詩，爲之集序未成。知賀有表兄與賀筆硯之舊者，召之見，託以搜訪所遺。其人敬謝，且請曰：「某盡記其所爲，亦見其多點竄者，請得所葺者視之，當爲改正。」李公喜，併付之，彌年絶跡。李公怒，復召詰之。其人曰：「某與賀中外，自小同處，恨其傲忽，常思報之，所得兼舊有者一時投於溷中矣！」李公大怒，叱出之，嗟恨良久。故賀篇什流傳者少。《幽閒鼓吹》。又《廣記》二四四引。《唐才子傳》五。參見《東觀餘論》下。

8　進士李爲作《淚賦》，及輕、薄、暗、小四賦。李賀作樂府，多屬意花草蜂蝶之間，二子竟不遠大。文字之作，可以定相命之優劣矣。《因話録》三。《唐語林》二。

9　見李白31。

## 王　建

1　王建校書爲渭南尉，作宫詞。……渭南先値内官王樞密，盡宗人之分，然彼我不均，後懷輕謗之色。忽因過飲，語及桓、靈信任中官，多遭黨錮之罪，而起興廢之事。樞密深憾其譏，詰曰：「吾弟所有宫詞，天下皆誦於口。禁掖深邃，何以知之？」建不能對，元公〔稹〕親承聖旨，令隱其文，朝廷以爲孔光不言温樹，何其愼静乎！二君將遭奏劾，爲詩以讓之，乃脱其禍也。建詩曰：「先朝行坐鎮相隨，今上春宫見長時。脱下御衣偏得着，進來龍馬每交騎。常承密旨還家少，獨奏邊情出殿遲。不是當家頻向説，九重争遣外人知。」《雲溪友議》下。又《廣記》一九八引。《唐詩紀事》四四。《苕溪漁隱叢話》前集二二。《唐才子傳》四。

## 張籍

1 張籍在他鎮幕府，鄆帥李師古又以書幣辟之，籍却而不納，而作《節婦吟》一章寄之，曰：「君知妾有夫，贈妾雙明珠。感君纏綿意，繫在紅羅襦。妾家高樓連苑起，良人執戟明光裏。知君用心如日月，事夫誓擬同生死。還君明珠雙淚垂，何不相逢未嫁時？」《容齋三筆》六。《四六話》上。

2 見朱慶餘1。

3 見項斯2。

4 元和中，長安有沙門，不記名氏善病人文章，尤能捉語意相合處。張水部頗恚之，冥搜愈切，因得句曰：「長因送人處，憶得別家時。」徑往誇揚，乃曰：「此應不合前輩意也！」僧微笑曰：「此有人道了也。」籍曰：「向有何人？」僧乃吟曰：「見他桃李樹，思憶後園春。」籍因撫掌大笑。《唐摭言》一三。又《廣記》一九八引。《詩話總龜》前集四。

5 張籍取杜甫詩一帙，焚取灰燼，副以膏蜜，頻飲之，曰：「令吾肝腸從此改易。」《詩源指訣》(《雲仙雜記》七)。

## 元稹

1 見李賀3。

2 見白居易6。

3　元和中，元稹爲監察御史，與中使爭驛廳，爲其所辱，始敕節度觀察使，臺官與中使先到驛者處上廳，因爲定制。《國史補》下。

4　元相公稹爲御史，奉使東川，於褒城題黄明府詩。其序云：「昔年曾於解縣飲酒，余嘗爲觥録事。嘗於竇少府廳，有一人後至，頻犯語令，連飛十數觥，不勝其困，逃席而去。醒後問人，前虞鄉黄丞也。此後絶不復知。元和四年三月，奉使東川，十六日，至褒城望驛，有大池，樓榭甚盛。逡巡有黄明府見迎，瞻其形容，髣髴似識，問其前銜，即往日之逃席黄丞也。説問前事，黄生憫然而悟，因饋酒一樽，艤舟請余同載。余不免其意，與之盡歡。徧問座隅山水，則褒女所奔走城在其左，諸葛所征之路次其右。感今懷古，作贈黄明府詩曰：『昔年曾痛飲，黄令困飛觥。席上當時走，馬前今日迎。依稀迷姓字，即漸識平生。故友身皆遠，他鄉眼暫明。便邀同榻坐，兼共刺船行。酒思臨風亂，霜稜拂地平。不看深淺酌，還愴古今情。邐迤七盤路，陂陁數大城。花疑褒女笑，棧想武侯征。一種埋幽石，老閒千載名。』」《本事詩·事感》。又《唐詩紀事》三七引。

5、6　見薛濤3、4。

7　安人元相國，應制科之選，歷天禄畿尉，則聞西蜀樂籍有薛濤者，能篇詠，饒詞辯，常悄悒於懷抱也。及爲監察，求使劍門，以御史推鞫，難得見焉。及就除拾遺，府公嚴司空綬，知微之之欲，每遣薛氏往焉。臨途訣别，不敢挈行。洎登翰林，以詩寄曰：「錦江滑膩蛾眉秀，化出文君及薛濤。言語巧偷鸚鵡舌，文章分得鳳凰毛。紛紛詞客皆停筆，箇箇君侯欲夢刀。别後相思隔烟水，菖蒲花發五雲高。」元公既在中書，論與裴晉公度子弟譔及第，議出同州。詔云：裴度立蔡上之功，元稹有嚚褰之過也。乃廉問浙東，別濤已逾十載。方擬馳使往蜀取濤，乃有排優周季南、季崇及妻劉採春，自淮甸而來。善弄陸參軍，歌聲徹雲；篇韻雖不及濤，容華莫之比也。元公似忘薛濤，而贈採春詩曰：「新妝巧樣畫雙蛾，幔裹恒州透額羅。正面偷輪光滑笏，緩行輕踏皺文靴。言詞雅措風流足，舉止低迴秀媚多。更有惱人腸斷處，選詞能唱《望夫歌》。」《望夫歌》者，即羅嗊之曲也。金陵有羅嗊樓，即陳後主所建。採春所唱一百二十首，皆當代才子所作。其詞五、六、七言，皆可和矣。詞云：「不喜秦淮水，生憎江上船。載兒夫壻去，經歲又經年。」一。「借問東園柳，枯來得幾年？自無枝葉分，莫怨太陽偏。」二。「莫作商人婦，金釵當卜錢。朝朝江口望，錯認幾人舡！」三。「郍年離別日，只道往桐廬。桐廬人不見，今得廣州書。」四。「昨日勝今日，今年老去年。黃河清有日，白髮黑無緣。」五。「悶向江頭採白蘋，嘗隨女伴祭江神。衆中羞不分明語，暗擲金釵卜遠人。」六。「昨夜北風寒，牽舡浦裏安。潮來打纜斷，摇艣始知難。」七。採春一唱是曲，閨婦行人莫不漣泣。且以藁砧尚在，不可奪焉。元公求在浙河七年，因醉題東武亭。此亭宋武帝所製，壯麗天下莫比也。詩曰：「役役閒人事，紛紛碎簿書。功夫兩衙盡，留滯七年餘。病痛梅天發，親情海岸疏。因循未歸得，不是戀鱸魚。」盧侍御簡求戲曰：「丞相雖不戀鱸魚，乃戀誰耶？」《雲溪友議》下。《唐詩紀事》三七。案：《詩話總龜》前集一六引《古今詩話》云：「盧簡求侍御曰：『丞相不戀鱸魚，爲好鑒湖春色。』春色謂劉採春。」

8 見武儒衡1。

9 元稹爲翰林丞旨，朝退行鐘廊時，初日映九英梅，隙光射稹，有氣勃勃然。百僚望之曰：「豈腸胃文章映日可見乎？」《常朝録》（《雲仙雜記》二）。

10 見張祜4。

11～14 見白居易9、10、19、25。

15 見楊汝士1。

16 見李紳1。

17 初娶京兆韋氏，字蕙藂，官未達而苦貧。繼室河東裴氏，字柔之。二夫人俱有才思，時彥以爲嘉偶。初韋蕙藂逝，不勝其悲，韓侍郎作墓銘。爲詩悼之曰：「謝家最小偏憐女，嫁與黔婁百事乖。顧我無衣搜畫篋，泥他沽酒拔金釵。野蔬充膳甘長藿，落葉添薪仰古槐。今日贈錢過百萬，爲君營奠復營齋。」又云：「曾經滄海難爲水，除却巫山不是雲。」復自會稽拜尚書右丞，到京未逾月，出鎮武昌。武昌建節李相、牛相、元相比也。是時，中門外搆緹幕，候天使送節次，忽聞宅内慟哭，侍者曰：「夫人也。」乃傳問：「旌鉞將至，何長慟焉？」裴氏曰：「歲杪到家鄉，先春又赴任。親情半未相見，所以如此。」立贈柔之詩曰：「窮冬到鄉國，正歲別京華。自恨風塵眼，常看遠地花。碧幢還照曜，紅粉莫咨嗟。嫁得浮雲壻，相隨即是家。」裴柔之答曰：「侯門初擁節，御苑柳絲新。不是悲殊命，唯愁別是親。黃鶯遷古木，珠履徙清塵。想到千山外，滄江正暮春。」元公與柔之琴瑟相和，亦房帷之美也。余故編録之。《雲溪友議》下。《古今詩話》（《詩話總龜》前集一七）。《唐詩紀事》七八。

18 見周復1。

19 丞相元稹之鎮江夏也，嘗秋夕登黃鶴樓，遥望河江之湄，有光若殘星焉，乃令親信某往視之。某遂棹小舟直詣光所，乃釣船中也。詢彼漁者，云適獲一鯉，光則無之。親信乃攜鯉而來。既登樓，公庖人剖之，腹中得鏡二，如古大錢。以面相合，背則隱起雙龍，雖小而鱗鬣爪角悉具。既瑩，則常有光耀，公寶之，置卧内巾箱中。及相公薨，鏡亦亡去。《三水小牘》上。又《廣記》二三二引。

20 元稹在江夏襄州賈塹有莊，新起堂，上梁纔畢，疾風甚雨。時莊客輸油六七甕，忽震一聲，油甕悉列於梁上，一滴不漏。其年元卒。《酉陽雜俎》前集八。又《廣記》三九四引。

21 樂天在洛，大和中，稹拜左丞，自越過洛，以二詩別樂天云：「君應怪我留連久，我欲與君辭别難。白頭徒侣漸稀少，明日恐君無此歡。」又云：「自識君來三度别，這回白盡老髭鬚。戀君不去君須會，知得後迴相見無？」未幾，死于鄂。樂天哭之曰：「始以詩交，終以詩訣，絃筆相絶，其今日乎！」《唐詩紀事》三七。

22 元相稹之薨也，卜葬之夕，爲火所焚，以煨燼之餘瘞之也。《南部新書》庚。

23 元微之、白樂天兩不相下。一日同詠李花，微之先成，曰：「葦綃開萬朵。」樂天乃服。綃，練也，葦白而綃輕。《高隱外書》(《雲仙雜記》七)。

24 其楷字蓋自有風流醖藉，俠才子之氣，而動人眉睫也。要之詩中有筆，筆中有詩，而心畫使之然耳。今御府所藏正書一。《宣和書譜》三。

25 見白居易69。

# 薛書記

1　元相公在浙東時，賓府有薛書記，飲酒醉後，因争令擲注子，擊傷相公猶子，遂出幕。醒來乃作《十離》詩上獻府主：「馴擾朱門四五年，毛香足浄主人憐。無端咬著親情客，不得紅絲毯上眠。《犬離主》。越管宣毫始稱情，紅牋紙上撒花瓊。都緣用久鋒頭盡，不得羲之手裏擎。《筆離毛》。雪耳紅毛淺碧蹄，追風曾到日東西。爲驚玉貌郎君墜，不得華軒更一嘶。《馬離厩》。隴西獨自一孤身，飛去飛來上錦裀。都緣出語無方便，不得籠中更唤人。《鸚鵡離籠》。出入朱門未忍抛，主人常愛語交交。銜泥穢汙珊瑚簟，不得梁間更壘巢。《燕離巢》。皎潔圓明内外通，清光似眼水精宫。都緣一點瑕相穢，不得終宵在掌中。《珠離掌》。戲躍蓮池四五秋，常摇朱尾弄綸鉤。無端擺斷芙蓉朵，不得清波更一遊。《魚離池》。爪利如鋒眼似鈴，平原捉兔稱高情。無端竄向青雲外，不得君王手上擎。《鷹離主》。蓊鬱新栽四五行，常將貞節負秋霜。爲緣春筍鑽牆破，不得垂陰覆玉堂。《竹離亭》。鑄瀉黄金鏡始開，初生三五月徘徊。爲遭無限塵蒙蔽，不得華堂上玉臺。《鏡離臺》。」「馬上同攜今日盃，湖邊還折去年梅。年年祇是人空老，處處何曾花不開。歌詠每添詩酒興，醉酣還命管絃來。罇前百事皆依舊，點檢唯無薛秀才。」元公詩。《唐摭言》一二。《唐詩紀事》四九。參見薛濤2。　案：此載元稹詩，實爲白居易詩，見《白氏長慶集》二〇。

# 賈島

1 賈島，字閬仙。元和中，元白尚輕淺，島獨變格入僻，以矯浮艷，雖行坐寢食，吟味不輟。嘗誇驢張蓋，横截天衢，時秋風正厲，黄葉可掃，島忽吟曰：「落葉滿長安。」志重其衝口直致，求足一聯，杳不可得，不知身之所從也。因之唐突大京兆劉棲楚，被繫一夕而釋之。《唐摭言》一一。又《廣記》一五六引。《唐詩紀事》四〇。《唐才子傳》五。　案：清鄭珍《巢經巢文集》五於此事有辨證。今人多以爲事或有之，唯京兆非棲楚。

2 島初赴名場日，常輕於先輩。以八百舉子所業，悉不如己，自是往往獨語，傍若無人。或鬧市高吟，或長衢嘯傲。忽一日於驢上吟得「鳥宿池中樹，僧敲月下門」，初欲著推字，或欲著敲字，煉之未定，遂於驢上作推字手勢，又作敲字手勢，不覺行半坊，觀者訝之，島似不見。時韓吏部愈權京尹，意氣清嚴，威振紫陌，經第三對呵唱，島但手勢未已，俄爲宦者推下驢，擁至尹前，島方覺悟。顧問欲責之，島具對：「偶得一聯，吟安一字未定，神遊詩府，致衝大官，非敢取尤，希垂至鑒。」韓立馬良久，思之，謂島曰：「作敲字佳矣。」遂與島並轡語笑，同入府署，共論詩道，數日不厭，因與島爲布衣之交。故愈有贈二十八字，島因此名出寰海。詩曰：「孟郊死葬北邙山，日月風雲頓覺閒。天恐文章聲斷絶，再生賈島向人間。」《鑒誡録》八。《唐宋遺史》(《詩話總龜》前集一一、《類説》二七、《野客叢書》一四並引)。《唐詩紀事》四〇。《唐才子傳》五。　案：此事後世廣爲流傳，然宋人已力辯此事及韓詩之不可信(見錢仲聯《韓昌黎詩繫年集釋》七引)。又《緗素雜記》引《劉賓客嘉話録》亦載此事(見《苕溪漁隱叢話》前集一九)，近人唐蘭考爲黄朝英誤記。

3 賈島不善程試，每自疊一幅，巡鋪告人曰：「原夫之輩，乞一聯！乞一聯！」《唐摭言》一二。又《廣記》一八一引。

4 晉公度初立第於街西興化里，鑿池種竹，起臺榭。島方下第，或以爲執政惡之，故不在選，怨憤題詩曰：「破却千家作一池，不栽桃李種薔薇。薔薇花落秋風起，荆棘滿庭君始知。」皆惡其不遜。《唐詩紀事》四〇。《古今詩話》（《詩話總龜》前集三九）。《本事詩・怨憤》。 案：《本事詩》云賈島鑿池種竹起臺榭，當誤。

5 賈又吟《病蟬》之句以刺公卿，公卿惡之，與禮闈議之，奏島與平曾等風狂，撓擾貢院，是時逐出關外，號爲十惡。議者以浪仙自認病蟬，是無搏風之分。詩曰：「病蟬飛不得，向我掌中行。折翼猶能薄，酸吟尚極清。露華疑在腹，塵點誤侵睛。黄雀并烏鳥，俱懷害爾情。」《鑒誡録》八。《詩話總龜》前集三二。《唐詩紀事》四〇。

6 島嘗爲僧，韓愈惜其才，俾反俗。嘗於宣城謁紫微，不遇，乃曰：「我詩無綺羅鉛粉，宜其不售也。」《五總志》。參見喻鳧1。 案：賈島年輩先於杜牧，當無謁杜牧之事。

7 賈島嘗爲僧，洛陽令不許僧午後出寺，賈有詩云：「不如牛與羊，猶暮歸。」詩思遲澀，杼軸方得。如「烏從井口出，人自岳陽來」，乃經年遂偶句。《北夢瑣言》（《詩話總龜》前集八）。《唐詩紀事》四〇。

8 島後爲僧，改名無本，入京投蜀僧悟達國師知玄院中。或去法乾寺返初了。潛於鐘樓安下，日與師覺輝、無可上人、姚殿中合衷私唱和。慮卿相所聞，專俟宣宗微行，欲見帝，希特恩非時及第。及宣宗微行，值玄不在，上聆鐘樓上有秀才吟咏之聲，遂登樓，於島案上取吟次詩欲看。島不識帝，攘臂睨帝，遽於帝手奪之，曰：「郎君何會耶？」帝慙赧下樓。玄公尋亦歸院，島撫膺追悔，欲投鐘樓。帝惜其才，急詔釋罪，謂島曰：「方知卿薄命矣。」遂御札墨制，除島爲遂州長江主簿，帝意令島繼長沙故事。勅曰：「比者禮部奏卿風狂，遂且令關外將息。今既却擕卷軸，潛至京城，遇朕微行，聞卿高咏，覩其至業，可謂屈人。是用顯我特恩，賜爾墨制。宜從短簿，別俟殊科。可守劍南道遂州長江縣主簿，仍便齎勅，乘驛赴官。所管藩侯，放上聞奏。」大中八年九月七日制下，島因授此官，永離貢籍。初之任，屆東川，府主馮八座三十里出倚儀以迎之。既至館舍，見待甚厚，大具肴饌宴設。故島獻感恩詩曰：「匏革奏終非獨樂，軍城未曉啓重門。何時却入三台貴，此日空知八座尊。羅綺舞閒收雨點，貔貅鬬外卷雲根。逐遷屬吏隨賓列，撥棹扁舟不忘恩。」後有一少年除長江簿，猶豫不赴，張蠙先輩爲詩刺之曰：「少年爲理但公清，鴻漸行中是去程。莫恨長江爲短簿，可能勝得賈先生？」《鑒誡録》八。《唐宋遺史》(《詩話總龜》前集一一)。《唐才子傳》五。

案，賈島貶長江主簿一事，《唐摭言》一一、《新唐書》本傳所記與此頗異，王楙《野客叢書》一四已作辨析。近人李嘉言《賈島年譜》謂島赴長江主簿任在文宗開成二年，武宗會昌三年卒。

9 賈島遇宣宗微行，問秀才名，對曰「賈島」，帝曰：「久聞詩名。」島曰：「何以知之？」後言於宰臣，與平曾相次謫授長江尉。所謂不識貴人也。《北夢瑣言》七。

10 又嘗遇武宗皇帝於定水精舍，島尤肆侮，上訝之。他日有中旨令與一官謫去，乃授長江縣尉，稍遷普州司倉而卒。《唐摭言》一一。又《廣記》一五六引。

11 島自長江遷普州司倉，方干自鏡湖寄詩曰：「亂山重復疊，何路訪先生。豈料多才者，空垂不第名。閒曹猶得醉，薄俸亦勝耕。莫問吟詩苦，年年芳草平。」島至老無子，因啖牛肉得疾，終于傳署。後崔錡評事倅岳陽日，爲詩悼之。岳陽，普州地名，今因創墓在岳陽山上，山下有岳陽池。詩曰：「倚恃才難繼，昂藏貌不恭。騎驢衝大尹，奪卷忤宣宗。馳譽超先輩，居官下我儂。司倉舊曹署，一見一心忪。」又舉子李允恭有詩曰：「一一玄微縹緲成，盡吟方更爽神清。宣宗謫去爲閒事，韓愈知來已振名。海底也應搜得静，月輪常被翫教傾。如何未隔四十載，不遇論量向此生。」《鑒誡録》八。《唐詩紀事》四〇。

12 賈島常以歲除取一年所得詩，祭以酒脯，曰：「勞吾精神，以是補之。」《金門歲節》（《雲仙雜記》四）。（《下帷短牒》（陶本《説郛》三二）。

13 高麗使過海，有詩云：「水鳥浮還没，山雲斷復連。」時賈島詐爲梢人，聯下句云：「棹穿波底月，舡壓水中天。」麗使嘉歎久之，自此不復言詩。《今是堂手録》（《苕溪漁隱叢話》前集一九）。

14 見李洞1、2。

## 姚合

1 合，宰相崇曾孫，登元和進士第，調武功主簿，世號姚武功。又爲富平萬年尉。寶應中，歷監察御史、户部外郎，出荆、杭二州刺史，後爲給事中、陝虢觀察使。開成末，終祕書監。與馬戴、費冠卿、殷堯藩、張籍遊，李頻師之。合有《極玄集》，取王維等二十六人詩百篇，曰：「此詩中射雕手也。」《唐詩紀事》四九。

2 開成間，李商隱尉弘農，以活囚忤觀察使孫簡，將罷去，會〔姚〕合來代簡，一見大喜，以風雅之契，即諭使還官，人雅服其義。《唐才子傳》六。

# 皇甫湜

1 皇甫郎中湜氣貌剛質，爲文古雅。恃才傲物，性復褊而直。爲郎南宮時，乘酒使氣，忤同列者。及醒，不自適，求分務温洛，時相允之。值伊瀍仍歲歉食，正郎滯曹不遷，省俸甚微，困悴且甚。嘗因積雪，門無轍跡，庖突無烟，晉公時保釐洛宅，人有以爲言者，由是卑辭厚禮，辟爲留守府從事。正郎感激之外，亦比比乖事大之禮，公優容之如不及。先是，公討淮西日，恩賜鉅萬，貯于集賢私第。公信浮屠教，且曰：「燎原之火，漂杵之誅，其無玉石俱焚者乎？」因盡捨討叛所得，再修福先佛寺，危樓飛閣，瓊砌璇題，就有日矣。將致書於秘監白樂天，請爲刻珉之詞。公與樂天俱興平年傳法堂師弟子。值正郎在座，忽發怒曰：「近舍某而遠徵白，信獲戾于門下矣。且某之文方白之作，自謂瑶琴寶瑟而比之桑間濮上之音也。然何門不可以曳長裾？某自此請長揖而退。」座客旁觀，靡不股慄。公婉詞敬謝之，且曰：「初不敢以仰煩長者，慮爲大手筆見拒。是所願也，非敢望也。」正郎頳怒稍解，則請斗釀而歸。至家，獨飲其半，寢酣數刻，嘔噦而興，乘醉揮毫，黄絹立就。又明日，潔本以獻，文思古謇，字復怪僻。公尋繹久之，目瞪舌澀，不能分其句。讀畢嘆曰：「木玄虛、郭景純《江》《海》之流也。」其碑在寺西北廊玉石幢院。洛中人家往往有本在。因以寶車名馬、繒彩器翫約千餘緡，置書命小將就第酬之。正郎省札大忿，擲書於地，叱小將曰：「寄謝侍中，何相待之薄也！某之文，非常流之文也。曾與顧況爲集序外，未嘗造次許人。今者請製此碑，蓋受恩深厚爾。其辭約三千餘字，每字三匹絹，更減五分錢不得。」已上實録正郎語，故不文。小校既恐且怒，躍馬而歸，公門下之僚屬列校咸扼腕切齒，思臠其肉。公聞之笑曰：「真命世不羈之才也。」立遣依數酬之。愚幼年嘗數其字，得三千二百五十有四，計送絹九千七百〔六十〕有二。後逢寺之老僧曰師約者，細爲愚説其數，亦同。自居守府至正郎里第，輦負相屬，洛人聚觀，比之雍絳泛舟之役。正郎領受之無媿色。湜褊急之性，獨異於人。嘗爲蜂螫手指，因大躁，急命臧獲及里中小兒輩箕斂蜂巢，購以善價。俄頃，山聚於庭，則命碎爛於碪机杵臼，絞取其液，以酬所痛。又嘗命其子松録詩數首，一字小誤，詬詈且躍呼，杖不及，則擒嚙其臂，血流及肘而止。其褊訐之性，率此類也。《闕史》上。又《廣記》二四四引。《唐語林》六。

2 見牛僧孺5。

## 吕温

1 通事舍人宣詔，舊例，拾遺團句把麻者，蓋謁者不知書，多失句度，故用拾遺低聲摘句以助之。及吕温爲拾遺，被唤把麻，不肯去，遂成故事。拾遺不把麻者，自吕始也。時柳宗元戲吕云：「幸識一文半字，何不與他把也？」《劉賓客嘉話録》。又《廣記》一八七引、《近事會元》二引。《文昌雜録》三。

2 見南卓1。

3 見李紳1。

4 吕衡州温，祖延之、父渭，俱有盛名，重任。而吕氏家風，先世碑誌不假於人，皆子孫自撰。云：「欲傳慶善於信詞，儆文學之荒墜也。」《南部新書》辛。《唐語林》二。

## 盧仝

1 張芸叟爲安信之言，舊見《唐野史》一書，出二事：一、明皇爲李輔國所弑，肅宗知其謀，不能制。不數日，雷震殺之。一、甘露禍起，北司方收王涯。盧仝者適在坐，并收之。仝訴曰：「山人也。」北司折之曰：「山人何用見宰相？」仝語塞，疑其與謀。自涯以下，皆以髮反繫柱上，釘其手足，方行刑。仝無髮，北司令添一釘於腦後，人以爲添丁之讖云。《邵氏聞見後録》九。《後村詩話》前集一。《唐才子傳》五。

2 見李玫1。

## 李翺

1 李八座翺，潭州席上有舞《柘枝》者，匪疾而顔色憂悴。殷堯藩侍御當筵而贈詩，曰：「始蘇太守青蛾女，流落長沙舞《柘枝》。滿座繡衣皆不識，可憐紅臉淚雙垂。」明府詰其事，乃故蘇臺韋中丞愛姬所生之女也。夏卿之胤，正卿之姪。曰：「妾以昆弟夭喪，無以從人，委身於樂部，耻辱先人。」言訖涕咽，情不能堪。亞相爲之吁嘆，且曰：「吾與韋族，其姻舊矣。」速命更其舞服，飾以袿襦，延與韓夫人相見。夫人，吏部之子。顧其言語清楚，宛有冠蓋風儀，撫念如其所媵，遂於賓榻中選士而嫁之也。舒元輿侍郎聞之，自京馳詩贈李公曰：「湘江舞罷忽成悲，便脱蠻靴出絳幃。誰是蔡邕琴酒客，魏公懷舊嫁文姬。」李尚書初守廬江，有重繫者合當大辟。引慮之時，咨嗚曰：「某偶黷典章，即從誅戮。然昔於羣山，專習一藝，願於貴人之前試之。」乃曰：「長嘯也。死而無恨歟！」乃命緩繫而聽之，清聲上徹雲漢。公曰：「不謂蘇門之風，出於赭衣之下。可命鸞鶴同遊，可與孫、阮齊躅。去其械梏，蠲其罪乎！」後鎮山南，夜聞長笛之音，而瀏亮不絶。問是何人吹之也，具云：「府獄重囚。」令明日引來。官吏遞相尤怨，夜使囚徒爲樂，罪累必深。及至，發龍吟之韻，奏出塞之悲，閨思鄉情，莫不淒切。公曰：「汝之吹竹已得其能。不事農業，可爲伶人爾。」卒歲而憐愍之，便令奔去也。《雲溪友議》上。《古今詩話》（《詩話總龜》前集二四）。《唐語林》四。《唐詩紀事》三五。

2　李文公翺自文昌宫出刺合淝郡。公性褊直方正，未嘗信巫覡之事。郡客有李處士者，自云能通鬼神之言，言事頗中，一郡肅敬，如事神明。公到郡旬月，乃投刺候謁，禮容甚倨。公心忌之，思以抑挫，抗聲謂曰：「仲尼，大聖也，尚云『未知生焉知死』，子能賢於宣父邪？」生曰：「不然。獨不見阮生著《無鬼論》，精辨宏贍，人不能屈，致鬼神見乎！且公骨肉間，朝夕當有遘病沉困者，晏安酖毒則已，或五常粗備，漬於七情，孰忍視溺而不援哉？」公愈怒，立命械繫之，將痛鞭其背。夫人背疽，明日内潰，果噦食昏瞑，百刻不糝。遍召醫藥，曾無少瘳。愛女數人，既笄未嫁，環牀呱呱而泣，且歸罪於文公之桎梏李生也。公以伉儷義重，息裔情牽，不得已，解縲絏而祈叩之。則曰：「第手翰一狀，俟夜禱之，某留墨篆同焚，當可脱免。」仍誡曰：「愼勿箋易鉛槧，他無所須矣。」公敬受教，即自草詞祝，潔手書之。性褊，札寫數紙皆誤，不能爽約，則又再書。燭灺更深，疲於毫硯，克意一幅，繕札稍嚴。而官位之中竟箋一字，既逾時刻，遂並符以焚。聞呻吟頓減，合室相慶。黎明，李生候謁，公深德之。生曰：「禍則可免，猶謂遲遲。誡公無得漏略，何爲復注一字？」公曰：「無之。向寫數本，悉以塗改，不忍自欺，就焚之書，頗爲精謹，老夫未嘗忘也。」生曰：「談何容易。祝詞在斯。」因探懷以出示，則昨夕所燼之文也。公驚愕慚赧，避席而拜，酬之厚幣，竟無所取。旬日告別，不知所往。疾亦漸間。《闕史》上。又《廣記》七三引。《唐摭言》八。

3 楊嗣復第二榜，盧求者，李翺之壻。先是翺典合肥郡，有一道人詣翺，自言能使鬼神。……後翺任桂州，其人復至。其年，楊嗣復知舉，求落第。嗣復，翺之親表，由是頗以求爲慊。因訪於道人，道人言曰：「此細事，亦可爲奏章一通。」几硯紙筆，復置醇酎數斗於側，其人以巨杯引滿而飲，寢少頃而覺，覺而復飲。暨罍耻，即整衣冠北望而拜，遽對桉手疏二緘，遲明授翺曰：「今秋有主司，且開小卷，明年見榜，開大卷。」翺如所教。尋遞中報至，嗣復依前主文，即開小卷，辭云：「非頭黃尾，三求六李。」翺奇之，遂寄嗣復。嗣復已有所貯，頗疑漏泄。及放榜，開大卷，乃一榜煥然，不差一字。其年裴俅爲狀元，黃價居榜末，次則盧求耳，餘皆契合。後翺鎮襄陽，其人復至，翺虔敬可知也。謂翺曰：「鄙人載來，蓋仰公之政也。」因命出諸子，熟視，皆曰：「不繼。」翺無所得，遂遣諸女出拜之，乃曰：「尚書他日外孫三人，皆位至宰輔。」後求子攜，鄭亞子畋，杜審權子讓能，爲將相。《唐摭言》八。又《廣記》一八一引。《唐書》（《廣卓異記》六）。《唐詩紀事》五三。　案：盧求，與盧儲當爲同一人，參見盧儲1。

4 見盧儲1。

5 襄州李八座翺，斷僧相打，云：「夫說法則不曾敷坐而坐，相打則偏袒右肩左肩。領來向佛前，而作偈言。各笞去衣十五，以例三千大千。」又斷僧通狀云：「上歲童子二十受戒，君王不朝，父母不拜。口稱『貧道』，有錢放債。量決十下，牒出東界。」《雲溪友議》下。

6 苕溪漁隱曰：余讀《傳燈録》言：「朗州刺史李翺謁藥山，問如何是道。師以手指上下曰：『會麽？』翺曰：『不會。』師曰：『雲在天水在缾。』翺遂贈以詩曰：『練得身形似鶴形，千株松下兩函經。我來問道無餘説，雲在青天水在缾。』」又：「藥山一夜登山經行，忽雲開見月，大笑一聲，應澧陽東九十許里，居民盡謂東家。翺再贈詩曰：『選得幽居愜野情，終年無送亦無迎。有時直上孤峯頂，月下披雲笑一聲。』」余以《唐書》翺本傳考之，翺嘗爲朗州刺史，則《傳燈録》所載是也。《苕溪漁隱叢話》前集二〇。參見《傳燈録》一四、《宋高僧傳》一七。

7 《韓吏部集》有李習之兩句云：「前之詎灼灼，此去信悠悠。」若無可取。鄭州掘一石，刻刺史李翺詩曰：「縣君愛磚渠，繞水恣行遊。鄙性樂山野，掘地便成溝。兩岸植芳草，中間漾清流。所向既不同，磚鑿名自修。從他後人見，景趣誰爲幽？」王深父編次入習之集。此別一李翺爾，而習之不能詩也。《中山詩話》。《唐詩紀事》三五。

8 毛傳好食鳩，人與己相得者必以鳩贈之，一見李翺，贈十二籃。《好事集》(《雲仙雜記》四)。

## 盧儲

1 李翺江淮典郡，有進士盧儲投卷，翺禮待之，置文卷几案間，因出視事。長女及笄，閒步鈴閣前，見文卷，尋繹數四，謂小青衣曰：「此人必爲狀頭。」迨公退，李聞之，深異其語，乃令賓佐至郵舍，具白於盧，選以爲壻。盧謙讓久之，終不却其意。越月隨計，來年果狀頭及第。纔過關試，徑赴嘉禮。催妝詩曰：「昔年將去玉京遊，第一仙人許狀頭。今日幸爲秦晉會，早教鸞鳳下妝樓。」後盧止官舍，迎内子，有庭花開，乃題曰：「芍藥斬新栽，當庭數朵開。東風與拘束，留待細君來。」人生前定，固非偶然耳。《抒情詩》（《廣記》一八一）。《南部新書》（《詩話總龜》前集二三），又《記纂淵海》三七引。《唐詩紀事》五二。案：盧儲與盧求當爲同一人，參見李翺3。

## 楊巨源

1 張弘靖三世掌書命，在台座，前代未有。楊巨源贈公詩云：「伊陟無聞祖，韋賢不到孫。」時稱其能與，張家説家門。巨源在元和中，詩韻不爲新語，體律務實，功夫頗深。自旦至暮，吟咏不輟。巨源年老，頭數摇，人言吟詩多致得。《因話録》二。《唐語林》二。《詩史》（《詩話總龜》前集一七）。《唐詩紀事》三五。

2 巨源善叙事，胡二十以户部兼判度支，乃賀以詩曰：「雄拜知承聖主恩。」於是有雄拜之句。《唐詩紀事》三五。

## 唐衢

1 唐衢，周鄭客也。有文學，老而無成。唯善哭，每一發聲，音調哀切，聞者泣下。常遊太原，遇享軍，酒酣乃哭，滿坐不樂，主人爲之罷宴。《國史補》中。又《廣記》四九七引。《桂苑叢談·史遺》。

## 張仲素

1 元和初，達官中外之親重婚者，先以涉溱洧之譏。就禮之夕，儐相則有清河張仲素、宗室李程。女家索催妝詩，仲素朗吟曰：「舜耕餘草木，禹鑿舊山川。」程久之乃悟，曰：「張九，張九，舜禹之事，吾知之矣。」于是羣客大笑。《羣居解頤》（張本《説郛》三二、陶本《説郛》二四）。《善謔集》（張本《説郛》六五、陶本《説郛》三二）。

## 鄭俞

1 鄭俞，登貞元十六年進士第，杜元潁、吴丹、白樂天皆同年登科。樂天爲河南尹，俞始授長水縣令，樂天《四雖吟》云：「命雖薄，猶勝於鄭長水。」《唐詩紀事》四五。

## 陸暢

1 陸郎中暢，早耀才名，輦轂不改於鄉音。自賀祕書知章、賈相躭、顧著作况，譏誚秦人，至于陸君者矣。貢舉之年，和羣公《對雪》，落句云：「天人寧底巧，剪水作花飛。」又《山齋翫月》詩曰：「野性平生唯好月，新晴半夜覩嬋娟，起來自擘書窗破，恰漏清光落枕前。」又《經崔諫議玄亮林亭》曰：「蟬噪入雲樹，風開無主花。」在越，每經遊蘭亭，高步禹跡石帆之絶境，如不繫之舟焉。初爲西江王大夫仲舒從事，終日長吟，不親公牘。府公微言，拂衣而去。辭曰：「不可偶爲大夫參佐，而妨志業耶！」王乃固留不已，請舉自代，然後登舟，曰：「洿子姪得耳，渠曾數辟不就，暢召必來。」陸洿員外，暢之姪也。而乃採藥西山，飲泉潏水。建昌之南也，今新吳。昔許真君銘曰：「有水曰潏，有魚曰魧，天地昏冥，何以伏藏。」又謂真君淬劍之水，鑄鍛者多於此水砥礪也。朝客聞之，以爲仕隱也，美譽益彰。及登蘭省，遇雲陽公主下降劉都尉，百僚舉爲儐相。詩題之者，頃刻而成，其詩亦麗也。《詠簾》詩曰：「勞將素手卷蝦鬚，瓊室流光更綴珠。玉漏報來過夜半，可憐潘岳立踟躕。」《詠行障》詩曰：「碧玉爲竿丁字成，鴛鴦繡帶短長馨。强遮天上花顔色，不隔雲中語笑聲。」詔作《催妝》五言詩一首曰：得花字。「雲安公主貴，出嫁五侯家。天母看調粉，日兄憐賜花。催鋪柏子帳，待障七香車。借問妝成未，東方欲曉霞。」內人以陸君吳音，才思敏捷，凡所調戲，應對如流，復以詩嘲之，陸亦酬和，六宮大咍。凡十餘篇，嬪娥皆諷誦之。例物之外，别賜宮錦五十段、楞伽瓶及唾盂各一枚，以賞吻翰之端也。內人詩云：「十二層樓倚翠空，鳳鸞相對立梧桐。雙成走報監門衛，莫使吳歈入漢宮。」此篇或謂內學宋若蘭、若昭姊妹所作也，宋考功之孫也。陸君酬曰：「粉面仙郎選聖朝，偶逢秦女學吹簫。須教翡翠聞王母，不奈烏鳶噪鵲橋。」《雲溪友議》中。又《廣記》二五六引。《唐詩紀事》三五。

2 予門吏陸暢，江東人，語多差誤，輕薄者多加諸以爲劇語。予爲兒時，嘗聽人説陸暢初娶童溪女，每旦，羣婢捧匜，以銀奩盛藻豆。陸不識，輒沃水服之。其友生問：「君爲貴門女壻，幾多樂事？」陸云：「貴門禮法甚有苦者，日俾予食辣麨，殆不可過。」《酉陽雜俎》續集四。《唐詩紀事》三五。

3 陸暢字達夫，常爲韋南康作《蜀道易》，首句曰：「蜀道易，易於履平地。」南康大喜，贈羅八百疋。南康薨，朝廷欲繩其既往之事，復閲先所進兵器。刻「定秦」二字，不相與者因欲搆成罪名。暢上疏理之。

云：「臣在蜀日，見造所進兵器，定秦者，匠之名也。」由是得釋。《蜀道難》，李白罪嚴武也。暢感韋之遇，遂反其詞焉。《尚書故實》。又《廣記》四九六引。《唐詩紀事》三五。

## 章孝標

1 近日舉場爲詩清切，而鄙元和風格，用高往式乎？ 然由工用之不同矣。 章正字孝標《對月》落句云：「長安一夜千家月，幾處笙歌幾處愁。」有類乎秦交云：「一種蛾眉明月夜，南宮歌吹北宮愁。」章君品題之中，頗得聲稱也。元和十三年下第，時輩多爲詩以刺主司，獨章君爲《歸燕》詩，留獻庚侍郎承宣。小宗伯得詩，展轉吟諷，誠恨遺才，仍候秋期，必當薦引。庚果重秉禮曹，孝標來年擢第。羣議以爲二十八字而致大科，則名路可遵遞相礱礪也。詩曰：「舊累危巢泥已落，今年故向社前歸。連雲大廈無栖處，更望誰家門户飛。」孝標及第，正字東歸，題杭州樟亭驛云：「樟亭驛上題詩客，一半尋爲山下塵。世事日隨流水去，紅花還似白頭人。」初成落句云：「紅花真笑白頭人。」改爲「還似白頭人」。言我將老成名，似花芳艷，詎能久乎！ 及還鄉而逝。前有章八元，後有章孝標，皆桐廬人，名雖遠而位俱不達。後五十年來，有閩川歐陽澥者，四門詹之孫也，賈陵、陳羽、李覯、李絳、韓愈、王涯、劉遵古、崔羣、馮宿、李博等，與四門同年，其名流於海岳。 澥娶婦經旬，而辭赴舉，抗節不還。詩云：「黄菊離家十四年。」又云：「離家已是夢松年。」又云：「落日望鄉處，何人知客情？」自憐十八年之帝鄉，未遇知己也。亦爲《燕》詩以獻主司鄭愚侍郎，其詞雖爲朝賢稱嘆，尚未第焉。澥詩曰：「翩翩雙燕畫堂開，送古迎今幾萬迴。長向春秋社前後，爲誰歸去爲誰來？」《雲溪友議》下。又《廣記》一八一引。《古今詩話》（《詩話總龜》前集二五）。《唐詩紀事》四一、六七。

2 章孝標及第後，寄淮南李相曰：或云寄白樂天「及第全勝十改官，金鞍鍍了出長安。馬頭漸入揚州郭，爲報時人洗眼看。」紳亟以一絶答之曰：「假金方用真金鍍，若是真金不鍍金。十載長安得一第，何須空腹用高心！」《唐摭言》一三。又《廣記》二五一引。

3 短李鎮揚州，請章孝標賦春雪詩，命題於臺盤上。孝標唯然，索筆一揮云：「六出飛花處處飄，黏窗拂砌上寒條。朱門到晚難盈尺，盡是三軍喜氣消。」《唐摭言》一三。《唐詩紀事》四一。

## 施肩吾

1 元和十五年，太常少卿李建知舉，放進士二十九人。時崔嘏舍人與施肩吾同榜。肩吾寒進。爲嘏瞽一目，曲江宴賦詩，肩吾云：「去古成叚，著蟲爲蝦。二十九人及第，五十七眼看花。」《唐語林》六。

2 施肩吾與趙嘏同年，不睦。嘏舊失一目，以假珠代其精，故施嘲之曰：「二十九人同及第，五十七隻眼看花。」元和十五年也。《南部新書》甲。　案：趙嘏爲崔嘏之誤。趙嘏會昌四年及第。

3 元和十五年盧儲榜進士第後，謝禮部陳侍郎云：「九重城裏無親識，八百人中獨姓施。」不待除授，即東歸，張籍羣公吟餞。人皆知有仙風道骨，寧戀人間升斗耶！《唐才子傳》六。

4 施肩吾元和十年及第，以洪州之西山，乃十二真君羽化之地，靈蹟具存，慕其真風，高蹈於此。嘗賦《閒居遺興詩》一百韻，大行於世。《唐摭言》八。又《廣記》一八〇引。《唐才子傳》六。

5 施肩吾先輩爲詩奇麗，冠於當時。著百韻《山居》，才情富贍。……及第後，遊南楚。楚多山魈爲患，俗號聖者，是時亦來館穀，攪擾施君。施君當風一詠，於是屏跡。詩曰：「山魈本是伍家奴，何事今爲聖者呼。小鬼不須乖去就，國家才子號肩吾。」《鑒誡録》八。

## 沈亞之

1 沈亞之嘗客遊，爲小輩所試曰：「某改令，書、俗各兩句：伐木丁丁，鳥鳴嚶嚶。東行西行，遇飯遇羹。」亞之答曰：「如切如磋，如琢如磨。欺客打婦，不當嘍囉。」《唐摭言》一三。又《廣記》二五一引。

## 李正封

1 見程修己3。

## 程昔範

1 廣平程子齊昔範，未舉進士日，著《程子中謩》三卷，韓文公一見大稱歎。及赴舉，言於主司曰：「程昔範不合在諸生之下。」當時下第，大振屈聲。庾尚書承宣知貢舉，程始登第，以試正字從事涇原軍。李太師逢吉在相位，見其書，特薦拜左拾遺。竟因李公之累，湮厄而没。其立身貞苦，能清譚樂善，士多附之。惜其位不至耳。與堂舅李信州虞相知最深，交契至厚，有裴公夷直，皆士林之望也。《因話録》三。《唐語林》三。

## 蘇芸

1 嶺表多假吏，而里巷目爲使君，而貧窶徒行者甚衆。元和中，進士蘇芸南地淹遊，嘗有詩云：「郭裏多榕樹，街中足使君。」《廣記》二五六。

## 張碧

1 見白居易57。

## 孔顒

1 見孟簡4。

## 淡然

1 《傳載》曰：僧淡然者爲詩曰：「到處自鑿井，不能飲常流。」與孟郊、退之爲洛下之游，退之作嘲淡然鼾睡詩是也。《侯鯖録》七。

# 薛濤

1 蜀妓薛濤，字弘度，本長安良家子。父鄖，因官寓蜀。濤八九歲知聲律。其父一日坐庭中，指井梧而示之曰：「庭除一古桐，聳幹入雲中。」令濤續之，應聲曰：「枝迎南北鳥，葉送往來風。」父愀然久之。父卒，母孀居。韋皋鎮蜀，召令侍酒賦詩，因入樂籍。濤暮年屏居浣花溪，著女冠服。有詩五百首。《稿簡贅筆》（張本《説郛》四四、陶本《説郛》二四）。

2 吴越饒營妓，燕趙多美姝，宋産歌姬，蜀出才婦。薛濤者，容姿既麗，才調尤佳。言謔之閒，立有酬對。大凡營妓，比無校書之稱，韋公南康鎮成都日，欲奏之而罷，至今呼之。故進士胡曾有贈濤詩云：「萬里橋邊女校書，琵琶花下閉門居。掃眉才子知多少，管領春風總不如。」濤每承連帥寵念，或相唱和，出入車輿，詩達四方。中朝一應銜命。使車每届蜀，求見濤者甚衆。而濤性亦狂逸，所有見遺金帛，往往上納。韋公既知，且怒，於是不許從官。濤乃呈《十離》詩，情意感人，遂復寵召。當時見重如此。《犬離主》：「出入朱門四五年，熟知人性足人憐。近緣咬著親情客，不得紅絲毯上眠。」《魚離池》：「戲躍池中四五秋，常摇朱尾翫銀鈎。近緣戲觸紅蓮折，不得隨波自在遊。」《鸚鵡離籠》曰：「慣向侯門養此身，飛來飛去羽毛新。近緣出語無方便，不得籠中再唤人。」又《竹離叢》曰：「蓊鬱栽成四五行，常持堅節覆秋霜。近緣春笋鑽堦破，不得垂枝對畫堂。」又《珠離掌》曰：「一顆明珠内外通，分明皎潔水精宫。近緣一點瑕相累，不得終朝在掌中。」又女郎張窈窕，少年居蜀，下筆成章，當時詩人雅相推重。有《上成都在事》詩曰：「昨日賣衣裳，今朝賣衣裳。衣裳渾賣盡，羞見嫁時箱。有賣愁仍緩，無時心轉傷。故園胡虜隔，何處事蠶桑。」悲光兜寺近有尼海印，才思清峻，不讓名流。有《舟夜》一章頗佳，詩曰：「水色連天色，風聲益浪聲。旅人歸思苦，魚叟夢魂驚。舉棹雲先到，移舟月逐行。旋吟詩句罷，猶見遠山横。」《鑒戒録》一〇。又《詩話總龜》前集二三引。《唐詩紀事》七九。　案：《十離》詩，《唐摭言》云乃元稹賓府薛書記上元稹詩。參見薛書記1。

3 蜀多文婦，亦風土所致。元微之素聞薛濤名，因奉使使見焉。微之矜持筆硯，濤走筆作《四友贊》。其略曰：「磨潤色先生之腹，濡藏鋒都尉之頭；引書媒而黯黯，入文畝以休休。」微之驚服。傳記止載「菖蒲花發五雲高」之句，而遺此，故録之。《清異録》下。《然藜餘筆》（陶本《説郛》三二）。

4 元和中，成都樂籍薛濤者，善篇章，足辭辨，雖無風諷教化之旨，亦有題花咏月之才，當時乃營妓之中尤物也。元稹微之知有薛濤，未嘗識面，初授監察御史，出使西蜀，得與薛濤相見。自後元公赴京，薛濤歸浣花。浣花之人多造十色彩牋，於是濤别模新様小幅松花紙，多用題詩，因寄獻元公百餘幅。元於松花紙上寄贈一篇曰：「錦江滑膩岷峨秀，化作文君與薛濤。言語巧偷鸚鵡舌，文章分得鳳凰毛。紛紛辭客皆停筆，箇箇思君欲夢刀。别後相思隔烟水，菖蒲花發五雲高。」薛嘗好種菖蒲，故有是句。蜀中松花紙、金沙紙、雜色流沙紙、彩霞、金粉、龍鳳紙近年皆廢，唯餘十色綾紋紙尚在。《牧豎閒談》（張本《説郛》七、陶本《説郛》一九）。《續博物志》一〇。

5 見元稹。

6 高駢鎮成都，命酒佐薛濤改一字令，曰：「須得一字象形，又須逐韻。」公曰：「口有似没量斗。」

濤曰：「川有似三條椽。」公曰：「奈何一條曲？」濤曰：「相公爲西川節度使，尚使一没量斗，至於窮佐酒，有三條椽，内一條曲，又何足怪？」《紀異録》（《類説》一二）。又《錦綉萬花谷》前集三九引。《事文類聚》續集一五引作《芝田録》。《唐才子傳》六。　案：高駢時代不與薛相及，疑爲其祖高崇文事。

7　西蜀官妓曰薛濤者，辯慧知詩。嘗有黎州刺史失姓名。作《千字文令》，帶禽魚鳥獸，乃曰：「有虞陶唐。」坐客忍笑不罰。至薛濤云：「佐時阿衡。」其人謂語中無魚鳥，請罰，薛笑曰：「『衡』字尚有小魚子；使君『有虞陶唐』，都無一魚。」賓客大笑，刺史初不知覺。《唐語林》六。

8　松花牋，代以爲薛濤牋，誤也。松花牋其來舊矣。元和初，薛濤尚斯色，而好製小詩，惜其幅大，不欲長，賸長之長。乃命匠人狹小之。蜀中才子既以爲便，後減諸牋亦如是，特名曰薛濤牋。今蜀紙有小樣者，皆是也，非獨松花一色。《資暇集》下。《南部新書》壬。《鷄跖集》（《類説》二九）。《唐詩紀事》七九。《唐才子傳》六。

9　薛濤本長安良家女。父鄖，因官寓蜀而卒。母孀，養濤及笄，以詩聞外，又能掃眉塗粉，與士族不侔。客有竊與之宴語。時韋中令臯鎮蜀，召令侍酒賦詩，僚佐多士爲之改觀。朞歲，中令議以校書郎奏請之，護軍曰：「不可。」遂止。濤出入幕府，自臯至李德裕，凡歷事十一鎮，皆以詩受知。其間與濤唱和者，元稹、白居易、牛僧孺、令狐楚、裴度、嚴綬、張籍、杜牧、劉禹錫、吴武陵、張祜，餘皆名士，記載凡二十人，競有酬和。濤僑止百花潭，躬撰深紅小彩牋，裁書供吟，獻酬賢傑，時謂之「薛濤牋」。晚歲居碧鷄坊，創吟詩樓，偃息於上。後段文昌再鎮成都，太和歲濤卒，年七十三，文昌爲撰墓誌。《蜀牋譜》（陶本《説郛》九八）。又《天中記》二〇引。

10〔薛濤〕作字無女子氣，筆力峻激。其行書妙處，頗得王羲之法，少加以學，亦衛夫人之流也。每喜寫己所作詩語，亦工，思致俊逸，法書警句，因而得名。《宣和書譜》一〇。

## 張窈窕

1 見薛濤2。

## 武翊黄

1 武翊黄，府送爲解頭，及第爲狀頭，宏詞爲敕頭，時謂「武三頭」，冠於一時。後惑於媵嬖薛荔，苦其冢婦盧氏，雖新昌李相紳以同年蔽之，而衆論不容，終至流竄。《唐語林》六。《南部新書》己。案：武翊黄，《南部新書》作「武翊皇」。

## 廖有方

1 廖有方校書，元和十年失意後遊蜀，至寶雞西界館，窆於旅逝之人，天下譽爲君子之道也。書板爲其記耳：「余元和乙未歲，落第西征。適此公署，聞呻吟之聲，潛聽而微惙也，乃於暗室之内，殘見一貧病兒郎。問其疾苦行止，强而對曰：『辛勤數舉，未偶知音眄睞。』叩頭，久而復語，唯以骸相託，餘不能言。擬求救療，是人俄忽而逝。余遂賤鬻所乘鞍馬於村豪，備棺瘞之禮，恨不知其姓字。苟爲金門同人，臨歧悽斷，復爲銘曰：『嗟君没世委空囊，幾度勞心翰墨場。半面爲君申一慟，不知何處是家鄉！』」廖君自西蜀取東川路，還至靈合驛，驛將迎歸私第。及見其妻，素衣，再拜嗚咽，情不可任。徘徊設辭，有同親懿。淹留半月，僕馬皆飫啜熊鹿之珍，極賓主之分。有方不測何緣如此，悚惕尤甚。臨別，其妻又至，相別悲啼，又贈鱸繒錦一駄，其價直數百千。驛將曰：「郎君今春所埋胡綰秀才，即其妻室之季兄也。」始知亡者姓字，復叙平生之弔。所遺之物，終不納焉。少婦及夫，堅意拜上。有方又曰：「僕爲男子，粗察古今。偶然葬一同流，不可當兹厚惠。」遂促轡而前。驛將奔騎而送。逾一驛，尚未分離。廖君不顧其物，驛將竟不挈還。執袂各恨東西，物乃棄於林野。鄉老以義事申州，州以表奏中朝。其於文武宰寮，願識有方，共爲導引。明年，李侍郎逢吉放有方及第，改名游卿，聲動華夷，皇唐之義士也。其主驛戴克勤，堂牒本道節度，甄昇至於極職。克勤名義與廖君同述焉。《雲溪友議》下。又《廣記》一六七引。《唐詩紀事》四九。

## 周匡物

1 周匡物字幾本，漳州人。唐元和十二年王播榜下進士及第，時以歌詩著名。初，周以家貧，徒步應舉，落魄風塵，懷刺不偶。路經錢塘江，乏僦船之資，久不得濟，乃於公館題詩云：「萬里茫茫天塹遥，秦皇底事不安橋。錢塘江口無錢過，又阻西陵兩信潮。」郡牧出見之，乃罪津吏。至今天下津渡尚傳此詩諷誦。舟子不敢取舉選人錢者，自此始也。《閩川名士傳》(《廣記》一九九)。《唐詩紀事》四五。

## 陳存

1 進士陳存能爲古歌詩，而命蹇。主司每欲與第，臨時皆有故，不果。許尚書孟容舊相知，知舉日，萬方欲爲申屈。將試前夕，宿宗人家。宗人爲具入試食物，兼備晨食，請存偃息以候時。五更後，怪不起，就寢呼之，不應。前視之，已中風不能言也。《因話録》六。

## 孟不疑

1 舉人祝元膺嘗言親見孟不疑説，每每誡夜食必須發祭也。祝又言孟素不信釋氏，頗能詩，其句云：「白日故鄉遠，青山佳句中。」後常持念遊覽，不復應舉。《酉陽雜俎》前集一五。《唐詩紀事》五六。

## 王適

1 王適侍御，元和初，舉賢良方正、直言極諫科，太直見黜。故韓文公誌適墓云：「上初即位，以四科慕天下士，君笑曰：『此非吾時耶！』即提所作書緣路歌吟趨直言試。既至，對語驚衆，不中第，益久困矣。」《唐摭言》一二。

## 蕭悦

1 見劉三復2。

2 蕭悦，不知何許人也。時官爲協律郎，人皆以官稱其名，謂之「蕭協律」。唯喜畫竹，深得竹之生意，名擅當世。白居易詩名擅當世，一經題品者，價增數倍，題悦畫竹詩云：「舉頭忽見不似畫，低耳静聽疑有聲。」其被推稱如此，悦之畫可想見矣。今御府所藏五。《宣和畫譜》一五。

## 白旻

1 白旻，官至同州澄城令。工花鳥，鷹鶻觜爪纖利，甚得其趣。旻善歌，常醉酣歌闋，便畫自娱。《歷代名畫記》一〇。

## 李靈省

1 李靈省落托不拘檢，長愛畫山水。每圖一障，非其所欲，不即强爲也。但以酒生思，傲然自得，不知王公之尊重。若畫山水、竹樹，皆一點抹，便得其象，物勢皆出自然。或爲峯嶺雲際，或爲島嶼江邊，得非常之體，符造化之功，不拘於品格，自得其趣爾。《唐朝名畫録》。《御覽》七五一引作《唐畫斷》。《圖繪寶鑑》二。

## 李仲和

1 李漸官至忻州刺史，善蕃人蕃馬騎射射雕放牧川原之妙，筆迹氣調，古今亡儔。子仲和能繼其藝，而筆力不及其父。今相國令狐公奕代爲相，家富圖畫，即忻州外孫，家有小畫人馬幛，是尤得意者，憲宗曾取置禁中，後却賜還，嘗以示余。《歷代名畫記》一〇。又《廣記》二一三引。《宣和畫譜》一三。

## 曹綱

1 見廉郊1。

## 費冠卿

1 費冠卿元和二年及第，以禄不及親，永懷罔極之念，遂隱於九華。長慶中，殿中侍御史李行脩舉冠卿孝節，徵拜右拾遺，不起。制曰：「前進士費冠卿，嘗與計偕，以文中第，歸不及於榮養，恨每積於永懷，遂乃屏蹟邱園，絶蹤仕進，守其至性，十有五年。峻節無雙，清飇自遠。夫旌孝行，舉逸人，所以厚風俗而敦名教也。宜承高獎，以儆薄夫。擢參近侍之榮，載佇移忠之効，可右拾遺。」《唐摭言》八。又《廣記》一八〇引。《唐詩紀事》六〇。

# 田良逸　蔣含弘

1 元和初，南嶽道士田良逸、蔣含弘，皆道業絶高，遠近欽敬，時號田蔣。田以虚無爲心，和煦待物，不事浮飾，而天格清峻，人見者褊悋盡去。吕侍郎渭、楊侍郎憑，相繼廉問湖南，皆北面師事。潭州大旱，祈禱不獲，或請邀致先生。楊公曰：「田先生豈爲人祈雨者耶？」不得已迎之。先生蓬髮弊衣，欣然就輦到郡，亦終無言，即日降雨。所居嶽觀，内建黄籙壇場，法具已陳，而天陰晦。弟子請先生祈晴，先生亦無言，岸幘垂髮而坐。及行齋，左右代整冠履，扶而昇壇，天即開霽。嘗有村姥，持一碧絹襦來奉先生，先生對衆便著之，在坐者竊笑，先生不以介意。楊公嘗迎先生至潭州，先生方洗足，使到，乘小舟便行，侍者以履襪追及于衙門，先生即于門外坐甎階著襪，旁若無人。楊再拜，亦不止之。喜飲酒，而言不及吉凶是非。及楊自京尹謫臨賀尉，使使候先生，兼遺銀器，先生受之，便悉付門人，作法會。使還，先生曰：「報汝阿本郎，不久即歸，勿憂也。」未幾，楊果移杭州長史。良逸未嘗干人，人至亦不逆，不記人官位姓名第。與吕渭分最深。後郎中吕温刺衡州，因來候之，左右先告以使君是侍郎之子。及温入，下牀撫其背曰：「爾是吕渭兒子耶？」温泫然降階，田亦不止，其真樸如此。良逸母爲喜王寺尼，尼衆皆呼先生爲小師。嘗日負薪兩束奉母，或有故不及往，即弟子代送之。或傳寺尼晨起見一虎在田媪門外，走以告，媪曰：「此應是小師使送柴來，不足畏也。」蔣君混元之氣，雖不及田，而修持趣尚亦相類。兄事於田，號爲莫逆。蔣始善符術，自晦其道，人莫知之。後居九貞觀，曾命弟子至縣市齋物，不及期還，語其故云：「於山口見一猛獸當路，良久不去，以故遲滯。」蔣曰：「我在此庇伊已多時，何敢如此。」即以一符置所見處，明日獸踣符下。蔣聞之曰：「我本以符却之，使其不來，豈知不能自脱。既以害物，安用術爲？」取符焚之，自此絶不復留意。有歐陽平者，行業亦高，又兄事蔣君，於田君即鄰于入室。歐陽曾一夕夢三金爐自天而下，若有所召。既寤，潛告人曰：「二先生不久去矣，我繼之。」俄而田君蜕去，蔣次之，歐陽亦逝。桐柏山陳寡言、徐靈府、馮雲翼三人，皆田之弟子也。衡山周混沌，蔣之門人也。陳徐在東南，品第比田蔣，而馮在歐陽之列。周自幼入道，科法清嚴，今爲南嶽首冠。《因話録》四。又《廣記》七六引。《唐語林》四。

## 伊祁玄解

1 見唐憲宗20。

## 鑒虛

1 見唐德宗34。

2 鑒虛爲僧，頗有風格，而出入内道場，賣弄權勢，杖殺于京兆府。城中言鑒虛善煮羊胛，傳以爲法。《國史補》中。

3 元和中，僧鑒虛本爲不知肉味，作僧素無道行。及有罪伏誅，後人遂作鑒虛煮肉法，大行於世。不妨他僧爲之，置于鑒虛耳。亦猶《才命論》稱張燕公，《革華傳》稱韓文公，《老牛歌》稱白樂天，《佛骨詩》稱鄭司徒，皆後人所誣也。故其辭多鄙淺。《因話録》四。

## 盧眉娘

1 永貞元年，南海貢奇女盧眉娘，年十四，眉娘生而眉如線細長也。稱本北祖帝師之裔，自大足中流落於嶺表。後漢盧景祚、景裕、景宣、景融兄弟四人皆爲帝師，因號爲帝師也。幼而慧悟，工巧無比。能於一尺絹上繡《法華經》七卷。字之大小不逾粟粒，而點畫分明，細於毛髮。其品題章句，無有遺闕。更善作飛仙蓋，以絲一縷分爲三縷。染成五彩，於掌中結爲傘蓋五重，其中有十洲三島、天人玉女，臺殿麟鳳之象而外，執幢捧節之童亦不啻千數。其蓋闊一丈，秤之無三數兩。自煎靈香膏傅之，則虬硬不斷。上歎其工，謂之神助。因令止於宫中。每日但食胡麻飯二三合。至元和中，憲宗皇帝嘉其聰慧而奇巧，遂賜金鳳環以束其腕。知眉娘不願住禁中，遂度以黄冠，放歸南海，仍賜號曰逍遥。及後神遷，香氣滿室，弟子將葬，舉棺覺輕，即徹其蓋，惟有藕屨而已。後入海人往往見乘紫雲遊於海上。是時羅浮處士李象先作《盧逍遥傳》，而象先之名無聞，故不爲世人傳焉。《杜陽雜編》中。又《廣記》六六引。

## 譚可則

1 元和十五年，淮南裨將譚可則因防邊爲吐蕃所掠。初到蕃中，蕃人未知憲宗棄天下，日夜懼王師復河湟，不安寢食。可則既至，械繫之置地牢中，絶其飲食，考問累至。可則具告以大行昇遐，蕃人尚未之信。其傍有知書者，可則因略記遺詔示之，乃信焉。蕃法刻木爲印，每有急事，則使人馳馬赴贊府牙帳，日行數百里，使者上馬如飛，號爲馬使。報得可則審憲皇崩問之狀。先是，每得華人，其無所能者，便充所在役使，輒黥其面。麤有文藝者，則涅其臂，以候贊普之命。得華人補爲吏者，則呼爲舍人。可則以曉文字，將以爲知漢書舍人，可則不願。其舊舍人有姓崔者，本華人，可則嘗于靈武相識，其人大爲蕃帥所信，爲言之，得免。可則前後數逃歸，輒爲候者所得。蕃帥雖不殺，以皮鞭榜之，凡數百，竟得脱。凡在蕃六年，及歸，詣闕自陳，敕付神策軍前馳使。未及進用，爲軍中沙汰，因配在浙東，止得散將而已，竟無官。開成四年，余于越州遇之，見其步履不快，云于蕃中走時凍損足。視其臂，一字尚存。譯云：「天子家臣。」可則亦細言河湟可復之狀。聽其語，猶微染戎音。《因話録》四。

## 李灌

1 李灌者，不知何許人。性孤静。常次洪州建昌縣，倚舟於岸。岸有小蓬室，下有一病波斯，灌憫其將盡，以湯粥給之。數日而卒。臨絶，指所卧黑氈曰：「中有一珠，可徑寸。」將醻其惠。及死，氈有微光溢耀。灌取視得珠。買棺瘗之，密以珠内胡口中。植木誌墓。其後十年，復過舊邑。時楊憑爲觀察使，有外國符牒，以胡人死於建昌逆旅，其粥食之家皆被梏訊經年。灌因問其罪，因具言本末。灌告縣寮，偕往郭墦伐樹，樹已合拱矣。發棺視死胡，貌如生，乃於口中探得一珠還之。其夕棹舟而去，不知所往。《獨異志》（《廣記》四〇二）。　案：此事又作李勉事、李約事，參見李勉3、李約5。

# 唐人軼事彙編卷二十一

## 蕭俛

1 見鄭雲逵2。

2 蕭俛自左僕射表請度爲道士。《唐摭言》八。

## 段文昌

1 鄒平公段文昌負才傲俗，落魄荆楚間。嘗半酣，靸屐於江陵大街往來。雨霽泥甚，街側有大宅，門枕流渠，公乘醉於渠上脱屐濯足，旁若無人。自言：「我作江陵節度使，必買此宅。」聞者皆掩口而笑。不數年，果鎮荆南，遂買此宅。《録異記》四。又《廣記》一三八引。《玉泉子》。

2 又嘗佐太尉南康王韋臯，爲成都郵巡。忽失意，韋公逐之，使攝靈池尉，蒼惶受命，羸僮劣馬，奔迫就縣。去靈池六七里，日已昏黑，路絶行人，忽有兩炬前引，更呼曰：「太尉來。」既及郭門，兩炬皆滅。扣關良久，令長差人延之，然後得入。先時，自郵巡與韋公奉使入長安，公與劉禹錫深交，禹錫時爲禮部員外，公往謁之，禹錫與日者從容之際，公遽至，日者匿於箔下。公既去，日者出謂禹錫曰：「員外若圖省轉，事勢殊遠，須待十年後此客入相，方轉本曹正郎爾。」自是禹錫失意，連授外官，十餘年鄒平入相，方除禹錫禮部郎中，歸闕。果如日者所言。《録異記》四。又《廣記》一三八引。《玉泉子》。

3 貞元十七年，先君自荆入蜀，應韋南康辟命。洎韋之暮年，爲賊闢讒構，遂攝尉靈池縣。韋尋薨，賊闢知留後，先君舊與闢不合，聞之，連夜離縣。至城東門，闢尋有帖，不令諸縣官離縣。其夕陰風，及返，出郭二里，見火兩炬夾道，百步爲導。初意縣吏迎候，且怪其不前，高下遠近不差，欲及縣郭方滅。及問縣吏，尚未知府帖也。時先君念《金剛經》已五六年，數無虚日，信乎至誠必感，有感必應，向之導火，乃經所著迹也。後闢逆節漸露，詔以袁公滋爲節度使。成式再從叔少從軍，知左營事，懼及禍，與監軍定計，以蠟丸帛書通謀於袁。事旋發，悉爲魚肉，賊謂先君知其謀。於一時先君念經夜久，不覺困寐，門户悉閉。忽覺，聞開户而入，言「不畏」者再三，若物投案，曝然有聲。驚起之際，言猶在耳，顧視左右，吏僕皆睡。俾燭樺一作燬權四索，初無所見，向之關扃，已開闢矣。先君受持此經十餘萬遍，徵應事孔著。成式近觀晉宋以來，時人咸著傳記彰明其事。又先命受持講解有唐已來《金剛經靈驗記》三卷，成式當奉先命受持講解。太和二年，於揚州僧栖簡處聽《平消御注》一遍。六年，於荆州僧靖奢處聽《大雲疏》一遍。開成元年，於上都懷楚法師處聽《青龍疏》一遍。復日念書寫，猶希傳照罔極，盡形流通，摭拾遺逸，以備闕佛事，號《金剛經鳩異》。《酉陽雜俎》續集七。又《廣記》一〇六引。

4 故西川節帥段文昌，字景初。父鍔，爲支江宰，後任江陵令。文昌少好蜀文，長自渚宫，困於塵土，客遊成都。謁韋南康皋，皋與奏釋褐。道不甚行，每以事業自負，與遊皆高士之名，遂去南康之府。金吾將軍裴邠之鎮梁川，辟爲從事，轉假廷評。裴公府罷，因抵興元之西四十里，有驛曰鵠鳴，濱漢江，前倚巴山，有清僧依其隈。不知何許人也。常嘿其詞，忽復一言，未嘗不中。公自府遊，聞清僧之異，徑詣清公求宿，願知前去之事。自夕達旦，曾無詞，忽問蜀中聞極盛旌旆而至者誰，公曰：「豈非高崇文乎？」對曰：「非也，更言之。」公曰：「代崇文者，武黄門也。」清曰：「十九郎不日即爲此人，更盛更盛。」公尋徵之，便曰：「害風妄語，阿師不知。」因大笑而已，由是頗亦自負。户部員外韋處厚，出開州刺史，段公時任都官員外，判鹽鐵案，公送出都門。處厚素深於釋氏，洎到鵠鳴，先訪之。清喜而迎處厚，處厚因問還期，曰：「一年半歲，一年半歲。」又問終止何官，對曰：「宰相，須江邊得。」又問終止何處，僧遂不答。又問段十九郎何如，答曰：「已説矣，近也近也。」及處厚之歸朝，正三歲，重言一年半歲之驗。長慶初，段公自相位節制西川，果符清師之言。處厚唯不喻江邊得宰相，廣求智者解焉。或有旁徵義者，謂處厚必除淅西夏口，從是而入拜相。及文宗皇帝踐祚自江邸，首命處厚爲相，至是方驗，與鄒平公同發師修清公塔，因刻石記其事焉。又趙宗儒節制興元日，問其移勤，遂命紙作兩句詩云：「梨花初發杏花初，甸邑南來慶有餘。」宗儒遂考之，清公但云：「害風阿師取次語。」明年二月，除檢校右僕射，鄭餘慶代其位。

《定命録》(《廣記》一五五)。

5 段文昌，貞元中在西川爲南康王韋皋賓從。皋薨後，遭劉闢，遂爲外邑佐官。高崇文收復劍南，召居舊職。文昌再三謝之。崇文曰：「君非久在卑位也。」指己座下椅子謂之曰：「此椅子猶不足與君坐。」遽請歸闕。行至興元一山寺中，有老僧指庭前梅樹曰：「君去日既逢梅臉綻，來時應見杏花開。」及抵京華，屢遷爵秩。數年後，拜益州節度使。經興元，至往日僧院，覩庭中杏花方盛，訪其僧已卒。文昌追思之，感愴，爲之設齋而去。《中朝故事》《唐詩紀事》五〇。

6 見高崇文1。

7 元和十一年，監察御史段文昌，與崔植同前入臺。先是御史崔玄亮，察院之長，每以二監察後至，不由科名，接待間多所脱略，段與崔深銜之。元和十五年春，穆宗皇帝龍飛，命二公入相，段自翰長中書舍人拜，植自御史中丞拜，同在中書。時玄亮罷密州刺史，謁宰相，二相相顧，掐玄亮名曰：「此人不久往他役，而有心求官。」時門下侍郎蕭俛亦在長安，因問二相，二相具以事對。蕭相曰：「若如此，且令此漢閒三五年可矣。」不數日，宣州奏歙州刺史闕。其日印在段相宅，便除歙州刺史。明日，段入朝，都忘前事，到中書大怒，責吏房主事陽述云：「威權在君，更須致宰相？必是此賊納賄除官，若不是人吏取錢，崔玄亮何由得歙州刺史？」述惶怖謝罪云：「文書都不到本房，昨日是相公手書擬名進黄。」及檢勘，黼省述忘，實是自書。植欲改擬覆奏，段曰：「安知不是天與假吾手耳？」遂放敕下。《續定命録》(《廣記》一五四)。

8 文昌少孤，寓居廣陵之瓜洲，家貧力學。夏月訪親知於城中，不遇，饑甚，於路中拾得一錢，道旁買瓜，置於袖中。至一宅，門闃然，入其廄内，以瓜就馬槽破之。方啗次，老僕聞擊槽聲，躍出，責以擅入廄。驚懼，棄之而出。鎮淮海，常對賓客説之。在中書廳事，地衣皆錦繡，諸公多撤去，而文昌每令整飭，方践履。同列或勸之，文昌曰：「吾非不知，常恨少貧太甚，聊以自慰爾。」《唐語林》六。

9 唐段相文昌，家寓江陵，少以貧窶修進，常患口食不給。每聽曾口寺齋鐘動，輒詣謁食，爲寺僧所厭，自此乃齋後扣鐘，冀其晚屆而不逮食也。後入登台座，連出大鎮，拜荊南節度，有詩題曾口寺云「曾遇闍黎飯後鐘」，蓋爲此也。富貴後，打金蓮花盆盛水濯足，徐相商致書規之。鄒平曰：「人生幾何，要酬平生不足也。」或云王播相公未遇，題揚州佛寺詩。及荊南人云是段相。亦兩存之。《北夢瑣言》三。《唐語林》六。案：《詩話總龜》前集一六引《北夢瑣言》此文，注云：「《古今詩話》載此詩是唐相王播題揚州佛寺……今言段文昌，乃江陵人所誤傳。」又《唐摭言》七亦作王播事。

10 段文昌微時貧，幾不能自存。既貴，遂竭財奉身，晚年尤甚。以木瓜益脚膝，銀稜木瓜胡樣桶濯足，蓋用木瓜樹解合爲桶也。《清異録》下。

11 段相國文昌本廣都縣人，父以油柞爲業，云云因官而没生而有致，長亦多才，物業蕩空，文章迴振。洎跨衞行卷，鄉里笑之。歷三十年間，衣錦還蜀。蜀人有詩贈曰：「昔日騎驢學忍飢，今朝忽著錦衣歸。等閒畫虎驅紅旆，可畏登龍入紫微。富貴不由翁祖解，文章生得羽毛飛。廣都再去應惆悵，猶有江邊舊釣磯。」《鑒誡録》八。

12 見周隱克1。

13 見李宗閔5。

14 段文昌丞相尤精饌事，第中庖所榜曰「鍊珍堂」，在塗號「行珍館」。家有老婢，掌修鸞之法，指授女僕。老婢名膳祖，四十年閱百婢，獨九者可嗣法。文昌自編《食經》五十卷，時稱《鄒平公食憲章》。《清異録》下。

15 段文昌字墨卿，有别業在廣都縣龍華山，嘗杜門力學於此。郭震有題龍華山詩云：「昔年曾到此山來，百鳥聲中酒一盃。最好寺邊開眼處，段文昌有讀書臺。」《海録碎事》四下。《唐詩紀事》五〇。

16 段相文昌重爲《淮西碑》，碑頭便曰：「韓弘爲統，公武爲將。」用《左氏》「欒書將中軍，欒黶佐之」，文勢也甚善，亦是效班固《燕然碑》樣，别是一家之美。《唐語林》二。案：唐蘭考此爲《劉賓客嘉話録》佚文。

17 余昔年隨侍至定武，見總管廳有唐段文昌撰《平淮西碑》。石甚大，不知何因而至此地也。《文昌雜録》三。

18 見韓愈14。

## 崔植

1 見段文昌7。

## 竇易直

1 竇相易直，幼時名秘。家貧，受業村學，教授叟有道術，而人不知。一日近暮，風雨暴至，學童悉歸家不得，而宿于漏屋之下。寒，争附火，惟竇公寢于榻，夜深方覺。叟撫公令起，曰：「竇秘，君後爲人臣，貴壽之極，勉力自愛也。」及德宗幸奉天日，公方舉進士，亦隨駕而西。乘一蹇驢，至開遠門，人稠路隘，其扉將闔，公懼勢不可進。聞一人叱驢，兼捶其後，得疾馳而出。顧見一黑衣卒，呼公曰：「秀才，已後莫忘閻倩。」及升朝，訪得其子，提挈累至大官，吏中榮達。《因話録》六。又《廣記》七六、二二三引。《續前定録》。《唐語林》六。

## 武儒衡

1〔長慶二年〕六月，武儒衡以諫議大夫知制誥，膳部郎中元稹繼掌命書。稹常通結内官魏宏簡，約車僕，自詣其家，不由宰臣而得掌誥，時人皆鄙之，莫敢言者。獨儒衡一日會食公堂，有青蠅入瓜上，忽發怒，命掣去之，曰：「適從何所來，而遽集於此？」一座皆愕然，儒衡神氣自若。《唐會要》五五。

## 李程

1 貞元中，李繆公先榜落矣。先是出試，楊員外於陵省宿歸第，遇程於省司，詢之所試，程探靴中得賦稿示之。其破題曰：「德動天鑒，祥開日華。」於陵覽之，謂程曰：「公今年須作狀元。」翌日雜文無名，於陵深不平，乃於故策子末繕寫，而斥其名氏，攜之以詣主文，從容紿之曰：「侍郎今者所試賦，奈何用舊題？」主文辭以非也。於陵曰：「不止題目，向有人賦此，韻脚亦同。」主文大驚。於陵乃出程賦示之，主文賞嘆不已。於陵曰：「當今場中若有此賦，侍郎何以待之？」主文曰：「無則已，有則非狀元不可也。」於陵曰：「苟如此，侍郎已遺賢矣。乃李程所作。」亟命取程所納面對，不差一字。主文因而致謝，於陵於是請擢爲狀元，前榜不復收矣。或曰出榜重收。《唐摭言》八。又《廣記》一八〇引。《唐詩紀事》四一。

2　李繆公貞元中試《日五色賦》及第，最中的者，賦頭八字曰：「德動天鑒，祥開日華。」後出鎮大梁，聞浩虚舟應宏辭復試此題，頗慮浩賦逾己，專馳一介取本。既至啓緘，尚有憂色，及覩浩破題云：「麗日焜煌，中含瑞光。」程喜曰：「李程在裏。」《唐摭言》一三。又《廣記》一八〇引。

3　李程以《日五色賦》擢第。爲河南尹日，試舉人，有浩虚舟卷中行《日五色賦》，程相大驚，慮掩其美，伸覽之次，服其才麗。至末韻「侵晚水以芒動，俯寒山而秀發」，程相大咍曰：「李程賦且在，瑞日何爲到夜秀發？」由是浩賦不能陵邁。《北夢瑣言》七。

4　德宗嘗暮秋獵於苑中。是日天色微寒，上謂近臣曰：「九月衣衫，二月衣袍，與時候不相稱。欲遞遷一月，何如？」左右皆拜謝。翌日，命翰林議之，而後下詔。李趙公吉甫時爲承旨，以聖人能上順天時，下盡物理，表請宣示萬方，編之於令。李相程初爲學士，獨不署名，具狀奏曰：「臣謹按《月令》，十月始裘。《月令》是玄宗皇帝删定，不可改易。」上乃止。由是與吉甫不協。《因話録》一。《唐語林》二。

5　李相國程爲翰林學士，以堦塼日影爲入候。公性懶，每入必踰八塼，故號爲「八塼學士」焉。《大唐傳載》。又《廣記》一八七引。《唐語林》四。

6　北廳前堦有花塼道，冬中日及五塼爲入直之候。李程性懶，好晚入，恒過八塼乃至，衆呼爲「八塼學士」。《翰林志》。又《近事會元》二引。

7　李相國程執政時，嚴謨、嚴休皆在南省，有萬年令闕，人多屬之。李云：「二嚴，休不如謨。」《南部新書》辛。《大唐傳載》。又《廣記》一七四引。

8　李二十六丈丞相善謔。爲夏口日，有客辭焉，相留更住三兩日，客曰：「業已行矣，舟船已在漢口。」曰：「此漢口不足信。」又因與堂弟居守相石投盤飲酒，居守誤收骰子，糾者罰之。丞相曰：「何罰之有？」司徒曰：「汝向忙鬧時把他堂印將去，又何辭焉？」飲酒家謂重四爲堂印，蓋譏居守太和九年冬朝廷有事之際而登庸也。又與石話服食，云：「汝服鍾乳否？」曰：「近服，甚覺得力。」司徒曰：「吾一不得乳力。」蓋譏其作相日無急難之效也。又嘗於街西遊宴，貪在博局，時已昏黑，從者迭報云：「鼓動。」司徒應聲曰：「靴！靴！」其意謔鼓動似受慰之聲以弔客，「靴」「靴」答之，連聲索靴，言欲速去也。又在夏口時，官園納苧頭而餘者分給將校，其主將報之，軍將謝苧頭，司徒手拍頭云：「著他了也。」然後傳語：「此苧頭不必謝也！」《劉賓客嘉話録》。又《廣記》二五一引。《唐語林》六。

9　見權德輿6。

10　見張仲素1。

11　今代多稱故丞相彭原李公謂其子廓曰：「吾不如爾有令子。」蓋言廓子畫蚤修辭賦，而廓不辨屯毛。案劉氏《代説》，張憑父不才，憑祖鎮謂憑父曰：「我不如汝有佳兒。」時憑僅數歲，斂手對曰：「阿翁詎宜以子戲父。」好事者見彭原公尚談諧，遂移之以資一時之噱，而不知小虧丞相之甚，其誣厚矣。不然者，彭原公豈不見張憑之語邪！或云是彭原公引舊事以勉廓。《資暇集》中。

12　小説載：廓從其父程過三亭渡，爲小石隱，足痛，以呼父。程曰：「太華峯頭，見有仙人手跡；黄河灘裏，争得隱人脚跟？」《唐詩紀事》六〇。

## 錢　徽

1　見皇甫弘1。

2　長慶元年二月十七日，侍郎錢徽下三十三人，三月二十三日重試落第十人，徽貶江州刺史。《唐摭言》一四。

## 沈傳師

1　沈吏部傳師，性不流不矯，待物以和。觀察三方，皆脂膏之地，去鎮無餘蓄。京城居處隘陋，不加一椽，所辟賓僚，無非名士。身没之後，家至貧苦，二子繼業，並致時名，又以報施不妄。公先君禮部員外郎既濟撰《建中實録》，體裁精簡，雖宋、韓、范、裴亦不能過。自此之後，無有比者。公繼世爲史官，及出鎮湖南、江西，奉詔在鎮修《憲宗實録》，當時榮之。《因話録》二。《唐語林》一。

2　見徐晦1。

## 徐　晦

1　徐尚書晦、沈吏部傳師，徐公嗜酒，沈公善餐。楊東川嗣復嘗云：「徐家肺，沈家脾，真安穩耶？」《大唐傳載》。《唐語林》六。

# 李涉

1 李涉，洛陽人，渤之仲兄也，自號清溪子。早歲客梁園，數逢亂兵，避地南來，樂佳山水，卜隱匡廬香爐峯下石洞間。嘗養一白鹿，甚馴狎，因名所居白鹿洞。與弟渤、崔膺昆季茅舍相接。《唐才子傳》五。

2 李博士涉，諫議渤海之兄。嘗適九江看牧弟，臨袂，凡有囊裝，悉分匡廬隱士，荷戴山人芳也。唯書籍薪米存焉。至皖口之西，忽逢大風，鼓其征帆，數十人皆馳兵仗，而問是何人。從者曰：「李博士船也。」其間豪首曰：「若是李涉博士，吾輩不須剽他金帛。自聞詩名日久，但希一篇，金帛非貴也。」李乃贈一絶句。豪首餞賂且厚，李亦不敢却。而覩斯人神情復異，而氣義備焉，因與淮陽佛寺之期，而懷陸機之薦也。李君及至揚州，遍歷諸寺，遇一女子拜泣，自謂宋態也。宋態者，故吴興劉員外愛姬也。劉全白也。劉、李有昔年之分，因有詩贈曰：「長憶雲仙至小時，芙蓉頭上綰青絲。當時驚覺高唐夢，唯有如今宋玉知。」又曰：「陵陽夜醼使君筵，解語花枝在眼前。自從明月西沉海，不見姮娥二十年。」李君嘆曰：「不見豪首，而逢宋態。成終身之喜，恨無言於知舊歟！」李博士奇義且多，注不盡録爾。後番禺舉子李彙征客遊於閩越，馳車至循州，冒雨水求宿，田翁指韋氏之莊居。韋氏乃杖屨迎賓，年已八十有餘，自稱曰：「野人韋思明，幸獲祇奉。」與李生談論，或文或史，淹留累夕。彙征善談而不能屈也。對酒徵古今及詩話，韋叟吟曰：「長安輕薄兒，白馬黃金羈。」以彙征年少而事輕肥故也。李生還令云：「昨日美少年，今日成老醜。」韋乃喟然嘆曰：「老其醜矣，少壯所嗤。」至客改令，不離舊意，曰：「白髮有前後，青山無古今。」韋微笑曰：「白髮不遠於秀才，何忽於老夫也！」叟復還令曰：「此公頭白真可憐，惜伊紅顔美少年。」於是共論數十家歌詩，次第及李涉絶句，主人似酷稱善矣。彙征遂吟曰：「遠別秦城萬里遊，亂山高下出商州。關門不鎖寒溪水，一夜潺湲送客愁。」又曰：「華表千年一鶴歸，丹砂爲頂雪爲衣。泠泠仙語人聽盡，却向五雲翻翅飛。」思明復吟二篇曰：「因韓爲趙兩遊秦，十月冰霜渡孟津。縱使雞鳴見關吏，不知余也是何人。」又曰：「滕王閣上唱伊州，二十年前向此遊。半是半非君莫問，西山長在水長流。」李生重詠《贈豪客》詩，韋叟愀然變色曰：「老身弱齡不肖，遊浪江湖，交結奸徒，爲不平之事。後遇李涉博士，蒙簡此詩，因而踁跡。李公待愚，擬陸士衡之薦戴若思，共主晉室，中心藏焉。遠隱羅浮山，經于一紀。李即云亡，不復再遊秦楚。」追惋今昔，因乃潸然。或持觴而酹，反袂而歌云：「春雨蕭蕭江上村，五陵豪客夜知聞。他時不用相迴避，世上如今半是君。」雲谿子以劉向所謂「傳聞不如親聞，親聞不如親見」也。乾符己丑歲，客于霅川，值李生細述其事。彙征於韋叟之居觀李博士手翰，冀余導於文林。且思明感知從善，豈謝古人乎？《雲溪友議》下。《唐詩紀事》四六。《唐才子傳》五。

3　涉，渤之兄，纖人也。早從陳許辟，憲宗時，爲太子通事舍人，投匭言吐突承璀冤狀。孔戣知匭事，表其姦，逐爲峽州司倉參軍。始戣見其副章，詰責不受。涉乃行賂，詣光順門通之，故戣極言涉姦險欺天，請加顯戮。大和中，爲太學博士，自號清谿子。《唐詩紀事》四六。

## 李渤

1 江州刺史李渤問師（今按：指廬山歸宗寺智常禪師）曰：「教中所言，『須彌納芥子』，渤即不疑；『芥子納須彌』，莫是妄談否？」師曰：「人傳使君讀萬卷書籍，還是否？」李曰：「然。」師曰：「磨頂至踵，如椰子大，萬卷書向何處著？」李俛首而已。李異日又問云：「大藏教明得箇什麽邊事？」師舉拳示之云：「還會麽？」李云：「不會。」師云：「這箇措大，拳頭也不識！」李云：「請師指示。」師云：「遇人，即途中授與；不遇，即世諦流布。」《景德傳燈録》七。《宋高僧傳》一七。

2 見吴武陵2。

3 見劉棲楚1。

## 李肇

1 李肇自尚書郎守澧陽，人有藏書者，卒藏翫焉。因著《經史目録》。《南部新書》丙。

## 劉棲楚

1 長慶四年三月十九日，上坐朝甚晚。自即位以來，坐朝皆晚，此日尤甚。羣臣候朝至宣武門，已立數刻，至紫宸門，又絶晚，不召羣官，有至不任端立欲傾仆者。諫議大夫李渤出次，白宰相曰：「昨日已有疏論坐晚，今又益晚，不能回上意，是某之罪。」遂出閤門，赴金吾仗待罪。有頃，喚仗入。退朝，百官趨出，左拾遺劉栖楚獨進諫曰：「歷觀前王嗣位之初，莫不躬勤庶政，坐以待旦。陛下即位以來，放情嗜寢，樂色忘憂，安寢宮闈，日晏方起。西宮密邇，未過山陵。鼓吹之聲，日喧于内。臣伏見憲宗皇帝、大行皇帝皆是長君，勤恪庶政，四方猶有叛亂。陛下運當少主，即位未幾，惡德布聞，恐福祚之不久也。臣忝位諫官，致陛下有此，請碎首以謝陛下。」遂以額叩龍墀，振響之聲，聞于閣外。門下侍郎李逢吉懼栖楚致死，遂宣言曰：「栖楚休叩額，聽進止。」栖楚捧首起立，又奏宦官中大行時有協比邪人動摇國本事。又叩額如前。上爲之動容，以袖連揮栖楚。栖楚又奏云：「可臣奏，即退。不可臣奏，臣即碎首而死。」叩額。中書侍郎牛僧孺遽請宣付栖楚云：「所奏知，門外待進止。」栖楚乃拜舞而出，以袂掩血，行至仗頭，則不能起矣。栖楚出後，宰臣於上前更贊其事，上心定，乃自仗下遂降中書宣諭栖楚，令歸私第。是日聞者莫不感異，以爲耳目所聞見諫官論事，未有如今日之盛。後一日，有進止，令中使持緋衫牙笏，就宅宣賜栖楚，旌拜起居郎。堅讓不起。遂歸東洛。至十二月，拜諫議大夫，以旌直諫也。《唐會要》五五。

2　劉桂州栖楚爲京兆尹，號令嚴明，誅罰不避權勢。先是京城惡少，屠沽商販，多繫名諸軍，不遵府縣法令，以凌衣冠，奪貧弱爲事，有罪即逃入軍中，無由追捕。劉公爲尹，一皆窮治。至有匿軍中名目，自稱百姓者。旬朔内，坊市姦偷宿猾，懾氣屏跡。余嘗與友生入市，市内有一軍人，乘醉誤吃友生驢。過旁諸少年噪曰：「癡男子死日到，敢近衣冠耶！」人人似頭上各有一劉尹，慄慄惴懼，不敢爲非。而與屬吏言，未曾傷氣，不叱責一官人。常謂府縣僚曰：「諸公各有自了本分公事，晴天美景，任恣意遊賞，勿致拘束。」《因話録》二。《唐語林》一。　案：「乘醉誤吃友生驢」，《唐語林》作「乘醉誤突生驢過」。

## 張又新

1 張又新時號張三頭。進士狀頭，宏詞敕頭，京兆解頭。《唐摭言》二。《唐詩紀事》四〇。

2 李相紳鎮淮南，張郎中又新罷江南郡，素與李搆隙，事在別録。時於荆溪遇風，漂没二子，悲慼之中，復懼李之讎己，投長牋自首謝。李深憫之，復書曰：「端溪不讓之詞，愚罔懷怨；荆浦沈淪之禍，鄙實愍然。」既厚遇之，殊不屑意。張感銘致謝，釋然如舊交。與張宴飲，必極歡盡醉。張嘗爲廣陵從事，有酒妓，嘗好致情，而終不果納。至是二十年，猶在席，目張悒然，如將涕下。李起更衣，張以指染酒，題詞盤上，妓深曉之。李既至，張持杯不樂。李覺之，即命妓歌以送酒。遂唱是詞曰：「雲雨分飛二十年，當時求夢不曾眠。今來頭白重相見，還上襄王玳瑁筵。」張醉歸，李令妓夕就張郎中。張與楊虔州齊名友善，楊妻李氏即鄘相之女，有德無容，楊未嘗意，敬待特甚。張嘗謂楊曰：「我少年成美名，不憂仕矣。唯得美室，平生之望斯足。」楊曰：「必求是，但與我同好，必諧君心。」張深信之。既婚，殊不愜心，楊以笏觸之曰：「君何大癡！」言之數四。張不勝其忿，迴應之曰：「與君無間，以情告君，君誤我如是，何謂癡？」楊歷數求名從宦之由，曰：「豈不與君皆同邪？」曰：「然。」「然則我得醜婦，君詎不聞我邪？」張色解，問：「君室何如？」曰：「特甚。」張大笑，遂如初。張既成家，乃詩曰：「牡丹一朵直千金，將謂從來色最深。今日滿闌開似雪，一生辜負看花心。」《本事詩·情感》。《古今詩話》（《詩話總龜》前集二三、四四）。《唐詩紀事》四〇。

## 張權輿

1 見唐敬宗3。

## 韋綬

1 見于頔10。

2 韋綬自吏侍除宣察，辟鄭處晦爲察判，作謝新火狀云：「節及桐華，恩頒銀燭。」綬削之，曰：「此二句非不巧，但非大臣所宜言。」《南部新書》壬。

## 崔咸

1 見張正甫4。

## 田布

1 田令既爲成德所害，天子召其子布于涇州，與之舉哀，而授魏博節度。布乃盡出妓樂，捨鷹犬，哭曰：「吾不回矣！」次魏郊三十里，跣足被髮而入。後知力不可報，密爲遺表，伏劍而終。《國史補》中。《唐語林》六。

2見韓弘4。

# 王智興

1 唐王智興始微時，嘗爲徐州門子，有道士寓居門側，智興每日起持帚，因屏穢于道，必埽其道士之門，道士深感之。後智興母終，辭焉，道士謂智興曰：「吾善審墓地，若議葬，當爲子卜之。」智興他日引道士出視地，道士以智興所執竹策表一處，道士曰：「必窆此，君當壽，而兩世位至方伯。」及智興再往理穴，其竹策有枝葉叢生，心甚異之，遂葬焉。《唐年補録紀傳》（《廣記》一三八）。

2 王智興在徐州，法令甚嚴。有防秋官健交代歸，其妹壻於家中設饌以賀。自於廚中磨刀，將就生割羊脚。磨訖，持之疾行，妻兄自堂走入廚，倉卒相值，鋒正中妻兄心，既死。所在擒之以告，智興訊問，但稱過誤，本無惡意，智興不之信，命斬之。刀輒自刑者手中躍出，徑投於地，三換皆然。智興異之，乃不殺。《因話録》六。又《廣記》一六二引。

3 王侍中智興，武略英奇，初授徐方節制，雄才磊落，有命世間生之譽。幕府既開，所辟皆是儒者。一旦，從事於使院會飲，與從容賦詩。頃之，達於王公，乃召護軍俱至。從事乃屏去翰墨，但以杯盤迎接。良久，問之曰：「適聞判官與諸賢作詩，何得見某而罷。」遽令却取筆硯，復以綵牋數十幅散於座。衆賓相顧遲疑，將俟行觴舉樂，復曰：「本來欲觀制作，非以飲酒爲意。」時小吏亦以牋翰置於王公之前，從事禮爲揖讓，王公曰：「某以韜鈐發迹，未嘗留心章句，今日陪奉英髦，不免亦陳愚懇。」遂乃引紙援毫，頃刻而就，云：「平生弓劍自相隨，剛被郎官遣作詩。江南花柳從君詠，塞北煙塵我自知。」四座覽之，驚嘆無已，咸云：「忠烈詞彩，雖曹景宗、賀若弼無以加也。」時文人張祜亦預此筵，監軍謂之曰：「覩茲盛事，豈得無言？」祜即席爲詩以獻云：「古來英傑動寰區，武德文經未有餘。王氏柱天勳業外，李陵章句右軍書。」王公覽之，笑曰：「褒飾之詞，可謂過當矣。」左右或言曰：「書生之徒，務爲諂佞。」王公叱之曰：「有人道我惡，汝輩又肯否？張秀才海内知名，篇什豈云易得，天下人聞，且以爲王智興樂善矣。」留駐數旬，臨歧贈絹千匹。其後移鎮蒲津，子宴平仗節靈武，四遠多士翕然歸向。風烈遺芳，迄于今日。《劇談録》上。又《廣記》二〇〇引。《唐詩紀事》五四。

4 有舉人以詩謁沛帥王智興，智興曰：「莫有鵝腿子否？」謂鶴膝也。《盧氏雜説》（《類説》四九）。

5 唐滄景節度李同捷叛，王智興帥徐泗兵討於棣州。時同捷遣一能言者，披短褐坐於城上戰棚罵智興，軍吏恥之，智興蒙衣掩耳不忍聞。有一卒曰：「此可用抛石擊去其首。」智興喜曰：「若中，賞汝千萬金。」乃具抛發一石，正中其首，隨石迸落。軍中歡叫，城上飛動。《獨異志》下。

6 唐王智興帶使侍中罷鎮歸京，親戚間有以選事求智興論薦，固不允。遂請致一函與吏部侍郎，吏部印尾狀云：「選人名銜謹領訖。」智興曰：「不知侍中也有用處。」《盧氏雜説》（《廣記》二五一）。《唐語林》六。

7 見韓弘4。

## 衛中行

1 衛中行自福察有贓，流於播州。會赦北還，死於播之館，置於臼塘中。南人送死，無棺槨之具，稻熟時理米，鑿木若小舟以爲臼，土人呼爲臼塘。《南部新書》庚。

## 權長孺

1 見唐憲宗13。

2 長慶末，前知福建院權長孺犯事流貶，後以故禮部相國德輿之近宗，遇恩復資，留滯廣陵多日。賓府相見，皆鄙之。將詣闕求官，臨行，羣公飲餞於禪智精舍。狂士蔣傳知長孺有嗜人爪癖，乃於步健及諸傭保處薄給酬直，得數兩削下爪，或洗濯未精，以紙裹，候其酒酣，進曰：「侍御遠行，無以餞送，今有少佳味，敢獻。」遂進長孺。長孺視之，忻然有喜色，如獲千金之惠，涎流於吻，連撮噉之，神色自得，合坐驚異。《乾𦠆子》(《廣記》二〇)。又《負暄雜録》(張本《説郛》一八)引。

## 王庭湊

1 王庭湊始生於恒山西南三十里石邑别墅。當生之後，常有鳩數十，朝集庭樹，暮宿簷户之下，有里人路德播異之。及長，駢脅。善《陰符》、《鬼谷》之書。歷居戎職，頗得士心。以長慶元年春二月曾使河陽，迴及沇水，酒困，寢於道。忽有一人荷策而過，熟視之曰：「貴當列土，非常人。」有從者竇載英寤，以告庭湊。庭湊馳數里及之，致敬而問，自云：「濟源駱山人。向見君鼻中之氣，左如龍而右如虎，龍虎氣交，當王於今年秋。子孫相繼，滿一百年。吾相人多矣，未見有如此者。」復云：「家之庭合有大樹，樹及於堂，是兆也。」庭湊既歸，遇田弘正之難。中夜，有軍士叩門，僞呼官稱，庭湊股慄欲逃。載英曰：「駱山人之言時至矣。是夜七月二十七日也。」庭湊意乃安。及爲留後，他日歸其別墅，視家庭之樹婆娑然，暗北舍矣。墅西有飛龍山神，庭湊往祭之，將及其門百步，見一人被衣冠，折腰於庭湊，庭湊問左右，皆不見。及入廟，神乃側坐，衆皆異之。因令面東起宇，今尚存焉。尋以德播爲上賓，載英列爲首校。訪駱山人，久而方獲，待以函丈之禮，乃別搆一亭，去則懸榻，號駱氏亭，報疇昔也。《唐年補録》（《廣記》二二三）。《北夢瑣言》二。又《廣記》七八引。《唐語林》六。

2 長慶之代，鄴中有五明道士者，不知何許人。善陰陽曆數，尤攻卜筮。成德軍節度田弘正御下稍寬，而冒於財賄，誅求不息，民衆怨咨。時王庭湊爲部將，遣使於鄴，既至，忽有微恙。數日，求醫未能愈，因詣五明，究平生否泰。道士即爲卜之，卦成而三錢並舞，良久方定，而六位俱重。道士曰：「此卦純乾，變爲坤。坤，土也，地也。大夫將來秉旄不遠，兼有土地山河之分，事將集矣，宜速歸乎！」庭湊聞其言，遽自掩其耳。是夜，又夢白鬚翁形容偉異，侍從十餘人，皆手持小玉斧，召王公而前，謂曰：「患難將及，不可久留。」既覺，庭湊疑懼，即辭魏帥而迴。比及還家，未踰旬，值軍民大變，弘正爲亂兵所害，士大夫將校共推庭湊，庭湊再三退讓，衆不聽，擁脅而立之。翌日，飛章上奏。朝廷聞之大駭，徵兵攻討，以裴度爲元帥。趙人拒命二年，王師不能下。俄而敬宗即世，文皇帝嗣位，詔曰：「念彼生靈，久罹塗炭。雖元凶是罪，而赤子何辜？宜一切赦而宥之，就加節制。」仍詔庭湊子元逵入侍，因以壽春公主妻焉。庭湊既立，甚有治聲，朝廷稱之。在位十三年卒，贈太師。子元逵繼立，官至太尉，二十六年薨。長子紹懿立二年，荒淫暴亂，衆議廢而殺之，立其弟紹鼎。紹鼎立六年卒。子景崇立十三年，官至中書令，爵常山王卒。子鎔立，即趙王也，後恣横不道，爲下所殺，立四十一年。自庭湊至鎔，凡五世六主，一百餘年滅。初，庭湊之立也，遣人詣鄴，取五明置於府，爲營館舍，號五明先生院。公曾從容問曰：「某今已忝藩侯，將來禄壽，更爲推之。」道人曰：「三十年。願明公竭節勤王，愛民恤物。次則保神嗇氣，常以清儉爲心，必享殊壽。後裔兼有二王，皆公餘慶之所致也。春秋所謂『五世其昌，八世之後，莫之與京』。」公曰：「幸事已多，素無勳德，此言非所敢望。」因以數百金爲壽，道士固辭不受，公亦固與之。載歸其室，數日盡施之，一無留焉。二王：景崇封常山王，鎔爲趙王也。《耳目記》（《廣記》二一七）。

## 徐凝

1 白樂天典杭州，江東進士多奔杭取解。時張祜自負詩名，以首冠爲己任。既而徐凝後至。會郡中有宴，樂天諷二子矛盾。祜曰：「僕爲解元，宜矣。」凝曰：「君有何嘉句？」祜曰：「《甘露寺》詩有『日月光先到，山河勢盡來』。又《金山寺》詩有『樹影中流見，鐘聲兩岸聞』。」凝曰：「善則善矣，奈無野人句云『千古長如白練飛，一條界破青山色』。」祜愕然不對。於是一座盡傾，凝奪之矣。《唐摭言》二。

2 見白居易16。

3 徐凝，進士也。亡其系。喜作詩，當時賦廬山瀑布泉者，無慮千百輩，而凝爲詩韻，頗爲時輩所推許。其卒章云：「今古長如白練飛，一條界破青山色。」白居易以元老詞客爲時領袖，亦作詩美之，以爲不可跂及。自爾凝聲名藉甚，而後世想見其風采者，獨得此一詩也。蓋其宗居易者其論如此。而或者有惡詩之目，以此方之李、杜之域，則特爲凡陋耳。凝之字畫有行法，固當因時而見。況其筆意自具儒家風範，非規規於學字者。存而論之，亦一種人物也。今御府所藏行書二。《宣和書譜》一五。

4 凝官至侍郎，多吟絶句，曾吟廬山瀑布，膾炙人口。又題處州縉雲山黄帝上昇之所鼎湖，蓋黄帝鑄鼎處也，有池在山頂。詩云：「黄帝旌旗去不迴，空餘片石碧崔嵬。有時風卷鼎湖浪，散作晴天雨點來。」自後無敢題者。《郡閣雅談》（《唐詩紀事》五二）。

## 張祜

1、2 見白居易16、17。

3 見徐凝1。

4 張祜，元和、長慶中深爲令狐文公所知。公鎮天平日，自草薦表，令以新舊格詩三百篇隨表進獻。辭略曰：「凡製五言，苞含六義，近多放誕，靡有宗師。前件人久在江湖，早工篇什，研機甚苦，搜象頗深，輩流所推，風格罕及云云。謹令録新舊格詩三百首，自光順門進獻，望請宣付中書門下。」祜至京師，方屬元江夏偃仰内庭，上因召問祜之辭藻上下，稹對曰：「張祜雕蟲小巧，壯夫恥而不爲者，或奬激之，恐變陛下風教。」上頷之，由是寂寞而歸。祜以詩自悼，略曰：「賀知章口徒勞説，孟浩然身更不疑。」《唐摭言》一一。又《廣記》一八一引。《詩話總龜》前集四四。《唐詩紀事》五二。《唐才子傳》六。

5　見王智興3。

6　令狐趙公鎮維揚，處士張祜嘗與狎讌。公因視祜改令曰：「上水船，風又急，帆下人，須好立。」祜應聲答曰：「上水船，船底破，好看客，莫倚柂。」《唐摭言》一三。又《廣記》二五一引。

7　張祜客淮南幕中，赴宴，時杜紫微爲支使，南座有屬意之處，索骰子賭酒，牧微吟曰：「骰子逡巡裹手拈，無因得見玉纖纖。」祜應聲曰：「但知報道金釵落，髣髴還應露指尖。」《唐摭言》一三。又《廣記》二五一引。《古今詩話》(《詩話總龜》前集二三)。

8　「故國三千里，深宫二十年。一聲《河滿子》，雙淚落君前。」「自倚能歌曲，先皇掌上憐。新聲何處唱，腸斷李延年。」二章祜所作宫詞也，傳入宫禁。武宗疾篤，目孟才人曰：「吾即不諱，爾何爲哉！」指笙囊泣曰：「請以此就縊。」上憫然。復曰：「妾嘗藝歌，請對上歌一曲，以泄其憤。」上許。乃歌「一聲《河滿子》」，氣亟立殞。上令醫候之，曰：「脈尚温而腸已絶。」帝崩，柩重不可舉。或曰：「非俟才人乎？」爰命其櫬，櫬至乃舉。祜爲《孟才人嘆》，序曰：「才人以誠死，上以誠命，雖古之義激，無以過也。」歌曰：「偶因歌態詠嬌嚬，傳唱宫中十二春。却爲一聲《河滿子》，下泉須弔舊才人。」《唐詩紀事》五二。參見武宗孟才人1、2。

9 會昌四年，李相公紳節鎮淮南日，所爲尊貴，薄於布衣，若非皇族卿相囑致，無有面者。張祜與崔涯同寄府下，前後廉問嚮祜詩名，悉蒙禮重，獨李到鎮不得見焉。祜遂修刺謁之，詩題銜「釣鼇客」，將俟便呈之。相國遂令延入，怒其狂誕，欲於言下挫之。及見祜，不候從容，及問曰：「秀才既解釣鼇，以何物爲竿？」祜對曰：「用長虹爲竿。」又問曰：「以何物爲鈎？」曰：「以初月爲鈎。」又問曰：「以何物爲餌？」曰：「用唐朝李相公爲餌。」相公良久思之，曰：「用予爲餌，釣亦不難致。」遂命酒對斟，言笑竟日，憐祜觸物善對，遂爲詩酒之知。議者以祜矯諭異端，相國悦其取媚，故史不稱之，惡其僞也。《鑒誡録》七。

《孔氏談苑》五。案：自稱釣鰲客，又見李白7。王嚴光1。

10 進士崔涯、張祜下第後，多遊江淮。常嗜酒，侮謔時輩，或乘飲興，即自稱豪俠。二子好尚既同，相與甚洽。崔因醉作《俠士》詩云：「太行嶺上三尺雪，崔涯袖中三尺鐵。一朝若遇有心人，出門便與妻兒别。」由是往往播在人口：崔、張真俠士也。以此人多設酒饌待之，得以互相推許。一旦張以詩上牢盆使，出其子授漕渠小職。得堰俗號冬瓜。張二子，一椿兒，一桂子，有詩曰：「椿兒繞樹春園裏，桂子尋花夜月中。」人或戲之曰：「賢郎不宜作此等職。」張曰：「冬瓜合出祜子。」戲者相與大哂。後歲餘，薄有資力。一夕，有非常人裝飾甚武，腰劍手囊，貯一物流血於外，入門謂曰：「此非張俠士居也？」曰：「然。」張揖客甚謹。既坐，客曰：「有一讐人，十年莫得，今夜獲之，喜不可已。」指其囊曰：「此其首也。」問張曰：「有酒否？」張命酒飲之。客曰：「此去三數里有一義士，余欲報之，則平生恩讐畢矣。聞公氣義，可假余十萬緡，立欲酬之，是余願矣。此後赴湯蹈火，爲狗爲鷄，無所憚。」張且不吝，深喜其說，乃傾囊燭下，籌其縑素中品之物量而與之。客曰：「快哉！無所恨也。」乃留囊首而去，期以却回。及期不至，五鼓絶聲，東曦既駕，杳無蹤跡。張慮以囊首彰露，且非己爲，客既不來，計將安出？遣家人將欲埋之。開囊出之，乃豕首也。因方悟之而嘆曰：「虚其名，無其實，而見欺之若是，可不戒歟！」豪俠之氣自此而喪矣。《桂苑叢談》。又《廣記》二三八引。

11 見崔涯1。

12 張祜客於丹徒，有朱壇者輕佻，侮慢祜之篇詠，後壇與祜卷，欲其潤飾之，祜乃戲簡二十字，欣而不悟，厚爲餞別焉：「昔人有玉盌，擊之千里鳴。今日覩斯文，盌有當時聲。」温州顔郎中，儒士也，不知弧矢之能，張祜觀其騎獵馬上，以詩戲之曰：「忽聞射獵出軍城，人着戎衣馬帶纓。倒把角弓呈一箭，滿山狐兔當頭行。」張祜爲冬瓜堰官，憾其牛户無禮，責欲鞭笞，無不取給於其中也，然無倦，秀才居多，職事皆怯於祜。錢塘酒徒朱沖和小舟經過，祜令語曰：「張祜前稱進士，不亦難乎？」沖和乃自啓名，而贈詩嘲之。祜平生傲誕，至於公侯，未如斯之挫也。詩曰：「白在東都元已薨，蘭臺鳳閣少人登。冬瓜堰下逢張祜，牛屎堆邊説我能。」《雲溪友議》中。

13 《雲溪友議》載酒徒朱沖嘲張祜云：「白在東都元已薨，鸞臺鳳閣少人登。冬瓜堰下逢張祜，牛矢灘邊説我能。」以祜時爲堰官也。按承吉以處士自高，諸侯府争相辟召，性狷介不容物，輒自劾去，豈肯屈就堰官之辱耶。《金華子雜説》云：祜死，子虔望亦有詩名，嘗求濟於嘉興裴弘慶，署之冬瓜堰官，虔望不服，弘慶曰：「祜子守冬瓜，已過分矣。」此説似有理也。《春渚紀聞》七。

14 張祜詩名聞於海外，居潤州之丹陽。嘗作《俠客傳》，蓋祜得隱俠術，所以託詞自叙也。崇遠猶憶往歲赴恩門，請承乏丹陽，因得追尋往跡。而祜之故居，垝垣廢址，依然東郭長河之隅。常訊於廬里，則亂前故老猶存，頗能記憶舊事，説祜之行止，亦不異從前所聞。問其隱俠，則云：不覩他異，唯邑人往售物於府城，每抵晚歸時，猶見祜巾褐杖屨相翫酒市，已則勁步出郭，夜迴縣下，及過祜門，則又先歸矣。如此恒常不以爲怪。從縣至府七十里，其迢遞而躡履速，人莫測焉。《金華子》下。

15 張祜苦吟，妻孥喚之不應，以責祜，祜曰：「吾方口吻生花，豈恤汝輩！」《白氏金鎖》（《雲仙雜記》五）。《唐才子傳》六。

16 後苑有宫髻石，世傳張祜舊物，上有杜紫微杭州刻字相寄之跡，祜以其形若宫髻，故名之云。祜平生癖好太湖石，故三吴牧伯多以爲贈焉。《江南餘載》下。《詩話總龜》前集四五。

17 進士顔萱過祜丹陽遺居，見其愛姬崔氏，貧居荆榛下，有一子杞兒，求食汝墳矣。憫然作詩弔之。萱詩曰：「憶昔爲兒逐我兄，曾抛竹馬拜先生。書齋已换當時主，詩壁空題故友名。豈是争權留怨敵，可憐當路盡公卿。柴扉草屋無人問，猶向荒田責地征。」《唐詩紀事》五二。據顔萱《過張祜故居詩序》而成。

18 張祜，字承吉。有三男一女，桂子、椿兒、椅兒。桂子、椿兒皆物故，唯女與椅在。椅兒名虎望，亦有詩名。後求濟于嘉興監裴弘慶，署之冬瓜堰官，望不甘。慶曰：「祜子之守冬瓜，所謂過分。」《南部新書》丁。

# 崔　涯

1　崔涯者，吴楚之狂生也，與張祜齊名。每題一詩於倡肆，無不誦之於衢路。譽之則車馬繼來，毁之則盃盤失錯。嘲曰：「誰得蘇方木，猶貪玳瑁皮。懷胎十箇月，生下崑崙兒。」又：「布袍披襖火燒氈，紙補箜篌麻接絃。更着一雙皮屐子，紇梯紇榻出門前。」又嘲李端端：「黄昏不語不知行，鼻似烟窗耳似鐺。獨把象牙梳插鬢，崑崙山上月初生。」端端得此詩，憂心如病，使院飲迴，遥見二子躡屐而行，乃道傍再拜兢惕曰：「端端祗候三郎、六郎，伏望哀之。」又重贈一絶句粉飾之，於是大賈居豪，競臻其户。或戲之曰：「李家娘子，纔出墨池，便登雪嶺。何期一日，黑白不均？」紅樓以爲倡樂，無不畏其嘲謔也，祜、涯久在維揚，天下晏清，篇詞縱逸，貴達欽憚，呼吸風生，暢此時之意也。贈詩曰：「覓得黄騮被繡鞍，善和坊裏取端端。揚州近日渾成差，一朵能行白牡丹。」雜嘲二首：「二年不到宋家東，阿母深居僻巷中。含淚向人羞不語，琵琶絃斷倚屏風。」「日暮迎來畫閣中，百年心事一宵同。寒雞鼓翼紗窗外，已覺恩情逐曉風。」又悼妓詩曰：「赤板橋西小竹籬，槿花還似去年時。淡黄衫子都無也，腸斷丁香畫雀兒。」崔生之妻雍氏者，乃揚州摠校之女也，儀質閒雅，夫婦甚睦。雍族以崔郎甚有詩名，資贍每厚。崔生常於飲食之處，略無裨敬之顔，但呼妻父「雍老」而已。雍久之而不能容，勃然杖劍，呼女而出崔秀才曰：「某河朔之人，唯襲弓馬，養女合嫁軍門，徒慕士流之德。小女違公，不可别醮，便令出家。汝若不從，吾當揮劍！」立令涯妻剃髮爲尼，涯方悲泣悔過，雍亦不聽分疏，親戚揮慟，别易會難。涯不得已，裁詩留贈。至今江浦離愁，莫不吟諷是詩而惜别也。詩曰：「隴上流泉隴下分，斷腸嗚咽不堪聞。姮娥一日宫中去，巫峽千秋空白雲。」《雲溪友議》中。又《廣記》二五六引。《詩話總龜》前集四一。《唐詩紀事》五二。

2　見張祜10。

## 路　豹

1　洛中頃年有僧得數粒所謂舍利者，貯於瑠璃器中，晝夜香燈，檀施之利，日無虚焉。有士子迫於寒餒，因請僧，願得舍利掌而觀瞻，僧遂出瓶授與，遽即吞之。僧惶駭如狂，復慮聞之於外。士子曰：「與吾幾錢，當服藥出之。」僧聞喜，遂贈二百緡，仍取萬病丸與喫，俄頃洩痢，以益盎盛貯，濯而收之。此一事，東都儲隱説。後即江表詩人路豹所爲。豹非苟於利者，乃剛正之性，以懲無良。豹與張祜、崔涯三人爲文酒之侶也。《尚書故實》。

## 皇甫弘

1　皇甫弘應進士舉，華州取解，酒忤於刺史錢徽，被逐出。至陜州求解訖，將越城關，聞錢自華知舉，自知必不中第。……錢侍郎意欲挫之，放雜文過，侍郎私心曰：「人皆知我怒弘，今若庭辱之，即不可，但不與及第即得。」又令帖經。及牓成將寫，錢心恐懼，欲改一人换一人，皆未決，反覆籌度。近至五更不睡，謂子弟曰：「汝試取次，把一帙舉人文章來。」既開，乃皇甫文卷，錢公曰：「此定於天也。」遂不改移。及第東歸。《逸史》（《廣記》二七八）。

## 浩虛舟

1 見李程2、3。

## 李　羣

1 合淝李郎中羣，始與楊衡、符載等同隱廬山，號「山中四友」。内一人不記姓名。先是封川李相遷閣長，會有名郎出牧九江郡者，執辭之際，屢以文柄迎賀於公。公曰：「誠如所言，廬山處士四人，儻能計偕，當以到京兆先後爲齒。」既，公果主文。於是擁旌旗，造柴關，激之而笑。時三賢皆膠固，唯合淝公年十八，矍然曰：「及其成功，一也！」遂束書就貢。比及京師，已鎖貢院，乃搥院門請引見。公問其所止，答云：「到京後時，未遑就館。」合淝神質瓌秀，主副爲之動容。因曰：「不爲作狀頭，便可延於吾廬矣。」楊衡後因中表盜衡文章及第，詣闕尋其人，遂舉，亦及第。或曰：見衡業古調詩，其自負者，有「一一鶴聲飛上天」之句。初遇其人頗憤怒，既而問曰：「且『一一鶴聲飛上天』在否？」前人曰：「此句知兄最惜，不敢輒偷。」衡笑曰：「猶可恕矣。」符載後佐李鷟爲江西副使，失意，去從劉闢。已上李羣與楊衡、符載等事一節，事意、年代前後不相接，差互尤甚。《唐摭言》二。楊衡事又見《唐詩紀事》五一。

## 朱慶餘

1 朱慶餘校書既遇水部郎中張〔籍〕知音，遍索慶餘新製篇什數通，吟改後，只留二十六章。水部置於懷抱而推贊歟。清列以張公重名，無不繕録而諷詠之，遂登科第。朱君尚爲謙退，〔作〕《閨意》一篇以獻張公。張公明其進退，尋亦和焉。詩曰：「洞房昨夜停紅燭，待曉堂前拜舅姑。妝罷低聲問夫壻：畫眉深淺入時無？」張籍郎中酬曰：「越女新妝出鏡心，自知明艷更沉吟。齊紈未足人間貴，一曲菱歌敵萬金。」朱公才學，因張公一詩，名流於海内矣。《雲溪友議》下。又《廣記》一九九引。《唐詩紀事》四六。

## 劉採春

1 見元稹7。

## 文漵

1《文漵子》：長慶中，俗講僧文漵善吟經，其聲宛暢，感動里人。樂工黄米飯依其念四聲觀世音菩薩，乃撰此曲。《樂府雜録》。

2 見唐文宗37。

3 有文漵僧者，公爲聚衆譚説，假託經論所言，無非淫穢鄙褻之事。不逞之徒，轉相鼓扇扶樹。愚夫治婦，樂聞其説，聽者填咽。寺舍瞻禮崇奉，呼爲和尚。教坊效其聲調，以爲歌曲。其甿庶易誘，釋徒苟知真理，及文義稍精，亦甚嗤鄙之。近日庸僧以名繫功德使，不懼臺省府縣，以士流好窺其所爲，視衣冠過於仇讎，而溆僧最甚，前後杖背，流在邊地數矣。《因話録》四。

## 韓志和

1 飛龍衛士韓志和，本倭國人也。善彫木作鸞鶴鵶鵲之狀，飲啄動静，與真無異。以關戾置於腹内，發之則淩雲奮飛，可高百尺，至一二百步外方始却下。兼刻木作猫兒以捕鼠雀。飛龍使異其機巧，遂以事奏，上覩而悦之。志和更彫踏床，高數尺，其上飾之以金銀綵繪，謂之見龍床。置之則不見龍形，踏之則鱗鬣爪牙俱出。及始進，上以足履之，而龍夭矯若得雲雨。上怖畏，遂令撤去。志和伏於上前曰：「臣愚昧，致有驚忤聖躬。臣願别進薄伎，稍娱至尊耳目，以贖死罪。」上笑曰：「所解伎何？試爲我作之。」志和遂於懷中出一桐木合子，方數寸，中有物名蠅虎子，數不啻一二百焉，其形皆赤，云以丹砂啗之故也。乃分爲五隊，令舞《涼州》。上令召樂以舉其曲，而虎子盤迴宛轉，無不中節。每遇致詞處，則隱隱如蠅聲。及曲終，纍纍而退，若有尊卑等級。志和臂虎子，令於上前獵蠅於數百步之内，如鷂捕雀，罕有不獲者。上嘉其小有可觀，即賜以雜綵銀椀。志和出宫門，悉轉施於他人。不逾年竟不知志和之所在。《杜陽雜編》中。又《廣記》二二七引。《仙傳拾遺》（《廣記》七五）。《雲仙雜記》一〇。

## 石火胡

1 上降日，大張音樂，集天下百戲於殿前。時有妓女石火胡，本幽州人也，挈養女五人，纔八九歲。於百尺竿上張弓絃五條，令五女各居一條之上，衣五色衣，執戟持戈，舞《破陣樂》曲。俯仰來去，赴節如飛。是時觀者目眩心怯。火胡立於十重朱畫牀子上，令諸女迭踏以至半空，手中皆執五彩小幟，牀子大者始一尺餘。俄而手足齊舉，爲之踏《渾脱》，歌呼抑揚，若履平地。上賜物甚厚。文宗即位，惡其太險傷神，遂不復作。《杜陽雜編》中。

## 裴航

1 長慶中，裴航下第遊鄂渚，傭舟還都。有樊氏女同載，航賂其侍兒，以詩求達曰：「同爲胡越猶懷思，況遇天花隔錦屏。儻若玉京朝會去，願隨鸞鶴入青冥。」樊答詩曰：「一飲瓊漿百感生，玄霜搗盡見雲英。藍橋便是神仙宅，何必崎嶇上玉清？」世傳藍橋雲英之事未必信，姑載於此。《唐詩紀事》四八。事據裴鉶《傳奇》。

## 韋處厚

1 見劉禹錫2。

2 見段文昌4。

3〔長慶四年〕七月，翰林學士韋處厚於浴堂中，因諫游畋及晏起曰：「臣有大罪，願碎首于陛下前。」上曰：「何事？」處厚對曰：「臣不以死諫先聖，令先聖好畋及色，以致不壽，合當誅戮。所以不死諫者，爲陛下在春宫，年已十五。今陛下皇子始一歲，臣是以不避死亡之誅。」上大悦，深感其言，賜錦綵一百匹，銀器四事。《唐會要》五七。

4 韋公作相，債帥鮮矣。言韋處厚當軸，帥臣不用納賂。《海録碎事》一〇下。

5 建中中，有僧竭造曼殊堂，將版基於水際，慮傷生命，乃建三月道場，祝一足至多足、無足，令他去。及掘地至泉，不遇蟲蟻。又以複素過水，有蟲投一井水中，號護生井，至今涸。又鑄銅蟾爲息烟燈，天下傳之。今曼殊院嘗轉經，每賜香，寶臺甚顯，登之，四極眼界。其上層窗下尉遲畫，下層窗下吴道玄畫，皆非其得意也。丞相韋處厚，自居内廷至相位，每歸，輒至此塔，焚香瞻禮。《酉陽雜俎》續集六。

## 路　隨

1 路隋年在齠齡，喪其父。至十許歲，其母問曰：「識爾父否？」隋嗚咽無言，不識也。母曰：「只爾一面。」隋後殞絶。以至成人，終身不攬鏡。加以至行純古，士大夫推之。朱崖慕其德，以愛女適隋之子。李太尉家有路郎，隋之子也，官至當州守，生資唯有琴十張。《語録》（《御覽》四一四）。

2 路相隨幼孤。其母問：「汝識汝父否？」曰：「不識。」母曰：「正如汝面。」隨號絶久之。終身不照鏡。李衛公慕其淳素篤行，結爲親家，以女適路氏。《唐語林》一。《芝田録》（《類説》一一）。

3 唐路丞相隨，父泌，從渾瑊會平涼，爲虜所執，死焉。隨方在嬰襁中。迨十歲，母謂隨曰：「汝還識汝父否？」隨嗚咽無言。母曰：「祇汝眉目宛若父之眉目。」隨遂覽照觀之，殞絶于地。後終身不復臨鏡。《該聞録》（張本《説郛》九、陶本《説郛》三九）。

4 唐文宗朝宰相路隨，志行清儉，常閉門不見賓客。狀貌或似其先人，以此未嘗視鏡。又感其父没蕃，終身不背西坐，其寢西首。《獨異志》中。《南部新書》甲。

## 李宗閔

1 見牛僧孺12。

2 文宗惡朋黨，指楊虞卿爲□首，實李相宗閔所引。上令出知常州。宗閔見上怒，即順旨云：「外人指虞卿所居南亭子爲『行中書』，每日聚議，所以臣不與好官。」德裕曰：「給事中、中書舍人不是好官，更何官是好官？」宗閔失色。《獻替記》（《類説》七）。

3、4 見李德裕16、44。

5 靖安李少師雖居貴位，不以威重隔物。與賓僚飲宴譚笑，曲盡布衣之歡，不記過失。善飲酒。暑月臨水，以荷爲杯，滿酌密繫，持近人口，以筯刺之，不盡則重飲。燕散，有人言昨飲大歡者，公曰：「今日言歡，則明前之不歡，無論好惡，一不得言。」段相文昌性介狹，燕席賓客有眉睫之失，必致怪訝。在西川，有進士薛太白飲酒，稱名太多，明日遂不復召。元和已來，宰相有兩李少師，故以所居別之。永寧少師固言，性狷急，爲士大夫所非。靖安少師事具國史。《因話録》二。又《廣記》二四四引。《唐語林》三。文末小注亦見《唐語林》七。

6 大僚睦親敦舊者，前輩有司徒鄭公，中間有楊詹事馬、柳卿公元，近日李相國武都公宗閔，士大夫間罕儔。《因話録》二。《唐語林》一。　案：「楊詹事馬柳卿公元」，當爲「楊詹事憑、柳卿元公」，即楊憑、柳公綽。

7 李相國武都公知貢舉，門生多清秀俊茂，唐冲、薛庠、袁都輩，時謂之「玉筍」。《因話録》三。又《廣記》一八一引。《唐語林》四。

8 見唐文宗31。

9 見周隱克1。

## 牛僧孺

1 彭昌者，其先隴西人也。世習儒學，爲鄉里所推。初，唐相牛僧孺，其祖遠仕交廣，罷秩，還至郴、衡間，爲山賊所剽掠。惟僧孺母子獲存，遂亡入江南，止于廬陵禾川焉。迨長，爲母所訓，遂習先業。縣之北有山名絮芋源，下有古臺，古老傳爲聰明臺。其下有湧水，曰聰明泉。古今學者，多於此成業。僧孺乃舍其上而肄業，迨十數年，博有文學。會母死，遂葬于縣之西南才德鄉大學里。既隨計長安，以文投吏部韓退之與皇甫湜，大爲知遇，使候其出，乃往署門以譽之，凡自遺、補而下迨百人皆刺謁焉，由是聲華蔚然。擢上第，不十數年，累秩相輔。時昌四世祖居于僧孺母墓之側，應諸科舉，至京師，僧孺聞而引與見，問其墳陵，彭氏幼而不知，默不能對。及歸，爲修其塋。會僧孺罷相，出鎮襄陽，未幾暴薨，故其墳未曾封。至今本縣圖經俱載聰明泉側有牛相讀書堂，餘址尚存。其墓所左右前後，峯巒絶秀，宛如侍衛，曲澗流波，逶迤而去，頗爲人所欽慕。而昌之子孫，或農或儒，世不絶人焉。《江南野史》六。案：《能改齋漫録》五有考辨之文，可參看。

2　丞相牛公應舉，知于頔相之奇俊也，特詣襄陽求知，住數月，兩見，以海客遇之，牛公怒而去。去後，忽召客將問曰：「累日前有牛秀才，發未？」曰：「已去。」「何以贈之？」曰：「與之五百。」「受之乎？」曰：「擲之于庭而去。」于公大恨，謂賓佐曰：「某蓋事繁有闕違者。」立命小將賚絹五百，書一函，追之，曰：「未出界即領來，如已出界即送書信。」小將於界外追及，牛公不啓封，揖迴。《幽閒鼓吹》。

3　見劉禹錫9。

4　劉禹錫曰：牛丞相奇章公初爲詩，務奇特之語，至有「地瘦草叢短」之句。明年秋卷成，呈之，乃有「求人氣色沮，憑酒意乃伸」。益加能矣。明年乃上第。《劉賓客嘉話録》（《唐語林》二）。又《詩話總龜》前集一四引。

5　奇章公始舉進士，致琴書於灞滻間，先以所業謁韓文公、皇甫員外。時首造退之，退之他適，第留卷而已。無何，退之訪湜，遇奇章亦及門。二賢見刺，欣然同契，延接詢及所止，對曰：「某方以薄技卜妍醜於崇匠，進退惟命。一囊猶寘於國門之外。」二公披卷，卷首有《說樂》一章，未閲其詞，遽曰：「斯高文，且以拍板爲什麽？」對曰：「謂之樂句。」二公相顧大喜，曰：「斯高文必矣！」公因謀所居，二公沈默良久，曰：「可於客户坊稅一廟院。」公如所教，造門致謝。二公復誨之曰：「某日可遊青龍寺，薄暮而歸。」二公其日聯鑣至彼，因大署其門曰：「韓愈、皇甫湜同謁幾官先輩不遇。」翌日，輦轂名士咸往觀焉。奇章之名由是赫然矣。《唐摭言》七。又《廣記》一八〇引。《唐摭言》六。《唐詩紀事》三九。

6 牛僧孺進士時，常握麥芒刀，字有繆誤，隨手删割點定。《三賢典略》（《雲仙雜記》五）。

7 術士相牛僧孺：「若青蠅拜賀，方能及第。」公疑之。及登科訖，歸坐家庭，有青蠅作八行立，約數萬，折躬再三良久乃去。《青陽記》（《雲仙雜記》四）。

8 相國牛僧孺，字思黯，或言牛仙客之後。居宛、葉之間。少單貧力學，有倜儻之志。唐永貞中，擢進士第，時與同輩過政事堂，宰相謂曰：「埽廳奉候。」僧孺獨出曰：「不敢。」衆聳異之。元和初，登制科。歷省郎、中書舍人、御史、中書門下平章事、揚州、建州兩鎮、東都留守、左僕射。先是撰《周秦行記》，李德裕切言短之。大中初卒，未賜謚，後白敏中入相，乃奏定謚曰簡。《北夢瑣言》一。《唐語林》三。

9 見韋乾度1。

10 河南府伊闕縣，前臨大溪，每僚佐有入臺者，即水中先有小灘漲出石礫金沙，澄澈可愛。牛相國爲縣尉，一日忽報灘出。翌日，辛邑者與同僚列筵於亭上觀之。因召耆宿備詢其事，有老吏云：「此必分司御史，非西臺之命。若是西臺，灘上當有鸂鶒雙立。前後居人以此爲則。」相國潛揣縣僚無出於己，因舉杯祝曰：「既能有灘，何惜鸂鶒？」宴未終，俄有一雙飛下。不旬日，拜西臺監察御史。《劇談録》上。又《廣記》一三八引、《御覽》九二五引。《南部新書》己。

11 又新昌北街牛相國宅，即玄宗朝將作監康譻舊第，桑道茂謂之金杯，俱出良相者也。《劇談録》下。

12 京師語曰：「太牢筆，少牢口，南北東西何處走。」太牢，僧孺。少牢，虞卿。又曰：「門生故吏，不牛則李。」又曰：「丑侯矔矔，多用半裝。」言僧孺取人，多取登朝及宗閔之門生，故謂之半裝。《牛羊日曆》（《續談助》三）。《談助》（《紺珠集》一一），又張本《説郛》七五引。

13 牛奇章初與李衛公相善，嘗因飲會，僧孺戲曰：「綺紈子，何預斯坐！」衛公銜之。後衛公再居相位，僧孺卒遭譴逐。世傳《周秦行紀》，非僧孺所作，是德裕門人韋瓘所撰。開成中，曾爲憲司所覈，文宗覽之，笑曰：「此必假名。僧孺是貞元中進士，豈敢呼德宗爲沈婆兒也！」事遂寢。《賈氏譚録》。

14 見李德裕41。

15 長慶中，鄂州里巷間人，每語輒以牛字助之。又有一僧，自號牛師，乍愚乍智，人有忤之者，必云：「我兄即到，豈奈我何？」未幾，而相國奇章公帶平章事節度武昌軍，其語乃絶。而牛師尚存。僧者，乃牛公之名也。方知將相之位，豈偶然耶？先是，元和初，韓尚書臯在夏口，就加節度使，自後復爲觀察使。長慶三年，崔相國植從刑部尚書除觀察。明年冬，牛公實來。宰臣建節鎮夏口，自牛公始也。《因話録》六。又《廣記》一三八引。《續前定録》。

16 見李德裕16。

17 見杜牧4、5。

18 牛相公僧孺鎮襄州日，以久旱，祈禱無應。有處士不記名姓，衆云豢龍者，公請致雨。處士曰：「江漢間無龍，獨一湫泊中有之，黑龍也，强駈逐，必慮爲災難制。」公固命之。果有大雨，漢水泛漲，漂溺萬户。處士懼罪，亦亡去。十年前，有人他處見猶在。《尚書故實》。又《廣記》四二三引。《玉泉子》。

19 見盧肇4。

20 見皇甫松1。

21 樂天云：思黯自誇前後服鐘乳三千兩，而歌舞之妓甚多，乃謔予衰老。《唐詩紀事》三九。

22 牛僧孺、李德裕相仇，不同國也，其所好則每同。今洛陽公卿園圃中石，刻奇章者，僧孺故物；刻平泉者，德裕故物，相半也。如李邦直歸仁園，乃僧孺故宅，埋石數塚，尚未發，平泉在鑿龍之右，其地僅可辨，求德裕所記花木，則易以禾黍矣。《邵氏聞見後録》二七。

23 樂天作《牛奇章石記》曰：公嗜石，以甲乙丙丁爲品：太湖爲上，羅浮次之，天竺又次之，餘爲下。《鷄跖集》(《紺珠集》一二)。

24 牛僧孺好石，石有一品者。《漁陽公石譜》(張本《説郛》一六)。

25 殷僧辨、周僧達，與牛相公同母異父兄弟也。《南部新書》己。

## 李固言

1 唐李固言生於鳳翔莊墅。雅性長厚，未習參謁。始應進士舉，舍於親表柳氏京第，諸柳昆仲率多戲謔。以相國不諳人事，俾習趨揖之儀，俟其磬折，密於烏巾上帖文字云：「此處有屋僦賃。」相國不覺。及出，朝士見而笑之。許孟容守常侍，朝中鄙此官，號曰「貂脚」，固不能爲人延譽也。相國始以所業求知，謀於諸柳，諸柳與導行卷去處，先令投謁許常侍。相國果詣騎省，高陽公慙謝曰：「某官緒極閒冷，不足發君子聲采，雖然，已藏之于心。」又覩烏巾上文字，知其樸質。無何，來年許公知禮闈，李相國居狀頭及第。是知柳氏之戲侮，足致隴西之速遇也。《北夢瑣言》三。又《廣記》一八〇引。

2 李固言初未第時，過洛，有胡盧先生者，知神靈間事，曾詣而問命。先生曰：「紗籠中人，勿復相問。」及在長安，寓歸德里。人言聖壽寺中有僧善術數，乃往詣之。僧又謂曰：「子紗籠中人。」是歲元和七年，許孟容以兵部侍郎知舉。固言訪中表間人在場屋之近事者，問以求知遊謁之所，斯人且以固言文章甚有聲稱，必取甲科，因紿之曰：「吾子須首謁主文，仍要求見。」固言不知其誤之，則以所業徑謁孟容。孟容見其著述甚麗，乃密令從者延之，謂曰：「舉人不合相見。必有嫉才者。」使詰之，固言遂以實對。孟容許第固言於牓首，而落其教者姓名，乃遣祕焉。既第，再謁聖壽寺，問紗籠中之事。僧曰：「吾常於陰府往來，有爲相者，皆以形貌，用碧紗籠於廡下，故所以知。」固言竟出入將相，皆驗焉。《補録記傳》（《廣記》一五五）。

3 元和初，進士李固言就舉。忽夢去看牓，見李固言第二人上第。及放牓，自是顧言，亦第二人。固言其年又落。至七年，許孟容下狀頭登第。《感定録》（《廣記》一五五）。

4 元和六年，京兆韋詞爲宛陵廉使房武從事。秋七月，微雨，詞於公署，因晝寢，忽夢一人投刺，視之瞭然，見題其字曰「李故言」。俄於恍惚間，空中有人言：「明年及第狀頭。」是時元和初有李顧言及第，意甚訝其事，爲名中少有此故字者，焉得復有李故言哉？秋八月，果有取解舉人具名投刺，一如夢中，但故爲固耳，即今西帥李公也。詞閟夢中之事不洩，乃曰：「足下明年必擢第，仍居衆君之首。」是冬，兵部侍郎許孟容知舉，果擢爲牓首。初固言嘗夢著宋景衣。元和十年已後，景甚著，時望籍甚，有拜大憲之耗。及景自司刑郎中知雜，出爲澤州刺史，尋又物故。固言心疑其夢。長慶初，穆宗有事于圓丘，時固言居左拾遺。舊例：諫官從駕行禮者，太常各頒禮衣一襲。固言所服，因褰衣覩其下，乃見書云：「左補闕宋景衣。」固言自説於班行。《續定命録》（《廣記》二七八）。

5 相國李公固言，元和六年下第遊蜀，遇一老姥，言：「郎君明年芙蓉鏡下及第，後二紀拜相，當鎮蜀土，某此時不復見郎君出將之榮也。」明年，果然狀頭及第，詩賦題有人鏡芙蓉之目。後二十年，李公登庸，其姥來謁，李公忘之，姥通曰：「蜀民老姥嘗囑季女者。」李公省前事，具公服謝之，延入中堂見其妻女。坐定，又曰：「出將入相定矣。」李公爲設盛饌，不食，唯飲酒數杯，即請別，李固留不得，但言乞庇我女。贈金皂襦幗並不受，唯取其妻牙梳一枚，題字記之，李公從至門，不復見。及李公鎮蜀日，盧氏外孫子九齡不語，忽弄筆硯，李戲曰：「爾竟不語，何用筆硯爲？」忽曰：「但庇成都老姥愛女，何愁筆硯無用也。」李公驚悟，即遣使分詣諸巫。巫有董氏者，事金天神，即姥之女，言能語此兒，請祈華嶽三郎。如其言，詰旦，兒忽能言。因是蜀人敬董如神，祈無不應，富積數百金，恃勢用事，莫敢言者。洎相國崔鄲來鎮蜀，遽毀其廟，投土偶於江，仍判責事金天王董氏杖背，遞出西界，今在貝州。李公壻盧生舍之於家，其靈歇矣。《酉陽雜俎》續集二。又《廣記》一五五引。

6 見平曾1。

7 文宗朝，劉從諫朝覲，渥澤甚厚，自謂河朔近無比倫，頗矜臣節，文武百辟盡湊其門。從諫廣行金帛，賂諸權要，求登台席，人情多可，相國李公固言獨無一言。從諫欲市其歡，玉不可染，欲諛其意，水不可穿，門館不敢導其誠懇，遇休假，謁於私第，投誠瀝懇，至於再三。相公正色謂曰：「僕射先君以東平之功，鎮潞二十餘年。及即世之後，僕射擅領戎務，坐邀朝命。朝廷以先君勳績，不絶賞延，任居蕃閫，位劇南宮，豈是恩澤降於等倫，欲以何事效忠報國！僕射若請邊陲一鎮，大展籌謀，拓境復疆，乃爲勳業。朝廷豈不以袞職之重，命賞封功；區區躁求，一何容易！某比謂僕射英雄忠義，首冠蕃臣；今求佩相印，擁節旄，榮歸舊藩，亦河朔尋常倔强之臣所措履也，忠節安在，深爲解體。」從諫矍然禁口無辭，再拜趨出。然從諫厚賂倖臣，旬日間果以本官加平章事，遽辭歸鎮。宰相餞於郵亭，李相公謂曰：「相公少年昌盛，勉報國恩，幸望保家，勿殃後嗣。」從諫以笏扣頭，灑淚而辭。及至本鎮，謂從事將校曰：「昨者入覲闕庭，遍觀朝德，唯李公峻直貞明，凜然可懼，真社稷之重臣也！」《補國史》（《通鑑考異》二〇）。《唐語林》三。案：《考異》曰：「固言此年未爲相，其説妄也。」

8 見李宗閔5。

## 宋申錫

1 唐丞相宋申錫，初爲宰相，恩渥甚重，申錫亦頗以致昇平爲己任。時鄭注交通縱放，以擅威柄，欲除去之，乃以友人王璠爲京兆尹，密與之約，令察注不法，將獻其狀，擒於京兆府，杖殺之。既約定，璠飜覆小人也，以注方爲中貴所愛，因欲親厚之，乃盡以申錫之謀語焉。注因報知右軍，不旬日，乃僞作申錫之罪狀，令人告之云：以文字結於諸王，圖謀不軌，以衣物金寶奇玉爲質。且令人傚其手疏，皆至逼似。獄成於内，公卿衆庶無不知其冤也，三事已降，迭入論之，方得謫爲開州司馬。至任數月，不勝其憤而卒。明年，有恩詔，令歸葬京城。《逸史》（《廣記》一二二）。

## 王涯

1 唐宰相王涯奢豪貴極。庭穿大井，合木爲櫃，嚴其鎖鑰，天下寶玉珍珠瓊璧，投置水中，汲水供涯所飲。未幾犯法，爲天兵梟戮而赤族，其肉色並如金。《獨異志》下。又《廣記》二三七引。

2 王相注《太玄經》，常取以卜，自言所中多於《易》筮。《國史補》中。《唐語林》一。

3 王涯居相位，有女適竇氏，欲求錢十七一作七十。萬，市一玉釵。涯曰：「於女何惜？此妖物也，必與禍相隨。」後數月，女自婚會歸，告王曰：「前時玉釵，爲馮外郎妻首飾矣，乃馮球也。」王嘆曰：「馮爲郎吏，妻之首飾有十七萬錢，其可久乎？其善終乎？」馮爲賈餗門人，最密。賈爲東户，又取爲屬郎。賈有蒼頭，頗張威福，馮於賈忠，將發之未能。賈入相，馮一日遇蒼頭於門，召而勗之曰：「户部中謗辭不一，苟不悛，必告相國。」奴拜謝而去。未浹旬，馮晨謁賈，賈未興。時方冬命火，内有人曰：「官當出。」俄有二青衣出曰：「相公恐員外寒，奉地黄酒三杯。」馮悦，盡舉之。青衣入，馮出告其僕馭曰：「（喝）〔渴〕且咽。」粗能言其事，食頃而終。賈爲興嘆出涕，竟不知其由。明年，王、賈皆遘禍。噫！王以珍玩奇貨爲物之妖，信知言矣。而徒知物之妖，而不知恩權隆赫之妖，甚於物也。馮以卑位貪貨，已不能正其家。盡忠所事，而不能保其身，斯亦不足言矣。賈之獲害門客於牆廡之間而不知，欲始終富貴，其可得乎？此雖一事，作戒數端。《南部新書》壬。案：此當據柳玭《家訓》寫成，《新唐書·柳玭傳》存《家訓》梗概。

4　王涯初爲大官，名德聞望頗爲朝廷欽仰。末年恃寵固位，爲士大夫譏之。其所居之地，妖怪屢見，知氣者以不吉語告之，而涯廣自引諭，曾無休退之意。及伏誅，時人謂王公禍至不省，惑矣。《杜陽雜編》中。

5　王沐者，涯之再從弟也，家於江南，老而且窮。以涯執相權，遂跨蹇驢至京師，索米僦舍。經三十餘月，始得一見涯於門屏，所望不過一簿尉耳。涯潦倒無雁序之情。大和九年秋，沐方説涯之嬖奴以導所欲，涯始一召見，欵曲而許微官處焉。自是旦夕造涯之門以俟其命。及涯敗露伏法，仇士良收王氏家族，沐方在涯私第，以爲族人，被執而腰斬之。《杜陽雜編》中。

## 賈餗

1　賈餗布衣時謁滑臺節度使賈躭，躭以餗宗黨，復喜其文才宏麗，由是延納之。忽一日賓客大會，有善相者在躭座中，及餗退而相者謂曰：「向來賈公子神氣俊逸，當位極人臣。然當執政之時，朝廷微變。若當此際，諸公宜早避焉。」躭頷之，以至動容。及大和初，餗秉鈞衡，有知者潛匿於山谷間，十有三四耳。《杜陽雜編》中。又《廣記》二二二引。

2　見王涯3。

# 舒元輿　舒守謙

1 李太尉在中書，舒元輿自侍御史辭歸東都遷奉。太尉言：「近有僧自東來，云有一地，葬之必至極位。何妨取此！」元輿辭以家貧，不辦別覓，遂歸啓護。他日，僧又經過，復謂太尉，曰：「前時地，已有人用之矣。」詢之，乃元輿也。元輿自刑部侍郎平章事。《感定録》(《廣記》一五六)。

2 見李翱1。

3 見唐文宗5。

4 舒守謙即元輿之族也，聰敏慧悟，富有春秋。元輿以源流非遠，而禮遇頗厚，經歲處元輿舍，未嘗一日間怠於車服飲饌。元輿謂之猶子，薦取明經第，官歷祕書郎。及持相印，許列清曹命之。無何，末年以非過怒守謙，至於朔旦伏謁，頓不相見。由是日加譴責，亦爲童僕輩白眼。守謙既不自安，遂置書於門下，辭往江南。元輿亦不見問。翌日辦裝出長安，咨嗟蹇分，怊悵自失，即駐馬迴望，泣涕漣洳。始達昭應，忽聞元輿之禍，釋然驚喜。是時於宰相宅收捕家口，不問親疏並從誅戮。《杜陽雜編》中。又《廣記》一五六引。《唐語林》六。

# 李訓

1 訓爲人長大美貌，口辯無前，常以英雄自任。會鄭注介上黨，出洛陽。訓慨然太息曰：「當世操權力者齷齪苛細，無足與言。吾聞鄭注爲人好義而求奇士，且通於内官，易爲因緣。」乃往説之。注見訓大驚，如舊相識，遂結爲死交。及注赴闕，請訓行京師，爲卜居供給，日夕往來，乘間奏於上。《甘露記》（《通鑑考異》二一）。

2 訓除名，流象州，會恩歸于東洛。投謁諸處困乏，〔李〕逢吉叱之不顧。會鄭注賓副上黨，路經東都，于道投之，廣以古今義烈披述衷款。注本凶邪，趨而附之，自此豁然相然諾，情契稠疊。及注徵赴闕，訓隨而到京，別第安置。注因陳奏，言訓文學優盛無比，上納之。太和八年三月，以布衣在翰林，注之援也。《開成紀事》（《通鑑考異》二一）。

3 鄭注以方術進，舉引朋黨，薦《周易》博士李訓，召入内署，爲侍講《周易》學士。敏捷有口辯，涉獵五經，言及《左氏》，以探上意。上幸蓬萊殿閱書，召訓問曰：「〔許〕康佐所進《春秋列國經傳》，朕覽之久矣。戰國時事，歷歷明白。朕曾問康佐：吴人伐越，獲俘以爲閽，殺吴子餘祭；康佐云『窮究未精』，卿謂如何？」訓曰：「吴人伐越獲俘，俘即罪人，如今之所謂『生口』也。不殺，下蠶室肉刑，古謂之『閽寺』，即今之中使也。吴子，是國君長；餘祭，名也。使中使主守舟楫，餘祭往觀之，爲中使所殺。」上嗟嘆。訓曰：「君不近刑臣；近刑臣，即輕死之道也。吴子遠賢良，親刑臣，而有斯禍。魯史書之，以垂鑒戒。」上曰：「左右密近刑臣多矣！餘祭之禍，安得不慮？」訓曰：「陛下睿聖，留意於未萌。若欲去泰去甚，臣願遵聖算。累聖知之而不能遠，惡之而不能去，睿旨如此，天下幸甚！」時鄭注任工部尚書、侍講學士，乃與訓斥逐賢良，陰搆姦蠹，遂有甘露之事。《唐語林》六。《補國史》（《通鑑考異》二一）。

4 見唐文宗25。

5 見宗密1。

## 鄭注

1 越州上虞縣過江二十餘里，有南寶寺，在南寶村，過横嶺則到。有好事者尋訪山水，登嶺行倦，息於樹下，有村叟亦歇焉，共話山川形勝。指顧之間，見路側一墳，老叟曰：「此墳若是丈夫，則無可説；若是女人，則子當爲三公。」好事者異其言，訪於寺僧，村民有知者曰：「此鄭注母墓也。初，元和中，寺有女家人與村民石生通焉，有一兒，十餘歲時，有客僧姓鄭遊止寺中，病苦痢逾月，寺僧常令此兒供給湯粥，甚得氣力，擬乞爲童子將去，問可否。諸僧曰：『其父石生存，待爲問之。』石生許可，固無所悋。』三綱問石生，生乃許焉。僧將去，因姓鄭氏。僧以方書伎術教之，又别遇方士，頗精游藝，交謁王公，因遂榮達。大和中，恩渥隆異，除鳳府節度使，因坐事伏誅，即鄭注也。其母死後，寺僧葬於嶺上。」則是老叟所指之墳也。《録異記》八。

2 〔大和〕五年，金吾將軍孟文亮出鎮邠郊，以與注姻懿之故，奏爲軍司馬。路經奉天，防遏使、御史大夫王從亮薄其爲人，不爲之禮。注毁從亮於守澄，竟爲守澄誣構，決杖投荒。未幾，文亮没，罷職還城，守澄潛置爲軍畫。時澤潞劉從諫本欲誅注，忌其權勢，因辟爲節度副使。纔至潞州，涉旬之間，會上乖愈，大和七年十一月，驛徵之赴闕，偶遭其時，聖體獲愈；上悦之。自此恩寵漸隆，凡臺省府縣軍戎，莫不從風。七年九月十三日，侍御史李款彈注「内通敕使，外連朝臣，兩地往來，卜射財貨，晝伏夜動，干竊化權，人不敢言，道路以目。城社轉固，恐爲禍胎，罪不容誅，理合顯戮，其鄭注請付有司」。時王涯重處台司，注之所致，又慮守澄黨援，遂寢不行。注潛遁軍司矣。《開成紀事》（《通鑑考異》二〇）。參見李款1。

3 八年春暮，上對宰相歎天下無名醫，便及鄭注，精於服食。或欲置於翰林伎術院，或欲令爲左神策判官。注自稱衣冠，皆不願此職。〔王〕守澄遂託〔劉〕從諫奏爲行軍司馬。及赴職，宗閔又自山南令判官楊儉至澤潞與從諫要約，令郤薦入。《文武兩朝獻替記》（《通鑑考異》二〇）。

4 注引舒元輿、李訓俱擢相庭。注自詣宰臣李固言求鳳翔節度使，固言剛勁不許，惟王涯、賈餗贊從其事。《開成紀事》（《通鑑考異》二一）。

5 鄭注鎮鳳翔，皆擇貞正之士以爲幕席，亦欲遏其邪行。及注敗，皆爲監軍所誅。《南部新書》甲。

6 鄭注奸險，左道熒惑人主，爲天下側目。鄭鎮鳳翔日，有草如茵，生於紫金帶上。注既心有所圖，乃喜謂芝瑞。識者以物反其所。夫草生於土，常也，今生於金，是反常也。鄭氏之禍將至，其不久矣。《杜陽雜編》中。

7 太和中，鄭注中納山木如市，一根有至萬錢者。鄭覃力奏，勅以禁絶。《南部新書》壬。

8 鄭注誅後，納絹一百萬疋，他物可知矣。《南部新書》丙。

9 瓜惡香，香中尤忌麝。鄭注大和初赴職河中，姬妾百餘，盡騎，香氣數里，逆於人鼻。是歲自京至河中所過路，瓜盡死，一蔕不穫。《酉陽雜俎》前集一九。又《廣記》四一一引。

## 李石

1 李相公石，是庾尚書承宣門生。不數年，李佐魏博軍，因奏事，特賜紫，而庾尚衣緋。人謂李侍御將紫底緋上座主。《因話録》三。《唐語林》四。

2 庾承宣主文，後六七年方衣金紫，時門生李石，先於内庭恩錫矣。承宣拜命之初，石以所服紫袍金魚拜獻座主。《唐摭言》一五。又《廣記》一八一引。《卓異記》。《廣卓異記》一九。

3 見唐文宗8。

4 李石相公鎮荆，崔魏公在賓席，未幾公擢拜翰林，明年登相位，時石猶在鎮。故賀書曰：「賓筵初起，曾陪罇俎之歡；將幕未移，已在陶鈞之下。」此李騭之詞也。時爲節度巡官。《唐摭言》一五。《唐書》（《廣卓異記》七）。《唐語林》四。

5 見李程8。

6 三枝槐。相國李石河中永樂有宅，庭槐一本抽三枝，直過堂前屋脊，一枝不及。相國同堂兄弟三人，曰石，曰程，皆登第宰執，唯福一人，歷七鎮使相而已。《酉陽雜俎》續集一〇。又《廣記》四〇七引。《玉泉子》。參看李福3。

## 鄭覃

1 鄭覃歷官三十任，未嘗出都門，便登相位，以至於終。《獨異志》上。《南部新書》癸。

2 見唐文宗31。

3 見唐文宗36、陳夷行1。

## 陳夷行

1 陳夷行，字周道。文宗時，仙韶樂工尉遲璋授王府率，右拾遺李洵直當衙論奏。鄭覃、楊嗣復嫌以細故，謂洵直近名，夷行曰：「諫官當衙，正須論宰相得失，彼賤工安足言？然亦不可置不用。」帝即從璋。《唐語林》六。參見唐文宗36。案：《闕史》下及《舊唐書·陳夷行傳》載此事，「李洵直」作「竇洵直」，是。

## 楊嗣復

1 見武元衡3。

2〔開成四年〕宰臣楊嗣復累上表請退，優詔不許，尋又遣内官弓箭庫使張克己就第宣曰：「凡大臣引退，或以年以疾，未有尚勇退之名，忘君臣大義。卿心以爲知止，朕卻以爲近名。大臣進退，須繫朕心，不可因儕列之一言，決然捨朕，於理未當。卿更思之。明日朕開延英，即便須參假候對。卿若不至，朕亦不坐。」及翌日，惶遽朝謁。上又慰安勉勵曰：「我未放卿，焉得捨我？」其委重如此。《唐會要》五三。

3 韋温遷右丞。文宗時，姚勗按大獄，帝以爲能，擢職方員外郎。温上言：「郎官清選，不可賞能吏。」帝問故，楊嗣復對曰：「勗，名臣後，治行無疵。若吏才幹而不入清選，他日孰肯當劇事者？此衰晉風，不可以法。」《唐語林》六。

4 見劉蕡2。

5 見陳夷行1。

6 見李德裕23。

## 李珏

1 武宗朝，任宰臣李德裕，雖丞相子，文學過人。性孤峭，嫉朋黨如仇讐，擠牛僧孺、李宗閔、崔珙於嶺南，楊嗣復、貞穆李公珏庭裕親外叔祖。以會昌初册立事，亦七年嶺外。上即位之後，嶺表五相同日遷北。以吏部尚書李珏爲檢校尚書左僕射，充淮南節度使。珏字待價，趙郡贊皇人。早孤，居淮陰，事母以孝聞。弱冠從之。舉明經，李絳爲華州刺史，一見謂人曰：「日角珠庭，非常人也。當掇進士科，明經碌碌，非子發跡之路。」一舉不第。應進士，許孟容爲宗伯，擢居上第。釋褐，署烏重胤三城推官。調進書判高等，授渭南尉，遷左拾遺，左遷下邳令。丁母憂，廬居三年，不入室。免喪，諸侯羔雁，四府齊至門，皆不就。牛僧孺爲武昌節度使，奏章先達銀臺，授殿中侍御史、内供奉、武昌掌書記。徵歸御史府。韋處厚秉政，一見笑曰：「清廟器，豈擊搏者乎？」擢拜禮部員外，改吏部員外。李宗閔爲相，以品流程式爲己任，擢掌書命，改司勳員外、庫部郎中。文宗召充翰林學士。珏風格端肅，屬詞敏贍，恩傾一時。累遷户部侍郎、承旨，許立相者屢矣。鄭注以藥術爲侍講學士，李訓自流人召入内廷，珏未嘗私焉。訓、注交譖，貶江州刺史。未幾，訓爲相，造假甘露，謀上左右，與王涯等一十一人赤族伏誅，人方伏珏守正之祐。徵爲户部侍郎，與楊嗣復同日命相。上雖求理心切，終優游不斷。同秉政者陳夷行、鄭覃請經術孤單者進用，珏與嗣復論地胄詞采者居先。每延英議政，率相矛盾，竟無成政，但寄頰舌而已。文宗宴駕，以猶子陳王成美當璧爲託。建桓立順，事由兩軍。潁王即位，貶昭州刺史。上即位，累遷河陽三城節度使，吏部尚書。至是，崔鄲薨於淮南，輟之，撫理凡三載。薨，謚貞穆。《東觀奏記》上。《南部新書》丁。《唐語林》三。

2 與使主同時爲相：杜佑、權德輿、牛僧孺、李珏。按德輿《杜公神道碑》云：「早忝賓席，晚聯台座。」時牛公自中書侍郎出鎮武昌，辟珏爲書記。始授殿中侍御史。其後十餘年間，珏已爲户部侍郎、平章事，時牛公自右僕射再入爲相，正共珏同列相庭，當代以爲盛矣。《卓異記》。

3 見李德裕23。

4 見唐文宗30。

## 仇士良

1 見薛元賞2。

2 見裴思謙1。

3 元和初，酌酒猶用樽杓，所以丞相高公有「斟酌」之譽。雖數十人，一樽一杓，挹酒而散，了無遺滴。

無何，稍用注子，其形若罃，而蓋、嘴、柄皆具。太和九年後，中貴人惡其名同鄭注，乃去柄安系，若茗瓶而小異，目之曰「偏提」，論者亦利其便，且言柄有礙而屢傾仄。《資暇集》下。《事始》（《類説》三五、張本《説郛》一〇）。《劉馮事始》（《紺珠集》一一、陶本《説郛》二六）。《唐語林》八。

4 赤明香，世傳仇士良家脯名也。輕薄甘香，殷紅浮脆，後世莫及。《清異録》下。

# 唐人軼事彙編卷二十二

## 令狐楚

1 令狐楚久爲太常博士，有詩云：「何日肩三署，終年尾百僚。」《南部新書》乙。《定命録》(《紺珠集》七)。

2 見裴度15。

3 相國令狐公楚自河陽徵入，至閿鄉，暴風，有裨將飼官馬在逆旅，屋毁馬斃。到京，公旋大拜。時魏義通以檢校常侍代鎮三城，裨將當還，緣馬死，懼帥之責，以狀請一字爲押。公援筆判曰：「厩焚魯國，先師惟恐傷人；屋倒閿鄉，常侍豈宜問馬？」《因話録》三。《四六話》下。

4 令狐文公除守兗州，州方旱，米價甚高。迓吏至，公首問米價幾何，州有幾倉，倉有幾石。屈指獨語曰：「舊價若干，諸倉出米若干，定價出糶，則可賑救。」左右竊聽，語達郡中，富人競發所蓄，米價頓平。《芝田録》(《類説》一一)。又張本《説郛》七四、陶本《説郛》三八引。

5 令狐綯父楚鎮東平，綯侍以赴任。嘗送親友郊外逆旅中，有父老焉，似不知其令狐公也。時方久旱，綯因問民間疾苦，父老即陳以旱歉，盜賊且起。復曰：「而今卻是風不鳴條，雨不破塊時也。」綯以其言前後相反，詰之，父老答曰：「自某月不雨，至於是月，得非不破塊乎？賦稅征迫，販妻鬻子，不給，繼以桑柘，得非不鳴條乎？」絢即命駕，掩耳而去。《玉泉子真録》（張本《説郛》一一、陶本《説郛》四六）。《唐語林》六。

6 見李逢吉7。

7 見張祐4。

8 見李商隱1。

9 見顧非熊2。

10 見白敏中9。

## 王起

1 見李吉甫4。

2 王文懿公起三任節鎮，敭歷省寺，贈守太尉。文宗頗重之，曾爲詩寫於太子之笏以揚之。又畫儀形於便殿，師友目之曰「當代仲尼」。雖歷外鎮，家無餘財，知其甚貧，詔以仙韶院樂宫逐月俸錢五百貫給之。起昧於理家，俸入其家，盡爲僕妾所有，耄年寒餒，故加給焉。于時識者以起不能陳遜，而與伶人分俸，利其苟得，此爲短也。《北夢瑣言》二。

3 見白敏中2。

4 王僕射起再主禮闈，遠邇稱揚，皆以文德巍巍，聿興之也。武宗皇帝詔至殿曰：「朕近見二字，一

『夃』一『穷』，莫能詳也，特詢於卿。」王公對曰：「臣於三教經典，竊常遍覽。向者二字，羣書未之見也，未審天顔何文而得。《周穆王傳》有『齋』、『侖』二字，經百儒宗，但言古馬名，不敢分於飛兔、騕褭，於今靡有詳之者也。」上笑曰：「知卿夙儒，學綜朝野，偶爲此二字相試，非於經籍而得之。」遂賜金綵等。乃知王公三學之中無不通曉。我唐之孔、鄭乎！《雲溪友議》上。《南部新書》丙。《唐詩紀事》五五。　案：《南部新書》丙以爲文宗事。

5、6　見李德裕47、48。

7　盧肇、黄頗同遊李衛公門下。王起再知貢舉，訪二人之能。或曰：「盧有文學，黄能詩。」起遂以盧爲狀頭，黄第三人。《唐語林》三。

8　周墀任華州刺史，武宗會昌三年，王起僕射再主文柄，墀以詩寄賀，並序曰：「僕射十一叔以文學德行，當代推高。在長慶之間，春闈主貢，採摭孤進，至今稱之。近者，朝廷以文柄重難，將抑浮華，詳明典實，繇是復委前務。三領貢籍，迄今二十二年於兹，亦縉紳儒林罕有如此之盛。況新榜既至，衆口稱公。墀忝沐深恩，喜陪諸彦，因成七言四韻詩一首，輒敢寄獻，用導下情，兼呈新及第進士：文場三化魯儒生，二十餘年振重名。曾忝木雞誇羽翼，又陪金馬入蓬瀛。墀初年《木鷄賦》及第，常陪僕射守職内庭。雖欣月桂居先折，更羨春蘭最後榮。欲到龍門看風水，關防不許暫離營。」時諸進士皆賀。起答曰：「貢院離來二十霜，誰知更忝主文場。楊葉縱能穿舊的，桂枝何必愛新香。九重每憶同仙禁，六義初吟得夜光。莫道相知不相見，蓮峰之下欲徵黄。」王起門生一榜二十二人和周墀詩。《唐摭言》三。《詩話總龜》前集一四。《唐詩紀事》五五。

## 馮宿

1 馮宿，文宗朝揚歷中外，甚有美譽，垂入相者數矣，又能曲事北司權貴，咸得其懽心焉。一日晚際，中尉封一合送與之，開之，有烏巾二頂暨甲煎、面藥之屬。時班行結中貴者，將大拜則必先遺此以爲信，馮大喜，遂以先呈相國楊嗣復，蓋常佐其幕也。馮又性好華楚鮮潔，自夕達曙，重衣數襲，選駿足數疋，鞍韉照地，無與比。馮以既有的信，即不宜序班，欲窮極稱愜之事，遂修容易服而入。至幕次，吏報有按，則僞爲不知。比就，果有按，謁者捧麻，必相也。將宣，則謁者向殿，執敕罄折，朗呼所除拜大僚之姓名，既而大呼曰：「蕭倣。」馮乃驚仆于地，扶而歸第，得疾而卒。蓋其夕擬狀，將付學士院之時，文宗謂近臣曰：「馮宿之爲人，似非沉静。蕭倣方判鹽鐵，朕察之，頗得大臣之體。」遂以易之。《玉堂閒話》（《廣記》四九八）。

案：《唐史餘瀋》三有考辨。

2 河南馮宿之三子陶、韜、圖兄弟，連年進士及第，連年登宏詞科，一時之盛，代無比焉，當太和初，馮氏進士及第者海内十人，而公家兄弟叔姪八人。《大唐傳載》。又《廣記》一八〇引。《唐語林》四。

## 韋温

1 見唐文宗15。

2 見楊嗣復3。

3 韋温爲宣州，病瘡於首，因託後事於女壻，且曰：「予年二十九爲校書郎，夢滻水中流見二吏，賫牒相召。一吏至，言：『彼墳至大，功須萬日，今未也。』今正萬日，予豈逃乎！」不累日而卒。《酉陽雜俎》續集一。又《廣記》一四三引。《鷄跖集》（《紺珠集》一二）。

## 崔玄亮

1 見段文昌7。

2 唐崔玄亮，曾典眉州，每公退，具簡履以朝太上，焚修精至，不舍晝夜。嘗於州衙開黃籙道場，爲民祈水旱疾疫。而已散齋之晨，必降祥雲鸞鶴，州民咸覩。亮典湖州修齋，亦降仙鶴，太白爲贊。至今眉州每歲設黃籙齋，凡執事軍校及茶酒廝役祇承，皆知齋法次第。道士羅昭然壽一百一十三歲，預崔牧之齋席，跨驢出街，墜驢而脚在鐙內，因拖曳而死也。《北夢瑣言》一〇。

## 温造

1 憲宗之代，戎羯亂華，四方徵師，以静邊患。詔下南梁，起甲士五千人，令赴闕下。將起，帥人作叛，逐其帥，又懼朝廷討伐，因團集拒命者歲餘。憲宗深以爲患，擇帥者久之，京兆尹温造請行，憲宗問其兵儲所費，温曰：「不請寸兵尺，刃而行。」至其界，梁人覘其所來，止一儒生，皆相賀曰：「朝廷必不問其罪，復何患乎！」温但宣詔敕安存，至則一無所問。然梁帥負過，出入者皆不捨器仗，温亦不誡之。他日，毬場中設樂，三軍下士並任執帶弓劍赴之，遂令於長廊之下就食。坐筵之前，臨堦南北兩行，懸長索二條，令軍人各於面前索上掛其弓劍而食。逡巡，行酒至，鼓噪一聲，兩頭齊抨其索，則弓劍去地三丈餘矣。軍人大亂，無以施其勇。然後闔户而斬之，五千餘人，更無噍類。其間有百姓隨親情及替人有赴設來者甚多，並玉石一槩矣。南梁人自爾累世不敢復叛。余二十年前職於斯，故老尚歷歷而記之矣。《王氏見聞》（《廣記》一九〇）。

2 太和三年，左拾遺舒元褒等奏中丞温造凌供奉官事：「今月四日，左補闕李虞仲與温造街中相逢，造怒不迴避，遂擒李虞仲祇奉人，笞其背者。臣等謹按國朝故事：供奉官街中，除宰相外，無所迴避。」《唐語林》六。

3 見李商隱1。

4 見桑道茂10。

## 高銖

1 開成五年四月，東都奏：河南尹高銖，與知臺御史盧罕街衢相逢，高銖乘肩輿，無所避。二人各引所見，臺府喧競。《唐會要》六八。

2 太常卿高銖決罰禮院禮生，博士李慤引故事見執政，以禮院雖係太常寺，從來博士自專，事無關白者，所以太常三卿初涖事，博士無參集之禮。今銖重罰禮生，有違典故。丞相以銖夙德，唯唯而已。銖曰：「吾老不能退，一旦爲後生所辱。」遂乞罷。《東觀奏記》下。

## 高鍇

1 見裴德融1。

2 見裴思謙1。

3 見柳棠1。

4 父子知舉三家：高鍇子湘湜，于邵子允躬，崔郾子瑶。惟崔氏相去只二十年。《南部新書》乙。《唐詩紀事》五九。

## 高渙

1 高渙者，鍇之子也，久舉不第。或謔之曰：「一百二十箇蟯蜋，推一箇屎塊不上。」蓋高氏三榜，每榜四十人。《唐摭言》一五。

## 李漢

1 唐敬宗時，波斯進沉香亭子材，拾遺李漢諫曰：「沉香爲亭，何異瑶臺瓊室？」《香譜》（《類説》五九）。

2 余座主隴西公爲臺丞，奏今孔尚書温、丞相徐公商爲監察。及孔爲中丞，隴西公淹恤在外多年，除宗正少卿歸朝，而孔、徐二公並時爲丞相。每讌集，時人以爲盛事。亦可太息於宦途也。《因話録》三。《唐語林》四。

3 李漢碎胡瑪瑙盤，盛送王莒，曰：「安石榴。」莒見之不疑，既食乃覺。《揚州事迹》（《雲仙雜記》六）。

## 周墀

1 見唐文宗10。

2 見王起8。

3 見王皞1。

## 高元裕

1 襄陽節度使高元裕，大和三年任司勳員外郎，寓宿南宫，晝夢有人告曰：「十年作襄刺史。」既寤，髣髴儀質，蓋偉秀士也。私異之，因援毫以隱語記于廳之東楹掩映之處，曰：「大三寤襄刺十年。」洎開成三年爲御史中丞，既渝前夢，遂謂夢固虚耳。是後出入中外，揚歷貴位，清望碩德，冠冕時流，海内傾注，佇升鼎鉉。視刺襄，乃優賢之舉耳。大中二年，由天官尚書授鉞漢南，去前夢二十年矣。公謂楹上之字無復存也，因話其事於都官韋，好奇之士往詣求焉。自公題記後，廨署補葺亦屢矣，而毫翰焕然獨存，非神靈扶持而明徵于今日耶？公因屈指，以今之年加曩之十，乃二十年矣。何陰騭之顯晦微婉，及期而朗悟之如此哉。《集異記》(《廣記》二七八)。

## 裴潾

1 長安三月十五日，兩街看牡丹，奔走車馬。慈恩寺元果院牡丹，先于諸牡丹半月開；太真院牡丹，後諸牡丹半月開。故裴兵部潾《白牡丹》詩，自題于佛殿東頰脣壁之上。大和中，車駕自夾城出芙蓉園，路幸此寺，見所題詩，吟玩久之，因令宫嬪諷念。及暮歸大内，即此詩滿六宫矣。其詩曰：「長安豪貴惜春殘，争賞先開紫牡丹。别有玉杯承露冷，無人起就月中看。」兵部時任給事。《南部新書》丁。《唐詩紀事》五二。

2 開成元年，李衛公分司東都，居平泉别墅，潾述其素尚，賦四言詩十四章，兼述山泉之美。明年，衛公觀察浙西，潾自兵侍尹河南，乃刻于石。首章云：「動静有源，進退有期。用在得正，明以知微。夫惟哲人，會且有歸。静固致動，安每慮危。將憩于盤，止亦先機。」《唐詩紀事》五二。

## 楊虞卿

1 楊虞卿及第後，舉三篇，爲校書郎。來淮南就李鄘親情，遇前進士陳商啓護窮窘。公未相識，問之，倒囊以濟。《唐摭言》四。又《廣記》一八〇引。

2 尚書省二十四司印，故事，悉納直廳。每郎官交直時，吏人懸之于臂以相授，頗覺爲煩。楊虔州虞卿任吏部員外郎，始置櫃加鐍以貯之，人以爲便，至今不改。櫃初成，周戎時爲吏部郎中，大書其上：「戲作考詞狀，當有千有萬，忍俊不禁考上下。」《因話録》五。

3 太和中，人指楊虞卿宅南亭子爲「行中書」，蓋朋黨聚議於此爾。《南部新書》己。《海録碎事》九下。參看李宗閔2。

4 見牛僧孺12。

5 楊虞卿爲京兆尹時，市里有三王子，力能揭巨石。遍身圖刺，體無完膚。前後合抵死數四，皆匿軍以免。一日有過，楊令五百人捕獲，閉門杖殺之。判云：「鏨刺四肢，只稱王子，何須訊問，便合當辜。」《酉陽雜俎》前集八。又《廣記》二六四引。

6 見張又新2。

7 虞卿醉後善歌《掃市詞》，又有小妓工琵琶，虞卿死，遂辭去。樂天《哭虞卿》詩云：「何日重聞《掃市歌》，誰家收得琵琶妓？」《唐詩紀事》四六。

8 楊虞卿家號魚爲水花羊……以避諱故也。《清異録》上。

## 楊汝士

1 寶曆年中，楊嗣復相公具慶下繼放兩榜，時先僕射自東洛入覲，嗣復率生徒迎於潼關。既而大宴於新昌里第，僕射與所執坐於正寢，公領諸生翼坐於兩序。時元、白俱在，皆賦詩於席上。唯刑部楊汝士侍郎詩後成。元、白覽之失色。詩曰：「隔坐應須賜御屏，盡將仙翰入高冥。文章舊價留鸞掖，桃李新陰在鯉庭。再歲生徒陳賀宴，一時良史盡傳馨。當年疏傅雖云盛，詎有茲筵醉醁醽！」汝士其日大醉，歸謂子弟曰：「我今日壓倒元、白。」《唐摭言》三。又《廣記》一七八。《廣卓異記》一九引。《詩話總龜》前集一七。《唐詩紀事》四六。

2、3 見白居易27、30。

4 楊汝士尚書鎮東川，其子知溫及第，汝士開家宴相賀，營妓咸集。汝士命人與紅綾一匹，詩曰：「郎君得意及青春，蜀國將軍又不貧。一曲高歌紅一匹，兩頭娘子謝夫人。」《北里志》。《唐摭言》三。《唐詩紀事》四六。

5 諸名族重京官而輕外任，故楊汝士建節後詩云：「抛却弓刀上砌臺，上方樓殿窣雲開。山僧見我衣裳窄，知道新從戰地來。」又云：「如今老大騎官馬，羞向關西道姓楊。」《南部新書》乙。《詩話總龜》前集四四。《唐詩紀事》四六。

6 見柳棠1。

7 太和中，蘇景胤、張元夫爲翰林主人，楊汝士與弟虞卿及漢公，尤爲文林表式。故後進相謂曰：「欲入舉場，先問蘇張；蘇張猶可，三楊殺我。」《唐摭言》七。又《廣記》一八一引。《唐語林》四。

8 咸通中，楊汝士與諸子位皆至正卿。所居靖恭里第，兄弟並列門戟。《南部新書》丙。

9 楊汝士父子並爲公卿，居靖恭里，號靖恭楊家。《海録碎事》七上。

## 楊希古

1 楊希古，靖恭諸楊也。朋黨連結，悉相期以死。權勢熏灼，力不可拔，與同里崔氏相埒，而叔季過之。希古性行誕僻，初應進士舉，投丞郎以所業，丞郎延奬之。希古起而對曰：「斯文也，非希古之作也。」丞郎訝而詰之。曰：「此舍弟源嶓爲希古所作也。」丞郎大異之曰：「今之子弟，以文求名者，大半假手也。苟袖一軸投之於先進，靡不私自衒鬻，以爲莫我若也。如子之用意，足以整頓頹波矣。」性酷嗜佛法，常置僧於第，陳列佛事，雜以旛蓋，是謂道場者。每凌晨，輒入其内，以身俛地，俾僧據其上誦《金剛經》三遍。性又潔浄，内逼如厠，必撤衣無所有，然後高履以往。《玉泉子》。

## 薛元賞

1 上都街肆惡少，率髡而膚劄，備衆物形狀。恃諸軍，張拳强劫，至有以蛇集酒家，捉羊胛擊人者。今京兆薛公元賞，上三日，令里長潛捕，約三十餘人，悉杖殺，屍于市。市人有點青者，皆灸滅之。時大寧坊力者張幹，劄左膊曰「生不怕京兆尹」，右膊曰「死不畏閻羅王」。又有王力奴，以錢五千召劄工，可胸腹爲山、亭院、池榭、草木、鳥獸，無不悉具，細若設色。公悉杖殺之。又賊趙武建，劄一百六十處番印、盤鵲等，左右膊刺言「野鴨灘頭宿，朝朝被鶻梢。忽驚飛入水，留命到今朝。」又高陵縣捉得鏤身者宋元素，刺七十一處，左臂曰「昔日以前家未貧，苦將錢物結交親。如今失路尋知己，行盡關山無一人。」右臂上刺葫蘆，上出人首，如傀儡戲郭公者。縣吏不解，問之，言葫蘆精也。《酉陽雜俎》前集八。又《廣記》二六三引。

2　李相石在中書，京兆尹薛元賞謁石于私第。故事：百僚將至宰相宅，前驅不復呵。元賞下馬，石未之知，方在廳，若與人訴競者。元賞問焉，云：「軍中軍將。」元賞排闥進，曰：「相公，朝廷大臣，天子所委注。撫蠻夷，和陰陽，安百姓，叶衆心，無敢乖謬；升絀賢不肖，賞功罰罪，皆公之職。安有軍中一將而敢如此哉！夫貴賤失序，綱紀之紊，常必由之。苟朝廷如此，猶望相公整頓頹壞，豈有出自相公者！」即疾趨而去，顧左右曰：「無禮軍將，可擒于下馬橋祗候。」元賞比至，則袒臂跽之矣。中尉仇士良有威權，其輩已有訴之者，宦官連聲傳士良命曰：「中尉奉屈大尹。」元賞不答，即命杖殺之。士良大怒。元賞乃白衣請見士良，士良出曰：「敢必杖殺軍中大將，可乎？」元賞即具言無禮狀，且曰：「宰相，大臣也；中尉，大臣也。彼既可無禮于此，此獨不可以無禮于彼乎？國家之法，中尉所宜保守，一旦壞之可惜。某已白衫，惟中尉命。」士良以其理直，命左右取酒飲之而罷。《唐語林》三。

## 李　福

1　李相福妻裴氏，性妬忌。姬侍甚多，福未嘗敢屬意。鎮滑臺日，有以女奴獻之者，福欲私之而未果。一日，乘間言於妻曰：「某官已至節度使矣，然所指使者，不過老僕，夫人待某，無乃薄乎！」裴曰：「然，不能知公意所屬何人？」福即指所獻之女奴也。裴許諾，爾後不過執衣侍膳，未嘗一得繾綣。福又囑妻之左右曰：「設夫人沐髮，必遽來報我。」既而果有以夫人沐髮來告者。福即僞言腹痛，且召其女奴。既往，左右以裴方沐不可遽已，即白以所疾，裴以爲信然，遽出髮盆中，跣問福所苦。福既紿以疾爲言，即若不可忍狀，裴極憂之，由是以藥投兒溺中進之。明日，監軍使及從事悉來候問，福即具以事告之。因笑曰：「一事無成，固當其分，所苦者，虚咽一甌溺耳。」聞者莫不大笑之。《玉泉子》。又《廣記》二七五引。《唐語林》（《類説》三二）。《羣居解頤》（張本《説郛》三二、陶本《説郛》二四）。

2 洛京北邙太清觀鐘樓，唐咸通年中忽然摧塌。有屋檁一條，其中空虚，每撑動觸動轉，内敲磕有聲，人遂相傳，來競觀之。道士李威儀不欲聚人，乃令破之，於其間得一黑漆板，上有陷金之字，曰：「山水誰無言，元年遇福重修。」道士齎呈洛中諸官，皆不能詳之。李福相公罷鎮西川歸洛，見此隱文，反覆詳讀數四，遂謂觀主曰：「但請度工鳩徒，當以俸餘之金獨力完葺也。百年之前，智者勒其志，已冥合今日，安得不重興觀宇乎？」洎觀成，或請其由，福曰：「山水誰無言者，今上御名也。咸通名漼也。元年遇福者，改元之初作鎮，獲俸而迴，福其不修，復待何人者哉？」《玉堂閒話》（《廣記》三九二）。

3 唐相國李公福，河中永樂有宅，庭槐一本抽三枝，直過當舍屋脊，一枝不及。相國同堂昆弟三人，曰石，曰程，皆登宰執，唯福一人歷鎮使相而已。《北夢瑣言》三。《唐語林》七。參看李石。

## 龐　嚴

1 京兆龐尹及第後，從事壽春。有江淮舉人，姓嚴，是登科記誤本，倒書龐嚴姓名，遂賃舟丐食。就謁時，郡中止有一判官，亦更不問其氏，便詣門投刺，稱從姪。龐之族人甚少，覽刺極喜，延納殷勤，便留款曲，兼命對舉匕筯。久之，語及族人，都非龐氏之事，龐方訝之。因問止竟：「郎君何姓？」曰：「某姓嚴。」龐撫掌大笑曰：「君誤矣！余自姓龐，預君何事？」揖之令去。其人尚拜謝叔父，從容而退。《因話録》四。又《廣記》二六一引。

## 盧簡能　盧簡求　盧簡辭

1 兄弟四人皆任掌記：盧簡能夏州、簡辭河孟、弘正昭義、簡求鄂州。按使下書記，必擇有文學得時稱者任之。盧簡能兄弟四人並當嘉選，時亦無比。《卓異記》。

2 見裴德融1。

3 見白居易39。

## 盧弘正

1 見馬植1。

2 見路羣1。

3 鄭滑盧宏正尚書題柳泉驛云：「余自歙州刺史除度支郎中，八月十七日午時過永濟渡却。自度支郎中除鄭州刺史，亦以八月十七日午時過永濟渡。從吏部郎中除楚州刺史，以六月十四日宿湖城縣。今年從楚州刺史除給事中，計程亦合是六月十四日湖城縣宿。事雖偶然，亦冥數也。」《南部新書》乙。案：盧弘正，它書又作「盧弘止」。岑仲勉《唐方鎮年表正補》云「作弘止爲是」。

## 路羣

1 路舍人羣與盧給事弘正性相異，情相善。紫微清瘦古淡，未嘗言朝市；夕拜魁梧富貴，未嘗言山水。紫微日謀高卧，有制詔則就宅草之；夕拜未嘗乞告，有賓客則就省謁之。雖秦吴所尚，而塤箎其友。一日，雪滿玉京，紫微在假，夕拜將欲晏入，先及路門。紫微寓於南垣茅亭，肆目山雪，鹿冠鶴氅，手卷膝琴，篝火於爐，酌杯於机。忽聞盧至，曰：「適我願兮！」促命延入。夕拜金紫華焕，意氣軒昂，偶紫微道服而坐。紫微曰：「盧六，盧六，曾莫顧我，何也？」夕拜曰：「月限向滿，家食相仍，日詣台庭，以圖外任。」紫微貌慘，曰：「駕肩權門，所不忍視，且有夙分，徒勞汝形。臘營一壺，能同幕席天地否？」夕拜曰：「詣省之計決矣。」紫微又呼侍兒曰：「盧六待去，早來藥糜宜潔勻越中二飲器，我與給事公儷食。」夕拜振聲曰：「不可。」紫微曰：「何也？」夕拜曰：「今旦犯冷，且欲遐征，已市血食之加蒜者湌矣。」時人聞之，以爲路之高雅，盧之俊達，各盡其性。《闕史》上。又《廣記》四九九引。《唐語林》六。

## 王璠

1 王并州璠，自河南尹拜右丞相。除目纔到，少尹侯繼有宴，以書邀之。王判書後云：「新命雖聞，舊銜尚在。遽爲招命，堪入笑林。」洛中以爲話柄。故事，少尹與大尹遊宴禮隔，雖除官，亦須候正敕也。

《因話録》五。又《廣記》二五六引。《唐語林》六。

2 大和九年冬，甘露事敗，將相棄市。王璠謂王涯曰：「當初勸君斬却鄭注，斬之豈有此事也？」此雖臨刑之言，然固當矣。《南部新書》甲。

3 大和中，王璠廉問丹陽，因溝其城，既鑿深數尺，得一石，銘文曰：「山有石，石有玉，玉有瑕，即休休。」工人得之，具以事告白獻於璠。詳其義，久而不能解，即命僚佐辨之，皆無能析其理者。數日，有一叟請謁璠之吏，且密謂曰：「吾聞王公得石銘，今有辨者乎？」吏曰：「公方念之。其義爲何如耶？君豈即能究耶？」叟曰：「是不祥也。夫『山有石，石有玉，玉有瑕，即休休』也，皆叙王公之世也。且公之先曰崟，崟生礎，以文而觀，是『山有石』也。礎生璠，是『石有玉』也。璠之子曰瑕休，是『玉有瑕即休』，休者，絶之兆。推是而辨，其絶緒乎！」吏謝之。叟言竟而去。至大和九年冬，璠卒夷其宗，果符叟之解也。《宣室志》七。又《廣記》三九二引。

## 崔蠡

1 唐崔蠡知制誥日，丁太夫人憂，居東都里第。時尚清苦儉嗇，四方寄遺，茶藥而已，不納金帛。故朝賢家不異寒素，雖名姬愛子，服無輕細。崔公卜兆有期，居一日，宗門士人有謁請於蠡者，閽吏拒之，告曰：「公居喪，未嘗見他客。」乃曰：「某崔家宗門子弟，又知尊夫人有卜遠之日，願一見公。」公聞之，延入與語。直云：「知公居縉紳間，清且約，太夫人喪事所須，不能無費。某以辱孫姪之行，又且貲用稍給，願以錢三百萬濟公大事。」蠡見其慷慨，深奇之，但嘉納其意，終却而不受。此人調舉久不第，亦頗有屈聲。蠡未幾服闋，拜尚書右丞，知禮部貢舉。此人就試，蠡第之爲狀元。衆頗驚異，謂蠡之主文以公道取士，崔之獻藝由善價成名，一第則可矣，首冠未爲得。以是人有詰於蠡者，答曰：「崔某固是及第人，但狀頭是某私恩所致耳。」具以前事告之，於是中外始服，名益重焉。《芝田録》（《廣記》一八二）。《玉泉子》。

2　見唐文宗15。

## 柳公權

1　柳公權嘗於佛寺看朱審畫山水，手題壁詩曰：「朱審偏能視夕嵐，洞邊深墨寫秋潭。與君一顧西墻畫，從此看山不向南。」此句爲衆歌詠。後公權爲李聽夏州掌記，因奏事，穆宗召對曰：「我於佛寺見卿筆札，思見卿久矣。」宣出充侍書學士。非時宰所樂，進擬左金吾衛兵曹充職，御筆改右小諫。中外朝臣，皆呼爲國珍。《南部新書》壬。

2　文宗時，充翰林學士，從幸未央宫，苑中駐蹕，謂公權曰：「我有一喜事。邊上衣賜，久不及時，今年二月給春衣訖。」公權前奉賀。上曰：「可賀我以詩。」宫人迫其口進，公權應聲曰：「去歲雖無戰，今年未得歸。皇恩何以報，春日得春衣。」上悦，激賞之。《唐詩紀事》四〇。《古今詩話》（《詩話總龜》前集一七）。

3　太和中，上自延英退，獨召柳公權對。上不悦曰：「今日一場大奇也。嗣復、李珏道張諷是奇才，請與近密官。鄭覃、夷行即云是姦邪，須斥之于嶺外。教我如何即是？」公權奏曰：「允執厥中。」上曰：「如何是允執厥中？」又奏：「嗣復、李珏既言是奇才，即不合斥于嶺外，鄭覃、夷行既云是姦邪，亦不合致于近密。若且與荆襄間一郡守，此近于允執厥中。」旬日又召對，上曰：「允執厥中，向道也是。」張遂爲郡守。《南部新書》甲。

4 柳公權，武宗朝在内庭，上嘗怒一宫嬪久之，既而復召，謂公權曰：「朕怪此人，然若得學士一篇，當释然矣。」目御前有蜀牋數十幅，因命授之。公權略不佇思而成一絶曰：「不忿前時忤主恩，已甘寂寞守長門，今朝却得君王顧，重入椒房拭淚痕。」上大悦，賜錦綵二十疋。令宫人拜謝之。《唐摭言》一三。又《廣記》一七四引。《古今詩話》（《詩話總龜》前集一七）。《唐詩紀事》四〇。

5 大中十一年正月一日，上御含元殿受朝。太子太師盧鈞，年八十矣，自樂懸之南步而及殿墀，稱賀上前，聲容朗綏，舉朝服之。至十二年元日，含元受賀，太子少師柳公權，年亦八十矣，復爲百官首，含元殿廷夐遠，自樂懸南步至殿下，力已綿憊，稱賀之後，上尊號「聖敬文思和武光孝皇帝」，公權誤曰「光武和孝」，御史彈出之，罰一季俸料。七十致仕，舊典也，公權不能克遵典禮，老而受辱，人多惜之。《東觀奏記》下。《南部新書》戊。《唐語林》四。

6 宣州諸葛氏能作筆，柳公權求之，先與二管，語其子曰：「柳學士如能書，當留此筆。不爾，退還，即以常筆與之。」未幾，柳以不入用退還，別求，遂以常筆與之。先與者二筆，非右軍不能用也。《文房四譜》（《類説》五九、《白孔六帖》一四）。《邵氏聞見後録》二八。

7 元和中，柳柳州書，後生多師傚，就中尤長於章草，爲時所寶。湖湘以南，童稚悉學其書，頗有能者。長慶已來，柳尚書公權又以博聞强識工書，不離近侍。柳氏言書者，近世有此二人。尚書與族孫璟，開成中，同在翰林，時稱大柳舍人、小柳舍人。自祖父郎中芳以來，奕世以文學居清列。舍人在名場淹屈，及擢第，首冠諸生。當年宏詞登高科，十餘年便掌綸誥，侍翰苑。性喜汲引後進，出其門者，名流大僚至多。以誠明待物，不妄然諾，士益附之。記録此書後二年，柳公方知舉。（《因話録》三。《唐語林》四。）

8 唐柳公權，名節文行，著在簡策。志耽書學，不能治生。爲勳戚家碑版，問遺歲時鉅萬，多爲主藏者海鷗、龍安所竊。别貯酒器杯盂一笥，緘縢如故，其器皆亡，訊海鷗，乃曰「不測其亡」。公權哂曰：「銀杯羽化耳。」不復更言。所寶惟筆硯圖書，自扃鐍之。（《圖畫見聞誌》五。《柳氏叙訓》（《海録碎事》七下）。）

9 柳公權以隔風紗作《龍城記》及入朝名品，號「錦樣書」以進，上方御剪刀麫、月兒羹，即命分賜。（《字錦》（《雲仙雜記》六）。）

## 丁居晦

1 見唐文宗11。

## 鄭居中

1 鄭舍人居中，高雅之士，好道術。常遇張山人者，多同遊處，人但呼爲小張山人，亦不知其所能也。居襄漢間，除中書舍人，不就。開成二年春，往東洛嵩岳，攜家僮三四人，與僧登歷，無所不到，數月淹止。

日晚至一處，林泉秀潔，愛甚忘返。會院僧不在，張燭爇火將宿，遣僕者求之，兼取筆，似欲爲詩者。操筆之次，燈滅火盡。一僮在側，聞鄭公仆地之聲，喉中氣𪉰，有光如雞子，遶頸而出。遽吹薪照之，已不救矣。紙上有四字云：「香火願畢。」畢字僅不成。《逸史》(《廣記》五五)。

2 中書舍人鄭居中少有時名，揚歷清貫，晚年尤薄名利，以疾辭官，恣遊名山。一日搦管爲詩，纔書五字，曰「雲山遊已遍」，紙猶在手，筆忽墮地而終。《職官分紀》七。又《古今合璧事類備要》前集六三引。

## 裴素

1 見唐文宗14。

## 鄭澣

1 滎陽公尚書鄭澣以清規素履，嗣續門風。尹正圻南日，有從父昆弟之孫自覃懷來謁者，力農自贍爾，未嘗干謁，拜揖甚野，冠帶亦古。鄭公之子弟僕御皆笑其疏質，而公心獨憐之。問其所欲，則曰：「某爲本邑以民待久矣，思得承乏一尉，乃錦遊故鄉里也。」公深然之，而公之清譽重德爲時所歸，或致書於郡守，猶臂之使指也。將脂轄前一日，召甥姪與之會食，有蒸而爲餅者，鄭孫搴去其皮，然後食之，公大嗟怒曰：「皮之與中，何以異耶？僕常病澆態訛俗，驕侈自奉，思得以還淳返樸，敦厚風俗。是獨憐子力用弊衣，必能知艱難於稼穡，奈何囂浮有甚於五侯家綺紈乳臭兒耶！」因引手請所棄餅表。鄭孫錯愕失據，器而承之，公則盡食所棄。遂揖歸賓闥，贈以束帛，斥歸鄉里。《闕史》上。又《廣記》一六五引。

## 張賈

1 張賈出守衢州，文宗曰：「聞卿大善長行。」賈曰：「臣公事之餘聊與廣客爲戲，非有所妨也。」《記纂淵海》八八。

## 王初 王哲

1 唐長慶、太和中，王初、王哲俱中科名。其父仲舒顯於時，二子初宦，不爲秘書省官，以家諱故也。既而私相議曰：「若遵典禮避私諱，而吾昆弟不得爲中書舍人、中書侍郎、列部尚書，乃相與改諱，只言仲字可矣。」又爲宣武軍掌書記。識者曰：「二子逆天忤神，不永。」未幾相次殞謝。《獨異志》（《廣記》二六一）。

## 李款

1 大和七年九月，侍御史李款閤内彈奏前邠州行軍司馬鄭注曰：「内通勅使，外連朝官，兩地往來，卜射財貨，晝伏夜動，干竊化權。人不敢言，道路以目。請付法司。」奏未報。款連上十餘疏。由是授注通王府司馬。《唐會要》六一。

## 李甘

1 見韓愈22。

2 李甘家號甘子爲金輪藏，……以避諱故也。《清異録》上。

## 權範

1 權實子範爲殿中侍御史知巡。有小吏從市求取者，事發，笞臀十數。他日復有如此者，白於臺長，杖背十五。同列疑其罪同罰異。權對曰：「前吏所取者，名屬左軍。臺之威令不振久矣，百司尚有不禀奉者，況憑禁軍之勢耶！彼受賄於此輩，且是知抑豪强，可以末減。後吏則挾臺之威，恐嚇百姓，杖背全命，猶爲至輕。」《因話録》三。《唐語林》一。

2 張傑夫前自襄州從事至京，先到臺中。三院多張之親友，爲求馬價，同列有或怒或嗤而不署文字者。權獨先署，謂衆曰：「某向不與張君熟，且聞其在窮喪馬，正當求禄求知之際，不可使徒行。且一緡何足爲輕重？若使小生薦所不知之人，實不從衆署狀。」《因話録》三。《唐語林》一。

## 韋楚老

1 見李德裕67。

2 韋楚老，李宗閔之門生。自左拾遺辭官東歸，居于金陵。常乘驢經市中，貌陋而服衣布袍，羣兒陋之。指畫自言曰：「上不屬天，下不屬地，中不累人，可謂大韋楚老。」羣兒皆笑。與杜牧同年生，情好相得。初以諫官赴徵，值牧分司東都，以詩送。及卒，又以詩哭之。《唐語林》七。《金華子》下。案：此條原出《金華子》，但今本無「與杜牧同年生」以下文字。

## 薛廷老

1 門生爲翰林學士撰座主白麻：薛廷老。按玄宗初置翰林待詔，尋改爲學士，以備顧問，祇對而已。代宗登極，並領詔誥，每授相除將，不由外制。德宗之代，尤難其選，凡及第之人，入者甚衆。或座主先逝而不見，或座主官位而不及於内廷之制者。惟廷老翰林時座主庾公拜兖海節度，廷老爲門生，得爲麻制。時代榮之。《卓異記》。《廣卓異記》一三。

## 唐持

1 唐尚書持，太和六年尉渭南，爲京兆府試進士官。杜丞相悰時爲京兆尹，將託親知間等第。時重十人，内爲等第。召公從容，兼命茶酒。及語舉人，則趨而下階，俯伏不對，杜公竟不敢言而止。是年上等内近三十餘人，數年内皆及第，無缺落者，前後莫比。時余偶在等第之選。《因話録》三。《唐語林》三。案：唐持，原作「唐特」，據《新唐書》八九改。

## 裴德融

1 裴德融諱臯，值高鍇知舉，入試，主司曰：「伊諱臯，向某下就試，與及第，困一生事。」後除屯田員外郎。時盧簡求爲右丞，裴與除郎官一人同參。到宅，右丞先屈前一人入，從容多時，前人啓云：「某與新除屯田裴員外同祇候右丞，裴員外在門外多時。」盧遽使驅使官傳語曰：「員外是何人下及第？偶有事，不得奉見。」裴倉遑失錯，騎前人馬出門去。《盧氏雜説》（《廣記》一八一）。《容齋續筆》一一。

## 胡澴

1 安定胡澴，家於河東郡，以文學知名。大和七年春，登進士第。時賈餗爲禮部侍郎。後二年，文宗皇帝擢餗相國事。是歲冬十一月，京師亂，餗與宰臣涯已下俱遁去。有詔捕甚急。時中貴人仇士良護左禁軍，命部將執兵以窮其迹。部將謂士良曰：「胡澴受賈餗恩，今當匿於澴家，願得驍健士五百，環其居而取之。」士良可其請。於是部將擁兵至澴門，召澴出廳，諭之曰：「賈餗在汝家，汝宜立出。不然，與餗同罪。」澴度其勢，不可以理辯，則抗辭拒之。部將怒，執詣士良所。士良使戮於轅門之外。《宣室志》四。又《廣記》三四七引。《補録記傳》（《廣記》一二三）。　案：胡澴，《廣記》作胡激，《登科記考》二一作胡溵。

# 王彦威

1 先公嘗言，唐朝長安士大夫，重内官而輕外任，及兩制，尤爲華貴。故自丞郎或從翰苑出領節制者，皆以爲失意，當時方面者，目爲麄材。是以張燕公有言，愧無通材，供國麄使。又薛許昌《謝茶》詩云：「麄官乞與真抛却，賴有詩情合得嘗。」東京明德門今爲乾元門即唐時汴州宣武軍鼓角樓，至朱梁建都，不遑改作，因而號曰建國樓。其上有節度使王彦威詩石尚在。彦威明於典禮，仕貞元、元和間，爲太常博士，累官至大僚。其詩曰：「貔貅十萬擁雄師，正是酬恩報國時。汴水波濤喧鼓角，隋堤楊柳拂旌旗。前駈紅旆關西將，列坐青娥趙國姬。爲報長安冠蓋道，麄官到底是男兒。」即彦威麄官男兒之言，亦有憾爾。其石至太祖重修官職，不復存矣。《先公談録》（《宋朝事實類苑》三九、《類説》一五）。《談苑》（《詩話總龜》前集三）。《唐詩紀事》五一。

# 李寰

1 有人説李寰建節晉州，表兄武恭，性誕妄，又稱好道，及蓄古物。遇寰生日，無餉遺。乃箱擎一故皂襖子與寰云：「此是李令公收復京師時所服，願尚書功業一似西平。」寰以書謝。後聞知恭生日，箱擎一破膩脂幞頭餉恭曰：「知兄深慕高貞，求得一洪崖先生初得仙時幞頭，願兄得道，一如洪崖。」賓僚無不大笑。《因話録》四。又《廣記》二五六引。《續世説》一二。

## 李郜

1 見劉蕡1。

2 李郜除賀州，人言不熟臺閣，故著《骰子選格》。《南部新書》乙。

3 唐李郜爲賀州刺史，與妓人葉茂蓮江行，因撰《骰子選》謂之葉子。咸通以來，天下尚之。《感定録》

（《廣記》一三六）。《南部新書》庚。案：李郜，原作李邰，據《南部新書》改。

## 李播

1 唐郎中李播典蘄州日，有李生稱舉子來謁。會播有疾病，子弟見之，覽所投詩卷，咸播之詩也。既退，呈于播，驚曰：「此昔應舉時所行卷也，唯易其名矣。」明白，遣其子邀李生從容詰之曰：「奉大人咨問，此卷莫非秀才有製乎？」李生聞語，色已變，曰：「是吾平生苦心所著，非謬也。」子又曰：「此是大人文戰時卷也，兼牋翰未更，却請秀才不妄言。」遽曰：「某向來誠爲誑耳。二十年前，實於京輦書肆中以百錢贖得，殊不知是賢尊郎中佳製，下情不勝恐悚。」子復聞於播，笑曰：「此蓋無能之輩耳，亦何怪乎！饑窮若是，實可哀也。」遂沾以生餼，令子延食於書齋。數日後，辭他適，遺之縑繒。是日播方引見。李生拜謝前事畢，又云：「某執郎中盛卷，遊於江淮間已二十載矣，今欲希見惠，可乎？所貴光揚旅寓。」播曰：「此乃某昔歲未成事所懷之者。今日老爲郡牧，無用處，便奉獻可矣。」亦無愧色，旋置袖中。

播又曰：「秀才今擬何之？」生云：「將往江陵，謁表丈盧尚書耳。」播曰：「賢表丈任何官？」曰：「見爲荆南節度使。」播曰：「名何也？」對曰：「名弘宣。」播拍手大笑曰：「秀才又錯也。荆門盧尚書，是某親表丈。」生慚悸失次，乃復進曰：「誠若郎中之言，則并荆南表丈一時曲取。」於是再拜而走出。播歎曰：「世上有如此人耶！」蘄間悉話爲笑端。《廣記》二六一。《唐詩紀事》四七。　案：《廣記》此條原注出《大唐新語》，誤。

2 起居舍人韋綬以心疾廢，校書郎李播亦以心疾廢。播常疑遇毒，鑠井而飲。散騎常侍李益少有疑病，亦心疾也。夫心者，靈府也，爲物所中，終身不痊。多思慮，多疑惑，乃疾之本也。《國史補》中。《唐語林》八。

案：疑此李播或爲另一人。

## 薛用弱

1 弋陽郡東南有黑水河，河湄有黑水將軍祠。大和初，薛用弱自儀曹郎出守此郡，爲政嚴而不殘。一夕夢贊者云：「黑水將軍至。」延之，乃魁梧丈夫，鬚眉雄傑，介金附韃，既坐，曰：「某頃溺於兹水，自以秉仁義之心未展，上訴於帝。帝曰：『汝陰位方崇。』遂授此任。郎中可爲立祠河上，當祐斯民。」言訖而寤。遂命建祠設祭。水旱災沴，禱之皆應。用弱有葛谿寶劍，復夢求之，遂以爲贈。仍剳神前柱并匣寘之，外設小扉，加扃鎖焉。《三水小牘》下。又《廣记》三一二引。

## 李膺

1 岳牧李員外膺，羣玉校書者，即岳牧從孫也。昔來覲謁，曾與宴席，李公曰：「吾徵士也，識古知今。視汝儕流，只如粟粒！」羣玉兢惶，幾不脱於櫝辱。其高概如此，有天下名稱。羣玉後過岳陽，題詩曰：「昔年曾接季膺歡，遠泛仙舟醉碧瀾。詩句亂題青草發，酒腸俱逐洞庭寬。浮生聚散雲相似，從事微冥夢一般。今日片帆城下過，春風迴首涕欄干。」岳陽於奉釋之心，日無倦矣。嘗撰清遠寺碑文，甚得大理。若僧有故投網羅者，其不恕乎。嘗斷僧結黨屠牛捕魚事，曰：「違西天之禁戒，犯中國之條章。不思流水之心，輒舉庖丁之刃。既集徒侶，須務極刑。各決三十，用示伽藍。」《雲溪友議》下。案：李膺，疑爲李虞，文宗時任岳州刺史。

## 韋絢

1 河南少尹韋絢少時嘗於夔州江岸見一異蟲，初疑棘針一枝，從者驚曰：「此蟲有靈，不可犯之，或致風雷。」韋試令踏地驚之，蟲伏地如滅，細視地上若石脈焉。良久漸起如舊，每刺上有一爪，忽入草疾走如箭，竟不知是何物。《酉陽雜俎》續集三。又《廣記》四七七引。

2 見李德裕57。

3 見魏謩2。

## 周復

1 元相在鄂州，周復爲從事，相國常賦詩，命院中屬和。周正郎乃簮笏見相公曰：「某偶以大人往還高門，謬獲一第，其實詩賦皆不能也。」相國嘉之曰：「遽以實告，賢於能詩者矣。」《幽閒鼓吹》。又《廣記》四九八引。《唐語林》三。《唐詩紀事》三七。

## 杜中立

1 杜羔子中立，少年時贍於財産，它無所求。其所與遊者，徒利於酒肉，其實蔑視之也。一日同送迎於城外逆旅，客有善相者，歷觀諸賓侶，獨指中立曰：「此子異日當爲將矣。」一座大笑。中立後尚真源公主，竟爲滄州節度使。初，李琢之出鎮，旗竿道折，乃鑁殺其執旗者。中立在道亦然，杖之二十。琢竟無患，而中立卒焉。豈煞之可以應其禍哉？《玉泉子》。又《廣記》一三八引。《分門古今類事》一〇引。案：「杜羔子中立」，原作「杜羔字中立」，誤，據《新唐書·杜兼傳》改。

## 韓約

1 韓約，唐大和中爲安南都護。時土産有玉龍膏，南人用之，能化銀液。耆舊相傳：其膏不可齎往，犯者則爲禍耳。約不之信，及受代還闕，貯之以歸。時爲執金吾，果首罹甘露之禍。乃貪利冒貨之所致也。《補録記傳》(《廣記》一四四)。

## 韋公幹

1 崖州東南四十里至瓊山郡，太守統兵五百人，兼儋、崖、振、萬、安五郡招討使。凡五郡租賦，一供於招討使。四郡之隸於瓊，瓊隸廣海中。五州歲賦，廉使不得有一緡，悉以給瓊。軍用軍食，仍仰給於海北諸郡。每廣州易帥，仍賜錢五十萬以犒鈌。瓊守雖海渚，歲得金錢，南邊經略使不能及。郡守韋公幹者，貪而且酷。掠良家子爲臧獲，如驅犬豕。有女奴四百人，執業者太半。有織花縑文紗者，有伸角爲器者，有鎔鍛金銀者，有攻珍木爲什具者，其家如市，日考月課，唯恐不程。公幹前爲愛州刺史，境有馬援銅柱，公幹推鎔，貨與賈胡。土人不知伏波所鑄，且謂神物，哭曰：「使君果壞是，吾屬爲海神所殺矣。」公幹不聽。百姓奔訴於都護韓約，約遺書責辱之，乃止。既牧瓊，多烏文呿陁，皆奇木也。公幹驅木工沿海探伐，至有不中程以斤自刃者。前一歲，公幹以韓約壻受代，命二大舟，一實烏文器雜以銀，一實呿陁器雜以金，浮海東去，且令健卒護行。將抵廣，木既堅密，金且重，未數百里，二舟俱覆，不知幾萬萬也。書曰：「貨勃而入，亦勃而出。」公幹不道，殘人以得貨，竭夷獠之膏血以自厚，徒穢其名，曾不得少有其利。陰禍陰匿，苟脱人誅，將鬼得誅也。《投荒雜録》(《廣記》二六九)。

## 馮球

1 見王涯3。

## 杜牧

1 崔郾侍郎既拜命，於東都試舉人，三署公卿皆祖於長樂傳舍，冠蓋之盛，罕有加也。時吳武陵任太學博士，策蹇而至。郾聞其來，微訝之，乃離席與言。武陵曰：「侍郎以峻德偉望，爲明天子選才俊，武陵敢不薄施塵露！向者，偶見太學生十數輩，揚眉抵掌，讀一卷文書，就而觀之，乃進士杜牧《阿房宮賦》。若其人，真王佐才也，侍郎官重，必恐未暇披覽。」於是搢笏朗宣一遍。郾大奇之，武陵曰：「請侍郎與狀頭。」郾曰：「已有人。」曰：「不得已，即第五人。」郾未遑對。武陵曰：「不爾，即請此賦。」郾應聲曰：「敬依所教。」既即席，白諸公曰：「適吳太學以第五人見惠。」或曰：「爲誰？」曰：「杜牧。」衆中有以收不拘細行間之者，郾曰：「已許吳君矣。牧雖屠沽，不能易也。」《唐摭言》六。又《廣記》一八一引。《唐才子傳》六。

2 大和二年，崔郾侍郎東都放榜，西都過堂。杜牧有詩曰：「東都放榜未花開，三十三人走馬迴。秦地少年多釀酒，却將春色入關來。」《唐摭言》三。又《廣記》一八一引。《古今詩話》（《詩話總龜》前集一七）。

3 杜舍人牧，弱冠成名。當年制策登科，名振京邑。嘗與一二同年城南遊覽，至文公寺，有禪僧擁褐獨坐，與之語，其玄言妙旨，咸出意表。問杜姓字，具以對之，又云：「修何業？」傍人以累捷誇之，顧而笑曰：「皆不知也。」杜歎訝，因題詩曰：「家在城南杜曲傍，兩枝仙桂一時芳。禪師都未知名姓，始覺空門意味長。」《本事詩·高逸》。《古今詩話》（《詩話總龜》前集三二）。

4 唐中書舍人杜牧少有逸才，下筆成詠。弱冠擢進士第，復捷制科。牧少雋，性疏野放蕩，雖爲檢刻，而不能自禁。會丞相牛僧孺出鎮揚州，辟節度掌書記。牧供職之外，唯以宴遊爲事。揚州勝地也，每重城向夕，倡樓之上，常有絳紗燈萬數，輝羅耀烈空中。九里三十步街中，珠翠填咽，邈若仙境。牧常出没馳逐其間，無虚夕。復有卒三十人，易服隨後，潛護之，僧孺之密教也。而牧自謂得計，人不知之，所至成歡，無不會意。如是且數年。及徵拜侍御史，僧孺於中堂餞，因戒之曰：「以侍御史氣槩達馭，固當自極夷塗，然常慮風情不節，或至尊體乖和。」牧因謬曰：「某幸常自檢守，不至貽尊憂耳。」僧孺笑而不答，即命侍兒取一小書簏，對牧發之，乃街卒之密報也。凡數十百，悉曰：某夕杜書記過某家，無恙。某夕宴某家，亦如之。牧對之大慚，因泣拜致謝，而終身感焉。故僧孺之薨，牧爲之誌，而極言其美，報所知也。《闕史》（《廣記》二七三）。《芝田録》（《紺珠集》一〇、《類説》一一、張本《説郛》七四、陶本《説郛》三八）。

5 杜牧少登第，恃才，喜酒色。初辟淮南牛僧孺幕，夜即遊妓舍，廂虞候不敢禁，常以榜子申僧孺，僧孺不怪。逾年，因朔望起居，公留諸從事從容，謂牧曰：「風聲婦人若有顧盼者，可取置之所居，不可夜中獨遊。或昏夜不虞，奈何？」牧初拒諱，僧孺顧左右取一篋至，其間榜子百餘，皆廂司所申。牧乃愧謝。《唐語林》七。

6 太和末，牧復自侍御史出佐沈傳師江西宣州幕。雖所至輒遊，而終無屬意，咸以非其所好也。及聞湖州名郡，風物妍好，且多奇色，因甘心遊之。湖州刺史某乙，牧素所厚者，頗喻其意。及牧至，每爲之曲宴周遊。凡優姬倡女，力所能致者，悉爲出之。牧注目凝視曰：「美矣，未盡善也。」乙復候其意，牧曰：「願得張水嬉，使州人畢觀，候四面雲合，某當閒行寓目。冀於此際，或有閲焉。」乙大喜，如其言。至日，兩岸觀者如堵，迨暮，竟無所得。將罷舟艤岸，於叢人中有里姥引鴉頭女，年十餘歲，牧熟視曰：「此真國色，向誠虛設耳。」因使語其母，將接致舟中。姥女皆懼。牧曰：「且不即納，當爲後期。」姥曰：「他年失信，復當何如？」牧曰：「吾不十年，必守此郡。十年不來，乃從爾所適可也。」母許諾，因以重幣結之，爲盟而別。故牧歸朝，頗以湖州爲念，然以官秩尚卑，殊未敢發。尋拜黄州、池州，又移睦州，皆非意也。牧素與周墀善，會墀爲相，乃併以三牋干墀，乞守湖州。意以弟顗目疾，冀於江外療之。大中三年，始授湖州刺史。比至郡，則已十四年矣。所約者，已從人三載，而生三子。牧既即政，函使召之。其母懼其見奪，攜幼以同往。牧詰其母曰：「曩既許我矣！何爲反之？」母曰：「向約十年，十年不來而後嫁，嫁已三年矣。」牧因取其載詞視之，俛首移晷曰：「其詞也直。彊之不祥。」乃厚爲禮而遣之。因賦詩以自傷曰：「自是尋春去校遲，不須惆悵怨芳時。狂風落盡深紅色，緑葉成陰子滿枝。」《闕史》（《廣記》二七三）。《麗情集》（《苕溪漁隱叢話後集》一五、《類説》二九）。《唐詩紀事》五六。　案：此與今本《唐闕史》所載文字出入較大，或出自別本。今并存之。

7 杜舍人再捷之後，時譽益清，物議人情，待以仙格。紫微恃才名，亦頗縱聲色，嘗自言有鑒裁之能。

聞吴興郡有長眉纖腰有類神仙者，罷宛陵從事，專往觀焉。使君籍甚其名，迎待頗厚。至郡旬日，繼以洪飲，睨觀官妓，曰：「善則善矣，未稱所傳也。」覽私選曰：「美則美矣，未愜所望也。」將離去，使君敬請所欲，曰：「願泛彩舟，許人縱視，得以寓目，愚無恨焉。」使君甚悦，擇日大具戲舟謳棹，較捷之樂，以鮮華誇尚，得人縱觀，兩岸如堵。紫微則循泛肆目，竟迷所得。及暮將散，俄於曲岸見里婦攜幼女，年隣小稔。紫微曰：「此奇色也。」遽命接致綵舟，欲與之語，母幼惶懼，如不自安。紫微曰：「今未必去，第存晚期耳。」遂贈羅纈一篋爲質，婦人辭曰：「他人無狀，恐爲所累。」紫微曰：「不然，余今西航，祈典此郡，汝待我十年，不來而後嫁。」遂筆於紙，盟而後别。紫微到京，常意霅上，厥後十四載，出刺湖州之郡。三日即命搜訪，女適人已三載，有子二人矣。紫微召母及嫁者詰之，其夫慮爲所掠，攜子而往。紫微謂曰：「且納我賄，何食前言？」母即出留翰以示之，復白曰：「待十年不至而後嫁之，三載有子二人。」紫微熟視舊札，俛首逾刻，曰：「其詞也直。」因贈詩以導其志。詩曰：「自是尋春去較遲，不須惆悵怨芳時。狂風落盡深紅色，緑樹成陰子滿枝。」翌日，遍聞於好事者。《闕史》上。《唐語林》七。

8 牧既爲御史，久之，分務洛陽。時李司徒愿罷鎮閒居，聲妓豪華，爲當時第一。洛中名士，咸謁見之。李乃大開宴席，當時朝客高流，無不臻赴。以牧持憲，不敢邀致，牧遣座客達意，願預斯會，李不得已馳書，方對酒獨斟，亦已酣暢，聞命遽來。時會中已飲酒，女妓百餘人，皆絶藝殊色。牧獨坐南行，瞪目注視，引滿三巵，問李云：「聞有紫雲者，孰是？」李指示之。牧復凝睇良久，曰：「名不虚得，宜以見惠。」李俯而笑，諸妓皆亦迴首破顔。牧又自飲三爵，朗吟而起曰：「華堂今日綺筵開，誰唤分司御史來？忽發狂言驚滿座，兩行紅粉一時迴。」意氣閒逸，旁若無人。牧又自以年漸遲暮，常追賦感舊詩曰：「落魄江湖載酒行，楚腰纖細掌中情。三年一覺揚州夢，贏得青樓薄倖名。」又曰：「觥船一棹百分空，十載青春不負公。今日鬢絲禪榻伴，茶煙輕颺落花風。」《闕史》（《廣記》二七三）。《本事詩·高逸》。《古今詩話》（《詩話總龜》前集三、《苕溪漁隱叢話》後集一五）。《唐詩紀事》五六。《唐才子傳》六。

9 崔紫雲，兵部李尚書樂妓，詞華清峭，眉目端麗。李公罷鎮北都，爲尹東洛，時方家妓盛列，諸府有宴，臺官不赴。杜紫微時爲分司御史，過公，有宴，故留南行一位待之，爲訪諸妓，並歸北行三重而坐。宴將醉，杜公輕騎而來，連引三觥，顧北行，回顧主人曰：「嘗聞有能篇詠紫雲者，今日方知名不虚得，儻垂一惠，無以加焉。」諸妓皆回頭掩笑。杜作詩曰：「華堂今日綺筵開，誰召分司御史來。忽發狂言驚滿座，三重粉面一時回。」詩罷，升車彈鞚而歸。李公尋以紫雲送贈之。紫雲臨行獻詩曰：「從來學得斐然詞，不料霜臺御史知。愁見便教隨命去，戀恩腸斷出門時。」王銍《侍兒小名録》。又《苕溪漁隱叢話》後集一五引。案：《苕溪漁隱叢話》曰：「《侍兒小名録》不載此事出於何書，疑好事者附會爲之也。」

10 見李宣古1。

11 唐杜牧自宣城幕除官入京，有詩留别云：「同來不得同歸去，故國逢春一寂寥。」其後二十餘年，連典四郡。後自湖州刺史拜中書舍人，題汴河云：「自憐流落西歸疾，不見春風二月時。」自郡守入爲舍人，未爲流落，至京果卒。《感定録》（《廣記》一四四）。《唐詩紀事》五六。

12 杜紫微頃於宰執求小儀，不遂；請小秋，又不遂。嘗夢人謂曰：「辭春不及秋，昆脚與皆頭。」後果得比部員外。又杜公自述不曾歷小比，此必傳之誤。《尚書故實》。又《廣記》二七八引。《玉泉子》。《金華子》（《分門古今類事》六）。《脞説》（《詩話總龜》前集三五）。

13 杜紫微牧，位終中書舍人，自作墓誌云：「生平好讀書，爲文亦不由人。曹公曰：『吾讀兵書戰策，孫武深矣。』因注其書十三篇，可爲上窮天時，下極人事，無以加也，後當有知之者矣。典吴興日，夢人告之曰：『爾位當至郎中。』復問其次，曰：『禮部。』再問，曰：『中書舍人，終於典郡耳。』又夜寢不寐，有人即告曰：『爾改名畢。』又夢書片紙：『皎皎白駒，在彼空谷。』傍有人曰：『非空也，過隙也。』」逾月而卒。臨終留詩誨其二子曹師、晦辭。扼扼德祥。等云：「萬物有好醜，各以姿狀論。唯人則不爾，不學與學論。學非採其花，要自抉其根。孝友與誠實，而不妄爾言。根本既深實，柯葉自滋繁。念爾無忽此，期以慶吾門。」晦辭終淮南節度判官；德祥昭宗朝爲禮部侍郎、知貢舉，甚有聲望。《金華子》上。《唐語林》七。

14 見裴度31。

15 杜紫微唇厚，……不稱才名也。《北夢瑣言》一〇。

16 見白居易16。

17 杜紫微覽趙渭南卷《早秋》詩云：「殘星幾點雁横塞，長笛一聲人倚樓。」吟味不已，因目嘏爲趙倚樓。復有贈嘏詩曰：「命代風騷將，誰登李杜壇？灞陵鯨海動，翰苑鶴天寒。」「今日訪君還有意，三條冰雪借予看。」紫微更寄張祜略曰：「睫在眼前長不見，道非身外更何求；誰人得似張公子，千首詩輕萬户侯！」《唐摭言》七。《唐詩紀事》五六。

18 見張祜7。

19 見喻鳧1。

20 潁州公庫顧凱之《維摩百補》，是唐杜牧之摹，寄潁守本者，置在齋龕，不攜去。精彩照人，前後士大夫家所傳，無一毫似，蓋京西工拙。其屏風上山水林木奇古，坡岸皴如董源，乃知人稱江南，蓋自顧以來皆一樣，隋唐及南唐，至巨然不移。至今池州謝氏，亦作此體。余得隋畫《金陵圖》於畢相孫，亦同此體。余因題其顧畫幅上，云：「米芾審定是杜牧之本。」仍以撥發司印印之，蓋證勾諶刻石妄指爲人易去也。余與潁簽善，託尋善工摹，須切記。似凡三寄蠟本，無一筆似者。或可上之御府，乞國工摹，賜世間爲千年之傳，如唐文皇蘭亭，豈非一代盛美！《畫史》。

## 許渾

1 詩人許渾，嘗夢登山，有宮室凌雲，人云此崑崙也。既入，見數人方飲酒，招之，至暮而罷。詩云：「曉入瑶臺露氣清，坐中唯有許飛瓊。塵心未斷俗緣在，十里下山空月明。」他日復至其夢，飛瓊曰：「子何故顯余姓名於人間？」座上即改爲「天風吹下步虛聲」，曰：「善。」《本事詩·事感》。《逸史》（《廣記》七〇）。《古今詩話》（《詩話總龜》前集三五）。《唐詩紀事》五六。《唐才子傳》七。　案：許渾，《逸史》作「許瀍」。

2 許渾詩格清麗，然不干教化，又有李遠以賦名，傷於綺靡，不涉道，故當時號「渾詩遠賦」。《詩史》（《詩話總龜》前集六）。

3 許渾，不知何許人也。丱角爲詩，已能超出童稚。及長秀發，頗爲流輩所推。正書字雖非專門，而灑落可愛，想見其風度。渾作詩似杜牧，俊逸不及，而美麗過之，古今學詩者，無不喜誦。故渾之名益著，而字畫因之而竝行也。大中初，守監察御史，以疾告歸，端居佚老。有詩集行于世。今御府所藏正書二。《宣和書譜》五。

## 李商隱

1 李商隱員外依彭陽令狐公楚，以牋奏受知。相國危急，有寶劍嘗爲君上所賜，將進之，命李起草，不愜其旨，因口占云：「前件劍，武庫神兵，先皇特賜，既不合將歸泉下，又不宜留在人間。」時人服其簡當。彭陽之子綯，繼有韋、平之拜，似疏隴西，未嘗展分。重陽日，義山詣宅，於廳事上留題，其略云：「十年泉下無消息，九日樽前有所思。郎君官重施行馬，東閣無因許再窺。」相國覩之，慚悵而已。乃扃閉此廳，終身不處也。……裴晉公臨終，進先帝所賜玉帶表文，與令狐公事頗同，未知孰是。舊朝士多云：李義山草進劍表，令狐公曰：「今日不暇多云。」信口占之。《北夢瑣言》七。又《廣記》一九九引。《唐摭言》一一。《唐詩紀事》五三。

2 李義山師令狐文公，呼小趙公爲「郎君」，於文公處稱「門生」。《唐摭言》四。

3 見姚合2。

4 舊説李商隱爲文多檢閱書册，鱗次堆積，時號「獺祭魚」。《談苑》（《類説》五三）。《五總志》。

5 見徐鍇5。

6 柳枝娘，洛中里娼也，聞誦李義山《燕臺詩》，乃折柳結帶贈義山以乞詩。《麗情集》（《類説》二九）。

7 李義山遊長安，投宿旅店，適會客，因召與坐，不知爲義山也。酒酣，客賦《木蘭花》詩，衆皆誇示，義山後成詩曰：「洞庭波冷曉侵雲，日日征帆送遠人。幾度木蘭舟上望，不知船是此花身。」坐客大驚，詢之，方知是義山。《古今詩話》（《詩話總龜》前集二〇）。《唐詩紀事》五三。 案：《詩話總龜》曰：「《零陵總記》載《木蘭花》詩是陸龜蒙所作。參見陸龜蒙4。

8 有李商隱者，一代文宗，時無倫輩，常從事河東柳公梓潼幕，久慕〔知〕玄之道學，後以弟子禮事玄，時居永崇里，玄居興善寺。義山苦眼疾，慮嬰昏瞽，遥望禪宫，冥禱乞願。玄明旦寄《天眼偈》三章，讀終疾愈。迨乎義山卧病，語僧録僧徹曰：「某志願削染爲玄弟子，臨終寄書偈決别」云。……鳳翔府寫玄真，李義山執拂侍立焉。《宋高僧傳》六。

9 見白居易33。

## 劉蕡

1 太和二年，裴休等二十三人登制科。時劉蕡對策萬餘字，深究治亂之本，又多引《春秋》大義，雖公孫宏、董仲舒不能肩也。自休已下，靡不斂衽。然亦指斥貴幸，不顧忌諱，有司知而不取。時登科人李郃詣闕進疏，請以己之所得，易蕡之所失，疏奏留中。蕡期月之間，屈聲播於天下。《唐摭言》一〇。《唐會要》七六。

2 劉蕡，楊嗣復門生也。對策以直言忤時，中官尤所嫉忌。中尉仇士良謂嗣復曰：「奈何以國家科第放此風漢耶？」嗣復懼而答曰：「嗣復昔與劉蕡及第時，猶未風耳！」《玉泉子》。

3 劉蕡精於儒術，讀《文中子》，忿而言曰：「才非殆庶，擬上聖述作，不亦過乎？」客或問曰：「《文中子》於六籍何如？」蕡曰：「若人望人，《文中子》於六籍，猶奴婢之於郎主爾。」後遂以《文中子》爲六籍奴婢。《賈氏談録》。《南部新書》戊。《實賓録》一四。　案：「人望人」，《南部新書》、《實賓録》作「以望人」。

## 段成式

1 成式多禽荒，其父文昌嘗患之。復以年長，不加面斥其過，而請從事言之。幕客遂同詣學院，具述丞相之旨，亦唯唯遜謝而已。翊日，復獵于郊原，鷹犬倍多。既而諸從事各送兔一雙，其書中徵引典故，無一事重疊者。從事輩愕然，多其曉其故實，於是齊詣文昌，各以書示之。文昌方知其子藝文該贍。山簡云：「吾年四十，不爲家所知。」頗亦類此。《玉堂閒話》（《廣記》一九七）。《該聞録》（《類説》一九）。

2 見李德裕82。

3 段成式詞學博聞，精通三教，復强記，每披閱文字，雖千萬言，一覽略無遺漏。嘗於私第鑿一池，工人於土下獲鐵一片，怪其異質，遂持來獻。成式命尺，周而量之；笑而不言，乃静一室，懸鐵其室中之北壁。已而泥户，但開一牖，方纔數寸，亦緘鐍之。時與親近閲牖窺之，則有金書兩字，以報十二時也。其博識如此。《南楚新聞》（《廣記》一九七）。《唐詩紀事》五七。

4 處州東十里有惡溪，多水怪。宣宗時刺史段成式有善政，水怪潛去，民謂之好溪。《地理志》（《白孔六帖》

六、《古今合璧事類備要》前集九）。

5 段郎中成式，博學精敏，文章冠於一時。著書甚衆，《酉陽雜俎》最傳於世。牧廬陵日，常遊山寺，讀一碑文，不識其間兩字。謂賓客曰：「此碑無用於世矣，成式讀之不過，更何用乎？」客有以此兩字遍諮字學之衆，實無有識者，方驗郎中之奧古絶倫焉。連牧江南，九江名山匡廬，縉雲爛柯，廬陵麻姑，皆有吟咏。前進士許棠寄詩云：「十年三領郡，郡郡管仙山。」爲廬陵頑民妄訴，逾年方明其清白，乃退隱於峴山。時温博士庭筠，方謫尉隨縣，廉帥徐太師商留爲從事，與成式甚相善，以其古學相遇，常送墨一鋌與飛卿，往復致謝，遞搜故事者九函，在禁集中。爲其子安節娶飛卿女。安節仕至吏部郎中、沂王傅，善音律，著《樂府》行於世。《金華子》上。《唐語林》二。

6 段成式與温庭筠等唱和往來書，目之爲《漢上題衿》，大抵多閨闥中情昵之事。《古今事文類聚》別集二六。《古今合璧事類備要》續集四八。

7 見李羣玉5。

8 一夕，予坐客互送連句爲煩，乃命工取細斑竹，以白金鎖首，如茶挾，以遞聯名之。予在城時，常與客連句，初無虚日。小酌求押，或窮韻相角，或押惡韻，或煎茗一椀，爲八韻詩，謂之雜連。若志於不朽，則汏揀穩韻，無所得輒已，謂之苦連。連時共押平聲好韻不僻者，出於竹簡，謂之韻牒。出城悉攜行，坐客句挾韻牒之語，必爲好事者所傳矣。因説故相牛公揚州賞秀才蒯希逸詩「蟾蜍醉裏破，蛺蝶夢中殘」，每坐吟之。予因請坐客各吟近日爲詩者佳句。《酉陽雜俎》（《唐詩紀事》五七）。

9 成式曾一夕堂中會，時妓女玉壺忌魚炙，見之色動。因訪諸妓所惡者，有蓬山忌鼠、金子忌虱尤甚。坐客乃競徵虱拏鼠事，多至百餘條。予戲摭其事，作《破虱録》。《酉陽雜俎》前集一二。

10 光風亭夜宴，妓有醉毆者，温飛卿曰：「若狀此，便可以疻面對捽胡。」成式乃曰：「捽胡雲彩落，疻面月痕消。」又曰：「擲履仙鳧起，撦衣蝴蝶飄。羞中含薄怒，嚬裏帶餘嬌。醒後猶攘腕，歸時更折腰。狂天自纓絶，眉勢倩誰描。」韋蟾云：「争揮鈎弋手，競聳踏摇身。傷頰詎關舞，捧心非効嚬。」飛卿云：「吴國初成陣，王家欲解圍。拂巾雙雉叫，飄瓦兩鴛飛。」《唐詩紀事》五七。

11 尚書東莞公夜宴，坐列數花，段成式作連珠以代劇語，其一曰：「竊以銅街麗人，恨塵泥之將隔，石室素女，怨仙俗之易分。因知三鳥孤鸞，從來要匹，金鷄玉鵠，不願成羣。」其二曰：「名比大喬，怨佳期之未卜，居連小市，恨的信之難移。因知夜逼更長，斜漢回而脈脈，寒侵夢淺，行雲去以遲遲。」一時稱其美麗。《語林》九。

12 見段文昌3。

13 段成式馳獵饑甚，叩村家主人。老姥出彘臛，五味不具，成式食之，有餘五鼎，曰：「老姥初不加意，而殊美如此。」常令庖人具此品。因呼「無心炙」。《清異録》下。

14 徐峰善棋，段成式欲盡窮其術。峰曰：「子若以墨狻猊與我，當使子過我十倍。」《大唐龍髓記》（《雲仙雜記》六）。

15 段柯古博綜墳素，著書倬越可喜。嘗與張希復輩敖上都諸寺，麗事爲令。以段該悉内典，請其獨徵，皆事新對切。今觀靖居碑，亦畫上人以其博涉三學，故誘録寺讚也。文傷太擁釀，要爲不凡。雖奇澀不至若樊紹述絳碑之甚，然亦軋軋難句矣。碑大中中作，而左金吾長史顏稷所書，殊有楷法。唐中葉以後，書道下衰之際，故弗多得云。政和六年十月十八日，黄某長睿父於楚栖鳳堂書。《東觀餘論》下《跋段柯古靖居寺碑後》。

# 吴武陵

1 見李吉甫9。

2 長慶中，李渤除桂管觀察使，表名儒吴武陵爲副使。故事：副車上任，具櫜鞬通謝。又數日，于毬場致宴，酒酣，吴乃聞婦女于看棚聚觀，意甚耻之。吴既負氣，欲復其辱，乃上臺盤坐，褰衣裸露以溺。渤既被酒，見之大怒，命衛士送衙司梟首。時有衙校水一作米。蘭，知其不可，遂以禮而救止，多遣人衛之。渤醉極，扶歸寢，至夜艾而覺，聞家人聚哭甚悲，驚而問焉，乃曰：「昨聞設亭誼譟，又聞命衙司斬副使，不知其事，憂及于禍，是以悲耳。」渤大驚，亟命遞使問之。水蘭具啓：「昨雖奉嚴旨，未敢承命，今副使猶寢在衙院，無苦。」渤遲明，早至衙院，卑詞引過。賓主上下，俱自尅責，益相敬。時未有監軍，於是乃奏水蘭牧于宜州以酧之。《本事詩》（《廣記》四九七）。

3 吴武陵雖有才華，而强悍激訐，爲人所畏。嘗爲容州部内刺史，贓罪狼籍，敕令廣州幕吏鞫之。吏少年科第，殊不假貸，持之甚急。武陵不勝其憤，題詩路左佛堂曰：「雀兒來逐颶風高，下視鷹鸇意氣豪。自謂能生千里翼，黄昏依舊入蓬蒿。」《本事詩・怨憤》。又《廣記》四九七引。《唐詩紀事》四三。

4 見杜牧1。

## 楊敬之

1 楊祭酒敬之愛才公心。嘗知江表之士項斯，贈詩曰：「處處見詩詩惣好，及觀標格過於詩。平生不解藏人善，到處相逢説項斯。」因此名振，遂登高科也。《尚書故實》。又《廣記》二〇二引。《南部新書》甲。《詩話總龜》前集四。《唐詩紀事》四九。

2 弘農楊敬之撰《華山賦》，朱崖李太尉每置座右，行坐諷之。其略云：「見若咫尺，田千畝矣。見若環堵，城千雉矣。見若杯水，池百里矣。見若蟻垤，室九層矣。醯雞往來，周東西矣。蠛蠓紛紜，强秦去矣。蜂巢聯聯，搆阿房矣。俄而復然，立建章矣。小星奕奕，焚咸陽矣。累累䵢栗，祖龍藏矣。其千載改更興懷，悲愁辛苦，循其上矣。」楊氏，華陰之茂族，冠蓋甚遠。此乃寄意於華山而言世事，實雄才也。《北夢瑣言》七。

3 楊敬之拜國子司業，次子戴進士及第，長子三史登科，時號楊三喜。《唐摭言》八。又《廣記》一八〇引。《唐詩紀事》五一。

4 祭酒楊尚書敬之生江西觀察使載。江西應科時，成均年長，天性尤切。時已秋暮，忽夢新榜四十進士，歷歷可數，寓目及半，鍾陵在焉，其鄰則姓濮陽，而名不可辨。既寤大喜，訪於詞場，則云有濮陽愿者，爲文甚高，且有聲譽。時搜訪草澤方急，色目雅在選中。遂尋其居，則曰閩人，未至京國。楊公誠其子，令聽之，俟其到京，與之往來，以符斯夢。一日，楊公祖客灞上，客未至間，休於逆旅。舍有秣馬伺僕，如自遠來者，試命詢之，乃貢士。偵所自，曰閩；問其姓，曰濮陽；審其名，曰愿。楊公曰：「吁！斯天啓也。安有既夢於彼，復遇于此哉！」亟命相見。濮陽逡巡不得讓，執所業以進。始閲其人，眉宇清秀；次與之語，詞氣安詳；終閲其文，體理精奧。問其所抵，則曰：「今將僦居。」楊公曰：「不然。」盡驅所行，置于庠序，命江西寅夕與之同處。楊公朝廷舊德，爲文有凌轢韓、柳意，尤自得者《華山賦》五千字，唱在人口。賦内之句況華之高，曰：「醯雞之往來，周東西矣。蜂蝎之聯聯，阿房成矣。見若蠒栗，祖龍藏矣。小星奕奕，咸陽焚矣。」故杜司空、李太尉常所誦念。是後，大稱濮陽藝學于公卿間，人情翕然，謂升第必矣。試期有日，因食麪之寒者，一夕腹鼓而卒。楊公惋痛嗟駭，搜囊甚貧，鄉路且遠，力爲營辦，歸骨閩中。仍謂江西曰：「我夢無徵，汝之一名，亦不可保。」及第甲乙，則江西中選，而同年無氏濮陽者，固不可論之。夏首，將關送于天官氏，時相有言：「前輩重族望輕官職，今則不然。竹林七賢曰陳留阮籍、沛國劉伶、河間向秀，得以言高士矣。」是歲慈恩寺榜，因以望題。題畢，楊公閒步塔下，仰視之，則曰宏農楊載、濮陽吴當，怳然如夢中所覩。《闕史》上。又《廣記》二七八引。

5 見韓愈22。

## 楊德鄰

1 宣陽坊奉慈寺，開元中，虢國夫人宅。安禄山僞署百官，以田乾真爲京兆尹，取此宅爲府。後爲郭曖駙馬宅。今上即位之初，太皇太后爲昇平公主追福，奏置奉慈寺，賜錢二十萬，綉幀三車，抽左街十寺僧四十人居之。今有僧惟則，以七寶末摹阿育王舍利塔，自明州負來。寺成後二年，司農少卿楊敬之小女，年十三，以六韻詩題此寺，自稱關西孔子二十七代孫，字德鄰。警句云：「日月金輪動，旃檀碧樹秋。塔分鴻雁翅，鐘挂鳳凰樓。」事因見，敕賜衣。《酉陽雜俎》續集六。

## 喻鳧

1 喻鳧體閬仙爲詩，嘗謁杜紫微不遇，乃曰：「我詩無羅綺鉛粉，宜其不售也。」《北夢瑣言》（《唐詩紀事》五一）。

## 劉軻

1 劉軻慕孟軻爲文，故以名焉。少爲僧，止於豫章高安縣南果園。復求黄老之術，隱於廬山。既而進士登第。文章與韓、柳齊名。《唐摭言》一一。又《廣記》一八一引、《唐詩紀事》卷四六引。

2 劉侍郎軻者，韶右人也。幼之羅浮、九疑，讀黄老之書，欲輕舉之便。又於曹溪探釋氏關戒，遂披僧服焉。僧名溢納。北之筠川方等寺、廬岳東林，習南山鈔及百法論，咸得宗旨焉。獨處一室，數夢一人衣短褐，曰：「我書生也。頃因遊學，逝此一室。以主寺僧不聞郡邑，乃瘞於牖下，而屍骸跼促，死者從直，何以安也。君能遷葬，必有酬謝。」乃訪于緇屬，果其然也。尋改窆於虎溪之上，求得一柏函，劉君解所着之衣覆其骸骼。是夜，夢書生來謝，持三鷄子，勸軻立食之，食訖明爽，雖冥寞之道，其不妄言。軻嚼一卵而吞，二者猶豫未食，手握之而覺。後乃精於儒學，而隸文章，因榮名第，歷任史館。欲書夢中之事，不可身爲傳記。吏部尚書退之素知焉，曰：「待余餘暇，當爲一文贊焉。」韓公左遷，其文竟不成也。劉君之修史時，宰輔得人，藩條有事，朝廷凡有瑕勣，悉欲書之，冀人惕勵。擬縱董狐之筆，尤謗必生，匿其功過，又非史職。常暮則沉湎而出。韓公曰：「史官，國之樞機也。其如海納之醉乎？」雲谿子以劉公之居史館而爲兩端，夫杜微之聾也，推蜀賢於葛亮；阮籍之醉也，託魏史於王沉。恐危難之逼，假聾醉而混時；遇物從機，即其尚也。昔文王葬枯骨，德王岐周；鄒湛瘗甄舒，而名魁峴首；劉君因夢寐而解衣，遂通三學，可謂古人乎！前者有鄭廣文虔者，明皇時爲文館，故以廣文號焉。編集之外，唯日嗜酒。覩嬪妃之貴，必致邦家之禍乎？杜工部遺之歌，略曰：「廣文到官舍，置馬堂堦下。醉則乘馬歸，頗遭官長罵。諸公衮衮登臺省，廣文先生官獨冷；諸公往往厭粱肉，廣文先生飰不足。才名四十年，座客寒無氈；近者蘇司業，時時與酒錢。」予以劉磁州之醉，與廣文所同，避嫌遠害，未爲非也。《雲溪友議》中。又《廣記》一一七引。《南部新書》己。《唐詩紀事》四六。

## 鄭還古

1　滎陽鄭還古，少有俊才，嗜學，而天性孝友。初家青、齊間，遇李師道漸阻王命，扶侍老親歸洛。與其弟自舁肩輿，晨暮奔迫，兩肩皆瘡。妻柳氏，僕射元公之女也，婦道克備。弟齊古，好博戲賭錢，還古帑藏中物，雖妻之貲玩，恣其所用，齊古得之輒盡。還古每出行，必封管鑰付家人曰：「留待二十九郎償博，勿使別爲債息，爲惡人所陷誤也。」弟感其意，爲之稍節。有堂弟浪跡好吹觱篥，投許昌軍爲健兒，還古使使召之，自與洗沐，同榻而寢，因致書所知之爲方鎮者，求補他職。姻族以此重之。而竟以剛躁喜持論，不容於時，惜也。《因話録》三。《唐語林》一。

2 鄭還古爲河中從事，爲同院所誹謗，貶吉州掾，道中爲望思臺詩云：「讒語能令骨肉離，奸情難測事堪悲。何因掘得江充骨，搗作微塵祭望思。」又云：「吉州新置掾，馳驛到條山。薏苡殊非謗，羊腸未是艱。自慚多白髮，爭敢競朱顏！苦有前生債，今朝不懊還。」《抒情集》（《詩話總龜》前集四四）。

3 鄭還古東都閒居，與柳當將軍者甚熟。柳宅在履信東街，有樓臺水木之盛，家甚富，妓樂極多。鄭往來宴飲，與諸妓笑語既熟，因調謔之。妓以告柳，憐鄭文學，又貧，亦不之怪。鄭將入京求官，柳開筵餞之，酒酣，與妓一章曰：「冶艷出神仙，歌聲勝管絃。眼看《白苧曲》，欲上碧雲天。未擬生裴秀，如何乞鄭玄。莫教金谷水，橫過墜樓前。」柳見詩甚喜，曰：「某不惜此妓，然吾子方求官，事力空困，將去固不易支持。專待見榮命，便發遣入京，充賀禮。」及鄭入京，不半年，除國子博士。柳見除目，乃津置入京。妓行及嘉祥驛，鄭已亡歿，旅櫬尋到府界。柳聞之悲歎不已，遂放妓他適。《盧氏雜説》（《廣記》一六八）。《古今詩話》（《詩話總龜》前集二三）。《唐詩紀事》四八。

## 殷堯藩

1 元和九年韋貫之榜，殷堯藩雜文落矣。楊漢公尚書，乃貫之前榜門生，盛言堯藩之屈，貫之爲之重收。或曰：李景讓以太夫人有疾，報堂請暫省侍，路逢楊虞卿，懇稱班圖源之屈，因而得之也。《唐摭言》八。又《廣記》一八〇引。《唐詩紀事》五一。《唐才子傳》六。

2 見李翱1。

## 房千里

1 房千里博士初上第，遊嶺徼詩序云：「有進士韋滂者，自南海邀趙氏而來。十九歲，爲余妾。余以鬒髮蒼黄，倦於遊從，將爲天水之别。止素秋之期，縱京洛風塵。亦其志也。趙屢對余潸然恨恨者，未得偕行。即泛輕舟，暫爲南北之夢。歌陳所契，詩以寄情。」曰：「鸞鳳分飛海樹秋，忍聽鍾鼓越王樓。只應霜月明君意，緩撫瑶琴送我愁。山遠莫教雙淚盡，雁來空寄八行幽。相如若返臨邛市，畫舸朱軒萬里遊。」萬里橋在蜀川。房君至襄州，逢許渾侍御赴弘農公番禺之命，千里以情意相託，許具諾焉。纔到府邸，遣人訪之，擬持薪粟給之，曰：「趙氏却從韋秀才矣。」許與房、韋，俱有布衣之分。欲陳之，慮傷韋義；不述之，似負房言。素款難名，爲詩代報。房君既聞，幾有歐陽四門詹太原之喪。歐陽太原亡姬之事，孟簡尚書已有序詩述之矣。渾寄房秀才詩曰：「春風白馬紫絲韁，正值蠶眠未採桑。五夜有心隨暮雨，百年無節待秋霜。重尋繡帶朱藤合，却認羅裙碧草長。爲報西遊減離恨，阮郎纔去嫁劉郎。」《雲溪友議》上。《唐詩紀事》五一。

## 厲　玄

1 唐厲玄度江，見一婦人屍，收葬之。夜夢在一處，如深山中，明月初上，清風吹衣，遥聞有吹笙聲，音韻縹緲。忽有美女在林下自詠云：「紫府參差曲，清宵次第聞。」及就試，得《緱山月夜聞王子晉吹笙》題，用夢中語作第三第四句，竟以是得賞，舉進士。人以爲葬婦人之報。《林下詩談》(《瑯嬛記》上)。

## 劉郇伯　范鄴

1 郇伯與范鄴郎中爲詩友，范曾得一句云：「歲盡天涯雨。」久而莫屬。郇伯曰：「何不曰人生分外愁。」范甚賞之。《北夢瑣言》(《唐詩紀事》五〇、《詩話總龜》前集一四)。

## 劉得仁

1 劉得仁，貴主之子。自開成至大中三朝，昆弟皆歷貴仕，而得仁苦於詩，出入舉場三十年，竟無所成。嘗自述曰：「外家雖是帝，當路且無親。」既終，詩人争爲詩以弔之，唯供奉僧棲白擅名。詩曰：「忍苦爲詩身到此，冰魂雪魄已難招。直教桂子落墳上，生得一枝冤始銷。」《唐摭言》一〇。《詩話總龜》前集四五。《唐詩紀事》五三。

2 見薛能10。

## 李章武

1 李章武，字飛卿，其先中山人。生而敏博，遇事便了。工文學，皆得極至。雖弘道自高，惡爲潔飾，而容貌閒美，即之温然。與清河崔信友善。信亦雅士，多聚古物，以章武精敏，每訪辨論，皆洞達玄微，研究原本，時人比之張華。貞元三年，崔信任華州別駕，章武自長安詣之。數日，出行，於市北街見一婦人甚美，因紿信云：「須州外與親故知聞。」遂賃舍於美人之家。主人姓王，此則其子婦也，乃悦而私焉。居月餘日，所計用直三萬餘，子婦所供費倍之。既而兩心克諧，情好彌切。無何，章武繫事，告歸長安，殷勤叙別。章武留交頸鴛鴦綺一端，仍贈詩曰：「鴛鴦綺，知結幾千絲。別後尋交頸，應傷未別時。」子婦答白玉指環一，又贈詩曰：「捻指環相思，見環重相憶。願君永持翫，循環無終極。」章有僕楊果者，子婦齎錢一千以獎其敬事之勤。既別，積八九年，章武家長安，亦無從與之相聞。至貞元十一年，因友人張元宗寓居下邽縣，章武又自京師與元會，忽思曩好，乃迴車涉渭而訪之。日暝，達華州，將舍於王氏之室。至其門，則闃無行跡，但外有賓榻而已。章武以爲下里或廢業即農，暫居郊野，或親賓邀聚，未始歸復，但休止其門。將別適他舍，見東隣之婦，就而訪之。乃云：「王氏之長老，皆捨業而出遊。其子婦殁已再周矣。」又詳與之談，即云：「某姓楊，第六，爲東隣妻。」復訪郎何姓，章武具語之。又云：「曩曾有傔姓楊名果乎？」曰：「有之。」因泣告曰：「某爲里中婦五年，與王氏相善。嘗云：『我夫室猶如傳舍，閲人多矣，其於往來見調者，皆殫財窮産，甘辭厚誓，未嘗動心。頃歲有李十八郎，曾舍於我家，我初見之，不覺自失。後遂私侍枕席，實蒙歡愛。今與之别累年矣！思慕之心，或竟日不食，終夜無寢。我家人故不可託，復被彼夫東西，不時會遇。脱有至者，願以物色名氏求之。如不參差，相託祗奉，並語深意。但有僕夫楊果即是。』不二三年，子婦寢疾，臨死，復見託曰：『我本寒微，曾辱君子厚顧，心常感念。久以成疾，自料不治。曩所奉託，萬一至此，願申九泉啣恨千古睽離之嘆。仍乞留止此，冀神會於髣髴之中。』」……《李章武傳》(《廣記》三四〇)。

2 李師古治山亭，掘得一物，類鐵斧頭。時李章武遊東平，師古示之，武驚曰：「此禁物也，可飲血三斗。」驗之而信。《酉陽雜俎》前集一〇。又《廣記》三六五引。

3 李章武學識好古，有名於時。大和末，敕僧尼試經若干紙，不通者勒還俗。章武時爲成都少尹，有山僧來謁云：「禪觀有年，未嘗念經。今被追試，前業棄矣。願長者宥之。」章武贈詩曰：「南宗尚許通方便，何處心中更有經。好去苾蒭雪水畔，何山松柏不青青。」主者免之而去。《本事詩·事感》。《唐詩紀事》五九。

## 王軒　朱澤

1 王軒少爲詩，寓物皆屬詠，頗聞《淇澳》之篇。遊西小江，泊舟苧蘿山際，題西施石曰：「嶺上千峯秀，江邊細草春。今逢浣紗石，不見浣紗人。」題詩畢，俄而見一女郎，振瓊璫、扶石笋，低佪而謝曰：「妾自吴宫還越國，素衣千載無人識。當時心比金石堅，今日爲君堅不得。」既爲鴛鸞之會，仍爲恨别之詞。

後有蕭山郭凝素者，聞王軒之遇，每適於浣溪，日夕長吟，屢題歌詩於其石，寂爾無人，乃鬱怏而返。進士朱澤嘲之，聞者莫不嗤笑。凝素内耻，無復斯遊。澤詩曰：「三春桃李本無言，苦被殘陽鳥雀喧。借問東鄰效西子，何如郭素擬王軒？」《雲溪友議》上。又《廣記》二五七引。

## 周　賀

1 周賀少從浮圖，法名清塞，遇姚合而反初。詩格清雅，與賈長江、無可上人齊名。島《哭柏巖禪師》詩籍甚，及賀賦一篇，與島不相上下。島曰：「苔覆石牀新，師曾占幾春。寫留行道影，焚却坐禪身。塔院關松雪，房廊露隙塵。自嫌雙淚下，不是解空人。」賀曰：「林逕西風急，松枝講法餘。凍鬚亡夜剃，遺偈病時書。地燥焚身後，堂空著影初。此時頻下淚，曾省到吾廬。」《唐摭言》一〇。又《詩話總龜》前集一〇引。《唐詩紀事》七六。

## 柳　棠

1 東川處士柳全節，習百家之言，衣華陽鶴氅，或呼爲「柳尊師」，又曰「柳百經」也。有子棠，應進士舉，才思優贍，見者奇之。龐嚴舍人睠眄諸歌姬，方戲於堦，問：「墻頭何人也？」曰：「柳秀才也。」遽命姬者飾妝，召柳秀才對觀之。龐公曰：「恐墻上遠見，不得分明。」因請細而觀矚。棠深耻之，不辭而去。時裴諫議休相公，因對事出漢州，即棠舊知也。聞棠來，且喜，及再謁，則藍衫木簡而已。裴公問其故，對曰：「名場孤寒，虛擲光景。欲求斗粟之養，以成子道焉。」有宴，召馮戡、胡據、柳棠三舉士。裴公於棠名下注曰：「此柳秀才，已於鹽鐵求事，不用屈私。」令棠見之，蓋惜其舉子也。柳棠之欲罷舉者，爲龐門之有失矣。乃棄藍袍而歸舊服，非時請見司諫，司諫謂曰：「酌然子年方少，篇翰如流，不可驥垂長坂，蘭謝深林。況今急士之秋，必能首送。」兼與薦書。開成二年，上第。後歸東川，歷旬，但於狹斜舊遊之處，不謁府主楊尚書汝士。楊公謂諸賓曰：「每見報，前柳棠秀才多於妓家飲酒，或三更至暮。竟未相訪。社日必相召焉。」及召棠至，已在醉鄉矣。斟三器酒，内一巨魚盃，棠不即飲。楊公乃誚曰：「文章謾道能吞鳳，盃酒何曾解喫魚。今日梓州張社會，應須遭這老尚書。」棠答曰：「未向燕臺逢厚禮，幸因社會接餘歡。一魚喫了終無恨，鯤化成鵬也不難。」初，棠與馮戡争先，棠所頡頏；及第後，戡與詩曰：「桃花浪裏成龍去，竹葉山頭退鷁飛。」棠、戡爲友甚善焉。柳每於東川席上，狂縱日甚，干忤楊公，詩曰：「莫言名位未相儔，風月何曾阻獻酬？前輩不須輕後輩，靖安今日在衡州。」靖安，李宗閔尚書，與楊公中外昆弟，況有朗陵之分。東川益怒，爲書讓其座主高鍇侍郎曰：「柳棠者，凶悖嚚豎，識者惡之，狡過仲容，才非犬子。且膺門之貴，豈宜有此生乎？」小宗伯曰：「某濫司文柄，以副懸旌，夙夜兢惶，恐招訕謗。是以搜求俊彦，冀輔聰明，不敢蔽才，與棠及第。」東川又書曰：「昔周公撻伯禽，以戒成王也；昌邑殺王式，式，昌邑之師也。而怨霍光乎？豈不由師傅之情爾！興亡之道，孔子先推德行，然後文學焉。吾師垂訓，千古不易。前書云『不敢蔽才』，何必一柳棠矣！若以篇章取之，寧失於何植、王條也？」高公又復書曰：「唐堯之聖也，不致丹朱之賢；宣尼之明也，不免仲由之害。如其可化，安有墜典？伊祁九子，盡可等於黄唐；門人三千，悉能繼於顔閔。若棠者，自求瑕玷，難以磨滅。其所忤黷尊威，亦予謬舉之過也。」棠聞二公交讓，不任憂惕，又不敢遠申卑謝，遂之劍州王使君。使君者，善畫松竹狗兔，以十五侯而四郡守。棠至，聯夕而飲。王君辭曰：「某以衰朽，恐乖去就。小男忝趨文場，不知許容侍座否？老夫暫歸憩歇焉。」王氏之子洎醉，輕易之甚。棠呵之曰：「公稱舉人，與棠分有前後。晝師之子，安得無禮於先輩乎？」王氏乃自去其道服，空戴黄葛巾，謂棠曰：「我大似賢尊，尊師幸不喧酗耳！」棠轉益怒，叱咤而散。柳生雖登科第，始參越嶲軍事，而夭喪。且渤海高公三牓一百二十人，多平人得路。若柳棠者，誠累恩門舉主。昇平裴公曰：「人不易知乎！」《雲溪友議》中。《唐摭言》一三。《唐詩紀事》五八。

## 平曾

1 平曾以憑人傲物，多犯諱忌，竟没於縣曹，知己嘆其運蹇也。薛平僕射出鎮浙西，投城主，禮稍薄，曾留詩以諷之曰：「梯山航海幾崎嶇，來謁金陵薛大夫。髭髮緊時趨劍戟，衣冠儼處拜冰壺。誠知兩軸非珠玉，深媿三缣卹旅途。今日楚江風正好，不須迴首望勾吴。」薛聞之，曾將出境，遣吏追還，縻留數日。又獻《縶白馬詩》曰：「白馬披鬃練一團，今朝被絆欲行難。雲中放去空尋跡，月下牽來只見鞍。向北長鳴天外遠，臨風斜控耳邊寒。自知毛骨還應異，更請孫陽子細看。」河東公覩詩曰：「若不留絆行軒，郁得觀其毛骨？」遂以殊禮相待，厚送篚賂餞行。曾後遊蜀川，謁少師李固言相公。在成都賓館，則李珪郎中、郭圓員外、陳會端公、袁不約侍郎、來擇書記、薛重評事，皆遠從公，可謂蓮幕之盛矣。曾每與諸公評論，則言笑彌日；侍於相公，則輕佻無所畏怵。遂獻《雪山賦》一首，言：「雪山雖兹潔白之狀，疊障攢峯，夏日清寒，而無草木華茂，爲人採掇。」以李公罕作文章，廢其庠序也。相公讀賦，命推出曾。曾不踰旬，又獻《鯸鮧魚賦》，言：「此魚觸物而怒，翻身上波，爲鵶鳶所獲，奈魴鱮之何？」相公覽賦而笑曰：「昔趙元叔之狂簡，袁彦伯之機捷，無以過焉。」然愛其文彩，投贄者無以出於曾，曾有過忤，不至深罪矣。乃知相公之用心乎。又作《潼關賦》而刺中朝：「此關倚太華、瞰黄河，雖來往攸同，而嘆有異也。」乃與賈島齊譴，爲時所忽，至於潦倒，誠可惜哉！後温庭筠爲賦，亦警刺，少類於平、賈，而謫方城，乃詩曰：「侯印不能封李廣，别人丘隴似天山。」舉子紀唐夫有詩送之。時温庭筠作尉，紀唐夫得名，蓋因文而致也。詩曰：「何事明時泣玉頻，長安不見杏園春。鳳凰詔下雖霑命，鸚鵡才高却累身。且飲緑醽消積恨，莫言黄綬拂行塵。方城若比長沙遠，猶隔千山與萬津。」《雲谿友議》中。《唐詩紀事》六五。

2 平曾謁華州李相固言不遇，因吟一絶而去，曰：「老夫三日門前立，珠箔銀屏晝不開。詩卷却拋書袋裏，譬如閒看華山來。」《唐摭言》一〇。《唐詩紀事》六五。

3 見賈島5。

## 張魯封　李晝

1 池州杜少府慥、亳州韋中丞仕符，二君皆以長年，精求釋道。樂營子女，厚給衣糧，任其外住，若有宴飲，方一召來；柳際花間，任爲娱樂。譙中舉子張魯封，爲詩謔其賓佐，兼寄大梁李尚書，詩曰：「杜叟學仙輕蕙質，韋公事佛畏青娥。樂營却是閒人管，兩地風情日漸多。」《戲酬張十五秀才見寄池、亳二州之事》，宣武軍掌書記李晝：「秋浦亞卿顔叔子，譙都中憲老桑門。如今柳巷通車馬，唯恐他時立棘垣。」《雲溪友議》中。

## 鄭史

1 鄭史，開成元年登第，經過池陽廉使崔君，悦一妓行雲，有詩云：「最愛鉛華薄薄妝，更兼衣着又鵝黄。從來南國名佳麗，何事今朝在北行？」臨岐，博陵公輟贈之。《唐詩紀事》五六。

## 劉三復

1 唐大和中，李德裕鎮浙西。有劉三復者，少貧，苦學有才思，時中人賫御書至，以賜德裕，德裕試其所爲，謂曰：「子可爲我草表，能立就，或歸以創之？」三復曰：「文理貴中，不貴其速。」德裕以爲當言。三復又請曰：「漁歌樵唱，皆傳公述作，願以文集見示。」德裕出數軸與之。三復乃體而爲表。德裕嘉之，因遣詣闕求試，果登第。歷任臺閣。三復能記三生事，云曾爲馬，馬常患渴，望驛而嘶，傷其蹄則心連痛。後三復乘馬過磽确之地，必爲緩轡，轍有石，必去之。其家不施門限，慮傷馬蹄也。其子鄴，勅賜及第。登廊廟，上表雪德裕，以朱崖神櫬歸葬洛中，報先恩也。士大夫美之。《北夢瑣言》一。又《廣記》三八七引。《南部新書》丙、丁。《唐語林》二。

2 劉侍郎三復，初爲金壇尉。李衛公鎮浙西，三復代草表云：「山名北固，長懷戀闕之心；地接東溟，卻羡朝宗之路。」衛公嘉嘆，遂辟爲賓佐。時杭州有蕭協律悅，善畫竹，家酷貧。白居易典郡，嘗叙云：「悦之竹舉世無倫，頗自祕重，有終歲求其一竿一枝不得者。」又遺之歌曰：「餘杭邑客多羈貧，其中甚者蕭與殷，天寒身上猶衣葛，日高甑中未掃塵。」悦年老多病，有一女未適。他日，病且亟，謂其女曰：「吾聞長史劉從事，非有通家之舊，復無舉薦之力。欻自衆爲賢侯幕府，必有足觀者。今知未婚，吾雖未識，當以書託汝。」三復覽其書，數日未決。會夜夢有黄衣使，致藁一束於其門。翊日，言於衛公，公曰：「藁，蕭也。此固定矣。」三復遂成婚。《唐語林》三。

## 皇甫松

1 皇甫松著《醉鄉日月》三卷，自叙之矣。或曰：松，丞相奇章公表甥，然公不薦。因襄陽大水，遂爲《大水辨》，極言誹謗，有「夜入真珠室，朝遊瑇瑁宫」之句。公有愛姬名真珠。《唐摭言》一〇。《唐詩紀事》五二。

## 朱沖和

1 朱沖和五經及第，恃其强敏，好干忤人，所在伺察瑕隙，生情争訟。自江南採巨木，送於台省，卒不能運。繫縶既久，則又鹵莽舍之。如此數四，人號爲宦途惡少。《金華子》下。

2 朱沖和常遊杭州，臨安監吏有姓朱者，兄呼沖和，頗邀迎止宿，情甚厚。沖和深感之，來監中訪同姓，因出入。鄰司稍熟，亦不防備。一日，鄰房吏偶以私歷一道置在案間，沖和窺之，皆盜分官錢，約數千百萬，候其他適，遂取之懷袖而去。吏人既失此歷，知爲沖和所制，一監之人無不罹重辟矣。衆情危懼，共請主人，願以白金十笏贖之。沖和既聞，念苟不許之，則宗人亦當不免，乃曰：「若他人故難，以久受弟之殊分，則無不可也。」衆人常諳其稟性剛執，倘一問不允，則無復摇動。初令往探，若卜大敵，及(問)〔聞〕其許成，咸私制賀，五百兩銀，不時齊足。沖和既見，乃取銀并歷同封而還之，并續絶句：「三千里内布干戈，累得鯨鯢入網羅。今日寶刀無殺氣，只緣君處受恩多。」然終以惡名爲人所搆，竟不免焉。《金華子》下。

3 見張祜12。

## 李玟

1 李玟者，早年受王涯恩。及爲歙州巡官時，涯敗，因私爲詩以弔之。末句曰：「六合茫茫皆漢土，此身無處哭田横。」乃有人欲告之，因而《纂異記》記中有噴玉泉幽魂一篇，即甘露之四相也。玉川先生，盧仝也。仝亦涯客，性僻面黑，常閉於一室中，鑿壁穴以送食。太和九年十一月二十日夜，偶宿涯館。明日，左軍屠涯家族，隨而遭戮。《南部新書》壬。 案：李玟，原作李紋，據《新唐書·藝文志》三改。

## 何扶

1 何扶，太和九年及第；明年，捷三篇，因以一絶寄舊同年曰：「金榜題名墨尚新，今年依舊去年春，花間每被紅妝問：何事重來只一人？」《唐摭言》三。《古今詩話》（《詩話總龜》前集一七）。《唐詩紀事》四九。

## 李　肱

1　見唐文宗33。

## 裴思謙

1　高鍇侍郎第一榜，裴思謙以仇中尉關節取狀頭，鍇庭譴之，思謙迴顧，厲聲曰：「明年打脊取狀頭。」明年，鍇戒門下不得受書題。思謙自懷士良一緘入貢院；既而易以紫衣，趨至階下，白鍇曰：「軍容有狀，薦裴思謙秀才。」鍇不得已，遂接之。書中與思謙求巍峩，鍇曰：「狀元已有人，此外可副軍容意旨。」思謙曰：「卑吏面奉軍容處分，裴秀才非狀元，請侍郎不放。」鍇俛首良久曰：「然則略要見裴學士。」思謙曰：「卑吏便是。」思謙詞貌堂堂，鍇見之改容，不得已遂禮之矣。《唐摭言》九。又《廣記》一八一引。

2　裴思謙狀元及第後，作紅箋名紙十數，詣平康里，因宿於里中。詰旦賦詩曰：「銀釭斜背解鳴璫，小語低聲賀玉郎。從此不知蘭麝貴，夜來新惹桂枝香。」《北里志》。《唐摭言》三。《古今詩話》（《詩話總龜》前集三）。《唐詩紀事》四九。

## 張不疑

1 張不疑進士擢第，宏詞登科。當年四府交辟，江西李中丞凝、東川李相回、淮南李相紳、興元歸僕射融，皆當時盛府。不疑赴淮南命，到府未幾，以協律郎卒。不疑娶崔氏，以不協出之，後娶顔氏。《唐語林》四。《南部新書》己。

## 李復言

1 李景讓典貢年，有李復言者，納省卷，有《纂異》一部十卷。牓出曰：「事非經濟，動涉虚妄，其所納，仰貢院驅使官却還。」復言因此罷舉。《南部新書》甲。

## 程修己

1 程修己，其先冀州人。祖大曆中任越州醫博士，父伯義，少有文學。時周昉任越州長史，遂令修己師，凡二十年中師其畫。至六十，畫中有數十病，既皆一一口授，以傳其妙訣。寶曆中，修己應明經擢第。大和中，文宗好古重道，以晉明帝朝衞協畫《毛詩圖》草木鳥獸、古賢君臣之像，不得其真，遂召修己圖之。皆據經定名，任意採掇，由是冠冕之制，生植之姿，遠無不詳，幽無不顯矣。又嘗畫竹障於文思殿，文皇有歌云：「良工運精思，巧極似有神。臨窗時乍睹，繁陰合再明。」當時在朝學士，皆奉詔繼和。自貞元後以畫藝進身，累承恩稱旨，京都一人而已。尤精山水、樹石、花鳥、人物、古賢功德、異獸等，首冠於時，可居妙品也。《唐朝名畫録》。又《廣記》二一三引作《畫斷》。《圖繪寶鑑》二。

2 大和、開成中，有程修己者，以善畫得進謁，修己始以孝廉召入籍，故上不甚以畫者流視之。會春暮内殿賞牡丹花，上頗好詩，因問修己曰：「今京邑傳唱牡丹花詩誰爲首出？」修己對曰：「臣嘗聞公卿間多吟賞中書舍人李正封詩曰：『天香夜染衣，國色朝酣酒。』」上聞之，嗟賞移時。楊妃方恃恩寵，上笑謂賢妃曰：「妝鏡臺前宜飲以一紫金盞酒，則正封之詩見矣。」《松窗雜録》上。《南部新書》甲。《唐詩紀事》四〇。

## 宋 霽

1 見唐文宗38。

## 尉遲璋

1 大和中，樂工尉遲璋尤能囀喉爲新聲，京師屠沽效之，呼爲拍彈。《南部新書》乙。案：《杜陽雜編》下、新舊《唐書·曹確傳》並作李可及事。

2 見唐文宗36、陳夷行1。

# 沈阿翘

1、2 見唐文宗5、6。

# 鄭中丞

1 文宗朝，有内人鄭中丞善胡琴。中丞即宫人之官也。内庫有二琵琶，號大小忽雷，鄭嘗彈小忽雷，偶以匙頭脱，送崇仁坊南趙家修理。大約造樂器悉在此坊，其中二趙家最妙。時有權相舊吏梁厚本，有别墅在昭應縣之西，正臨河岸，垂鉤之際，忽見一物浮過，長五六尺許，上以錦綺纏之，令家僮接得就岸，即秘器也。及發棺視之，乃一女郎，妝飾儼然，以羅領巾繫其頸。解其領巾伺之，口鼻有餘息，即移入室中，將養經旬，乃能言，云是内弟子鄭中丞也，昨以忤旨，命内官縊殺，投于河中，錦綺即弟子相贈爾。遂垂泣感謝。厚本即納爲妻。因言其藝，及言所彈琵琶今在南趙家。尋值訓、注之亂，人莫有知者，厚本賂樂匠贖得之。每至夜分，方敢輕彈。後遇良辰，飲於花下，酒酣，不覺朗彈數曲。洎有黄門放鷂子過其門，私於墻外聽之，曰：「此鄭中丞琵琶聲也。」翊日達上聽。文宗方追悔，至是驚喜，即命宣召，乃赦厚本罪。仍加錫賜焉。《樂府雜録》。又《御覽》五八三引。

# 崔紫雲

1 見杜牧9。

## 周隱克

1　唐道士周隱克有術數，將相大僚咸敬如神明。宰相李宗閔修弟子禮，手狀皆云然。前宰相段文昌鎮淮南，染疾，曰：「尊師去年云我有疾，須臥六日。」段公與賓客博戲飲茶，周生連喫數椀，段起旋溺不已。良久，驚語尊師曰：「乞且放，虛僫交下不自持。」笑曰：「與相公爲戲也。」蓋飲茶慵起，遣段公代之。《逸史》（《廣記》八〇）。　案：《劇談録》下記周隱堯事，《吴郡志》四〇記周隱遥事，似與此爲同一人。

## 宗　密

1　初，〔宗〕密道既芬馨，名惟烜赫，内衆慕羶既如彼，朝貴答響又如此。當長慶、元和已來，中官立功執政者孔熾，内外猜疑，人主危殆。時宰臣李訓酷重于密，及開成中僞甘露發，中官率禁兵五百人出閤，所遇者一皆屠戮。時王涯、賈餗、舒元輿方在中書會食，聞難作，奔入終南投密。唯李訓欲求剪髮，匿之，從者止之，訓改圖趨鳳翔。時仇士良知之，遣人捕密入左軍，面數其不告之罪，將害之。密怡然曰：「貧道識訓年深，亦知其反叛，然本師教法，遇苦即救，不愛身命，死固甘心。」中尉魚恒志嘉之，奏釋其罪。朝士聞之，扼腕出涕焉。《宋高僧傳》六。

# 唐人軼事彙編卷二十三

## 李德裕

1 吉甫相典忠州，泝流之任，行次秭歸，地名雲居臺，在江中。掌武誕於此處。小名臺郎，以其地而命名也。《北夢瑣言》八。

2 衛公幼時，嘗於明州見一水族，有兩足，觜似雞，身如魚。《酉陽雜俎》續集八。又《廣記》四六五引。《南部新書》庚。

3 衛公年十一過瞿塘，波中睹一物，狀如嬰兒，有翼，翼如鸜鵒。公知其怪，即時不言，晚風大起方説。《酉陽雜俎》續集八。

4 太尉李德裕幼神俊，憲宗賞之，坐於膝上。父吉甫，每以敏辯誇於同列。武相元衡召之，謂曰：「吾子在家，所嗜何書？」意欲探其志也。德裕不應。翌日，元衡具告吉甫，因戲曰：「公誠涉大癡耳。」吉甫歸以責之，德裕曰：「武公身爲帝弼，不問理國調陰陽，而問所嗜書。書者，成均禮部之職也。其言不當，所以不應。」吉甫復告，元衡大慙。由是振名。《北夢瑣言》一。又《廣記》一七五引。《唐語林》三。

5　李德裕太尉未出學院，盛有詞藻，而不樂應舉。吉甫相俾親表勉之，掌武曰：「好騾馬不入行。」由是以品子叙官也。吉甫相與武相元衡同列，事多不叶，每退公，詞色不懌。掌武啓白曰：「此出之何難！」乃請修狄梁公廟。於是武相漸求出鎮。智計已聞於早成矣。愚曾覽太尉《三朝獻替録》，真可謂英才。竟罹朋黨，亦獨秀之所致也。《北夢瑣言》六。《唐語林》一。

6　李德裕以己非由科第，恒嫉進士舉者。及居相位，權要束手。德裕嘗爲藩府從事日，同院李評事以詞科進，適與德裕官同。時有舉子投文軸，誤與德裕。舉子既誤，復請之曰：「其文軸當與及第李評事，非與公也。」由是德裕志在排斥。《玉泉子》。又《廣記》一八二引。《唐語林》七。

7　太尉衞國公爲并州從事，到職未旬月，忽有王山人者詣門請謁，公命與坐，乃曰：「某善按冥也。」公初未之奇，因請正寢備几案紙筆香水而已。因令垂簾静伺之，生與公偕坐於西廡下，頃之，王生曰：「可驗矣。」紙上書八字甚大，且有楷注曰：「位極人臣，壽六十四。」王生遽請歸，竟不知所去。及會昌朝，三策一品，薨於海南，果符王生所按之年。《松窗雜録》。又《廣記》七八引。《續前定録》。

8　寶曆中，亳州云出聖水，服之愈宿疾，亦無一差者。自洛已來，及江西數郡中人，争施金貨衣服以飲焉，獲利千萬，人轉相惑。李贊皇德裕在浙西也，命於大市集人，置金取其水，於市司取猪肉五斤煮，云：「若聖水也，肉當如故。」逡巡，肉熟爛。自此人心稍定。妖者尋而敗露。《大唐傳載》。《唐語林》一。

9　太尉朱崖出鎮浙右，有甘露知主事者訴交代得常住什物，被前主事隱用却常住金若干兩。引證前數輩皆有遞相交割文字分明，衆詞皆指以新得替者隱用之。但初上之時交領既分明，及交割之日不見其金，鞫成具獄，伏罪昭昭，然未窮破用之所由。或以僧人不拘細行而費之，以是無理可伸，甘之死地。一旦引慮之際，公疑其未盡，微以意揣之，髡人乃具實以聞曰：「居寺者樂於知事，前後主之者，積年已來空交分兩文書，其實無金。羣衆以某孤立，不雜輩流，欲乘此擠排之。」因流涕，不勝其冤。公乃憫而惻之，曰：「此固非難也。」俛仰之間，曰：「吾得之矣。」乃立召兜子數乘，命關連僧入對事。咸遣坐兜子，下簾子畢，令門不相對。命取黄泥，各令模前後交付下次金樣，以憑證據。僧既不知形段，竟模不成。公怒，令鞫前數輩，皆一一伏罪，其所排者遂獲清雪。《桂苑叢談》。又《廣記》一七二引。《疑獄集》三。《唐語林》一。《折獄龜鑑》三。

10 李德裕在潤州，忽夢賦詩懷禁掖舊遊，因爲《述夢詩》。《海録碎事》一一下。

11 上元瓦官寺僧守亮，通《周易》，性若狂易。李衛公鎮浙西，以南朝舊寺多名僧，求知《易》者，因帖下諸寺，令擇送至府。瓦官寺衆白守亮曰：「大夫取解《易》僧，汝常時好説《易》，可往否？」守亮請行。衆戒曰：「大夫英俊嚴重，非造次可至，汝當慎之。」守亮既至，衛公初見，未之敬。及與言論，分條析理，出没幽賾，公凡欲質疑，亮已演其意。公大驚，不覺前席。命於甘露寺設館舍，自於府中設講席，命從事已下，皆横經聽之，逾年方畢。既而請再講。講將半，亟請歸甘露。既至命浴。浴畢，整巾屨，遣白公云：「大期今至，不及回辭。」言訖而終。公聞驚異，明日率賓客至寺致祭。適有南海使送西國異香，公於龕前焚之，其煙如弦，穿屋而上，觀者悲敬。公自草祭文，謂舉世之官爵俸禄，皆加於亮，亮盡受之，可以無愧。《唐語林》二。《金華子》下。

12 太尉朱崖公兩出鎮于浙右，前任罷日，遊甘露寺，因訪别于老僧院公曰：「弟子奉詔西行，祗别和尚。」老僧者熟于祇接，至於談話多空教所長，不甚對以他事。由是公憐而敬之。煮茗既終，將欲辭去。公曰：「昔有客遺筇杖竹一條，聊與師贈别。」亟令取之，須臾而至。其杖雖竹而方，所持向上，節眼鬚牙四面對出，天生可愛。且朱崖所寶之物，即可知也。别後不數歲，再領朱方，居三日，復因到院，問前時柱杖何在。曰：「至今寶之。」公請出觀之，則老僧規圓而漆之矣。公嗟嘆再彌日，自此不復目其僧矣。太尉多蓄古遠之物，云是大宛國人所遺竹，唯此一莖而方者也。《桂苑叢談》。又《廣記》二三二引。

13 唐贊皇公禱祝論，歲或大旱，必先命掾屬祈請，積旬無效，乃自躬行，未嘗不零雨隨車，或當宵而應。其術無他，唯至誠而已。將與祭，必閒居三日，清心齋戒，雖禮未申於泂酌，而意已接於神明。所以理郡八年，歲皆大稔。江左黎庶謳謡至今。《白孔六帖》八二。

14 李太尉太和七年自西川還，入相。上謂王涯：「今日除德裕，人情怕否？」對曰：「忠良甚喜，其中小人亦有怕者。」再言曰：「須怕也。」涯時爲鹽鐵使也。《南部新書》戊。

15 大和七年二月二十八日，蒙恩守本官平章事。時樞機不密，二十六日，京師已盛傳明日有麻。二十七日，寂然無事，皆言留中不行矣。余對迴，樞密使崔潭峻、王士政至中書，以文宗與樞密使手詔示諸相，其詞曰：「命相絶是重事，適看曆日，明日日辰非佳，且封麻，二十八日放下。」去冬至今春，久無雨雪，京師昏霾尤甚，是日甘澤霈然。樞密使謂予曰：「禁中喜此雨，呼相公名，向下字訛音，曰『李德雨』矣。」《文武兩朝獻替記》(《續談助》三)。又《類説》七引。

16 三月暮，高品閻從約押賜含桃，謂余曰：「不鎖櫃坊也。」余未喻。曰：「自相公入相，京師細婢良馬無價，兩市不鎖櫃坊。」先是，〔李〕宗閔每置宴，皆令京兆府主辦，兩縣令官吏因緣求取，除羊酒外，每行又率見錢，所歛至厚。至是余與王相涯相約，向後有宴餞出使宰相及看花觀稼，宰相於宅中置宴，皆取冬至、歲、寒食三節假日，亦不邀故相及三品已上官。宰相皆先取旨，然後敢赴會。牛僧孺出鎮淮南日，開六七重坊門，夜宴至三更而散，又過李聽宅，令出妓樂，每宴與平康坊倡妓同席酣飲。至是並不令兩縣更置娼妓。上聞之甚悦。《文武兩朝獻替記》（《續談助》三）。

17 李德裕自西川入相，視事之日，令御史臺牓興禮門：「朝官有事見宰相者，皆須牒臺。其他退朝從龍尾道出，不得横入興禮門。」於是禁省始静。《南部新書》庚。

18 德裕初作相，兩街使請准例：每早朝令兵衞送。予判云：「在具瞻之地，自有國容；當無事之時，何勞武備。衞送宜停。」《獻替記》（《類説》七）。《唐語林》一。

19 兩省舊以江淮富人給文牒，周行天下，稱堂廚食利人。影占興販，利入富室。余判云：「萬錢已厚，常懷素飡。百姓尚貧，豈宜争利？既異拔葵之義，尤傷脱粟之名。將欲率人，理當正本。給食利文牒並宜停罷。《獻替記》（《類説》七）。《文武两朝獻替記》（《續談助》三）。

20 朱崖在維揚，監軍使楊欽義追入，必爲樞近，而朱崖致禮皆不越尋常，欽義心銜之。一日邀中堂飲，更無餘賓，而陳設寶器圖畫數牀皆殊絶，一席祗奉亦竭情禮，起後皆以贈之。欽義大喜過望。旬日行至汴州，有詔，令監淮南軍。欽義至，即具前時所獲歸之。朱崖笑曰：「此無所直，奈何相拒？」一時却與，欽義感悦數倍。後竟作樞密使。武皇一朝之柄用，皆自欽義也。《幽閒鼓吹》。又《廣記》二三九引。

21 李德裕自潤州年五十四除揚州，五十八再入相，皆及吉甫之年。縉紳榮之。《感定録》（《廣記》一五六）。

22 父子皆自揚州再入爲相：李吉甫子德裕。按國朝繼世爲相者數子，惟吉甫、德裕皆自揚州節度再入爲相，則無其匹。《卓異記》。

23 會昌元年三月二十四日，遇假在宅，向晚聞有中使一人向東，一人向南，處置二故相及裴夷直。余遣人問鹽鐵崔相、度支杜尚書、京兆盧尹，皆言聞有使去，不知其故。余遂草約奏狀。二十五日早入中書，崔相珙續至，崔鄲次至，陳相最後至，已巳時矣。余令三相會食，自歸廳寫狀，請開延英賜對。進狀後更無報答。至午又自寫第二狀封進，兼請得樞密使至中書問有此事無。樞密使對曰：「向者不敢言。相公既知，只是二人：嗣復、李珏。」德裕言：「此事至重，陛下都不訪問，便遣使去，物情無不驚懼。請附德裕奏。聖旨若疑德裕情故，請先自遠貶，惟此一事不可更行！德裕等至夜不敢離中書，請早開延英賜對。」至申時，報開延英。余邀得丞相、兩省官謂曰：「上性剛，若有一人進狀伏問，必不捨矣。容德裕極力救解，繼以叩頭流血，德裕救不得，他人固不可矣。」及召入延英殿，德裕率三相公立當御榻奏事，嗚咽流涕云云。上既捨之，又令德裕召丞郎、兩省官宣示。《獻替記》（《通鑑考異》二一）。

24 李太尉破昭義，自草詔意而宣付翰林。至如鄭文公自草高太尉詔，皆務集事，非侵局奪美也。《北夢瑣言》五。

25 開成中，有龍復本者，無目，善聽聲揣骨，每言休咎，無不必中。凡有象簡竹笏，以手捻之，必知官禄年壽。宋祁補闕有盛名於世，搢紳之士無不傾屬。屈指翹足，期於貴達。時永樂蕭相亦居諫署，同日詣之，授以所持竹笏。復本執蕭相寘竹笏，良久置於案上，曰：「宰相笏。」次至宋補闕笏，曰：「長官笏。」宋聞之不樂。相國曰：「無憑之言，安足介意！」經月餘，同列於中書，候見宰相。時李朱崖方秉鈞軸，威震朝野。未見間，佇立閒談，互有諧謔。頃之，丞相遽出，宋以手板障面，笑猶未已。朱崖目之，迴謂左右曰：「宋補闕笑某何事？」聞之者莫不寒心股慄。未旬日，出爲河清縣令。歲餘，遂終所任。其後蕭相揚歷清途，自浙西觀察使入判户部，非久遂居廊廟。俱如復本之言。《劇談録》上。又《廣記》二二四引。《廣部新書乙》。《唐語林》六。

26 李贊皇初掌北門奏記，有相者謂：「公他日位極人臣，但厄在白馬耳。」及登相位，雖親族亦未嘗有畜白馬者。食昌初，再入廟堂，專持國柄，平上黨，破回鶻，立功殊異，策拜太尉，封衛國公。然性多忌刻，當途之士有不協者，必遭譴逐。翰林學士白敏中大懼，遂調給事中韋宏景上言，相府不合兼領三司錢穀，專政太甚。武宗由是疑之。及宣宗即位，出德裕爲荆南節度使。旋屬淮海李紳有吴汝納之獄，上命刑部侍郎馬植專鞫其事，盡得德裕黨庇之惡，由是坐罪竄南海，殁而不返。厄在白馬，其信乎！《賈氏談録》。《南部新書》己。

27 見李紳12。

28 唐朝父子繼世爲相者，數家，唯李吉甫、子德裕皆自揚州再入相。至若蘇瓌父子，相望爲優劣，而頲不再入，則李氏盛也。言宣宗即位日，德裕典册禮。及退，上謂宦侍曰：「適行事近我者，非太尉耶？此人每顧我，使手髮森竪。」聽政二日，出爲荆門。《廣卓異記》五。《貞陵遺事》(《通鑑考異》二二)。《唐語林》七。

29 相國李德裕爲太子少保，分司東都。嘗召一老僧問己之休咎，僧曰：「非立可知，願結壇設佛像。」僧居其中，凡三日。謂公曰：「公災戾未已，當萬里南行耳。」公大怒，叱之。明日，又召其僧問焉，慮所見未子細，請詳觀之。即又結壇三日。告公曰：「南行之期，不旬日矣。不可逃。」公益不樂，且曰：「然則吾師何以明其不妄耶？」僧曰：「願陳目前事爲驗，庶表某之不誣也。」公曰：「果有説乎？」即指其地曰：「此下有石函，請發之。」即命窮其下數尺，果得石函，啓之亦無覩焉，公異而稍信之。因問：「南行誠不免矣，然乃終不還乎？」僧曰：「當還耳。」公訊其故，對曰：「相國平生當食萬羊，今食九千五百矣。所以當還者，未盡五百羊耳。」公慘然而歎曰：「吾師果至人。且我元和十三年爲丞相張公從事於北都，嘗夢行晉山，見山上盡目皆羊，有牧者十數迎拜我，我因問牧者，牧者曰：『此侍御平生所食羊。』吾嘗記此夢，不洩於人。今者果如師之説耶！乃知冥數固不誣也。」後旬日，振武軍節度使米暨遣使致書於公，且饋五百羊。公大驚，即召僧告其事。僧歎曰：「萬羊將滿，公其不還乎？」公曰：「吾不食之，亦可免耶？」曰：「羊至此，已爲相國所有。」公戚然不悦。旬日，貶潮州司馬，連貶崖州司户，竟没於荒裔也。《宣室志》九。又《廣記》九八引。《補録紀傳》(《廣記》一五六)。《分門古今類事》一二。

30 唐衛公李德裕，武宗朝爲相，勢傾朝野。及罪譴，人爲作詩曰：「蒿棘深春衛國門，九年於此盗乾坤。兩行密疏傾天下，一夜陰謀達至尊。目視具僚亡匕箸，氣吞同列削寒温。當時誰是承恩者，背有餘波達鬼村。」又云：「勢欲凌雲威觸天，朝輕諸夏力排山。三年驥尾有人附，一日龍髯無路攀。畫閣不開粱燕去，朱門罷掃乳鵶還。千巖萬壑應惆悵，流水斜傾出武關。」《盧氏雜説》（《廣記》二五六）。《南部新書》癸。

31　大中中，李太尉三貶至朱崖。時在兩制者皆爲擬制，用者乃令狐綯之詞。李虞仲集中此制尤高，未知孰是。往往有俗傳之制，云：「蛇用兩頭，狐摇九尾。鼻不正而身豈正，眼既斜而心亦斜。」此仇家謗也。《南部新書》丁。

32　李太尉德裕頗爲寒畯開路，及謫官南去，或有詩曰：「八百孤寒齊下淚，一時南望李崖州。」《唐摭言》七。《詩話總龜》前集二六。《唐詩紀事》四八。

33　石雄僕射初與康誂同爲徐州王侍中智興首校。王公忌二人驍勇，奏守本官。雄則許州司馬也，尋授石州刺史。有李弘約者，以石使君許下之日，曾負弘約資貨，累自窘索，後詣石州求其本物。既入石州境，弘約遲疑，恐石君怒。遇里有神祠祈饗，皆謂其靈。弘約乃號啓於神之祝，父子俱稱神下，索紙筆，命弘約書之。約又不識文字，求得村童口占之，曰：「石使君此去，當有重臣抽擢，而立武功，合爲河陽、鳳翔節度，復有一官失望，所以此事須閟密，不異耳聞之。」弘約以巫祝之言，先白石君。石君相見甚悦。尋潞州劉從諫背叛，朝庭議欲討伐。贊皇之爲上宰，而用於石雄。雄奮武奪得天井關。後其劉振又破黑山諸蕃部落，走南單于，迎公主歸國，皆雄之展効也。然是鷹犬之功，非良宰不能驅馳者。及李公以太子少保分洛，石僕射詣中書論官，曰：「雄立天井關及黑山之功，以兩地之勞，更希一鎮養老。」相府曰：「僕射潞州之功，國家以酬河陽節度使；西塞之績，又拜鳳翔。在兩鎮之重，豈不爲酬賞也？」石乃復爲左右統軍，不愜其望，悉如巫者之言乎？太尉相公洎謫潮州，有客復陳石僕射神詞之驗，明其盛衰有數，稍抑其噎鬱乎？《再貶朱崖道中詩》曰：「十年紫殿掌洪鈞，出入三朝一品身。文帝寵深陪雉尾，武皇恩重宴龍津。黑山永破和親虜，烏嶺全坑跋扈臣。自是功高臨盡處，禍來名滅不由人。」又《登崖州城樓》曰：「獨上高樓望帝京，烏飛猶是半年程。青山欲似留人住，百匝千遭遶郡城。」先是，韋相公執誼得罪，薨變於此；今朱崖有韋公山。柳宗元員外與韋丞相有齠年之好，三致書與廣州趙尚書宗儒相公，勸表雪韋公之罪，始詔歸葬京兆，至今山名不革矣。贊皇感其遠謫不還，爲文祭曰：「維大中年月日，趙郡李德裕，謹以蔬醴之奠，敬祭于故相國韋公僕射之靈。嗚呼！皇道咸寧，藉乎賢相；德邁皋陶，功宣呂尚。文學世推，智謀神貺。一遘讒嫉，遠投荒障。地雖厚兮不察，天其高兮不諒。野掇澗蘋，思違秬鬯。信成禍深，業崇身喪。某亦竄跡南陬，從公舊丘。永泯軒裳之願，長爲猿鶴之愁。嘻吁絶域，寤寐西周。儻知公者，測公非罪；不知我者，謂我何求。其心若水，其死若休。臨風敬弔，願與神遊。嗚呼！」云云。或問贊皇公之秉鈞衡也，毀譽如之何？削禍亂之堦，闢孤寒之路；好奇而不奢，好學而不倦；勳業素高，瑕疵乃顧。是以結怨豪門，取尤羣彦。光福王起侍郎，自長慶三年知舉，後二十一歲，復爲僕射。武皇朝，猶主國。凡有親戚在朝者，不得應舉，遠人得路，皆相賀慶而已。後之文場困辱者，若周人之思鄉焉，皆曰「八百孤寒齊下淚，一時迴首望崖州。」《雲溪友議》中。又《廣記》一五六引。

34 李太尉之在崖州也，郡有北亭子，謂之望闕亭。太尉每登臨，未嘗不北睇悲咽。有詩曰：「獨上江亭望帝京，烏飛猶是半年程。青山也恐人歸去，百匝千遭繞郡城。」今傳太尉崖州之詩，皆仇家所作，只此一首親作也。昔崖州，今瓊州是也。《南部新書》己。

35 李衛公在珠崖郡，北亭謂之望闕亭。公每登臨，未嘗不北睇悲咽。題詩云：「獨上江亭望帝京，鳥飛猶是半年程。碧山也恐人歸去，百匝千遭繞郡城。」又郡有一古寺，公因步遊之，至一老禪院。坐久，見其內壁掛十餘葫蘆，指曰：「中有藥物乎？弟子頗足疲，願得以救。」僧嘆曰：「此非藥也，皆人骼灰耳！此太尉當朝時，爲私憾黜于此者。貧道憫之，因收其骸焚之，以貯其灰，俟其子孫來訪耳！」公悵然如失，返步心痛。是夜卒。《唐語林》七。《蒼梧雜志》（陶本《説郛》二六）。

36 唐李太尉德裕左降至朱崖，著四十九論，叙平生所志。嘗遺段少常成式書曰：「自到崖州，幸且頑健。居人多養雞，往往飛入官舍，今且作祝雞翁爾。謹狀。」《北夢瑣言》八。

37 李衛公在朱崖，表弟某侍郎遣人餉以衣物，公有書答謝之，曰：「天地窮人，物情所棄，雖有骨肉，亦無音書，平生舊知，無復弔問。閣老至仁念舊，再降專人，兼賜衣服器物茶藥至多，開緘發紙，涕咽難勝。大海之中，無人拯恤，資儲蕩盡，家事一空，百口嗷然，往往絶食，塊獨窮悴，終日苦飢，唯恨垂没之年，須作餒而之鬼。十月末，伏枕七旬，藥物陳裛，又無醫人，委命信天，幸而自活。」書後云閏十一月二十日，從表兄崖州司户參軍同正李德裕狀侍郎十九弟。按德裕以大中二年十月自潮州司馬貶崖州，所謂閏十一月，正在三年，蓋到崖纔十餘月爾，而窮困苟生已如是。《唐書》本傳云：「貶之明年卒。」則是此書既發之後，旋踵下世也。當是時宰相皆其怨仇，故雖骨肉之親，平生之舊，皆不敢復通音問。而某侍郎至於再遣專使，其爲高義絶俗可知，惜乎姓名不可得而考耳。此帖藏禁中，後出付祕閣，今勒石於道山堂西。《容齋續筆》一。

38 李衛公歷三朝，大權出門下者多矣，及南竄，怨嫌併集。塗中感憤，有「十五餘年車馬客，無人相送到崖州」之句。又書稱「天下窮人，物情所棄。」鎮浙西，甘露寺僧允躬頗受知。允躬追於物議，不得已送至謫所。及歸作書，言天厭神怒，百禍皆作，金幣爲鰐魚所溺，室宇爲天火所焚。談者藉以傳布，由允躬背恩所致。衛公既歿，子煜自象州武仙尉量移郴州郴尉，亦死貶所。劉相鄴爲諫官，先世受恩，獨上疏請復官爵，乞歸葬。衛公門人，惟蹇士能報其德。《唐語林》七。

39 太尉衛國公李德裕，上即位後，坐貶崖州司户參軍，卒於貶所。一日，丞相令狐綯夢德裕曰：「某已謝明時，幸相公哀之，許歸葬故里。」綯具爲其子滈言，滈曰：「李衛公犯衆怒，又崔、魏二丞相崔鉉、魏謩。皆敵人也，見持政，必將上前異同，未可言之也。」後數日，上將坐延英，綯又夢德裕曰：「某委骨海上，思還故里，與相公有舊，幸憫而許之。」既寤，召其子滈曰：「向來見李衛公，精爽尚可畏。吾不言，必掇禍。」明日入中書，具爲同列言之。既於上前論奏，許其子蒙州立山縣尉燁護喪歸葬。《東觀奏記》中。《南部新書》庚。　案：《南部新書》作懿宗時事。

40 宣宗嘗私行經延資庫，見廣廈連綿，錢帛山積，問左右曰：「誰爲此庫？」侍臣對曰：「宰相李德裕執政日，以天下每歲備用之餘盡實此，自是已來，邊庭有急，支備無乏者，兹實有賴。」上曰：「今何在？」曰：「頃以坐吴湘獄貶于崖州。」上曰：「如有此功於國，微罪豈合深譴！」由是劉公鄴得以進表乞追雪之。上一覽表，遂許其加贈、歸葬焉。《金華子雜編》(《通鑑考異》二三)。《唐語林》三作懿宗時事。　案：《通鑑考異》曰：「按宣宗素惡德裕，故始即位即逐之，豈有不知其在崖州而云『豈合深譴』！又劉鄴追雪在懿宗時，此説殊爲淺陋，今不取。」

41 牛李之黨皆挾邪取權，兩相傾軋，紛紜傾陷，垂四十年。文宗繩之不能去，嘗謂侍臣曰：「去河北賊非難，去朋黨實難。」楊嗣復、李珏、鄭覃作相，屢争論於上前。李珏曰：「比來朋黨亦漸消弭。」覃曰：「近有小朋黨生。」覃又曰：「近日事亦漸好，未免些些不公。」然嗣復、珏，牛黨也，覃，李黨也。德裕爲相，指摭僧孺，欲加之深罪，但以僧孺貞方有素，無以伺其隙。德裕南遷，所著《窮愁志》引里俗「犢子」之讖，以斥僧孺。又目爲「太牢公」。其相憎如此！《纘世説》一一。

42 見牛僧孺13。

43 見李宗閔2。

44 朱崖李相在維揚，封川李相在湖州，拜賓客分司。朱崖大懼，遣專使厚致信好，封川不受，取路江西而過。非久，朱崖入相，過洛。封川憂懼，多方求厚善者致書，乞一見，欲解紛。復書曰：「怨即不怨，見即無端。」初，朱崖、封川早相善，在中外致力。及位高，稍稍相傾。及封川在位，朱崖爲兵部尚書，自得歧路，必當大拜。封川多方阻之未効。朱崖知而憂之。邠公杜相即封川黨，時爲京兆尹。一日謁封川，封川深念，杜公進曰：「何戚戚也？」封川曰：「君揣我何念？」杜公曰：「非大戎乎？」曰：「是也，何以相救？」曰：「某即有策，顧相公必不能用耳。」曰：「請言之。」杜曰：「大戎有辭學而不由科第，于今怏怏。若與知舉，則必喜矣。」封川默然良久，曰：「更思其次。」曰：「更有一官亦可平治慊恨。」曰：「何官？」曰：「御史大夫。」封川曰：「此即得。」邠公再三與約，乃馳詣安邑門。門人報杜尹來，朱崖迎揖曰：「安得訪此寂寞？」對曰：「靖安相公有意旨，令某傳達。」遂言亞相之拜。朱崖驚喜，雙淚遽落，曰：「大門官，小子豈敢當此薦拔？」寄謝重疊。杜遽告封川，封川與虔州議之，竟爲所隳，終致後禍。《幽閒鼓吹》。又《廣記》四九八引。《唐語林》七。

45 白少傅居易文章冠世，不躋大位。先是劉禹錫大和中爲賓客時，李太尉德裕同分司東都，禹錫謁於德裕曰：「近曾得白居易文集否？」德裕曰：「累有相示，别令收貯，然未一披。今日爲吾子覽之。」及取看，盈其箱笥，没於塵坌。既啓之而復卷之，謂禹錫曰：「吾於此人，不足久矣。其文章精絶，何必覽焉。但恐迴吾之心，所以不欲觀覽。」其見抑也如此。衣冠之士，並皆忌之，咸曰：「有學士才，非宰臣器。」識者於其答制中見經綸之用。爲時所排，比賈誼在漢文之朝，不爲卿相知，人皆惜之。葆光子曰：李衞公之抑忌白少傅，舉類而知也。初，文宗命德裕論朝中朋黨，首以楊虞卿、牛僧孺爲言。楊、牛，即白公密友也。其不引翼，義在於斯，非抑文章也，慮其朋比而掣肘也。《北夢瑣言》一。又《廣記》二四四引。《南部新書》乙。《五總志》。

46 進士題名，自神龍之後，過關宴後，率皆期集於慈恩塔下題名。故貞元中，劉太真侍郎試《慈恩寺望杏園花發》詩。會昌三年，贊皇公爲上相，其年十一月十九日，敕諫議大夫陳商守本官，權知貢舉。後因奏對不稱旨，十二月十七日，宰臣遂奏，依前命左僕射兼太常卿王起主文。二十二日，中書覆奏：「奉宣旨，不欲令及第進士呼有司爲座主，趨附其門，兼題名、局席等條疏進來者。伏以國家設文學之科，求貞正之士，所宜行敦風俗，義本君親，然後申於朝廷，必爲國器。豈可懷賞拔之私惠，忘教化之根源，自謂門生，遂成膠固。所以時風寖薄，臣節何施？樹黨背公，靡不由此。臣等商量，今日已後，進士及第，任一度參見有司，向後不得聚集參謁，及於有司宅置宴。其曲江大會，朝官及題名、局席，並望勒停。緣初獲美名，實皆少雋；既遇春節，難阻良遊。三五人自爲宴樂，並無所禁，唯不得聚集同年進士，廣爲宴會。仍委御史臺察訪聞奏。謹具如前。」奉敕：「宜依。」於是向之題名各盡削去。蓋贊皇公不由科第，故設法以排之。洎公失意，悉復舊態。《唐摭言》三。《唐詩紀事》五五。

47 李相德裕抑退浮薄，獎拔孤寒，於時朝貴朋黨，德裕破之。由是結怨而絶於附會，門無賓客。惟進士盧肇，宜春人，有奇才，德裕嘗左宦宜陽，肇投以文卷，由此見知。後隨計京師，每謁見，待以優禮。舊制：禮部放牓，先呈宰相。會昌□年，王起知舉，問德裕所欲，答曰：「安問所欲？如盧肇、丁稜、姚鵠，豈可不與及第耶！」起於是依其次而放。《玉泉子》。又《廣記》一八二引。《唐語林》七。《唐詩紀事》五五。

48 唐相國李太尉德裕抑退浮薄，獎拔孤寒。於時朝貴朋黨，掌武破之，由是結怨，而絶於附會，門無賓客。唯進士盧肇，宜春人，有奇才，每謁見，許脱衫從容。舊例：禮部放牓，先禀朝廷，恐有親屬言薦。會昌三年，王相國起知舉，先白掌武，乃曰：「某不薦人，然奉賀今年牓中得一狀元也。」起未喻其旨，復遣親吏於相門偵問，吏曰：「相公於舉子中，獨有盧肇，久接從容。」起相曰：「果在此也。」其年盧肇爲狀頭及第。時論曰：「盧雖受知於掌武，無妨主司之公道也。」《北夢瑣言》三。

49 李衞公頗升寒素。舊府解有等第，衞公既貶，崔少保龜從在省，子殷夢爲府解元。廣文諸生爲詩曰：「省司府局正綢繆，殷夢元知作解頭。三百孤寒齊下淚，一時南望李崖州。」盧渥司徒以府元爲第五人，自此廢等第。《唐語林》七。

50 李德裕退朝歸第，多與親表裴璟無間破體笑語，李多詢以内外新事。李問更有何説，裴曰：「别無新事，但昨日坡下郎官集送某郎官出牧江湖，飲餞郵亭，人客甚衆。有倉部白員外末至，崔駢郎中作録事，下四籌。白自以卑秩，人乘淩兢，更不敢固辭。上次酌四大器，白連引三器訖，餘一持之，而請第四器名。崔郎中云：『亦别無事，但何必要到處出脱？』時白踉蹌仆於下座，竟不飲而去。坐上有笑者，有縮頸者，但不知此官人今日起得否？」李聞之大怒，曰：「何由可耐，弟斯言必有之乎？」曰：「固然。」又問：「弟知白員外所止否？」璟曰：「是人在某坊某曲。」李曰：「爲某傳語白員外：請至宅。」白捧命，又憂恐。比至，李曰：「久欲從容，中外事併，然旬朔不要出人事。」既而白授翰林學士，崔駢汾州刺史，續改洺州刺史，流落外任，不復更遊郎署，終鴻臚卿。《芝田録》（《廣記》二六五）。《玉泉子》。《唐語林》七。

51 見白敏中5。

52 隴西李膠，年少持才俊，歷尚書郎，李太尉稱之，欲處之兩掖。江夏盧相判大計，白中書，欲取員外郎李膠權鹽使。太尉不答，盧不敢再請膠。太尉曰：「某不識此人，亦無因緣，但見風儀標品，欲與諫議大夫。何爲有此事？」盧曰：「某亦不識，但以要地囑論。」因於袖中出文，乃仇士良書也。太尉歸戒閽者，此人來不要通。後竟坐他罪，出爲峽内郡丞。《唐語林》七。

53 李衛公性簡傲，多獨居。閱覽之勸，即效攻作庛器，其自修琴阮。唯與中書舍人裴璟相見，亦中表也，多訪裴以外事。《唐語林》七。

54 周瞻舉進士，謁李衛公，月餘未得見。閽者曰：「公諱『吉』，君姓中有之。公每見名紙，即顰蹙。」

瞻俟公歸，突出肩輿前，訟曰：「君諱偏傍，則趙壹之後數不至『三』，賈山之家語不言『出』，謝石之子何以立碑？李牧之男豈合書姓？」衛公遂入。論者謂兩失之。《唐語林》七。

55 見裴休14。

56 唐朱崖李太尉與同列款曲，或有徽其所好者，掌武曰：「喜見未聞言、新書策。」《北夢瑣言》四。又《廣記》二〇一引。《唐詩紀事》六六。

57 贊皇公博物好奇，尤善語古今異事。當鎮蜀時，賓佐宣吐，亹亹不知倦焉，乃謂〔韋〕絢曰：「能題而紀之，亦足以資於聞見。」絢遂操觚録之，號爲《戎幕閒談》。《戎幕閒談》（張本《説郛》七。陶本《説郛》四六）。

58 予太和初，從事浙西贊皇公幕中，嘗因與曲宴。中夜，公語及國朝詞人優劣，云世人言「靈芝無根，醴泉無源」，張曲江著詞也。蓋取虞翻《與弟求婚書》，徒以芝草爲靈芝耳。予後偶得《虞翻集》，果如公言。《酉陽雜俎》續集四。

59 公又説道書中言麞鹿無魂，故可食。《酉陽雜俎》續集八。

60 衛公言鵝警鬼，鵁鶄厭火，孔雀辟惡。《酉陽雜俎》續集八。《續博物志》二。

61 衛公言：金錢花損眼。《酉陽雜俎》續集九。《續博物志》六。

62 衛公言：石榴甜者謂之天漿，能已乳石毒。《酉陽雜俎》續集九。

63 李德裕在中書，常飲常州惠山井泉，自毘陵至京置遞鋪。有僧人詣謁。德裕好奇，凡有遊其門者，雖布素皆接引。僧白德裕曰：「相公在位，昆蟲遂性，萬彙得所。水遞事，亦日月之薄蝕，微僧竊有惑也，敢以上謁，欲沮此可乎？」德裕頷之曰：「大凡爲人，未有無嗜慾者，至於燒汞，亦是所短。況三惑博塞、弋、弈之事，弟子悉無所染，而和尚不許弟子飲水，無乃虐乎！爲上人停之，即三惑馳騁，怠慢必生焉。」僧人曰：「貧道所謁相公者，爲足下通常州水脈。京都一眼井，與惠山寺泉脈相通。」德裕大笑曰：「真荒唐也。」僧曰：「相公但取此井水。」曰：「井在何坊曲？」曰：「在昊天觀常住庫後是也。」德裕以惠山一罌，昊天一罌，雜以八瓶一類，都十瓶，暗記出處，遺僧辨析。僧因啜嘗，取惠山寺與昊天，餘八瓶乃同味。德裕大奇之。當時停其水遞，人不告勞，浮議弭焉。《芝田録》（《廣記》三九九）。《玉泉子》。

64 李衛公性簡儉，不好聲妓，往往經旬不飲酒，但好奇功名。在中書，不飲京城水，茶湯悉用常州惠山泉，時謂之「水遞」。有相知僧允躬白公曰：「公跡並伊、皋，但有末節尚損盛德。萬里汲水，無乃勞乎？」公曰：「大凡末世淺俗，安有不嗜不慾者？捨此即物外世網，豈可縈繫？然弟子於世，無常人嗜慾：不求貨殖，不邇聲色，無長夜之歡，未嘗大醉。和尚又不許飲水，無乃虐乎？若敬從上人之命，即止水後，誅求聚斂，廣畜姬侍，坐於鐘鼓之間，使家敗而身疾，又如之何？」允躬曰：「公不曉此意。公博識多聞，止知常州有惠山寺，不知脚下有惠山寺井泉。」公曰：「何也？」曰：「公見極南物極北有，即此義也。蘇州所産，與汧、雍同；隴豈無吴縣耶？所出蒲魚菰鼈既同，彼人又能效蘇之織紝，其他不可徧舉。京中昊天觀廚後井，俗傳與惠山泉脈相通。」因取諸流水，與昊天水、惠山水稱量，唯惠山與昊天等。公遂罷取惠山水。《唐語林》七。《芝田録》（《類説》一一）。

65 古者五行官守皆不失其職，聲香色味俱能別之。贊皇公李德裕，博達之士也，居廊廟日，有親知奉使于京口，李曰：「還日，金山下揚子江中冷水與取一壺來。」其人舉棹日醉而忘之，泛舟上石城下，方憶及，汲一瓶於江中，歸京獻之。李公飲後歎訝非常，曰：「江表水味有異於頃歲矣。此水頗似建業石城下水。」其人謝過，不敢隱也。有親知授舒州牧，李謂之曰：「到彼郡日，天柱峯茶可惠三數角。」其人獻之數十斤，李不受，退還。明年罷郡，用意精求，獲數角投之。贊皇閱之而受，曰：「此茶可消酒肉毒。」乃命烹一甌，沃於肉食，以銀合閉之，詰旦開視，其肉已化爲水矣。衆服其廣識也。《中朝故事》。又《廣記》三九九、四一二引。《五色線》下引。《玉泉子》。《開城録》（陶本《説郛》二三）。

66 武宗朝宰相李德裕奢侈極，每食一杯羹，費錢約三萬，雜寶貝、珠玉、雄黄、朱砂，煎汁爲之。過三煎，即棄其滓於溝中。《獨異志》下。又《雲仙雜記》九、《廣記》二三七引。

67 朱崖李相國德裕宅，在安邑坊東南隅，桑道茂謂爲玉椀。舍宇不甚宏侈，而制度奇巧。其間怪石古松，儼若圖畫。在文宗武宗朝，方秉相權，威勢與恩澤無比。每好搜掇殊異，朝野歸附者多求寶玩獻之。嘗因暇日休澣，邀同列宰相及朝士宴語。時畏景赫曦，咸有鬱蒸之病，軒蓋候門，已及亭午，搢紳名士交扇不暇，將期憩息於清涼之所。既而延入小齋，不甚高敞，四壁施設皆古書名畫，而炎爍之患未已。及列坐開樽，煩暑都盡，良久覺清飆爽氣，凛若高秋。備設酒肴，及昏而罷。出户則火雲烈日，熇然焦灼。有好事者求親信問之，云此日唯以金盆貯水，漬白龍皮，置於座末。龍皮有新羅僧得自海中，云海旁有居者，得之於魚尾。其初以爲鱗介之屬，曾有老人見而識之。僧知相國好奇，因以金帛贖之而獻。又煖金帶、辟塵簪，皆希代之寶。及南遷，悉爲惡溪沉溺。使崑崙没水求之，在鰐魚穴，不能取。平泉莊去洛城三十里，卉木臺榭，若造仙府。有虛檻，前引泉水，縈迴穿鑿，像巴峽洞庭十二峯九派迄于海門江山景物之狀。竹間行徑有平石，以手摩之，皆隱隱見雲霞龍鳳草樹之形。有巨魚脇骨一條，長二丈五尺。其上刻云：「會昌六年海州送到。」莊東南隅，即徵士韋楚老拾遺別墅，楚老風韻高致。雅好山水，相國居廊廟日。以白衣累擢諫署。後歸平泉，造門訪之。楚老避于山谷。相國題詩云：「昔日徵黄詔，余慙在鳳池。今來招隱士，恨不見瓊枝。」《劇談録》下。又《廣記》四〇五引。《唐語林》七。

68 初，德裕之營平泉也，遠方之人多以土産異物奉之，故數年之間無物不有。時文人有題平泉詩者：「隴右諸侯供語鳥，日南太守送花錢。」威勢之使人也。《劇談録》《廣記》四〇五。

69 李贊皇平上黨，破回鶻，自矜其功，平泉莊置構思亭、伐叛亭。《賈氏談録》。《唐語林》四。

70 李德裕平泉莊，臺榭百餘所，天下奇花異草、珍松怪石，靡不畢具。自製《平泉花木記》。今悉以絶矣。唯雁翅檜、葉婆娑如鴻雁之翅。珠子柏、柏實皆如珠子，聯生葉上。蓮房玉蘂等，猶有存者。怪石爲洛陽有力者取去，石上皆刻「有道」二字。《賈氏談録》。《唐語林》七。

71 李德裕平泉莊，怪石名品甚衆。各爲洛陽城有力者取去。禮星石、其石縱廣一丈，厚丈餘，有文理，成斗極象。獅子石石高三四尺，孔竅千萬，遞相通貫。其狀如獅子，首尾眼鼻皆具。爲陶學士徙置梁園別墅。《賈氏談録》。《唐語林》七。

72 平泉石出自關中，考之李德裕《平泉莊記》，草木花石之美，其石産水中，每獲一奇，皆鐫「有道」二字。頃予於潁昌杜欽益家賞一石，雙峯高下，有徑道挺然，長數寸許，無嵌空岩竇勢。其質不露圭角，磨礱光潤而青堅，於石罅中鐫「有道」二字，扣之有聲。《雲林石譜》(張本《説郛》一六)。

73 贊皇好石，有《謝臨海守寄石》詩云：「聞君採奇石，剪斷赤城霞。」牛奇章亦好石，洛中闢地多得之，刻文可辨。《詩説雋永》（《苕溪漁隱叢話》後集一二）。

74 李德裕於平泉别墅采天下珍木怪石爲園池之玩。有醒酒石，德裕尤所寶惜，醉即踞之。《唐餘録》（《古今事文類聚》前集一四）。《鷄跖集》（《錦繡萬花谷》前集三五）。

75 河南長壽殿南有婆羅亭，貯奇石處，世傳李德裕醒酒石，以水沃之，有草木自然之狀。今謂沙羅，蓋以樹石。《河南志》（《白孔六帖》五）。

76 平泉醒酒石，昔爲玉清昭應宫所取，昭應焚蕩，仁廟裂其地賜濮、潞、潭、越、韓、冀六王。冀王之子丹陽郡王守節得其園地，發土得巧石，前後幾萬塊，多奇偉驚人，醒酒石居其一。上有文饒刻字，云：「韞玉抱清輝，閒庭日瀟洒。塊然天地間，自是孤生者。長慶癸卯歲二月景戌題。」紹聖中，有旨輦其石歸禁中，築月臺。後丹陽裔孫密訪醒酒所在，云今置宣和殿中矣。見張右丞《漁陽公石譜》（張本《説郛》一六）。《澹岩集》。

77 見牛僧孺22。

78 李德裕《平泉山居戒子孫記》曰：「鬻平泉者，非吾子孫也。以平泉一樹一石與人者，非佳子弟也。」《古今事文類聚》前集一四。《鷄跖集》（《紺珠集》一二）。

79 見裴潾2。

80 李德裕自金陵追入朝，且欲大用，慮爲人所先，且欲急行，至平泉别墅，一夕秉燭周遊，不暇久留。及南貶，有甘露寺僧允躬者記其行事，空言無行實，盡仇怨假託爲之。《唐語林》七。

81 李德裕凡製文章，動行於世，或有不知者，謂爲古人焉。《海録碎事》一八。

82 故太尉李德裕鎮渚宫，嘗謂賓侶曰：「余偶欲遥賦《巫山神女》一詩，下句云『自從一夢高唐後，可是無人勝楚王。』晝夢宵征巫山，似欲降者，如何？」段記室成式曰：「屈平流放湘沅，椒蘭友而不争，卒葬江魚之腹，爲曠代之悲。宋玉則招屈之魂，明君之失，恐禍及身，遂假高唐之夢以惑襄王，非真夢也。我公作神女之詩，思神女之會，唯慮成夢，亦恐非真。」李公退慙，其文不編集於卷也。《雲溪友議》上。

83 《望江南》，始自朱崖李太尉鎮浙西日爲亡妓謝秋娘所撰。本名《謝秋娘》，後進入教坊，遂改名。亦曰《夢江南》。《樂府雜録》。又《御覽》五六八引。《西溪叢語》下。

84 李衛公蓄硯至多，其絶妙者曰「結鄰」，言與結緑爲鄰也。《白孔六帖》一四。《海録碎事》一九。《記纂淵海》八二。

85 燉煌公李太尉德裕，一旦有老叟詣門，引五六輩舁巨木請謁焉，閽者不能拒之。公異而見之，叟曰：「某家藏此桑寶三世矣，某已耄矣，感公之好奇搜異，是以獻爾。木中有奇寶，若能者斲之，必有所得。洛邑有匠，計其年齒且老，或身已殁，子孫亦當得其旨訣，非洛匠無能斲之者也。」公如其言，訪於洛下。匠已殂矣，其子應召而來，睨而視之，曰：「此可徐而斲之矣。」因解爲二琵琶槽，自然有白鴿，羽翼爪足，巨細畢備。匠料之微失，厚薄不中，一鴿少其翼。公以形羽全者進之，自留其一，今猶在民間。水部員外盧延讓見太尉之孫，道其事。《録異記》二。又《廣記》二三二引。

86 李文饒家藏會昌所賜大同簟，其體白竹也，鬭磨平密，了無罅隙，但如一度膩玉耳。《清異録》下。

87 贊皇公李德裕著《花木録》。《花木録》（《類説》一三）。

88 宣平太傅相國盧公應舉時，寄居壽州安豐縣别墅。嘗遊芍陂，見里人負薪者持碧蓮花一朵，已傷器刃矣，云陂中得之。盧公後從事浙西，因使淮服，話於太尉衛公，公令搜訪芍陂，則無有矣。又徧尋於江渚間，亦終不能得。乃知向者一朵蓋神異耳。《尚書故實》。又《廣記》四〇九引。《玉泉子》。

89　李贊皇云：花木以海爲名者，悉從海外來。《海棠记》（《類説》七）。《澄懷録》（陶本《説郛》二三）。

90　衛公言：三鬣松與孔雀松別。又云：欲松不長，以石抵其直下根，便偃，不必千年方偃。《酉陽雜俎》續集九。又《廣記》四〇六引。

91　衛公畫得峽中異蝶，翅闊四寸餘，深褐色，每翅上有二金眼。《酉陽雜俎》續集八。

92　門狀：文宗朝以前無之。自朱崖李相貴盛于武宗朝，且近代稀有生一品，百官無以希取其意，以爲舊刺輕，刺則今之名紙。相扇留具銜候起居狀。而今又益競以善價紙，如出印之字，巧諂曲媚，猶有未臻之遺恨。《資暇集》下。《劉馮事始》（《紺珠集》一一、陶本《説郛》二六）。《續事始》（張本《説郛》一〇）。《唐語林》八。

93　見李德脩1。

94　咸通九年正月，始以李贊皇孫延古起家爲集賢校理。《南部新書》乙。

# 李德脩

1　加贈故楚州刺史、尚書工部侍郎李德修禮部尚書。德修，憲宗朝宰相吉甫長子也。吉甫薨，太常謚曰簡。度支郎中張仲方以憲宗好用兵，吉甫居輔弼之任，不得謂之簡。仲方貶開州司馬。寶曆中，仲方徵諫議大夫，德修不欲同立朝，連牧舒、湖、楚三州。時吉甫少子德裕任荆南節度使、檢校司徒平章事。

上即位，普恩，德裕當追贈祖父，乞迴贈其兄，故有是命。《東觀奏記》上。《唐語林》七。

## 李紳

1 李相公紳督大梁日，聞鎮海軍進健卒四人，一曰富蒼龍，二曰沈萬石，三曰馮五千，四曰錢子濤，悉能拔橛角觝之戲。既至，果然趫徑也。翌日，於毬場内犒勞，以駕車老牛筋皮爲炙瘤魁之臠，魁，酒罇也，盛一斗二升，多以柏槐榴爲之，或銅鑄也。坐四輩於地茵，大柈，令食之。萬石等三人視炙堅麤，莫敢就食。獨五千瞋目張口，兩手捧炙，如虎啖肉。丞相曰：「真壯士也！可以撲殺西域健胡。」又令試於觝戲，蒼龍等亦不利，獨五千勝之。十萬之衆，爲之披靡。於是獨進五千，蒼龍等退還本道。語曰：「壯兒過大梁，如上龍門也。」大梁城北門常扃鐍不開，開必有事。公命開之，騾子營騷動，軍府乃悉誅之，自此平泰也。李公既治淮南，決吴湘之獄，而持法清峻，犯者無宥，有嚴、張之風也。狡吏奸豪，潛形叠跡。然出於獨見，寮佐莫敢言之。李元將評事及弟仲將，僑寓江都。李公羈旅之年，每止於元將之館，而叔呼焉。榮達之後，元將稱弟稱姪，皆不悦也，及爲孫子，方似相容。又有崔巡官者，昔居鄭圃也，與丞相同年之舊，特遠來謁，纔到客舍，不意家僕與市人有競，詰其所以，僕人曰：「宣州館驛崔巡官。」下其僕、市人皆抵極法。令捕崔至，曰：「昔嘗識君，到此何不相見也。」崔生叩頭謝曰：「適憩旋舍，日已遲晚。相公尊重，非時不敢具陳卑禮。伏希哀憐，獲歸鄉里。」遂縻留服罪，笞股二十，送過秣陵，貌若死灰，莫敢慟哭。時人相謂曰：「李公宗叔翻爲孫子，故人忽作流囚。」邑客黎人，懼罹不測之禍，渡江過淮者衆矣。主吏啓曰：

「户口逃亡不少。」丞相曰：「汝不見淘麥乎？秀者在下，糠粃隨流。隨流者，不必報來。」自此一言，竟無踰境者也。又忽有少年，勢似疏簡，自云：「辛氏郎君來謁。」丞相於晤對之間，未甚周至。懸車白尚書先寄元相公詩曰：「悶勸迂辛酒，閒吟短李詩。」且曰：「辛大丘度，性迂嗜酒；李二十紳，短而能詩。」辛氏郎君，即丘度之子也，謂李公曰：「小子每憶白廿二丈詩曰：『悶勸疇昔酒，閒吟廿丈詩。』」李公笑曰：「辛大有此狂兒，吾敢不存舊矣。」凡是官族，相快辛氏子之能忤誕，丞相之受侮，剛腸暫屈乎！有一曹官到任，儀質頗似府公，府公見而惡之，書其狀曰：「着青把笏，也請料錢。覩此形骸，足可傷嘆。」左右皆竊笑焉。又有宿將有過，請罰，且云：「臭老兵，倚恃年老，而刑不加，若在軍門，一百也決。」竟不免其檟楚。凡所書判，或是卒然，故趨事皆驚神破膽矣。初，李公赴薦，常以《古風》求知，吕光化温謂齊員外煦及弟恭曰：「吾觀李二十秀才之文，斯人必爲卿相。」果如其言。詩曰：「春種一粒粟，秋收萬顆子。四海無閒田，農夫猶餓死。」「鋤禾日當午，汗滴禾中土。誰知盤中飡，粒粒皆辛苦！」先是元相公廉察江東之日，修龜山寺魚池，以爲放生之銘，戒其僧曰：「勸汝諸僧好護持，不須垂釣引青絲。雲山莫厭看經坐，便是浮生得道時。」李公到鎮，遊于野寺，覩元公之詩而笑曰：「僧有漁罟之事，必投於鏡湖。」後有犯者，堅而不恕焉。復爲二絶而示之，云：「剃髮多緣是代耕，好聞人死惡人生。祇園説法無高下，爾輩何勞尚世情。」「汲水添池活白蓮，十千鬐鬛盡生天。凡庸不識慈悲意，自葬江魚入九泉。」忽有老僧詣謁，願以因果喻之。丞相問：「阿師從何處來？」答云：「貧道從來處來。」遂決二十，曰：「任從去處去。」至如浮薄賓客，莫敢候門。三教所來，俱有區別。海内服其才俊，終于相者也。初貧，遊無錫惠山寺，累以佛經爲文藁，致主藏僧毆打，終身所憾焉。後之剡川天宮精舍，憑笈而晝寢，有老僧齋罷，見一大虵上剎前李樹，食其子焉，恐其遺毒而人誤食之，徐徐驅下，虵乃望東序而去，遂入李秀才懷中，倏而不見矣，公乃驚覺。老僧曰：「秀才睡中有所覩否？」李公曰：「夢中上李樹食李，甚美。似有一僧相逼。及寤，乃見上人。」老僧知此客非常，延歸本院，經數年而辭赴舉。將行，減以衣鉢之資，酷喻之曰：「郎君身必貴矣。然勿以僧之尤過，貽於禍難。」及領會稽，僧有犯者，事無巨細，皆至極刑。唯憶無錫之時也，遂更剡川爲龍宮寺額。嗟老僧之已逝，爲其營塔立碑，平生之修建，只於龍宮一寺矣。雲溪子曰：蕭相國立殊勳，方明昴宿；前漢史謂：酇侯，昴星之精爾。杜元凱因醉吐，始見虵形。則李公食李於龍宮，其不謬矣。《雲溪友議》上。又《廣記》二六九引。《唐語林》四。《唐詩紀事》三九。

2　李紳自以久官不至顯用，內不自得，作《五知先生傳》，曰知時、知難、知命、知退、知足，以見志云。《海録碎事》九下。

3　開成中，李紳爲汴州節度使，上言於本州置利潤樓店，從之。與下争利，非長人者所宜。《南部新書》壬。

4　新昌李相紳性暴不禮士。鎮宣武，有士人遇於中道，避不及，爲前騶所拘。紳鞫之，乃宗室。答曰：「勤政樓前，尚容緩步；開封橋上，不許徐行。汴州豈大於帝都，尚書未尊於天子。」公失色，使去。《侯鯖録》六。《唐語林》六。

5　見張又新2。

6 李趙公紳再鎮廣陵，甯傪猶幕江淮。傪永貞二年相公權德輿門生，洎武宗朝，踰四十載，趙國雖事威嚴，而亦以傪宿老敬之。傪列筵以迎府公，公不拒焉。既而出家樂侑之，伶人趙萬金前獻口號以譏之曰：「相公經文復經武，常侍好今兼好古。昔日曾聞阿舞婆，如今親見阿婆舞。」趙公矖然久之。《金華子》上。又《紺珠集》一〇引。案：甯傪，《紺珠集》作鄭傪。趙萬金，《紺珠集》作孫子多。

7 李紳在維揚日，有舉子訴揚子江舟子不渡，恐失試期。紳判云：「昔在風塵，曾遭此輩。今之多幸，得以相逢。合拋付揚子江。」其苛急也如此。後因科蛤，爲屬邑令所抗云：「奉命取蛤，且非其時，嚴冬沍寒，滴水成凍。若生于淺水，則猶可涉脛而求；既處于深潭，非没身而不敢。貴賤則異，性命不殊。」紳大慙而止。《南部新書》丁。

8 舊説李紳相鎮淮海，奏薦副使章服，累表不允。有一舉人候謁，紳相知其文詞，請撰一表。其略云：「當道地管八州，軍雄千乘，副使著録，不稱其宜。」相國大喜。果以此章而獲恩命也。《北夢瑣言》五。

9、10 見章孝標2、3。

11 見張祜9。

12 唐李紳性剛直，在中書與李衛公相善，爲朋黨者切齒。鎮淮海日，吴湘爲江都尉，時有零落衣冠顔氏女寄寓廣陵，有容色，相國欲納之，吴湘强委禽焉。於是大怒，因其婚娶聘財甚豐，乃羅織執勘，准其俸料之外，有陳設之具，坐贓，奏而殺之，懲無禮也。宣宗初在民間，備知其屈，登極後，與二李不叶者導而進狀訴冤，衛公以此出官朱厓。路由澧州，謂寄寓朝士曰：「李二十誤我也。」馬植曾爲衛公所忌，出爲外任，吴湘之事，鞫於憲臺，扶風時爲中憲，得行其志焉。吴湘乃澧州人，顔蕘歸澧陽，孀獨而終。舊説浙東理難，十分公事，紳相曉得五六，唯劉漢弘曉得七分，其他廉使及三四而已。蓋公之才已難得也。《北夢瑣言》六。　案：《唐史餘瀋》三有考辨。

13 李紳爲相時，俗尚輕綃染蘸碧爲婦人衣，紳自爲小君裁剪。《鳳池編》（《雲仙雜記》四）。

14 大曆癸丑歲，顔魯公真卿領郡。相國李紳父爲烏程宰，紳未朞歲，乳病暴作而不啼，不鑒者七辰。召〔僧大〕光至，命乳母洗滌焚香，乃朗諷經《分别功德品》。遂超席而坐，拱手開眸，光授飲杯水，令强乳哺之，疾乃徐愈。光笑而謂曰：「汝何顧返之遄速乎？」因以光名易紳小字。貞元中，紳重遊霅上，泊舟之次，光早遲竚于溪側，而笑言戲撫之，若稚孺焉。後紳刺于吴興，飲醉于館，光引宿於道場。夜分將醒，白光滿室，朗然若晝，往覘光公宴坐，梵音方作。光起面門如開，毫相經音向息，光色隨斂。紳歸京相辭，光曰：「汝得徑山之言，吾則無以爲諭。行矣自愛，去留有時。他日位處廟堂，以教法爲外護乎？」……光一納四十歲無浣濯，而戒香鬱然。一飯七十載，徵驗絶多。故相李公紳素於空門寡信，頗規僧過，而敦重光公，自著碑題云「墨詔持經大德神異碑銘，布衣楊夔書」云。《宋高僧傳》二四。

15 釋崇演，姓段氏，東平人也。出家于本州龍興寺慧超法師之門。遊方問道，見嵩陽善寂禪師，示其心法。後居都梁山，當于淮浦，四面來商毳客影附焉。相國李公紳鎮撫廣陵，而性剛嚴，少所接與，偏輕釋子。或允相見，必問難鋒起，祇應不供者，多咄叱而出。紳遣衙吏章幼成傳意召演入府，詶對詣理，談論鏗然。紳惘然，翻不測其畛域，特加歸信，請居慧照寺化導。同聲相應，僅于千衆。開成二年，終于浄院，春秋八十四。以十月二十三日全身入塔云。《宋高僧傳》一一。

## 李回

1 李相公回，以舊名躔，累舉未捷。嘗之洛橋，有二術士，一者筮，一者能龜。乃先訪筮者，曰：「某欲改名赴舉，如之何？」筮者曰：「改名其善乎！不改終不成事也。」又訪龜者鄒生，生曰：「君子此行，慎勿易名，名將遠布矣。然則成遂之後，二十年間，名字終當改矣。今則已應玄象，異時方測余言。」將行，又戒之曰：「郎君必策榮名，後當重任。接誘後來，勿以白衣爲隟，他年必爲深釁矣。」淮南從事力薦畢丞相諴，後又舉趙渭南嘏。李公長慶二年及第。至武宗登極，與上同名，始改爲回。從辛丑至庚申，二十年矣。乃曰：「筮短龜長，鄒生之言中矣。」李公即爲丞郎，永興魏相公暮爲給事，因省會，謂李公曰：「昔求府解，侍郎爲試官，送一百二人，獨小生不蒙一解，今日還忝金璋，厠諸公之列也。」合坐皆驚此説，欲其遜容。李公曰：「如今脱却紫衫稱魏秀才，僕爲試官，依前不送公，公何得以舊事相讓耳？」李乃尋秉獨坐之權，三臺肅畏，而昇相府，至今少臺官之直拜也。後三五年間，魏公亦自同州入相，實繼文貞之諫，宣皇之代，而致清平。乃李丞相有九江之出，跋涉江湖，喟然嘆曰：「洛橋先生之誡，吾自取尤，然亦命之故牽也！」《雲溪友議》下。又《廣記》二一七引。《唐語林》七。

2 丞相隴西公之秉鈞衡也，以特達自負。魚服民間時，嘗旅遊覃懷，寓王氏別墅忘其名。王氏先世薄宦，子孫以力稼自贍，殺雞炊黍，以備日餉。汧相德之。及佐佑大化，王氏子賫逾限官〔牒〕來謁。蹇驢村僕，不得與鳴珂武衛者較進，則隱於執金撾坎舍，伺板輿出，拜於道左。汧相久之方省，曰：「故人也。」遂芻餼之。逾旬，以前銜除大理寺評事，且禎吉鈿軸于天官氏面授之。前制：獄寺有新涖官者，必寺寮舊委，微此，則在朝五品以上清資官爲識。蓋國家慎刑讞也。王氏子罷耕客長安，寺官既不友其僚，朝客又皆昧其面，往不克涖，復謁相門。機務方繁積於外，無肯爲道其姓氏者。既不果謁，候坎舍如前，步輦始過，則鼂趨以進，具道前事。相君問曰：「有狀乎？」對曰：「無。」又曰：「有紙乎？」亦曰：「無。」「襟袖何貯？」則遽探軸以進。丞相舁中嘗置毫硯，遂擁百騎批綾紙曰：「中書侍郎兼禮部尚書平章事李回識。」仍語廷評曰：「寄謝棘寺諸曹長，此亦五品以上清資朝官也。」時議許以特達稱。《闕史》上。《唐語林》四。

3　會昌中，王師討昭義，久未成功。賊之游兵往往散出山下，剽掠邢、洛、懷、孟。又發輕卒數千，僞爲羣羊，散漫山谷，以啗官軍。官軍自遠見之，乃分頭掩捕，因不成列，且無備焉，於是短兵接鬬，蹂踐相乘，凡數十里，王師大敗。是月，東都及境上諸州聞之大震，咸加備戒嚴，都統王宰、石雄等，皆堅壁自守。武宗坐朝不怡，召宰臣李德裕等謂之曰：「王宰、石雄不與朕殺賊，頻遣中使促之，尚聞逗撓依違，豈可使賊黨坐至東都耶？卿今日可爲朕晚歸，別與制置軍前事宜奏來。」時宰相陳夷行、鄭肅拱默聽命。德裕歸中書，即召御史中丞李回，具言上意，曰：「中丞必一行，責戎帥早見成功，慎無違也。」回刻時受命。於是具名以聞曰：「今欲以御史中丞李回爲催陣使。」帝曰：「可。」即日，李自銀臺戒路，有邸吏五十導從。至於河中，緩轡以進，俟王宰等至河中界迎候，乃行。二帥至翼城東，道左執兵，如外府列校迎候儀。

回立馬，受起居寒温之禮。二帥復前進數步，罄折致詞，回掉鞭，亦不甚顧之。禮成，二帥旁行，俛首俟命。回於馬上厲聲曰：「今日當直令史安在？」羣吏躍馬聽命。回曰：「責破賊限狀來。」二帥鞠躬流汗，而請以六十日破賊，過約，請行軍中令。於是二帥大懼，率親軍而鼓之，士卒齊進，凡五十八日，攻拔潞城，梟劉稹首以獻。功成，回復命。後六十日，由御史中丞拜中書侍郎平章事。《芝田録》(《廣記》四九八)。《玉泉子》。《侯鯖録》七。

4 見魏謩3。

5 海棠樓，李回所建，以會僚佐議事，裴坦爲之記。《成都古今記》(張本《説郛》四、陶本《説郛》六二)。

## 杜悰

1 杜邠公悰爲小兒時，嘗至昭應縣，與羣兒戲於野。忽有一道士，獨愛悰，以手摩挲曰：「郎君勤讀書，勿與諸兒戲。」指其觀曰：「吾居此，頗能相訪否？」既去，悰即詣之，但見荒凉，他無所有，獨一殿巋然存焉，内有老君像。初，道士半面紫黑色，至是詳觀其像，頗類向者所見之道士，乃半面爲漏雨所淋故也。《玉泉子》。又《廣記》四〇引。

2 見李宣古1。

3 杜豳公喪公主，進狀請落駙馬都尉，云：「臣每見官銜有『駙馬』字，悽感難勝。」《唐語林》四。

4 武宗數幸教坊作樂，優倡雜進。酒酣，作技諧謔，如民間宴席，上甚悦。諫官奏疏，乃不復出，遂召優倡入，敕内人習之。宦者請令揚州選擇妓女，詔揚州監軍取解酒令妓女十人進入。監軍得詔，詣節度使杜悰，請同于營内選擇。悰曰：「監軍自承旨。悰不奉詔書，不可擅預椒房事。」監軍怒，奏之，宦者請並下悰，上曰：「不可。藩方取妓女入宮掖，非禹、湯所爲，斯極細事，豈宜詔大臣。杜悰累朝舊德，深得大體，真宰相也！」及悰入相，中謝，上曰：「昨詔淮南監軍選擇酒令妓女，欲因行幸，舉酒爲歡樂耳。音聲使奏，偶然下命。朕德化未被，而色荒外聞，賴卿不徇苟且；不然，天下將獻納取悦，朕何由得知？報卿忠讜，命卿作相，内懷自賀，如得魏徵。」《唐語林》三。

5 杜悰通貴日久，門下有術士李，失其名。悰待之厚。悰任西川節度使，馬植罷黔中赴闕，至西川，術士一見，謂悰曰：「受相公恩久，思有效答，今有所報矣。黔中馬中丞，非常人也，相公當厚遇之。」悰未之信。術士一日密啓悰曰：「相公將有禍，非馬中丞不能救，〔乞厚結之〕。」悰始驚信。發日，厚幣贈之，仍令吏爲植於都下買宅，生生之計無闕焉。植至闕方〔知〕感悰，不知其旨。尋除光禄卿，報狀至蜀，悰謂術士曰：「貴人至闕，作光禄卿矣。」術士曰：「姑待之。」稍進大理卿，又遷刑部侍郎，充諸道鹽鐵使，悰始驚憂。俄而作相。懿安皇太后崩後，悰，懿安子壻也，忽一日内榜子〔索〕檢責宰相元載故事，植諭旨。翌日，延英上前，萬端營救。植素辨博，能回上意，事遂中寢。《東觀奏記》上。又《通鑑考異》二二引。《前定録》（《廣記》二二二）。《唐語林》六。　案：《通鑑考異》曰：「植會昌中已自黔中入爲大理卿，悰今年（大中二年）二月始爲西川節度使。今不取。」

6 大中初，雲南朝貢及西川質子人數漸多，節度使奏請釐革。有詞人録詔報雲南，雲南詞不遜。詞云：「一人有慶，方當萬國而來朝；四海爲家，豈計十人之有費。」爾後納貢不時，境上騷擾。宣宗崩，命内臣告哀，行及其國，南詔王豐祐已死，子坦綽酋龍繼立，號曰「驃信」，凶很悖慢。謂：「我國亦有喪，朝廷不賜弔問，詔書又賜故王。」於是待使者禮薄，旋又累犯封疆，掠越巂。朝廷以驃信名近廟諱，復無使朝貢，不告國喪，遂絶册立弔祭使。杜悰再入輔，議曰：「雲南向化七十餘年，瀘水之陰，弓弛甲解，諸蠻納職如編甿，撫慰懷來，不勞籌策。悰二十年間再領西蜀，近者費用多於往年，聚蓄不得盈實。今者雖起釁端，未深爲敵，宜化以禮誼。夷狄之君，立名犯上，難爲奏聞，下詔令其改更。縱未行典册，且發使弔祭，以恩信全其國禮。詔清平官已下，諭其君長，名犯廟諱，朝廷未可便行册命，驃信必遣使謝恩，易名獻貢。若不納使臣入國城，即遥陳祭禮，令使臣録文，并賻贈帛以送驃信，具報清平官已下。」乃命左司郎中孟穆爲雲南弔祭宣撫册命使。已報破越巂，攻邛崍關，使臣逗留數月不發。未幾，悰出鎮鳳翔，議多異同，復言未可發使，乃詔西川令遣使示朝旨。爾後連陷城邑，徵兵討逐，朝貢遂絶。《唐語林》二。　案：此條原出《補國史》，《通鑑考異》二二有節引。

7　杜邠公悰暮年耽於燕會。淮海之政，有獄市之譽，聞於上聽，因除崔魏公鉉替悰。上賦長韻詩送鉉，其落句云：「今遣股肱親養治，一方獄市獲來蘇。」淮南左都押衙傅希才聞御製，因習來蘇隊舞以迎候，邠公(悦)〔銜〕之。公自廣陵致仕東洛，揚州軍將因入奏經洛中，以故吏參焉。公問曰：「來蘇健否？」軍將不敢對。公曰：「傅希才也。」對曰：「健。」《金華子》上。又《紺珠集》一〇引。

8　高燕公在秦州，岐陽節度使杜邠公遞囚於界，(邠)〔燕〕公牒轉書云：「當州縣名成紀，郡列隴西，是皇家得姓之邦，非鳳翔流囚之所。」公移書謝之，自是燕公聲價始振。《南部新書》己。

9 太傅邠國公杜悰節度江陵，咸通十四年，黔南廉使秦匡謀以蠻寇大舉，兵力不敵，來奔。既謁見公，公怒其不趨庭，退而使吏讓之曰：「汝，鳳翔一民也，悰兩爲鳳翔節度使，汝今靡認桑梓也。」匡謀報曰：「某雖家世岐下，然少離中土。太傅擁節之日，已忝分符，實不曾趨走台堦。此日況在荆南，若論桑梓，恐非儀也。」悰怒，遣縶之，發函與韋相保衡云：「秦匡謀擅棄城池，不能死王事，請誅之。」韋以悰國之元臣，兼素有舊恩，遂奏請依悰處置。勅既降，悰乃親臨都市監戮。匡謀將就法，謂其子曰：「今日之死，寔冤枉無狀。奈申訴非及，但多燒紙墨，當於泉下理之耳。」行刑，觀者駕肩接踵。揮刃之際，悰大驚，驟得疾，遂輿而返。俄有旋風暴作，飛捲塵埃，直入府署乃散。是夕，獄吏發狂，自呼姓名叱責曰：「吾已惠若錢帛非少，奚復隱吾受用諸物？」舉體自撲而殞。其年六月十三日殺秦匡謀，七月十三日悰乃薨。將歸葬洛陽，爲束身楸函而即路。欲殮之夕，主吏覺函短，憂懼甚。又難於改易，遂厚贈陰陽者，紿杜氏諸子曰：「太傅薨時甚凶，就木之際，若臨近，必有大禍。」諸子信然，於是盡率家人待於别室。及舉尸就殮，楸函果短，遂陷胸折項骨而入焉，無有知者。及抵東洛，長子無逸相次而逝。歲月既久，其事稍聞於世。議者以悰恃權貴，枉刑戮，獲兹報焉。《南楚新聞》（《廣記》一二二）。

10 見孔緯 2。

11 杜邠公飲食洪博，既飽即寢。人有諫非攝生之理，公曰：「君不見布袋盛米，放倒即慢。」《南部新書》己。

12 邠公杜悰，人臣福壽，少有其倫。日常五餐以爲常，或一日之費皆至萬錢，夜間亦是一食。暮年有醫工諂曰：「相公不宜夜食，恐臟腑擁滯以致疾。」琮笑曰：「吾六十年來如此矣，有何患哉？」京西有客見人牧羊徧滿山隴，不知幾千萬口。客詰之：「自何而來？」答曰：「來自鄜夏，供相公食耳。」指顧之際，轉瞬恍然，並無所覩，乃知神靈所授也。《中朝故事》。

13 杜豳公每早食饋飯乾脯。《北夢瑣言》四。又《廣記》二〇一引。《唐詩紀事》六六。

14 杜邠公悰以剜耳匙子爲「鐵了事」。《清異録》下。

15 杜邠公悰位極人臣，富貴無比。嘗與同列言，平生不稱意有三：其一，爲澧州刺史；其二，貶司農卿；其三，自西川移鎮廣陵，舟次瞿塘，左右爲駭浪所驚，呼喚不暇，渴甚，自潑湯茶喫也。鎮荆州日，諸院姊妹多在渚宫寄寓，貧困尤甚，相國未嘗拯濟，至於節臘，一無沾遺。有乘肩輿至衙門詬罵者，亦不省問之。凡蒞方鎮，不理獄訟。在鳳翔泊西川，繫囚畢政，無輕無重，任其殍殕。人有從劍門拾得裹漆器文書，乃成都具獄案牘，略不垂愍。斯又何心哉。未嘗薦賢。時號禿角犀。《北夢瑣言》三。《唐語林》六。《南部新書》己、辛。

16 杜邠公悰，司徒佑之孫，父曰從郁，歷遺補、畿令。悰尚憲宗岐陽公主，累居大鎮，復居廊廟。無他才，未嘗延接寒素，甘食竊位而已。有朝士貽書於悰曰：「公以碩大敦厖之德，生於文明之運，矢厥謨猷，出入隆顯。」極言譏之，文多不録。時人號爲禿角犀。凡蒞藩鎮，未嘗斷獄，繫囚死而不問，宜其責之。《北夢瑣言》一。　案：據新、舊《唐書·杜佑傳》，杜悰之父名式方，從郁乃其叔父也。

17 見歐陽琳1。

## 崔珙

1 開成二年，大尹崔珙判云：「選文求士，自有主司。州府送名，豈合差等？今年不定高下，不鎖試官；既絶猜嫌，暫息浮競。」差功曹盧宗回主試，除文書不堪送外，便以所下文狀爲先後。試雜文後，重差司録侯雲章充試官，竟不列等第。明年，崔珙出鎮徐方，復置等第。《唐摭言》二。

2 崔珙爲東都留守，判尚書省事。中書舍人崔荆爲庶子分務，謁珙，珙不爲見。荆乃求與珙素厚善者使候問之，珙怒不已。他日因酒酣，復詰之，居守益忿曰：「珙誓不與此人相面。且人爲文詞，言語何限，豈可以珙兄弟作假對耶？」荆尤不諭，親族咸憂慄不安。甥族中有穎悟者，採取荆文集詳之，乃掌制日貶崔球爲撫州郡丞云：「夤緣雁序，鼓扇澆風。」荆因爾成疾。《芝田録》（《廣記》二四四）。《玉泉子》。

## 崔璵

1 見趙鷺2。

## 劉沔

1 成式見大理丞鄭復説，淮西用兵時，劉沔爲小將，軍頭頗易之。每捉生踏伏，沔必在數，前後重創，將死數四。後因月黑風甚，又令沔捉生，沔憤激深入，意必死。行十餘里，因坐將睡，忽有人覺之，授以雙燭，曰：「君方大貴，但心存此燭在，無憂也。」沔後拜將，常見燭影在雙旌上，及不復見燭，乃詐疾歸宗。《酉陽雜俎》前集四。

## 石雄

1 石雄，徐州人。初，討劉稹，水次見白鷺，謂衆曰：「使吾射中其目，當成功。」一發如言。帝聞，下詔褒美。《語林》（《天中記》四一）。

2 見李德裕33。

## 盧弘宣

1 李德裕作相日，人獻書帖，德裕得之執翫，頗愛其書。盧弘宣時爲度支郎中，有善書名，召至，出所獲者書帖，令觀之。弘宣持帖，久之不對。德裕曰：「何如？」弘宣有恐悚狀，曰：「是某頃年所臨小王帖。」太尉彌重之。《盧氏雜説》（《廣記》二〇九）。又《類説》四九引。

2 盧尚書弘宣，與弟盧衢州簡辭同在京。一日衢州早出。尚書問：「有何除改？」答曰：「無大除改，惟皮遐叔蜀中刺史。」尚書不知皮是遐叔姓，謂是宗人，低頭久之，曰：「我弭當家，没處得盧皮遐來。」衢州爲辯之，皆大笑。《因話録》四。《唐語林》六。

## 孫　瑴

1　孫侍郎瑴在翰林，父爲太子詹事，分司東都。瑴因春時遊宴歡，忽念温凊，進狀乞省覲。其詞曰：「『陟彼岵兮』，孰不瞻父？『方寸亂矣』，何以事君？」自内廷徑出。時皆稱之。至華陰，拜河南尹。《唐語林》一。

## 王　哲

1　見唐武宗11。

2　王哲，虔州刺史，在平康里，治第西偏。家人掘地拾得一石子，朱書其上，曰「修此不吉」。家人揩拭，轉分明，乃呈哲。哲意家人惰於畚鍤，自磨朱，深若石脈，哲甚惡之。其年哲卒。《酉陽雜俎》續集三。

## 狄惟謙

1　會昌中，北都晉陽縣令狄惟謙，梁公之後，守官清恪，有蒲密之政。撫綏勤卹，不畏强禦。屬州境亢陽，涉歷春夏，數百里水泉農畝無不耗斁枯竭。禱於晉祠者數旬，略無陰曀之兆。時有郭天師者，本并土女巫，少攻符術，多行厭勝之道。有監軍使將至京師，因緣中貴，出入宫掖，其後軍牒告歸，遂以天師爲號。既而亢旱滋甚，闔境莫知所爲，僉言曰：「若得天師一到晉祠，則災旱不足憂矣。」惟謙請於主帥，主帥難之。惟謙曰：「災厲流行，甿庶焦灼，若非天師一救，萬姓恐無聊生。」於是主帥親自爲請，巫者唯而許之。惟謙乃具車輿列幡蓋迎於私室，躬爲控馬。既至祠所，盛設供帳，豐潔飲饌，自旦及昏，磬折於堦庭之下。如此者翌日，語惟謙曰：「我爲爾飛符于上界請雨，已奉天帝之命，必在虔懇至誠，三日雨當足矣。」由是四郊士庶奔走雲集。三夕于兹，曾不降雨。又曰：「此土災沴所興，亦由縣令無德。我爲爾再上天請，七日方合有雨。」惟謙引罪於己，奉之愈恭。俄而又及所期，略無霑霔。郭乃驟索馬入州宅，惟謙拜留曰：「天師已爲萬姓此來，更乞至心祈禱。」於是勃然而怒罵曰：「庸瑣官人，不知道理，天時未肯下雨，留我將復奚爲？」惟謙謝曰：「非敢更煩天師，候明旦排比相送耳。」於是惟謙宿誡左右曰：「我爲巫者所辱，豈可復言爲官？明晨别有指揮，汝等咸須相稟，是非好惡我自當之。」及曉，伺門未開，郭已嚴飾歸騎，常供設肴醴一無所施，坐於皇堂，大恣呵責。惟謙曰：「左道女巫，妖惑日久，當須斃在兹日，焉敢言歸？」叱左右曳於神前鞭背三十，投於潭水。祠後有山高萬千丈，遽令設席焚香，從吏悉皆放還，簪笏立於其上。於是合縣駭愕云：「長官打殺天師。」馳走者紛紜，觀者如堵。是時炎旱累月，爍石流金，晴空萬里，略無纖翳，祠上忽有片雲如車蓋。俄頃漸高，先覆惟謙立所。四郊雲物隨之而合，雷震數聲，甘澤大澍，焦原赤野無不滋潤。於是士庶數千，自山頂擁惟謙而下。州將以杖殺巫者，初亦怒之，既而精誠有感，深加嘆異，與監軍發表上聞。俄有詔書褒獎，賜錢五十萬，寵賜章服。爲絳隰二州刺史，所理咸有政聲。勅書云：「狄惟謙劇邑良才，忠臣華胄。覩此天厲，將瘴下民，當請禱於晉祠，類投巫於鄴縣。曝山椒之畏景，事等焚軀；起天際之油雲，法同翦爪。遂使旱風潛息，甘澤旋流。天心猶鑒於克誠，余志豈忘於褒善。特頒朱紱，俾耀銅章。勿替令名，更昭殊績。」《劇談録》上。又《廣記》三九六引。《唐語林》一。

## 滕邁 滕倪

1 滕倪苦心爲詩，嘉聲早播。遠之吉州，謁宗人邁郎中。吉守以「吾家鮮士，此弟則千里之駒也。」每吟其「白髮不知容相國，也同閒客滿頭生」。又《題鷺鷥障子》云：「映水有深意，見人無懼心。」且曰：「魏文酷陳思之學，潘岳褒正叔之文；貴集一家之芳，安以宗從疏遠矣。」倪既秋試，捧笈告遊，及留詩一首爲別。滕君得之悵然，曰：「此生必不與此子再相見也。」乃祖於大皐之閣，别異常情。倪至秋深，逝於商於之館舍，聞者莫不傷悼焉。倪詩曰：「秋初江上別旌旗，故國無家淚欲垂。千里未知投足處，前程便是聽猿時。誤攻文字身空老，却返樵漁計已遲。羽翼凋零飛不得，丹霄無路接差池。」《雲溪友議》上。又《廣記》四九七引。《唐詩紀事》五九。

## 趙嘏

1 趙渭南嘏嘗有詩曰：「早晚麤酬身事了，水邊歸去一閒人。」果渭南一尉耳。嘏嘗家於浙西，有美姬，嘏甚溺惑。洎計偕，以其母所阻，遂不攜去。會中元爲鶴林之遊，浙帥不知姓名。窺之，遂爲其人奄有。明年嘏及第，因以一絶箴之曰：「寂寞堂前日又曛，陽臺去作不歸雲。當時聞説沙吒利，今日青娥屬使君。」浙帥不自安，遣一介歸之於嘏。嘏時方出關，途次横水驛，見兜舁人馬甚盛，偶訊其左右，對曰：

「浙西尚書差送新及第趙先輩娘子入京。」姬在舁中亦認嘏，嘏下馬揭簾視之，姬抱嘏慟哭而卒，遂葬於横水之陽。《唐摭言》一五。《麗情集》（《類説》二九）。《詩話總龜》前集三八。《唐詩紀事》五六。

2 趙嘏頗有詩名，不拘小節。飲中贈歌者曰：「倚風無處避梁塵，雅唱清歌日日新。來值漢亭花欲盡，一聲留得萬家春。」後因酒失悔過，以詩上歙州守曰：「葉覆清溪灧灧紅，路横秋色馬嘶風。猶攜一榼郡齋酒，傾對青山憶謝公。」《唐賢抒情》（《詩話總龜》前集二三）。

3 見張濆1。

4 見杜牧17。

5 見唐宣宗102。

## 項斯

1 見楊敬之1。

2 始張水部籍爲律格詩，惟朱慶餘親授其旨，沿流而下，有任蕃、陳標、章孝標、司空圖，咸及門焉。寶曆、開成之際，斯尤爲水部所知，故其詩格與之相類。鄭少師薰云：「項斯逢水部，誰道不關情。」斯留别水部詩云：「省中重拜别，兼領故人書。已念此行遠，不應相問疏。子城西並宅，御水北同渠。要取春前到，乘閒候起居。」《唐詩紀事》四九。

## 顧非熊

1　顧非熊，況之子，滑稽好辯，陵轢氣焰子弟，爲衆所怒。非熊既爲所排，在舉場三十年，屈聲聒人耳。（長慶）〔會昌〕中，陳商放榜，上怪無非熊名，詔有司追榜放及第。時天下寒畯，皆知勸矣。詩人劉得仁賀詩曰：「愚爲童稚時，已解念君詩，及得高科晚，須逢聖主知。」《唐摭言》八。又《廣記》一八二引。《唐詩紀事》六三。《唐才子傳》七。

2　進士顧非熊，令狐相國楚聞其辨捷，乃改一字令曰：「水裏取一鼉，岸上取一駝，將這駝來馱這鼉，是爲駝馱鼉。」非熊曰：「屋頭取一鴿，水中取一蛤，將這鴿來合這蛤，是爲鴿合蛤。」公大奇之。《紀異録》（《類説》一二）。

3　秀才顧非熊言：釣魚當釣其有旋繞者，失其所主，衆鱗不復去，頃刻可盡。《酉陽雜俎》前集一〇。

4～6　見顧況11、15、16。

## 嚴惲

1　嚴惲，字子重，善爲詩。與杜牧友善，皮、陸常愛其篇什。有詩云：「春光冉冉歸何處，更向花前把一杯，盡日問花花不語，爲誰零落爲誰開。」七上不第，卒於吴中。《南部新書》丁。又《詩語總龜》前集三四引。參看《唐詩紀事》六六。

2　見王樞1。

## 任蕃

1 任蕃，會昌間人，家江東，多遊會稽苕、霅間。初亦舉進士之京，不第，牓罷，進謁主司曰：「僕本寒鄉之人，不遠萬里，手遮赤日，步來長安，取一第，榮父母，不得。侍郎豈不聞江東一任蕃，家貧吟苦，忍令其去如來也！敢從此辭，彈琴自娱，學道自樂耳。」主司慚，欲留，不可得。歸江湖，專尚聲調。去遊天台巾子峯，題寺壁間云：「絶頂新秋生夜涼，鶴翻松露滴衣裳。前峯月照一江水，僧在翠微開竹房。」既去百餘里，欲回改作「半江水」，行到題處，他人已改矣。後復有題詩者，亡其姓名，曰：「任蕃題後無人繼，寂寞空山二百年。」才名類是。《唐才子傳》七。

## 繆島雲

1 繆島雲少從浮圖，才力浩大，有李杜之風。其詩尤重奇險，至如：「四五片霞生絶壁，兩三行雁過疏松。」復曰：「抛芥子降顛狒狒，折楊枝灑醉猩猩。」《廬山瀑布》曰：「白鳥遠行樹，玉虹孤飲潭。」皆敻出前輩。開成中，常遊豫章。武宗朝准敕反初，名甚喧然。《唐摭言》一〇。《唐詩紀事》六五。

## 萬彤雲

1 萬彤雲爲白太傅所知。後遊梓州，累爲閽人艱阻，爲詩以獻盧尚書弘宣，范陽公怒閽者，而禮萬生焉。詩曰：「荷衣拭淚幾回穿，欲謁朱門抵上天。不是尚書輕下客，山家無物與王權。」《雲溪友議》下。

## 薛宜僚

1 薛宜僚，會昌中爲左庶子，充新羅册禮使。青州泛海船，船阻惡風雨，至登州却漂回。淹泊青州郵傳一年，節度使烏漢貞尤加待遇。有席中飲妓東美者，薛頗多情，連帥置於驛中。薛發日，祖筵嗚咽流涕，東美亦然。乃於席中留二詩曰：「經年郵驛許安棲，此會他鄉别恨迷。今日海帆飄萬里，不堪腸斷對含啼。」「阿母桃芳方似錦，王孫草長正如烟。行雲行雨今辭夢，惆悵歡情却一年。」薛到國，未行册禮，旌節曉夕有聲。旋染疾，謂判官苗用曰：「東美何頻在夢中乎？」數日致卒。苗攝大使行禮。旅櫬回青州，東美乃請假至驛，素服致奠哀號，拊柩一慟而卒。情緣相感，頗爲奇事。《唐賢抒情》（《詩話總龜》前集二三）。《抒情集》（《廣記》二七四）。《抒情録》（陶本《説郛》一二三）。《南部新書》庚。《唐詩紀事》四八。

## 李宣古

1 故荆州杜司空悰，自忠武軍節度使出澧陽。宏詞李宣古者李生，會昌三年王起侍郎下上第。數陪遊宴，每謔戲於其座，或以鉛粉傅其面，或以輕綃爲其衣。侮慢既深，杜公不能容忍，使卧宣古於泥中，欲辱之檟楚也。長林公主聞之，不待穿履，奔出而救之，曰：「尚書不念諸子學，又擬陪李秀才硯席。豈有飲筵而舉人細過？待士如此，異時那得平陽之譽乎？」遂遣人扶起李秀才，於東院以香水沐浴，更以新衣，却赴中座。貴主傳旨京兆公，請爲詩，冀彌縫也。李生得韻書之，不勞思忖也。詩曰：得高字。「紅燈初上月輪高，照見堂前萬朵桃。觱栗調清銀字管，琵琶聲亮紫檀槽。能歌姹女顔如玉，解飲蕭郎眼似刀。争奈夜深抛耍令，舞來按去使人勞。」杜公賞詩，貺物十箱，希無愧於一醉也。後二子裔休、孺休，皆以進士登科。人謂之曰：「非其母賢，不成其子。」時澧州宴席，米糺崔雲娘者，形貌瘦瘠，而戲調罰於衆賓，兼恃歌聲，自以爲郢人之妙也。李生乃當筵一詠，遂至鉗口。又杜牧侍郎，罷宣城幕，經陝圻，有録事肥而且巨，而讐其詞，牧爲詩以挫焉。復州陸巖夢《桂州筵上贈胡子女》一詩，至今懽狎之所，辭吟之篇，無不低顔變色也。《贈崔雲娘》，李宣古：「何事最堪悲？雪娘只首奇。瘦拳抛令急，長嘴出歌遲。只怕肩侵鬢，唯愁骨透皮。不須當户立，頭上有鍾馗。」《贈肥録事》，杜紫微：「盤古當時有遠孫，尚令今日逞家門。一車白土將泥項，十幅紅旗補破裩。瓦官寺裏逢行跡，華岳山前見掌痕。不須啼哭愁難嫁，待與將書報樂坤。」陸君《贈胡子女》：「自道風流不可攀，那堪蹙頞更頽顔。眼睛深却湘江水，鼻孔高於華岳山。舞態固難居掌上，歌聲應不遶梁間。孟陽死後欲千載，猶有佳人覓往還。」《雲溪友議》中。又《廣記》二五六引。《唐詩紀事》五五。　案：《新唐書》卷八三《諸帝公主傳》言代宗女長林公主下嫁沈明，憲宗女岐陽公主下嫁杜悰。

## 譚銖

1 真娘者，吴國之佳人也，時人比於蘇小小，死葬吴宫之側。行客感其華麗，競爲詩題於墓樹，櫛比鱗臻。有舉子譚銖者，吴門秀逸之士也，因書絶句以貽後之來者。覩其題處，經遊之者稍息筆矣。詩曰：「武丘山下塚壘壘，松柏蕭條盡可悲。何事世人偏重色，真娘墓上獨題詩。」《雲溪友議》中。又《廣記》一九九引。《詩話總龜》前集一五。《唐詩紀事》五六。

2 見李超1。

## 盧　肇

1 盧肇初舉，先達或問所來，肇曰：「某袁民也。」或曰：「袁州出舉人耶？」肇曰：「袁州出舉人，亦由沅江出龜甲，九肋者蓋稀矣。」《唐摭言》一二。又《廣記》二五一引。《唐詩紀事》五五。《宜春傳信録》（張本《説郛》三三、陶本《説郛》四四）。

2 盧吉州肇，開成中，就江西解試，爲試官末送。肇有啓謝曰：「巨鼇屓贔，首冠蓬山。」試官謂之曰：「昨某限以人數擠排，雖獲申展，深慙名第奉浼，焉得翻有『首冠蓬山』之謂？」肇曰：「必知明公垂問。大凡頑石處上，巨鼇戴之，豈非『首冠』耶？」一座聞之大笑。《唐摭言》二。又《廣記》二五一引。《唐詩紀事》五五。《宜春傳信録》（張本《説郛》三三、陶本《説郛》四四）。

3 盧肇，袁州宜春人，與同郡黄頗齊名。頗富於產，肇幼貧乏。與頗赴舉，同日遵路，郡牧於離亭餞頗而已。時樂作酒酣，肇策蹇郵亭側而過，出郭十餘里，駐程俟頗爲侶。明年，肇狀元及第而歸，刺史已下接之，大慙恚。會延肇看競渡，於席上賦詩曰：「向道是龍剛不信，果然銜得錦標歸。」錦標，船頭所得。《唐摭言》三。《古今詩話》（《詩話總龜》前集三八）。《唐詩紀事》五五。

4 奇章公納妓曰真珠，有殊色。盧肇至，奇章重其文，延于中寢。會真珠沐髮，方以手捧其髻，插釵于兩鬢間，丞相曰：「何妨一詠。」肇曰：「知道相公憐玉腕，故將纖手整金釵。」《吟窗叙録》(《天中記》一九)。《唐詩紀事》五五。

5、6　見李德裕47、48。

7　見王起7。

8　見王鐐1。

9　夔州游使君符，邀客看花而不飲，至今荆襄花下斟茶者，吟此戲焉。盧子發：「白帝城頭二月時，忍教清醒看花枝。莫言世上無袁許，客子由來是相師。」《雲溪友議》中。

10　盧著作肇爲華州紇干公泉防禦判官，遊仙掌諸峯，歇馬于巨靈廟。忽寐，夢在數間空舍中，見一老嫗於大釜中燃火，盧君詢其所由，曰：「老人是華岳神母也。」又問：「釜中煮者何物？」母曰：「橡子也。」「用此奚爲？」母愀然曰：「食之也。」盧曰：「且兒爲五岳神主，厭於禱祠，母食樹子，豈無奉養之志乎？」母曰：「以神鬼之道，雖有君臣父子，禍福本不相及矣。祈祭之所，不呼名字者，不得饗焉。」盧夢畢，召岳廟祝，別置神母位，常饌出生一分，公宴則闕。在家，忽遺忘之，噦咽而體中不快也。雲谿子曰：親聞范陽所述，故書之。《雲溪友議》上。

11　見姚巖傑1。

12　袁州石，出盧溪水中，色稍青黑，有嵌空嶮怪勢，大者高數尺，鮮有小巧者。唐盧肇隱居草堂，溪水之側，堂前立一大石，高丈餘，三峯九竅，甚奇怪，皆謂盧溪石。《雲林石譜》(張本《説郛》一六。陶本《説郛》九六)。

## 丁稜

1 盧肇、丁稜之及第也，先是放牓訖，則須謁宰相，其導啓詞語，一出牓元者，俯仰疾徐，尤宜精審。時肇首冠，有故不至，次乃稜也。稜口吃，又形體小陋，及引見，則俛而致詞。意本言「稜等登科」，而稜赧然發汗，鞠躬移時，乃曰：「稜等登，稜等登。」竟不發其後語而罷，左右皆笑。翌日，友人戲之曰：「聞君善箏，可得聞乎？」稜曰：「無之。」友人曰：「昨日聞稜等登，稜等登，豈非箏之聲乎？」《玉泉子》。又《廣記》一八二引。《唐語林》七。《唐詩紀事》五五。

## 黄頗

1 見韓愈20。

2 見盧肇3。

3 見王起7。

## 孟宁

1 孟宁，長慶三年，王起放及第，至中書，爲時相所退。其年，太和公主和戎。至會昌三年，起至左揆，再知貢。寧以龍鍾就試而成名。是歲，石雄入塞，公主自西蕃還京。《南部新書》己。《唐詩紀事》五五。案：孟宁，《唐詩紀事》作「孟守」。

## 蒯希逸

1 武公幹常事蒯希逸十餘歲，異常勤幹。洎希逸擢第，幹辭以親在，乞歸就養，公堅留不住。公既嘉其忠孝，以詩送之，略曰：「山險不曾離馬後，酒醒長見在牀前。」時人醵絹贈行，皆有繼和。尋本末未得。《唐摭言》一五。又《廣記》二七五引。《唐詩紀事》五五。

## 易重

1 會昌五年陳商下進士，張濆第一，重次之。後詔白敏中重考，覆落濆等八人，而重居牓首。有詩《寄宜陽兄弟》云：「六年雁序恨分離，詔下今朝遇已知。上國皇風初喜日，御堦恩渥屬身時。内庭再考稱文異，聖主宣名奬藝奇。故里仙才若相問，一春攀得兩重枝。」《唐詩紀事》五二。

## 張濆

1 張濆，會昌五年陳商下狀元及第，翰林覆落濆等八人。趙渭南貽濆詩曰：「莫向春風訴酒杯，謫仙真個是仙才。猶堪與世爲祥瑞，曾到蓬山頂上來。」《唐摭言》一一。又《廣記》一八二引。《古今詩話》《詩話總龜》前集二七。《唐詩紀事》五六。　案：張濆，《舊唐書·武宗紀》、《登科記考》二二引《永樂大典》載《宜春志》引《登科記》作張瀆。

## 陳黯

1 陳黯，東甌人，才思敏速。時年十三，袖卷謁本郡牧，時面上有班瘡，新愈，其痕炳然。郡牧戲之曰：「藻才而花貌，何不詠歌？」黯應聲曰：「瑇瑁寧堪比，班犀詎可加。天嫌未端正，敷面與裝花。」《五代史補》一。

## 黄金生

1 有黄金生者擢進士第，人問：「與頗同房否？」對曰：「别洞。」黄本溪洞豪姓，生故以此對。人雖咍之，亦賞其真實也。《尚書故實》。

## 張睽妻侯氏

1 會昌中，邊將張睽防戍十有餘年，其妻侯氏繡迴文作龜形詩，詣闕進上。詩曰：「睽離已是十秋彊，對鏡那堪重理妝。聞雁幾迴修尺素，見霜先爲製衣裳。開箱疊練先垂淚，拂杵調砧更斷腸。繡作龜形獻天子，願教征客早還鄉。」敕賜絹三百疋，以彰才美。《抒情詩》（《廣記》二七一）。《詩話總龜》前集二三。

## 廉郊

1 貞元中有王芬、曹保保、其子善才、其孫曹綱，皆襲所藝。次有裴興奴，與綱同時。曹綱善運撥，若風雨而不事扣絃。興奴長於攏撚，下撥稍軟。時人謂曹綱有右手，興奴有左手。武宗初，朱崖李太尉有樂吏廉郊者，師於曹綱，盡綱之能。綱嘗謂儕流曰：「教授人亦多矣，未曾有此性靈弟子也。」郊嘗宿平泉別墅，值風清月朗，攜琵琶於池上，彈蕤賓調。忽聞芰荷間有物跳躍之聲，必謂是魚。及彈別調，即無所聞。復彈舊調，依舊有聲。遂加意朗彈，忽有一物鏘然躍出池岸之上，視之，乃一片方響，蓋蕤賓鐵也。以指撥精妙，律吕相應也。《樂府雜録》。又《御覽》五八三引。《雲仙雜記》一〇、《侯鯖録》一、《類説》一三引作《琵琶録》。

## 薛陽陶

1 見李蔚1。

## 吴繽

1 唐咸通中有調音律官吴繽，爲鼓吹署丞，善打方響，其妙超羣。本朱崖李太尉家樂人也。《樂府雜録》（《御覽》五八四）。

# 唐人軼事彙編卷二十四

## 白敏中

1 見裴度3。

2 王相起，長慶中再主文柄，志欲以白敏中爲狀元，病其人與賀拔惎爲交友，惎有文而落拓。因密令親知申意，俾敏中與惎絶。前人復約敏中，爲具以待之。敏中欣然曰：「皆如所教。」既而惎果造門，左右紿以敏中他適，惎遲留不言而去。俄頃，敏中躍出，連呼左右召惎，於是悉以實告。乃曰：「一第何門不致，奈輕負至交！」相與歡醉，負陽而寢。前人覩之，大怒而去。懇告於起，且云不可必矣。起曰：「我比只得白敏中，今當更取賀拔惎矣。」《唐摭言》八。又《廣記》一八一引。《唐詩紀事》五一。

3 白敏中初入邠州幕府，罷遊同州，謁幕府李鳳侍御。久不出見，曰：「誰謂雀無角，何以穿我屋？」坐客皆非之。後爲相，鳳除官過中書，曰：「此官人頃相遇同州，今日猶作常調等色！」《唐語林》七。

4 見李德裕50。

5 白中書方居郎署，未有知者，唯朱崖李相國器之，許於搢紳間多所延譽。然而資用不充，無以祇奉僚友。一旦，相國遺錢十萬，俾爲酒肴之備，約省閣名士數人，剋日同過其第。時秋暮陰沉，涉旬霖瀝，賀拔甚任員外府罷。求官未遂，將欲出京薄遊，與白公同年登第，羸駒就門告別。閽者以方俟朝客，乃以他適對之，賀拔甚遂駐車留書，備述羈遊之意。白公覽書歎曰：「丈夫處世，窮達當有時命，苟不才以僥倖取容，未足爲發身之道。豈得家蓄美饌，止邀當路豪貴；曩時登第貧交，今日閉關不接？縱使便居榮顯，又安得不愧於懷？」遽令僕者命賀拔回車，遂以杯盤同費。俄而所約朝賢聯騎而至，閽者具陳與賀拔從容，無不惋愕而去。翌日，於私第謁見相國，詢朝士來者爲誰。白公對以「賓客未至，適有同年出京訪別，憫其龍鍾委困，不忍棄之，留飲數杯，遂闕祇接。既負吹噓之意，甘從遣斥之罪。」相國稱歎逾時，云：「此事真古人之道，由兹貴達，可以激勸澆薄。」旬月，賀拔自使下評事，先授美官。白公以庫部郎中入爲翰林學士，未逾三載，便秉鈞衡。其後五鎮藩維，再居廊廟，蹈義懷仁，而終始一致。流芳傳素，士林美之。《劇談録》上。又《廣記》一七〇引。《唐語林》三。

6　見李德裕26。

7　白敏中守司徒兼門下侍郎，充邠寧行營都統，討南山、平夏党項。發日，以禁軍三百人從。敏中上論，請依裴度討淮西故事，開幕擇廷臣，不阻大吏。上允，乃以左諫議大夫孫商爲左庶子、行軍司馬，駕部郎中、知制誥蔣名與庭裕私諱同。爲右庶子、節度副使，駕部員外李荀爲節度判官，户部員外李玄爲都統掌記，將軍冉昈、陳君從爲都虞候。《東觀奏記》上。《唐語林》七。

8　大中初，邊鄙不寧，吐蕃尤甚，恣其倔强。宣宗欲致討伐，遂於延英殿先問宰臣。公首奏興師，請爲統帥，率沿邊藩鎮兵士數萬，鼓行而前。時犬戎列陣平川，以生騎數千伏藏山谷。既而得於諜者，遂設奇兵待之。有蕃中酋帥，衣緋茸裘，繫寶裝帶，所乘白馬，駿異無比。鋒鏑未交，揚鞭出於陣面者數四，頻召漢軍鬭將，白公誡兵士無得應之。俄而駐軍指揮，背我師百餘步而立。有潞州小將驍勇善射，馳快馬彎弧而出，連發兩矢，皆中其項，躍馬而前，抽短劍踣於鞍上，以手扶挾，如鬭歐之狀，蕃將士卒但呼譟助之。於是脱緋裘，解金帶，奪馬而還，師旅無不奮勇。既大戰沙漠，虜陣瓦解土崩，乘勝追奔，幾及黑山之下，所獲駝馬輜重，不可勝計，束手而降三四千人。先是河湟郡界在匈奴者，自此悉爲內地。宣皇初覽捷書，云：「我知敏中必殄凶醜。」《劇談録》上。又《廣記》一七〇引。《唐語林》七。《唐詩紀事》五一。

9 上延英聽政，問宰臣白敏中曰：「憲宗遷座景陵，龍輴行次，忽值風雨，六宮百官盡避去。惟有一山陵使，髯而長，攀靈駕不動。其人姓氏爲誰，爲我言之。」敏中奏：「景陵山陵使令狐楚。」上曰：「有兒否？」敏中奏：「長子緒，見任隨州刺史。」上曰：「可任宰相否？」敏中曰：「緒小患風痺不任大用；次子綯，見任湖州刺史，有台辅之器。」上曰：「追來。」翌日授考功郎中知制誥。到闕，召充翰林學士。間歲，遂立爲相。時人感歎敏中亮直無隱，不掩人於上。《東觀奏記》上。

10 唐晉公白敏中，宣宗朝再入相，不協比於權道，唯以公諒宰大政。四方有所請，礙於德行者，必固争不允，由是征鎮忌焉。而志尚典籍，雖門施行馬，庭列梟鍾，而尋繹未嘗倦。於永寧里第別構書齋，每退朝，獨處其中，欣如也。居一日，將入齋，唯所愛卑脚犬花鵲從。既啓扉，而花鵲連吠，銜公衣却行，叱去復至。既入閣，花鵲仰視，吠轉急。公亦疑之，乃於匣中拔千金劍，按於膝上，向空祝曰：「若有異類陰物，可出相見。吾乃丈夫，豈懾於鼠輩而相逼耶？」言訖，歘有一物自梁間墜地，乃人也。朱鬉，衣短後衣，色貌黝瘦，頓首再拜，唯曰「死罪」。公止之，且詢其來及姓名。對曰：「李龜壽，盧龍塞人也。或有厚賂龜壽，令不利於公。龜壽感公之德，復爲花鵲所驚，形不能匿。公若捨龜壽罪，願以餘生事公。」公謂曰：「待汝以不死。」遂命元從都押衙傅存初録之。明日詰旦，有婦人至門，服裝單急，曳履而抱持襁褓，請於閽曰：「幸爲我呼李龜壽。」龜壽出，乃妻也，且曰：「訝君稍遲，昨夜半自薊來相尋。」及公薨，龜壽盡室亡去。《三水小牘》（《廣記》一九六）。

11　吏部侍郎孔温業，白執政求外任。丞相白敏中曰：「我輩亦須自點檢，孔吏部不肯居朝矣。」至理之世，丞相畏人也如此。《東觀奏記》上。

12　白敏中爲相，嘗欲以前進士侯温爲子婿，且有日矣。其妻盧氏曰：「身爲宰相，願爲我婿者多矣。己既姓白，又以侯氏兒爲婿，必爲人呼作侯白爾。」敏中爲之止焉。敏中始婚也，已朱紫矣。嘗戲其妻爲接脚夫人。又妻出，輒導之以馬。妻既憾其言，每出，必命撤其馬，曰：「吾接脚夫人，安用馬也？」《玉泉子》（《廣記》一八四）。今本《玉泉子》佚去「敏中始婚也」以下諸句。《唐語林》七亦載。

13、14　見唐宣宗20、73。

15　見盧發1。

16　大中年中，白敏中爲荆南節度使，高璩試大理評事，爲敏中掌書記。尋入拜右拾遺。間一歲，充翰林學士，草敏中加太子太傅制，乃賀敏中。狀云：「去年草檄，猶依劉表之門；今日揮毫，獲叙周公之德。」時人以爲盛事。《唐書》(《廣卓異記》一三)。

## 令狐綯

1 見白敏中9。

2 見唐宣宗15。

3 上將命令狐綯爲相，夜半幸含春亭，召對，盡蠟燭一炬，方許歸學士院，乃賜金蓮花燭送之。院吏忽見，驚報院中曰：「駕來。」俄而趙公至。吏謂趙公曰：「金蓮花乃引駕燭，學士用之，莫折是否？」頃刻而聞傅説之命。《東觀奏記》上。又《廣卓異記》三引。《唐摭言》一五。《唐語林》七。《唐宋遺史》(《類説》二七)。

4 唐大和中，閹官恣横，因甘露事，王涯等皆罹其禍，竟未昭雪。宣宗即位，深抑其權，末年嘗授旨於宰相令狐公，公欲盡誅之，慮其寃，乃密奏牓子曰：「但有罪莫舍，有闕莫填，自然無遺類矣。」後爲宦者所見，於是南北司益相水火。洎昭宗末，崔侍中得行其志，然而玉石俱焚也已。《北夢瑣言》五。《侯鯖録》八。

5 見唐宣宗44。

6 見畢諴4。

7 令狐相綯以姓氏少，族人有投者，不恡其力。繇是遠近皆趨之，至有姓胡冒令狐者。進士温庭筠戲爲詞曰：「自從元老登庸後，天下諸胡悉帶令。」《南部新書》庚。《唐語林》七。

8 令狐綯在相位，大事一取決于子滈。比元載之用伯和，李吉甫之用德裕。《南部新書》戊。《語林》(《類說》三二)。

9 宣宗以政事委相國令狐公，君臣道契，人無間然。劉舍人每訐其短，密奏之，宣宗留中，但以其事規於相國，而不言其人姓名。其間以丞相子不拔解就試，疏略云：「號曰無解進士，其實有耳未聞」云云。又以子弟納財賄，疏云：「白日之下，見金而不見人」云云。丞相憾之，乃俾一人爲其書吏，謹事之，紫微託以腹心，都不疑慮。乃爲一經業舉人致名第，受賂十萬，爲此吏所告，由是貶之。君子曰：彭城公將欲律人，先須潔己，安有自負贓污，而發人之短乎？宜其不躋大位也。先是令狐相自以單族，每欲繁其宗黨與崔、盧抗衡，凡是富家，率皆引進。皇籍有不得官者，欲進狀請改姓令狐。時以此少之。《北夢瑣言》一一。又《廣記》二六一引。案：《廣記》以劉舍人爲劉蜕。

10 唐大中末，相國令狐綯罷相。其子滈應進士舉，在父未罷相前，預拔文解及第。諫議大夫崔瑄上疏，述滈弄父權，勢傾天下，以舉人文卷須十月前送納，豈可父身尚居於樞務，男私拔其解名？干撓主司，侮弄文法，恐姦欺得路，孤直杜門云云，請下御史臺推勘。疏留中不出。葆光子曰：令狐公在大中之初，傾陷李太尉，唯以附會李紳而殺吳湘，又擅改元和史，又言賂遺閹宦。殊不似德裕立功於國，自儉立身。掎其小瑕，忘其大美。洎身居巖廟，別無所長。諫官上章，可見之矣。與朱崖之終始，殆難比焉。《北夢瑣言》一。《唐語林》七。

11 宣宗時，相國令狐綯最受恩遇而怙權，尤忌勝己。以其子滈不解而第，爲張雲、劉蜕、崔瑄疊上疏疏之，宣宗優容。綯出鎮維揚，上表訴子之冤，其略云：「一從先帝，久次中書。得臣恩者謂臣好，不得臣恩者謂臣弱。臣非美酒美肉，安能啖衆人之口？」時以執己之短取誚于人。或云曾以故事訪於温岐，對以其事出《南華》，且曰：「非僻書也，或冀相公燮理之暇，時宜覽古。」綯益怒之，乃奏岐有才無行，不宜與第。會宣宗私行，爲温岐所忤，乃授方城尉。所以岐詩云：「因知此恨人多積，悔讀《南華》第二篇。」又李商隱，綯父楚之故吏也，殊不展分。商隱憾之，因題廳閣，落句云：「郎君官重施行馬，東閣無因許再窺。」亦怒之。官止使下員外也。江東羅隱亦受知於綯，畢竟無成，有詩哭相國云：「深恩無以報，底事是柴荆。」以三才子怨望，即知綯之遺賢也。《北夢瑣言》二。《南部新書》丁。

12 見温庭筠1。

13 見唐宣宗99。

14 見張祜6。

15 見李德裕30。

16 唐丞相令狐綯因話奇異之物，自出鐵箱，徑不及寸，長四寸。内取小卷書於日中視之，乃九經並足。其紙即蠟蒲團，其文勻小，首尾相似，其精妙難以言述。又傾其中，復展看輕絹一匹，度之四丈無少，秤之纔及半兩。《芝田録》（《廣記》二三二）。

## 令狐滈

1 見王式1。

2　令狐滈以父爲丞相，未得進。滈出訪鄭侍郎，道遇大尹，投國學避之。遇廣文生吴畦，從容久之。畦袖卷呈滈，由是出入滈家。滈薦畦於鄭公，遂先滈一年及第，後至郡守。《唐語林》三。

3～5　見令狐綯8、10。

6　唐相令狐綯子滈招權納賄，不拔解而就試，天下號「無解進士」。《實賓録》一。

7　令狐補闕滈與中書舍人澄皆有才藻，令狐之文彩，世有稱焉。自楚及澄，三代皆擅美於紫薇。《金華子》上。《唐語林》三。

## 魏　謩

1　見唐文宗12。

2　開成末，韋絢自左補闕爲起居舍人。時文宗稽古尚文，多行貞觀開元之事。妙選左右史，以魏謩爲右史，俄兼大諫，入閣秉筆，直聲遠聞。帝倚以爲相者，期在旦暮，對敭進諫，細大必行，公望美事，朝廷拭目以觀文貞公之風彩。會文宗晏駕，時事變移，遂中輟焉。時絢已除起居舍人，楊嗣復於殿下先奏曰：「左補闕韋絢新除起居舍人，未中謝，奏取進止。」帝頷之。李珪招而引之，絢即置筆札於玉堦欄檻之石，遽然趨而致詞拜舞焉。左史得中謝，自開成中，至武宗即位，隨仗而退，無復簪筆之任矣。遇簪筆之際，因得密邇天顔。故時人謂兩省爲侍從之班，則登選者不爲不達矣。《劉賓客嘉話録》（《廣記》一八七）。

3　太和初，李相回任京兆府參軍，主試，不送魏相公謩，深銜之。會昌中，回爲刑部侍郎，謩爲御史中丞，嘗與次對官三數人候對於閤門。謩曰：「某頃歲府解，蒙明公不送，何幸今日同集於此？」回應聲答曰：「經，如今也不送。」謩爲之色變，益懷憤恚。後回謫牧建州，謩大拜，回有啓狀，謩悉不納。既而回怒一衙官，決杖勒停建州，衙官能庇徭役，求隸籍者所費不下數十萬，其人切恨停廢。後因亡命至京師，接時相訴冤，諸相皆不問。會停午，憩於槐陰，顔色憔悴，傍人察其有私，詰之。其人具述本意，於是誨之曰：「建陽相公素與中書相公有隙，子盍詣之！」言訖，魏公導騎自中書而下，其人常懷文狀，即如所誨，望塵而拜。導從問，對曰：「建州百姓訴冤。」公聞之，倒持麈尾，敲檐子門，令止。及覽狀，所論事二十餘件，第一件取同姓子女入宅。於是爲魏相極力鍛成大獄。時李相已量移鄧州刺史，行次九江，遇御史鞫，却迴建陽，竟坐貶撫州司馬，終於貶所。《唐摭言》二。又《廣記》四九八引。參見李回1。

4 見唐宣宗96。

## 崔鉉

1 魏公崔相鉉，元略之子也。爲兒童時，隨父訪於韓公滉。滉見而憐之。父曰：「此子邇來詩道頗長。」滉乃指架上鷹命詠焉。遂命箋筆，略無佇思，於是進曰：「天邊心性架頭身，欲擬飛騰未有因。萬里碧霄終一去，不知誰是解緣人。」滉益奇之，嘆曰：「此兒可謂前程萬里也。」寶曆三年，侍郎崔郾下及第，果久居廊廟，三擁節旄。大中、咸通之中，時推清名重德。宣宗皇帝常朝罷謂侍臣曰：「崔鉉真貴人，裴休真措大。」初，李石鎮江陵，辟爲戎卒，一旦拂袖而去。既入京，登上第，俄昇翰苑，李未離荆渚。

崔既秉鈞衡，李乃馳箋賀之曰：「某早拜光塵，叨承眷與，深蒙異分，屢接清言。幸曾顧於厚恩，俯見循於末契。去載分麾南楚，拜節西秦，思賢方詠于《嘉魚》，棲止實慙於《威鳳》。賓筵初啓，曾陪樽俎之歡；將幕未移，已在陶鎔之下。光生隣部，喜溢轅門，豈惟九土獲安，斯亦一方多幸。」乃掌記李騭之詞也，於今播於衆口。《南楚新聞》(《廣記》一七五)。《唐詩紀事》五一。參見李石4。案：《唐史餘瀋》三考崔鉉年代不及見韓滉。

2 崔鉉，元略之子，京兆參軍盧甚之死，鉉之致也，時議冤之。鉉子沆，乾符中亦爲丞相，黄巢赤其族，物議以爲盧甚之報焉。初，崔鉉雖諫官，婚姻假迴，私事也；甚雖府職，乃公事也，相與争驛廳。甚既下獄，與宰相書，則以己比孟軻，而方瑄錢鳳。瑄既朋黨宏大，莫不爲之盡力。甚出於卑微，加以鉉亦瑄之門生，方爲宰相，過而誣罔。瑄自左補闕出爲翟陽宰。甚行及長樂坡，賜自盡。中使適迴，遇瑄，囊出其喉曰：「此盧甚結喉也。」瑄甚不懌。京城不守，崔氏諸子並血其族。嗚呼！謂天蓋高，何其明哉！《玉泉子》。又《廣記》四九九引。參見盧甚。

3 魏國公崔鉉秉政，鄭魯、楊紹復、段瓌、薛蒙一時俊造，鉉所取信。凡有補吏議事，或與之參酌，時人語曰「炙手可熱，楊鄭段薛」；欲得命通，魯紹瓌蒙。」時魯爲刑部侍郎，鉉欲引以爲相，聖旨授河南尹，不測其事。赴後，上問曰：「鄭魯發後，除改卿還自由否？」鉉驚恐，密以此事訪於左右，云：「御扆上題此四句。」鉉益畏。《東觀奏記》中。

4 丞相太保崔公，莊嚴宏厚，清雅公忠，善誘後來，有佐時許國之志。時以藝學進者，一參講席，如登龍門。初，詔以繡衣自洛朝覲，訪别承國寺僧神照，照亦近歲名僧，無出其右者。謂曰：「弟子忝官西上，師有何言贈別？」僧笑曰：「大哉，臨別之問。」公避席以請，則曰：「惡事不爲，賢人也；善事不爲，聖人也。崇高之名，博施之利，天下公器也，與衆共之，無或獨擅，無或多取。獨善多取，禍生其中矣。孔孟其猶病諸。」言既而別，崔公不諭，祥鸞威鳳，遊於青雲，爰立作相。時宣宗景化維新，求理方切，將擅相印洽人望者，十稔不易。崔公春秋鼎富，譽望雲高，朝野人情，謂可以繼汾陽王二十四考矣。一日備顧問于便殿，宰臣齊進，上曰：「朕以時和歲豐，萬方無事，欲御樓肆赦，以答天休，可否？」丞相令狐公奏曰：「御樓所費至多，宣下須有名目，次則頻行赦宥，實啓倖門。今邊戍衣賜未充，臣不敢草草商議。俟至中書，召有司計度，續具申奏。」上不悦曰：「遣朕何處求御樓名目？」太保奏曰：「臣聞太子是天下之本，實繫萬國之心，匕鬯是司，國朝盛典。陛下倘行大禮，則豈惟肆赦，兼可郊天。」時上方餌金石藥，求長生之術，遂致躁渴不康，内外無人知者，疑忌方切，惡聆斯言，俛首久之，不復顧問。後旬日，罷知政事。時同列惡其太勁，有以飛語巧中者，所賴自居台席，人情攸歸，上亦素知其名不能動摇，不爾，則憂在意表。老僧贈別，于斯驗焉。《闕史》上。

5 見唐宣宗73。

6 崔魏公鎮淮海九載，法令一設，無復更改。出入嚴整，未嘗輕易儀注，常列引馬軍將，少亦不下二百蹄。民康物阜，軍府晏然。天祐末，故老猶存，喜論其餘愛，或戲之爲九年老。《金華子》上。

7 見路巖8。

8 淮南，巨鎮之最，人物富庶，凡所製作，率精巧，樂部俳優，尤有機捷者。雖魏公德重縉紳，觀其諧謔，亦頗爲之開頤。嘗行讌之暇，與國夫人盧氏，偶坐於堂，公忽微笑不已。夫人訝而訊之，曰：「此中有樂人孫子多，出言吐氣，甚令人笑。」夫人承命，軸簾召之。孫子既至，撫掌大笑而言曰：「大人兩個，更不著別人。」風貌閒雅，舉止可笑，參拜引辟，獻辭敏悟。夫人稱善，因厚賜之。《金華子》下。

9　崔公鉉之在淮南，嘗俾樂工習其家僮以諸戲。一日其樂工告以成就，且請試焉。鉉命閲於堂下，與妻李氏坐觀之。僮以李氏妬忌，即以數僮衣婦人衣，曰妻曰妾，列於旁側，一僮則執簡束帶，旋辟唯諾，其間張樂命酒，笑語不能無屬意者，李氏未之悟也。久之，戲愈甚，悉類李氏平昔所嘗爲。李氏雖少悟，以其戲偶合，私謂不敢爾，然且觀之。僮志在於發悟，愈益戲之。李果怒罵之曰：「奴敢無禮，吾何嘗如此！」僮指之，且出曰：「咄咄，赤眼而作白眼諱乎？」鉉大笑，幾至絶倒。《玉泉子真録》（張本《説郛》一一）。

10　見崔澹2。

11　唐通義相國崔魏公鉉之鎮淮揚也，盧丞相耽罷浙西，張郎中鐸罷常州，俱過維揚謁魏公。公以暇日，與二客私款。方弈，有持狀報女巫與田布尚書偕至，洎逆旅某亭者。公以神之至也，甚異之，俄而復曰：「顯驗與他巫異，請改舍於都候之廨署。」公乃趣召巫者至，至乃與神遇，拜曰：「謝相公。」公曰：「何謝？」神曰：「布有不肖子，黷貨無厭，郡事不治，當犯大辟，賴相公陰德免焉。使布之家廟血食不絶者，公之恩也。」公矍然曰：「異哉！某之爲相也，未嘗以機密損益於家人。忽一日，夏州節度使奏銀州刺史田鐬犯贓罪，私造鎧甲，以易市邊馬布帛，帝赫然怒曰：『贓罪自別議，且委以邊州，所宜防盜，以甲資敵，非反而何？』命中書以法論，將盡赤其族。翌日，從容謂上曰：『鐬贓罪，自有憲章，然是弘正之孫，田布之子。弘正首以河朔請朝覲，奉吏員，布亦繼父之款；　布會征淮口，繼以忠孝，伏劍而死。今若行法論罪，以固邊圉，未若因事弘貸，激勸忠烈。』上意乃解，止黜授遠郡司馬。而某未嘗一出口於親戚私昵，已將忘之，今神之言，正是其事。」乃命廊下表而見焉。公謂之曰：「君以義烈而死，奈何區區爲愚婦人所使乎？」神憮然曰：「某常負此嫗八十萬錢，今方忍耻而償之，乃宿債爾。」公與二客及監軍使幕下，共償其未足。代付之日，神乃辭去，自後言事不驗。梁相國李公琪傳其事，且曰：「嗟乎，英特之士，負一女子之債，死且如是，而況於負國之大債乎！」竊君之禄而不報，盜君之柄而不忠，豈其未得聞於斯論耶？而崔相國出入將相殆三十年也，宜哉！《北夢瑣言》六。

12 見李庚1。

13 見鄭愚2。

14 見崔珏1。

15 崔魏公鉉好食新饀頭，以爲珍美。從事開筵，先一夕前，必到使院索新煮饀頭也。《北夢瑣言》四。又《廣記》二〇一引。《唐詩紀事》六六。

## 馬植

1 同、華解最推利市，與京兆無異，若首送，無不捷者。元和中，令狐文公鎮三峯，時及秋賦，榜云：「特加置五場。」蓋詩、歌、文、賦、帖經，爲五場。常年以清要書題求薦者，率不減十數人，其年莫有至者。

雖不遠千里而來，聞是皆寢去；唯盧弘正尚書獨詣華請試。公命供帳，酒饌侈靡於往時。華之寄客畢縱觀於側。弘正自謂獨步文場。公命日試一場，務精不務敏也。弘正已試兩場，而馬植下解。植，將家子弟，從事輩皆竊笑。公曰：「此未可知。」既而試《登山采珠賦》，略曰：「文豹且異於驪龍，採斯疏矣；白石又殊於老蚌，剖莫得之。」公大伏其精當，遂奪弘正解元。後弘正自丞郎將判鹾，俄而爲植所據。弘正以手札戲植曰：「昔日華元，已遭毒手；今來鹾務，又中老拳。」復日試《破竹賦》。《唐摭言》二、五。又《廣記》一七八引。《唐詩紀事》五一。

2　唐馬植相公曾鎮安南，安撫軍民，懷柔蠻僚，廢珠池，尚儉素。《北夢瑣言》二。

3　馬相植罷安南都護，與時宰不通，又除黔南，殊不得意。維舟峽中古寺，寺前長堤，堤畔林木，夜月甚明，見人白衣緩步堤上，吟曰：「截竹爲筒作笛吹，鳳凰池上鳳凰飛。勞君更向黔南去，即是陶鈞萬類時。」歷歷可聽，吟者數四。遣人邀問，即已失之。後自黔南入爲大理卿，遷刑部侍郎，判鹽鐵，遂作相。《本事詩·徵異》。又《廣卓異記》七引。《唐詩紀事》五一。

4　見李紳12。

5　見李德裕26。

6　侍御史馮緘與三院退朝入臺，路遇集賢校理楊收，不爲之卻。緘爲朝長，臺中故事，三院退朝入臺，一人謂之朝長。拉收僕臺中笞之。集賢大學士馬植奏論：「玄宗開元中幸麗正殿，賜酒，大學士張說、學士副知院事徐堅以下十八人，不知先舉酒者。說言學士以德行相先，非具員吏。遂十八爵齊舉。今馮緘笞收僕者，是笞植僕隸一般，乞黜之。」御史中丞令狐綯又引故事論救之。上兩釋之。始著令：三館學士不避行臺。《東觀奏記》上。《唐會要》六四。《唐語林》七。

7 見杜悰5。

8 馬植爲相，與左軍中尉馬元贄有亢宗之分。上初即位，元贄恩澤傾内臣，曾賜寶帶，内庫第一者，元贄輒以遺植。一日便殿對，上覩植帶，認是賜元贄者，詰之，植色變，不敢隱。翌日，罷爲天平軍節度使。行次華州，取植密吏董侔下御史獄，盡聞植交通之狀，再貶常州刺史。《東觀奏記》上。

## 魏扶

1 大中元年，魏扶知禮闈。入貢院，題詩曰：「梧桐葉落滿庭陰，鏁閉朱門試院深。曾是昔年辛苦地，不將今日負前心。」及牓出，爲無名子削爲五言以譏之。《南部新書》戊。又《詩話總龜》前集三九引。《唐詩紀事》五一。

## 崔龜從

1 大中四年十一月，令狐綯守兵部侍郎拜相。宰執同列白敏中、崔龜從、崔鉉以綯新加兵部南省上事，以故事送上必先集少府監，是日諸相以敏中、龜從嘗爲太常博士，遂改爲集禮院。因命常侍柳公權記之，龜從爲其文。略曰：「夫博士重官也，由此選者，繼登三事，而又并時同位者相望。元和初，權德輿、李吉甫同在相位。長慶中，竇易直、杜元穎提印使蜀。命敏中始與鄭肅及韋琮同居中書，予復叨重委。

因志所同，以遺佗日，亦以知博士之選爲重焉。」時令狐綯父楚，亦以博士相。時人榮之。《唐年補録》(《廣卓異記》六)。《南部新書》己。

## 裴休

1 唐金吾大將軍張直方，西班倜儻勳臣也，好接賓客，歌妓絲竹，甲於他族。與裴相國休相對。相國始麻衣就試，執金慕其風采。裴因造謁，執金款待異禮。他日朝中盛稱裴秀才文藝，朝賢訝之。相國恐涉雜交，不遑安處，自是不敢更歷其門。執金頻召不往，或曰：「裴秀才方謀進取，慮致物譽，非是偃蹇。」一日，又召傳語曰：「若不妨及，即更奉薦。」裴益悚惕。《北夢瑣言》一〇。

2 見柳棠1。

3 昇平裴相國廉察宣城，朝謝後，未離京國。時曲江荷花盛發，與省閣名士數人同遊。自慈恩寺屏去左右，各領小僕，步至紫雲樓下，見五六人坐於水際，裴公與名士憩于旁，中有黄衣飲酒半酣，軒昂頗甚，指顧笑語輕脱，裴意稍不平，揖而問之：「吾賢所任何官？」率爾而對曰：「喏，即不敢，新授宣州廣德縣令。」連問裴曰：「押衙所任何職？」裴公效曰：「喏，即不敢，新授宣州觀察使。」於是狼狽而走，同坐亦皆奔散。朝士撫掌大笑。不數日，布於京華。左右於銓司訪之，云有廣德縣令請換羅江宰矣。宣皇在宫即聞是説，與諸王每爲戲談其事。及龍飛，裴公入秉鈞軸，因書麻制迴，謂樞近曰：「喏，即不敢，新授中書侍郎平章事。」《劇談録》下。《廣記》二五一引作《松窗雜録》。《唐語林》四。

4 見唐宣宗34。

5 以楚州刺史裴坦爲知制誥。坦罷職赴闕，宰臣令狐綯擢用。宰臣裴休以坦非才，不稱是選，建議拒之，力不勝。坦命既行，政事堂謁謝丞相。故事，謝畢，便與本院上事，四輔送之，施榻壓角而坐。坦巡謁執政，至休廳，多輸感謝，休曰：「此乃省台繆選，非休力也。」立命肩舁使出，不與之坐。兩門吏云：「自有中書，未有此事也。」人多爲坦羞之。至坦主貢舉，擢休之子弘上第。時人云：「欲蓋而彰，此之謂也。」《東觀奏記》中。《南部新書》丁。《唐語林》六。

6 丞相河東公尚古好奇。掌綸誥日，有親表調授宰字於曲阜者，耕人墾田，得古鐵器曰盎，腹容三斗，淺項瘴足，規口矩耳，朴厚古醜，蠹蝕於土壤者。既洗滌之，復磨礱之，隱隱有古篆九字帶盎之腰，曲阜令不能辨。兗州有書生姓魯，善八體書，子男召致于邑，出盎示之，曰：「此大篆也，非今之所行者。惟某頗嘗學之，是九字曰：『齊桓公會於葵邱歲鑄。』」邑宰大奇其說，及以篆驗，則字勢存焉。乃輦致於河東公之門。公以爲麟經時物，得以爲古矣，寶之猶鍾玦郜鼎也。視草之暇，輒引親枝之分深者觀之，以是京輦聲爲至寶。公後以小宗伯掌文學柄，得士之後，生徒有以盎寶爲請者。裴公一日設食會門生，器出于庭，則離立環觀，迭詞以贊。獨劉舍人蛻以爲非當時之物，乃近世矯作也。公不悅，曰：「果有說乎？」紫微曰：「某幼專邱明之書，齊侯小白謚曰桓公，九合諸侯，取威定霸，葵邱之會，是第八盟。齊桓公魯莊公九年即位，十六年會於幽，二十七年又會於幽，僖公三年會于陽穀，四年會諸侯侵蔡，五年會首止，七年會甯母，八年會洮，九年會葵邱，十五年會牡邱。又按《禮》經，諸侯五月而葬，同盟至。既葬，然後反虞，既虞；然後卒哭；卒哭，然後定謚。則葵邱之會實在生前，不得以謚稱之。此乃近世矯作也。」裴公恍然始悟，立命擊碎，然後舉爵盡歡而罷。

《闕史》上。又《廣記》一七二引。

7 唐裴相公休留心釋氏，精於禪律。師圭峯密禪師，得達摩頓門。密師注《法界觀》、《禪詮》，皆相國撰序。常被毳衲於歌妓院，持鉢乞食。自言曰：「不爲俗情所染，可以説法爲人。」每自發願：「願世世爲國王，弘護佛法。」後于闐國王生一子，手文有相國姓字，聞於中朝。其子弟欲迎之，彼國勅旨不允也。

《北夢瑣言》六。又《廣記》一一五引。《南部新書》癸。

8 裴休，字公美，河東聞喜人也。守新安日，屬運禪師初於黄檗山捨衆入大安精舍，混迹勞侶，掃灑殿堂。公入寺燒香，主事祇接。因觀壁畫，乃問：「是何圖相？」主事對曰：「高僧真儀。」公曰：「真儀可觀。高僧何在？」僧皆無對。公曰：「此間有禪人否？」曰：「近有一僧，投寺執役，頗似禪者。」公曰：「可請來詢問得否？」於是遽尋運師，公覩之欣然曰：「休適有一問，諸德吝辭，今請上人代酬一語。」師曰：「請相公垂問。」公即舉前問，師朗聲曰：「裴休！」公應諾。師曰：「在甚麽處？」公當下知旨，如獲髻珠。曰：「吾師真善知識也。示人剋的若是，何汩没於此乎？」寺衆愕然。自此延入府署，留之供養，執弟子之禮，屢辭不已。復堅請住黄檗山，薦興祖教。有暇即躬入山頂謁，或渴聞玄論，即請師入州。公既通徹祖心，復博綜教相，諸方禪學咸謂裴相不浪出黄檗之門也。至遷鎮宣城，還思瞻禮，亦創精藍，迎請居之。雖圭峯該通禪講，爲裴之所重，未若歸心於黄檗而傾竭服膺者也。又撰《圭峯碑》云：「休與師於法爲昆仲，於義爲交友，於恩爲善知識，於教爲内外護。」斯可見矣。仍集《黄檗語要》，親書序引，冠於編首，留鎮山門。又親書《大藏經》五百函號，迄今寶之。又圭峯禪師著《禪源諸詮》、《原人論》及《圓覺經疏注》、《法界觀》公皆爲之序。公父肅，字中明，任越州觀察使，應三百年讖記，重建龍興寺大佛殿，自撰碑銘。公遂篤志内典，深入法會。有《發願文》傳於世。《景德傳燈録》一二。《五燈會元》四。

9 裴休與黄蘗爲忘年友。一日，同行宛水上，見有駕柴車過隄下，泥深牛憊，鞭之不已，休方止其鞭者，蘗遽曰：「不可不重打。兩脚時，勸不得；四脚時，不肯行，也好打。」《東皋雜録》（《苕溪漁隱叢話》後集三七）。

10 唐相裴休早隸業于河内之太行山，後登顯位，建寺于彼，目爲化城寺。旋授太原節鎮，經由是寺，寺之僧粉額陳筆硯，俟裴公親題之。裴公神情自若，以衣袖濕墨以書之，尤甚遒健。逮歸，侍婢訝其霑渥，裴公曰：「向以之代筆來。」《天中記》三八。《宣和書譜》九。《書小史》一〇。

11 石霜山寺，在瀏陽縣南八十里，有崇勝禪寺。昔普會禪師居衆千餘，名其堂曰枯木，蓋取其晏寂也。廉使丞相裴公嘗親枉大旆詣之，盡留玉環象笏在此，迄今存焉。畢田詩云：「石上泉華噴猛霜，境奇因此辟禪坊。使君環笏留何用？枯木千餘滿一堂。」《湘中故事》（《詩話總龜》前集一六）。

12 裴休得桑木根，曰：「若作沉香想之，更無異相。雖對沉水香，反作桑根想，終不聞香氣。諸相從心起也。」《常新録》（《雲仙雜記》五）。

13 和尚市語，以念珠爲「百八丸。」裴休見人執此，則喜色可掬，曰：「手中把諸佛窖子，未見有墮三塗者也。」《清異録》下。

14 裴休相公性慕禪林，往往挂衲，所生兒女多名師女、僧兒。潛令嬖妾承事禪師，留其聖種。當時士族無不惡之。李德裕相公性好玄門，往往冠褐，脩彭祖房中之術，求茅君點化之功，沙汰緇徒，超升術士，但無所就，身死朱崖。議者以裴、李二公累代台鉉，不守諸儒之行，各迷二教之宗，翻成點污空門，妖婬玄教。……近以二公之行，識者笑焉。所以時人譏晉公曰：「趙氏女皆尼氏女，師翁兒即晉公兒。卻教術士難推算，胎月分張與阿誰？」《鑒誡録》二。案：「晉公」，據文意當指裴休，然裴休未嘗封晉公。

15 昇平裴相兄弟三人，俱有盛名。世謂俅不如儔，儔不如休。休好釋氏，善隸書，所在寺額多書之。《唐語林》三。《南部新書》庚。

## 鄭朗

1 鄭朗相公初舉，遇一僧善氣色，謂公曰：「郎君貴極人臣，然無進士及第之分。若及第，即一生厄塞。」既而狀元及第，賀客盈門，唯此僧不至。及重試，退黜，唁者甚衆，而此僧獨賀，曰：「富貴在裏。」既而竟如其所卜。《唐摭言》七。又《廣記》二二四引。《感定録》(《廣記》一五五)。

2 翰林學士、駕部郎中、知制誥庾道蔚，勅曰：「以藝文擢居近密，乖檢慎，難處禁林，宜守本官，續連州刺史。」鄭朗爲御史大夫，道蔚以事干之，乞庇罪人者，朗唧之。朗既大用，積前事盡聞於上，故及此罪。《東觀奏記》中。

3 以左拾遺鄭言爲太常博士。鄭朗自御史大夫命相，朗先爲浙西觀察使，言實居幕中。朗建議：以諫官論時政得失，動關宰輔，鄭言必括囊形迹，請移爲博士。至大中十一年，崔慎由自户部侍郎秉政，復以左拾遺杜蔚爲太常博士，蔚亦慎由舊僚也，踵爲故事。至理之代，動循至公，後代方知難矣。《東觀奏記》中。《唐語林》七。

## 崔慎由

1 崔慎由以(元)〔大〕和元年登第，至開成，已入翰林。因寓直之夕，二更以來，有中使宣召，引入數重門，至一處，堂宇華煥，簾幕俱垂。見左右二廣燃蠟而坐，謂慎由曰：「上不豫來已數日，兼自登極後聖政多虧。今奉太后中旨，命學士草廢立令。」慎由大驚曰：「某有中外親族數千口，列在搢紳，長行、兄弟、甥姪僅三百人，一旦聞此覆族之言，寧死不敢承命！況聖上高明之德，覆於八荒，豈可輕議！」二廣默然無以爲對。良久，啓後户，引慎由至一小殿。見文宗坐於殿上，二廣徑登階而疏文宗過惡，上唯俛首。又曰：「不爲此拗木枕措大，不合更在此坐矣！」街談以好拗爲「拗木枕」。仍戒慎由曰：「事泄即是此措大也！」於是二廣自執炬，送慎由出邃殿門，復令中使送至本院。慎由尋以疾出翰林，遂金縢其事付胤，故胤切於勦絶北司者由此也。誅北司後，胤方彰其事。《皮光業見聞録》(《通鑑考異》二二)。又《白孔六帖》一四、《古今合璧事類備要》外集五一、《永樂大典》二七三七引。《唐語林》三。　案：《通鑑考異》有辨誤之文。

2 相國崔公慎由廉察浙西。左目眥生贅，如息肉，欲蔽瞳人，視物極礙，諸醫方無驗。一日，淮南判官楊員外牧，自吴中越職，饌召于中堂。因話揚州有穆中善醫眼，來爲白府主，請遣書崔相國鉉，令致之。崔公許諾。後數日，得書云：「穆生性粗疏，恐不可信。有譚簡者，用心精審，勝穆甚遠。」遂致以來。既見，白崔公曰：「此立可去，但能安神不撓，獨斷於中，則必効矣。」崔公曰：「如約，雖妻子必不使知。」

譚簡又曰：「須用九日晴明，亭午於静處療之，若其日果能遂心，更無憂矣。」是時月初也。至六七日間，忽陰雨甚，譚生極有憂色。至八九大開霽，問崔公：「飲酒多少？」崔公曰：「户雖至小，亦可引滿。」譚生大喜。初公將決意用譚之醫，惟語大將中善醫者沈師象，師象贊成其事。是日引譚生於使宅北樓，惟師象與一小豎隨行，左右更無人知者。譚生請公飲酒數杯，端坐無思。俄而譚生以手微捫所患曰：「殊小事耳。」初覺似拔之，雖痛亦忍。又聞動剪刀聲。白公曰：「此地稍暗，請移往中庭。」象與小豎扶公而至於庭。坐既定，聞櫛焉有聲。先是，譚生請好綿數兩染絳，至是，以絳綿拭病處，兼傅以藥，遂不甚痛。譚生請公開眼，看所贅肉，大如小指，堅如乾筋，遂命投之江中。方遣報夫人及子弟。譚生立以狀報淮南，崔相國復書云：「自發醫後，憂疑頗甚。及聞痊愈，神思方安。」後數日，而徵詔至金陵。嗟夫！向若楊君不遇，譚生不至，公心不斷，九日不晴，徵詔遽來，歸期是切，礙其目疾，位當廢矣，安得秉鈞入輔，爲帝股肱？此數事足驗玄助。而公作相之後，譚生已逝，又何命之太薄也。《因話録》六。《唐語林》七。

3　大中、咸通中，盛傳崔慎由相公嘗寓尺題於知聞。或曰：「王凝、裴瓚、舍弟安潛，朝中無呼字知聞，廳裏絶脱靴賓客。」凝，終宣城；　瓚，禮部尚書；　潛，侍中。《唐摭言》七。又《廣記》一八一引。

4　唐自大中至咸通，白中令入拜相，次畢相諴、曹相確、羅相劭，權使相也，繼升巖廊。崔相慎猷曰：「可以歸矣，近日中書盡是蕃人。」蓋以畢、白、曹、羅爲蕃姓也。……近代吴融侍郎，乃趙崇大夫門生。即世日，天水歎曰：「本以畢、白待之，何乃乖於所望？」歎其不大拜，而亦譏當時也。《北夢瑣言》五。又《廣記》二五六引。

5 見劉瑑2。

## 蕭鄴

1 見唐宣宗37。

## 劉瑑

1 唐劉瑑，字子全。幼苦學，能屬文，才藻優贍。大中初，爲翰林學士。是時新復河湟，邊上戎事稍繁，會院中諸學士或多請告，瑑獨當制。一日近草詔百函，筆不停綴，詞理精當。夜艾，帝復召至御前，令草喻天下制。瑑濡毫抒思，頃刻而告就。遲明召對，帝大嘉賞，因而面賜金紫之服。瑑以文學受知，不數年，卒至大用。出鄭處誨所撰劉瑑碑（《廣記》一九九）。

2 河東節度使劉瑑，在内署日，上深器異。大中十一年，上手詔追之，令乘遞赴闕。初無知者，瑑奏發太原，人方信之。既至，拜户部侍郎判度支。十二月十七日次對，上以御按曆日付瑑，令於下旬擇一吉日，瑑不諭旨。上曰：「但擇一拜官日即得。」瑑跪奏：「二十五日甚佳。」上曰：「此日命卿爲相，秘無知者。」高湜自集賢校理，爲蔣係鳳翔從事，湜即瑑舊寮也，二十四日，辭瑑於宣平里私第，湜曰：「竊度旬日必副具瞻之望。」瑑笑曰：「來日具瞻，何旬日也？」湜驚不敢發。詰旦，果爰立矣，始以此事泄於湜。既入相，深有昇平之望。與慎由議政於上前，慎由曰：「惟當甄别品流，上酬萬一。」琢曰：「王夷甫當晉衰之末，崇尚浮虛，祖述流品，終致中原版蕩，晉室淪夷。今當盛明之朝，不能循名責實，使百吏各稱其職而上酬陛下，臣未知致理之日。」慎由不能對，因此恩澤浸衰，罷爲東川節度。《東觀奏記》中。又《廣卓異記》一二引。

## 蔣　伸

1　見李景讓3。

2　宣宗朝，蔣伸判户部事，特承恩渥，每對多及時政。一日延英奏曰：「近日爵賞稱異，人思僥倖者。」上驚曰：「如此即亂(去也)〔矣〕。」伸曰：「亂即未亂，但思僥倖者多，亂亦不難。」上稱歎再三，語畢，三起三留。上曰：「後度即不獨對卿也。」伸不諭。上此後延英遂入相，中外咸知上命相獨出宸襟。柳玭《十四事》(《廣卓異記》七)。

3　見李景讓7。

4　見韓衮1。

## 鄭　光

1　唐鄭光除河中節度，宣宗問曰：「卿在鳳翔，判官是何人？」光曰：「馮三。」上不之會。樞密使奏曰：「是馮衮。臣曾充使至彼，知之。」上曰：「便與馮三爲副使。」及罷河中歸，又詔對，上曰：「卿在河中事大好。」光對曰：「臣須開始得。」又更對他事，曰：「不得，臣須裂始得。」上大笑。後朝臣每遇延英入閣候對，多以開始爲號。時裴思謙郎中爲節判，頃客於河中，到使院，裴曰：「某在身官爵，爲尚書削盡。」皆謂不以本官呼之。光在河中時，遇國忌行香，便與判官及屈諸客就寺醵飲，徵令。時薛起居保遜爲客在坐，光把酒曰：「某改令，身上取果子名。」云：「膍膪。」他人皆尋思不得。至薛還令，云：「脚杏。」滿坐大笑。《盧氏雜説》（《廣記》二六七）。《玉泉子》。

2 見唐宣宗26。

3、4 見韋澳5、6。

5 見田詢1。

## 鄭　顥

1 見唐宣宗20。

2 見崔雍2。

3 鄭顥都尉第一榜，託崔雍員外爲榜。雍甚然諾，顥從之，雍第推延。至榜除日，顥待榜不至，隕穫且至。會雍遣小僮壽兒者傳云：「來早陳賀。」顥問：「有何文字？」壽兒曰：「無。」然日勢既暮，壽兒且寄院中止宿，顥亦懷疑，因命搜壽兒懷袖，一無所得。顥不得已，遂躬自操觚。夜艾，壽兒以一蠟彈丸進顥，即榜也。顥得之大喜，狼忙札之，一無更易。《唐摭言》八。

4 大中十年，鄭顥都尉放榜，請假往東洛覲省，生徒餞於長樂驛。俄有紀於屋壁曰：「三十驊騮一哄塵，來時不鎖杏園春。楊花滿地如飛雪，應有偷遊曲水人。」《唐摭言》三。《唐詩紀事》五四。

5 鄭顥嘗夢中得句云：「石門霧露白，玉殿莓苔青。」續成長韻。此一聯，杜甫集中詩。《南部新書》己。《詩史》(《詩話總龜》前集三五)。《唐詩紀事》五四。

## 柳仲郢

1 柳僕射仲郢任鹽鐵使，奉敕：醫人劉集宜與一場官。集醫行閭閻間，頗通中禁，遂有此命。仲郢手疏執奏曰：「劉集之藝若精，可用爲翰林醫官，其次授州府醫博士。委務銅鹽，恐不可責其課最。又場官賤品，非特敕所宜。臣未敢奉詔。」宣宗御筆批：「劉集與絹百匹，放東回。」數日，延英對，曰：「卿論劉集大好。」《唐語林》二。

2 蜀東西川之人常互相輕薄。西川人言：「梓州者，乃我東門之草市也，豈得與我爲耦哉？」節度柳仲郢聞之，爲幕客曰：「吾立朝三十年，清華備歷，今日始得與西川作市令。」聞者皆笑之。故世言東西兩川人多輕薄。《北夢瑣言》(《廣記》二六五)。《南部新書》辛。

3 唐柳僕射仲郢鎮鄴城，有一婢失意，將婢於成都鬻之。蓋巨源使君乃西川大校，累典雄郡，宅在苦竹溪，女儈具以柳婢言導，蓋公欲之，乃取歸其家，女工之具悉隨之，日夕賞其巧技。或一日，蓋公臨街窺窗，柳婢在侍，通衢有鬻綾羅者從窗下過，召俾就宅。蓋公於東縑内選擇邊幅，舒卷揲之，第其厚薄，酬酢可否。柳婢失聲而仆，似中風恙，命扶之而去，一無言語，但令輿還女儈家。翌日而瘳，詰其所苦，青衣曰：「某雖賤人，曾爲柳家細婢，死則死矣，安能事賣絹牙郎乎！」蜀都聞之，皆嗟歎也。清族之家，率由禮門。蓋公暴貴，未知士風，爲婢僕所譏，宜矣哉！《北夢瑣言》四。又《廣記》二六一引。《嬾真子》二。《北軒筆記》。

4 余家昇平里西堂藏書，經史子集皆有三本。一本紙墨籤束尤華麗者鎮庫；一本次者長將隨行披覽；又一本次者後生子孫爲業。《柳氏序訓》(《海録碎事》一八)。又《澄懷録》(陶本《説郛》二三)引。 案：《南部新書》丁作柳公綽藏書。《新唐書》一六三作柳仲郢。

## 柳珪

1 柳珪是韋慤門生，慤嘗云：「三十人惟柳先輩便進燈燭下本。」《南部新書》丁。

2 藍田尉直弘文館柳珪，擢爲右拾遺、弘文館直學士，給事中蕭倣、鄭裔綽駁還曰：「陛下高懸爵位，本待賢良，既命澆浮，恐非懲勸。珪居家不稟於義方，奉國豈盡於忠節？」刑部尚書柳仲郢，詣東上閤門進表，稱「子珪才器庸劣，不合塵玷諫垣。若誣以不孝，即冤屈爲甚。」太子少師柳公權。又訟侵毀之枉，上令免珪官，且在家修省。貞元、元和已來，士林家禮法嚴整，以韓皋、柳公綽、柳仲郢爲稱首。一旦子孫不孝，簪組歎惜。《東觀奏記》中。《唐語林》六。

## 李景讓

1　李景讓字後己。尚書，少孤貧，夫人某氏，性嚴重明斷，近代貴族母氏之賢，無及之也。孀居東洛，諸子尚幼，家本清素，日用尤乏。嘗值霖雨且久，其宅院内古墻夜坍隤，童僕修築次，忽見一槽船，實以散錢，婢僕等當困窶之際，喜其有獲，相率奔告於堂上。太夫人聞之，誡童僕曰：「切未得輒取，候吾來視之而後發。」既到，命取酒酹之曰：「吾聞不勤而獲禄，猶爲身災，士君子所慎者，非義之得也，吾何堪焉？若天實以先君餘慶憫及未亡人，當令此諸孤學問成立，他日爲俸錢賫吾門。此未敢覬。」乃令函掩如故。其後諸子景讓、景溫、字德己。景莊皆進士擢第，並有重名，位至方岳。景讓最剛正，奏彈無所避。爲御史大夫，宰相宅有看街樓子，皆幛之，懼其糾劾也。然終以强毅爲時所忌。舊俗除亞相者，百日内若别有人登庸，謂之辱臺。而景讓未十旬，蔣公伸入相，景讓除西川節度，赴任不踰年，乃請老歸於洛下，終身不復再起。太夫人孀居之歲，才未中年，貞幹嚴肅，姻族敬憚，訓厲諸子，言動以禮，雖及宦達之後，稍怠於辭旨，則檟楚無捨。先是景讓除浙西節度使，已而忽問曰：「取何日進發？」偶然忘思慮，便云擬取某日。太夫人曰：「若此日，吾或有事，去未得如何！」景讓惶懼，方悟失對。太夫人曰：「官職貴達，不用老母得也。」命童僕折去巾綬，撻於堂下。景讓時已斑白，而高堂嚴厲，常若履冰，縉紳之流，健羨莫及。其後在浙西日，左都押衙因應對乖禮，怒撻而斃之。既而三軍洶洶，將致翻城，太夫人乃候其受衙之際，出坐廳中，叱景讓立於階下曰：「天子以方岳命汝鎮撫，安得輕弄刑政！苟致一方非寧，不唯上負聖君，而令垂暮老母，銜羞而死，且使老婦何面目見汝先大夫於地下？」言切語正，左右感咽。乃命坐於庭中，將撻其背，賓僚將校畢至，拜泣乞之。移時不許，大將以下，嗚咽感謝之，於是軍伍帖然無復異議矣。景莊累舉不捷，太夫人聞其點頟，即笞其兄，中表皆勸。如是累歲，連受庭責，終不薦託。親知切請之，則曰：「朝廷知是李景讓弟，非是冒取一名者，自合放及第耳。」既而宰相果謂春官：「今年李景莊須放及第，可憫那老兒一年遭一頓杖。」是歲景莊登第矣。《金華子》上。《續世説》八。《唐語林》三、四。

2 見李復言1。

3 大中年，丞郎宴席。蔣伸在座，忽斟一杯，言曰：「席上有孝於家，忠於國，及名重於時者，飲此爵。」衆皆肅然，無敢舉者。獨李公景讓起引此爵。蔣曰：「此宜其然。」《盧氏雜説》（《廣記》二三三）。《南部新書》辛。《唐語林》一。

4 李景讓爲吏部尚書，抗疏言：「穆宗至敬宗、文宗、武宗四廟當遷出。以穆宗是上兄弟，文宗已下，是上猶子。陛下拜兄尚可，拜姪可乎？使陛下得新事七廟，宜重昇太宗已下入廟，以正三昭三穆之序。」事下百官集議，不定而止。時人以上方銜穆宗深，爲景讓希旨，多不直其事。《東觀奏記》下。

5 李景讓、夏侯孜偘偘立朝，俱勵風操。景讓爲御史大夫，視事之日，以侍御史孫玉汝、監察御史盧涓、王覿不稱職，請移他官。孜爲右丞相，以職方郎中裴諴、虞部郎中韓瞻俱聲績不立，詼諧取容，諴改太子中允，瞻改鳳州刺史。《東觀奏記》下。《唐語林》三。

6 李景讓爲御史大夫。初，大夫不旬月，多拜丞相。臺中故事：以百日内他人拜相爲「辱臺」。景讓未旬，除劍南節度使。未幾，請致仕。客有勸之曰：「僕射廉潔，縱薄於富貴，豈不爲諸郎謀耶？」笑曰：「李景讓兒詎餓死乎？」退居洛中，門無雜賓。李瑑罷浙西，謁景讓，且下馬，不肯見；方去，命人斸其馬臺云。《唐語林》七。

7 始蔣伸相登庸，李景讓尚書西川覽報狀而歎曰：「不能伏事斯人也。」遽託疾離鎮。有詩曰：「成都十萬户，抛若一鴻毛。」《北夢瑣言》五。又《廣記》二五六引、《唐詩紀事》五〇引。

8 見唐宣宗72。

9 見殷堯藩1。

## 盧　鈞

1 盧相國鈞初及第，頗窘於牽費。俄有一僕願爲月傭，服飾鮮絜，謹幹不與常等。覩鈞褊乏，往往有所資。時俯及關宴，鈞未辦醵率，憂形於色。僕輒請罪，鈞具以實告。對曰：「極細事耳。郎君可以處分，最先合勾當何事？」鈞初疑其妄，既而將覘之，紿謂之曰：「爾若有伎，吾當主宴，第一要一大第爲備宴之所，次則徐圖。」其僕唯而去，頃刻乃迴，白鈞曰：「已稅得宅矣，請幾郎檢校。」翌日，鈞强往看之，既而朱門甲第擬於宫禁。鈞不覺欣然，復謂曰：「宴處即大如法，此尤不易張陳。」對曰：「但請選日，啓聞侍郎張陳。某請專掌。」鈞始慮其非，反覆詰問，但微笑不對。或意其非常人，亦不固於猜疑。既宴除之日，鈞止於是。俄覩幕帟茵毯，華焕無比，此外松竹、花卉皆稱是，鈞之醵率畢至。由是公卿間靡不誇詫。詰朝，其僕請假，給還諸色假借什物，因之一去不返。逮旬日，鈞異其事，馳往舊遊訪之，則向之花竹一無所有，但見頹垣壞棟而已。議者以鈞之仁感通神明，故爲曲贊一春之盛，而成終身之美。《唐摭言》三。又《廣記》八四引。

2 唐相國盧公鈞，進士射策爲尚書郎，以疾出爲均州刺史。到郡，疾稍加，羸瘠，不耐見人，常於郡後山齋養性獨處，左右接侍亦皆遠去，非公呼召，莫敢前也。《神仙感遇傳》(《廣記》五四)。

3 盧司空鈞爲郎官，守衢州。有進士贄謁，公開卷閲其文十餘篇，皆公所製也。語曰：「君何許得此文？」對曰：「某苦心夏課所爲。」公云：「此文乃某所爲，尚能自誦。」客乃伏，言：「某得此文，不知姓名，不悟員外撰述者。」《唐語林》七。《芝田録》(《類説》一一)。

4 進士盧融嘗説：盧元公鎮南海日，疽發於鬢，氣息惙然。有一少年道士直來牀前，謂相國曰：「本師知尚書病瘡，遣某將少膏藥來，可便傅之。」相國寵姬韓氏遂取膏藥疾貼於瘡上，至暮而較，數日平復。於倉皇之際，不知道士所來，及令勘中門至衙門十數重，竝無出入處，方知其異也。盛膏小銀合子，韓氏收得，後猶在。融即相國親密，目驗其事。因附於此。《尚書故實》。

5 瓦屋子，蓋蚌蛤之類也，南中舊呼爲蚶子頭，因盧鈞尚書作鎮，遂改爲瓦屋子，以其殼上有棱如瓦壠，故名焉。《嶺表録異》下。又《紺珠集》一三引。

6 盧元公鈞鎮北都，推官李璋幕中飲酒醉，決主酒軍職衙前虞候。明日，元公出赴行香，其徒百八十人横街見公，論無小推巡決得衙前虞候例。元公命收禁責狀。至衙，命李推官所決者更決配外鎮，其餘虞候各罰金。内外不測。璋惶恐，衣公服求見。公問：「何事公服？請十郎袴衫麻鞋相見。」璋欲引咎，公語皆不及。臨去，曰：「十郎不決衙前虞候，只決所由。假使錯誤，亦不可縱。况太原邊鎮，無故二百虞候横攔節度使，須當挫之。」璋後爲尚書右丞。《唐語林》一。

7 盧公鎮太原，同日補左右都押衙。其牒置案前階上，補右者先自探之，展見「右」字，卻摺於階上，退身致詞云：「在軍門幾十年，前後主辦，未嘗敗績。伏蒙右補，情有嫌鬱，謹未敢受。」公曰：「君近前。君知軍中無年勞，知有拔卒爲將否？君不同蔡襲，有功朝廷，合議超寵。」其人未遜。公復召前，并排衙大校悉前，曰：「君怏恨右補都衙軍，不見盧鈞耶？」軍中見節使自呼姓名，皆悚然。「處鈞進士出身，歷中外五十年，豈不消中書一頓飯？臨年暮齒，亦是得一裹香紙，合如何？」於是牙中感泣，領拜謝而去。蔡受左都押衙，即日表薦爲上將軍，尋建幢，節鎮湖南。《唐語林》一。

8 見柳公權5。

## 杜勝

1 見唐宣宗79。

2 杜勝給事在杭州之日，問婁千寶曰：「勝爲宰相之事何如？」曰：「如筮得震封，有聲而無形也。《周易》卜得《震》卦，如聞雷不見其形，凡事皆不成遂也。當此之時，或陰人之所譖也。若領大鎮，必憂悒成疾，可以修禳乎！」後杜公爲度支侍郎，有直上之望，草麻待宣，府吏已上，於杜公門搆板屋，將布沙堤，忽有東門驃騎，奏以小疵，而承旨以蔣伸侍郎拜相，杜出鎮天平，憂悒不樂，失其大望也。乃嘆曰：「金華婁山人之言，果應矣！」……杜尚書尋亦薨于鄆州。《雲溪友議》中。又《廣記》二二三引。

## 韋澳

1 韋澳與蕭寘，大中中，同爲翰林學士，每寓直，多召對。内使云：「但兩侍郎入直，即内中便知宣旨。」又澳舉進士時，日者陳子諒號爲陳特快，云：「諸事未敢言，惟青州節度使不求自得。」果除拜。《南部新書》丁。

2、3 見唐宣宗28、32。

4 故事：京兆尹在私第，但奇日入府，偶日入遞院。崔郢爲京兆尹，囚徒逸獄而走，上始命造京兆尹廨宅，京兆尹不得離府。上以崔罕、郢併敗官，面召翰林學士韋澳，授京兆尹，便令赴上。賜度支錢二萬貫，令造府宅。澳公正方嚴，吏不敢欺。委長安縣尉李信主其事，造成廨宇，極一時壯麗，尚有羨緡却進。《東觀奏記》中。《南部新書》丁。《唐語林》一。

5 韋澳爲京兆尹，豪右斂手。國舅鄭光，莊不納租，澳縶其主者，期以五日，不足，必抵以法。太后爲言之。上延英問澳，澳具奏本末，上曰：「今日納租足，放否？」曰：「尚在限内，來日即不得矣。」澳既出半廷，上連召之，曰：「國舅莊租今日納足，放主者否？」澳曰：「必放。」上入告太后曰：「韋澳不可犯，且與送錢納却。」頃刻而放。《東觀奏記》中。《唐語林》三。

6 鄭光，宣宗之舅，别墅吏頗恣横，爲里中患。積歲徵租不入。户部侍郎韋澳爲京兆尹，擒而械繫之。及延英對，上曰：「卿禁鄭光莊吏，何罪？」澳具奏之。上曰：「卿擬如何處置？」澳曰：「臣欲寘于法。」上曰：「鄭光甚惜，如何？」澳曰：「陛下自内庭用臣爲京兆，是使臣理畿甸積弊。若鄭光莊吏積年爲蠹，得寬重典，則是朝廷之法獨行於貧下，臣未敢奉詔。」上曰：「誠如此。但鄭光再三干朕，卿與貸法，得否？不然，重決貸死，可否？」澳曰：「臣不敢不奉詔，但許臣且繫之，俟徵積年税物畢放出，亦可爲懲戒。」上曰：「可也。爲鄭光所税擾鄉，行法自近。」澳自延英出，徑入府杖之，徵欠租數百斛，乃縱去。《唐語林》二。

7 先是，京兆府進士、明經解送，設殊、次、平等三級，以甄别行實。近年公道益衰，止於奔競，至解送之日，威勢撓敗，如市道焉。至是，澳牓曰：「朝廷將裨教化，廣設科場。當開元、天寶之間，始專重明經、進士。及貞元、元和之際，又益以薦送相高。當時務尚切磋，不分黨甲，絶僥倖請託之路，有推賢讓能之風。等列標名，僅同科第，既爲盛事，固可公行。近日以來，前規頓改，互争强弱，多務奔馳。定高卑於下第之初，決可否於差官之日。曾非考覈，盡繫經營。奥學雄文，例捨於貞方寒素；增年矯白，盡取以黨比羣强。中選者曾不足云，而争名者益熾其事。澳叨司畿甸，合貢英髦，非無藻鑑之心，懼有愛憎之謗。且李膺以不察孝廉去任，胡廣以輕舉茂才免官，况其管窺，實難裁處。况禮部格文，本無等第，府庭解送，不合區分。今年合送省進士、明經等，並以納策試前後爲定，不在更分等第之限。」詞科之盛，本以京兆府等第級。建中二年，崔元翰、崔敖、崔備三人，府元、府副、府第三人。于邵知貢舉，放及第，並依府列，蓋推崇藝實，不能易也。自文學道喪，朋黨道興，紛競既多，澳不勝憤，遂此釐革，蓋救一時之弊。人多惜之。《東觀奏記》中。《唐語林》一。

8 韋澳辭判户部，歸謂甥姪曰：「已讓版使矣。」《海録碎事》一一上。

9 韋澳在翰林，極承恩遇。自京兆尹出爲河陽三城節度使，當軸者擠之也。大中十三年，魏博節度使何弘敬就加中書令，上命宣徽南院王居方往魏博賜麻制，假道河陽，上以薄紙手詔澳曰：「密飭裝，秋當與卿相見。」戒居方曰：「過河陽，以此賜澳，無令人知。」居方既至，密以宸翰授澳。上七月寢疾，八月晏駕，遂中寢。《東觀奏記》下。

## 沈詢

1 潞州沈尚書詢，宣宗九載主春闈，將欲放牓，其母郡君夫人曰：「吾見近日崔、李侍郎，皆與宗盟及第，似無一家之謗。汝叨此事，家門之慶也。於諸葉中，擬放誰也？」吴興沈氏，相見問葉，不問房。詢曰：「莫先沈光也。」太夫人曰：「沈光早有聲價，沈擢次之。二子科名，不必在汝，自有他人與之。吾以沈儋孤單，鮮其知者，汝其不愍，孰能見哀？」詢不敢違慈母之命，遂放儋第也。光後果昇上第，擢奏芸閣，從事三湘。太夫人之朗悟，亦儋之感激焉。《雲溪友議》下。

2 見韓洙1。

3 大中九年，日官李景亮奏云：「文昌暗，科場當有事。」沈詢爲禮部，甚懼焉。至是三科盡覆試，宏詞趙秬等皆落，吏部裴諗除祭酒。《南部新書》戊。

4 沈詢侍郎，清粹端美，神仙中人也。制除山北節旄，京城誦曹唐《游仙詩》云：「玉詔新除沈侍郎，便分茅土領東方。不知今夜游何處，侍從皆騎白鳳凰。」即風姿可知也。《北夢瑣言》五。《詩話總龜》前集一九。《唐詩紀事》三九。

5 唐沈詢侍郎，亞之之子也。昆弟二人，一人忘其名。乘舸泛河，爲驚湍激船栘梁板漂遞，沈子亦漂而死。詢鎮潞州，寵婢，夫人甚妬，因配與家人歸秦。其婢旦夕只在左右，歸秦慚恨，伺隙剸刃於詢，果罹凶手。殺歸秦以充祭，亦無及也。《北夢瑣言》一二。　案：沈詢爲傳師之子，此誤作亞之之子。

6 沈詢有嬖妾，其妻害之，私以配内豎歸秦，詢不能禁。既而妾猶侍内，歸秦耻之，乃挾刃伺隙，殺詢及其夫人於昭義使衙。是夕，詢嘗宴府中賓友，乃便歌著詞令曰：「莫打南來雁，從他向北飛。打時雙打取，莫遣兩分離。」及歸而夫妻併命焉。時咸通四年也。《北夢瑣言》（《廣記》二七五）。《南部新書》庚。

## 高璩

1 見白敏中10。

## 韋觀

1 太僕韋卿覲，欲求夏州節度使。有巫者知其所希，忽詣韋門曰：「某善禱祝星神，凡求官職者，必能應之。」韋卿不知其誑詐，令擇日。夜深於中庭備酒菓香燈等，巫者乘醉而至，請韋卿自書官階一道，虔啓於醮席。既得手書官銜，仰天大叫曰：「韋觀有異志，令我祭天！」韋公合族拜乞之：「山人無以此言，百口之幸也。」凡所翫用財物，悉與之。時湖上崔大夫倨充京尹府，因叛獄，謂巫者是其一輩。里胥詰其衣裝忽異，巫情窘，乃云：「太僕韋觀，曾令我祭天。我欲陳告，而以家財求我。非竊盜也。」既當申奏，宣宗皇帝召覲至其殿前，獲明冤狀，復召宰臣，詔曰：「韋觀，城南上族，軒蓋承家，昨爲求官，遂招誣謗。無令酷吏加之罪。」原其師誣誑，便付京兆處死訖。中韋則量事受責，門下議貶潘州司馬。《雲溪友議》中。又《廣記》二八三引。案：《通鑑》二四九記此事，作「韋廬」。

## 鄭薰

1 吏部鄭侍郎薰介潔方廉，以端勁自許，朝右畏憚。咸通初，有德音云：「官階至朝散大夫者，許追榮先世，及妻以邑封；至正議大夫者，用勳蔭子；至光祿大夫者，得衮服廟祭，設棨戟。」一日，內侍省牒言：「弓箭庫使正議大夫內謁者監某乙，請少恩例，用階蔭子。」吏部牒司勳刺檢云：「大曆中魚朝恩曾有是事。」鄭公怒吏，判其後云：「正議大夫誠宜蔭子，內謁者監不合有男。」有司具以此牒，自是無敢復請者。後以聚食百口，困於朝俸，白執政以外任爲請。時宰以公清望耆德，議假端揆出刺華州，擬狀留中不出。論者或以爲嘗失律於宛陵，上意遲於再委分閫。而僕射李公亦嘗不利於鏡水，何三擁朱輪於蓮華峯下哉？蓋以三峯且無戎機，不併藩府，止類闕輔丞郎耳。今者恩命不行，實以剛簡爲倖臣所忌。《闕史》上。

2　鄭薰知舉，放牓日，唯舍人畢諴到宅謝恩。至蕭倣放牓日，並無朱紫及門。時論誚之。《盧氏雜説》（《廣記》一七八）。《唐語林》三。　案：誚之，《唐語林》作「稱之」。

3　鄭侍郎薰主文，誤謂顔標乃魯公之後。時徐方未寧，志在激勸忠烈，即以標爲狀元。謝恩日，從容問及廟院。標曰：「寒畯也，未嘗有廟院。」薰始大悟，塞默而已。尋爲無名子所嘲曰：「主司頭腦太冬烘，錯認顔標作魯公。」《唐摭言》八、一三。又《廣記》一八二、二五六引。《唐詩紀事》五〇。

4　鄭少師薰于里第植小松七本，自號七松處士。異代可對五柳先生。《南部新書》戊。

## 孔温業

1　見白敏中11。

## 孔温裕

1　河南孔尹温裕任補闕日，諫討党項事，貶郴州司馬。久之得堂兄尚書温業書，報云：「憲府欲取爾作侍御史。」日望勑下。忽又得書云：「宰相以右史處之。」皆無音耗。一日，有鵲喜於庭，直若語狀孩稚。拜且祝云：「願早得官。」鵲既飛去，墜下方寸紙，有「補闕」二字，極異之。無幾，却除此官。《因話録》六。又《廣記》一三八引。《續前定録》。

## 庾道蔚

1 見鄭朗2。

## 封敖

1 太常卿封敖於私第上事，御史臺彈奏，左遷國子祭酒。故事：太常卿上日，廷設九部樂，盡一時之盛。敖拜太常卿，欲便於親閲，遂就私第視事。法司舉奏，遂薄責焉。《東觀奏記》下。《唐語林》七。

## 崔瑶

1 崔瑶知貢舉，以貴要自恃，不畏外議。牓出，率皆權豪子弟。其弟兄見之，輒曰：「勿觀察吾眼。」

案：此下有脱文。《唐語林》三。

2 見崔邠3。

## 韋有翼

1 韋有翼尚書有重名。平生不飲酒，不務歡笑，爲家諱「樂」故也。《芝田録》（《類説》一一）。《唐語林》一。

## 吴居中

1 高品吴居中，承恩澤甚厚，訪術者，欲固其事。術者令書上尊號於襪。有告者，上召視之，信然，居中棄市。《東觀奏記》中。《唐語林》七。

## 鄭裔綽

1 工部尚書楊漢公前任荆南節度使，以不廉聞，公議益喧，左遷秘書監，制曰：「考三載之績，爾最無聞；致多士之朝，人言未息。既起風波之論，難安喉舌之司。」舍人沈詢詞也。洎至大中十三年，漢公除同州刺史，給事中鄭公與、裔綽三駁還制書。上自即位，但聞諫官論執，左曹駁正，無不立從其奏，至是惑於左右，三下漢公同州之命，不允所論。時屬寒食，内宴百寮，上因擊毬，巡班慰勞，至給事中班，謂公與、裔綽曰：「卿凡有駁議，朕無不允從，唯論漢公，事涉朋黨。」裔綽前曰：「同州是太宗皇帝興王之地，陛下爲子孫，尤爲慎擇牧守。漢公在荆南日，貪殘已經朝責，陛下豈可以祖宗重地私於此人？」上色變而迴馬。翌日，裔綽貶商州刺史。《東觀奏記》中。

2 鄭裔綽爲浙東觀察使，奏侍御史鄭公綽爲副使。幕客與府主同姓聯名者甚寡。《唐語林》四。《衣冠盛事》（陶本《説郛》三一）。

## 李庚

1 李石從子庚，少擢進士第，石之力也。累拜監察御史，分司東都。崔相鉉鎮淮南，到洛累日不拜塋，庚封其節，將奏之，時人稱焉。《唐語林》三。

2 見劉瞻5。

## 楊戴

1 見楊敬之4。

2 命監察御史楊戴往浙西道勘覆軍額。大中十二年，宣州叛將康全泰噪逐觀察使鄭薰，朝廷用宋州刺史温璋問罪。時蕭寘爲浙西觀察使，地與宣州接連，遂擢用武臣李琢代寘，特建鎮海軍節鎮撫之，以張犄角之勢。兵罷後，謗者言琢虚署官健名，廣佔衣糧，没入私家。上遂命戴往，按覆軍籍，無一卒虚額者。戴還條奏，謗者之言始不勝。《東觀奏記》下。《唐語林》七。 案：楊戴，《唐語林》作「楊載」。

## 崔罕

1、2 見唐宣宗56、69。

## 馬曙

1　大理卿馬曙，任代地水運使，代北出犀甲，曙罷職，以一二十領自隨。故事：人臣家不得蓄兵器。曙既在朝，乃瘞而藏之。一日，奴有犯罪者，曙笞之，即告於御史臺，稱曙蓄兵器，有異謀。命吏發曙私第，得甲不虛，坐貶邵州刺史。諫官上論，以奴訴郎主，在法不赦。上命杖殺曙奴於青泥驛，曙載貶嶺外。人臣無不感悦。《東觀奏記》中。

## 裴諗

1　見唐宣宗80。

2　吏部侍郎兼判尚書銓事裴諗左授國子祭酒，吏部侍郎周敬復罰一月俸，監察御史馮顓左授祕書省著作佐郎，考院所送博學宏辭科趙秬等十人，並宜覆落，不在施行之限。初，裴諗兼上銓，主試宏技兩科，其年争名者衆，應宏詞選，前進士苗台符、楊嚴、薛訢、李詢古、敬翊已下一十五人就試。諗寬豫仁厚，有賦題不密之説，前進士柳翰，京兆尹柳憙之子也。故事：宏詞科只三人。翰在選中。不中者言翰於諗處先得賦，託詞人温庭筠爲之。翰既中選，其聲聒不止，事徹宸聽。杜德公時爲中書舍人，言於執政曰：「某兩爲考官，未試宏詞，先鏁考官，然後考文書。若自先得賦題者，必佳。糊名考文書，得佳者，考官乃公。當罪止銓，爲考官不合坐。」宏詞趙秬，丞相令狐綯故人子也，同列將以此事嫁患於令狐丞相，丞相逐之，盡覆去。初，日官奏文昌星暗，科場當有事。沈詢爲禮部侍郎，聞而憂焉。至是三科盡覆，日官之言方驗。《東觀奏記》下。

## 王皡

1 懿安郭太后既崩，喪服許如故事。禮院檢討官王皡抗疏請后合葬景陵，配享憲宗廟室。疏既入，上大怒。宰臣白敏中召皡詰其事，皡曰：「郭太后是憲宗春宮時元妃，汾陽王孫，逮事順宗爲新婦。憲宗厭代之夜，事出暗昧。母天下五朝，不可以暗昧之事，黜合食之禮。」敏中怒甚，皡聲益厲。宰臣將會食，周墀駐敏中廳門以俟同食，敏中傳語墀：「正爲一書生惱亂，但乞先之。」墀就中廳問其事，皡益不撓，墀以手加額於皡，賞其孤直。翌日，皡貶潤州句容令，墀亦免相。大中十三年秋八月，上崩，宰臣令狐綯爲山陵禮儀使，奏皡爲判官。又皡拜章論懿安合配享憲宗，始升祔焉。《東觀奏記》上。《唐語林》三。

## 鄭魯

1 李廓爲武寧節度使，不理，右補闕鄭魯上疏曰：「臣恐新麥未登，徐師必亂。乞速命良將，救此一方。」上未之省也。麥熟而徐師亂，上感魯言，即擢爲起居舍人。《東觀奏記》上。《唐語林》三。

## 王景初

1　大理寺直王景初，與刑部郎中唐技議讞不平，景初坐貶潭州司户參軍。制下，景初撾登聞鼓稱冤，再貶昭州司户。制曰：「不遵嚴譴，輒冒登聞。」以懲不恭也。《東觀奏記》中。

## 趙　璘

1　余年小，在江漢，嘗與羣兒戲。以竹筆爲鎗，鳥翎飾其上，裂紙爲旍旗，作戰鬪之像，相向云殺。俄爾立定，又云再殺。不數年，憲宗剪除羣寇，蔡、齊二巨猾相次夷滅，再殺之應也。《因話録》六。

2　見唐宣宗27。

3　趙璘歷祠部郎，同舍多以祠曹爲目，璘因質之曰：「祠部，改後唯有職祠、司禋二號，無祠曹之名。」爲以後漢疏寵辟司徒府，轉爲辭曹，掌天下獄訟，其平決無不厭伏；又晉朝荆州人爲羊祜諱嫌名，改户曹爲祠曹，故誤呼耳。《唐語林》（《永樂大典》二六〇六）。

4　見薛能9。

5　見裴坦6。

6　見唐宣宗90。

## 裴紳

1 裴紳始名誕，日者告曰：「君名紳，即伸矣。」果如其言。《南部新書》己。

2 杜濛授左拾遺，庭裕先父任左補闕，以濛家行不至，薄妻孥，爲衆所聞，不可處諫臣之列。丞相魏謩盛怒。頃濛上事，先君見魏於政事堂曰：「必要任濛，乞先移他官。」丞相重違，即改授濛太常博士。《東觀奏記》上。

## 孟弘微

1 唐孟弘微郎中誕妄不拘，宣宗朝，因次對曰：「陛下何以不知有臣，不以文字召用？」上怒曰：「卿何人斯，朕耳冷，不知有卿。」翌日，上謂宰臣曰：「此人躁妄，欲求翰林學士，大容易哉！」於是宰臣歸中書，貶其官，示小懲也。又嘗忿狷，擠其弟落井，外議喧然，乃致書告親友曰：「懸身井半，風言沸騰，尺水丈波，古今常事。」與鄭諷鄰居，諷爲南海從事，因牆頹，郎中夾入牆界五六尺，知宅者有狀，請退其所浸，判其狀曰：「海隅從事，少有生還，地勢尖斜，打牆夾入。」平生操履，率皆如是。不遭擯棄，幸矣。《北夢瑣言》九。又《廣記》二六四引。案：《類説》四〇、《紺珠集》三誤作《朝野僉載》。

## 李譜

1 李譜者，珏之子。自淮南赴舉，路經蒲津，謁崔公鉉，鉉以子妻之，而性忌妬。譜，宰相子，懷不平，多争競。鉉忽召譜讓之，譜初猶端笏，既忿，即横手板曰：「譜及第不干丈人，官職不干丈人。」語未卒，鉉掩耳而去。其妻竟怨憤而卒。《唐語林》七。

## 李褒

1 李尚書褒晚年修道，居陽羨川石山後。長子召爲吴興，次子昭爲常州，當時榮之。《唐語林》四。

## 李當

1 唐李當尚書鎮南梁日，境内多有朝士莊産，子孫僑寓其間，而不肖者相效爲非。前政以其各有階緣，弗克禁止，閭巷苦之。八座嚴明有斷，處分寬織篋籠，召其尤者，詰其家世譜第，在朝姻親，乃曰：「郎君籍如是地望，作如此行止，無乃辱於存亡乎？今日所懲，賢親眷聞之，必賞老夫。勉旃！」遽命盛以竹籠，沈於漢江。由是其儕惕息，各務戢斂也。《北夢瑣言》三。《唐語林》二。

## 崔元範

1 李尚書訥夜登越城樓，聞歌曰：「雁門山上雁初飛。」其聲激切。召至，曰：「去籍之妓盛小藂也。」曰：「汝歌何善乎？」曰：「小藂是梨園供奉南不嫌女甥也。所唱之音，乃不嫌之授也。今色將衰，歌當廢矣！」時察院崔侍御元範，自府幕而拜，即赴闕庭，李公連夕餞崔君於鏡湖光候亭，屢命小藂歌餞，在座各爲一絶句贈送之，亞相爲首唱矣。崔下句云：「獨向柏臺爲老吏。」皆曰：「侍御鳳閣中書，即其程也，何以老於柏臺？」衆請改之。崔讓曰：「某但止於此任，寧望九遷乎？」是年秋，崔君鞫獄於譙中，乃終於柏臺之任矣。《雲溪友議》上。《古今詩話》（《詩話總龜》前集四三）。《唐詩紀事》五九。

## 李訥

1 李訥除淛東路，出淮楚時，盧罕方爲郡守。訥既至，適值元日，罕命設將送素膳於訥。訥初見欣然，追覽狀，乃將名與訥父諱同。訥，建子也。雅性褊急，大怒，翌日僅旦，已命鼓棹前去。罕聞之，急命駕而往，舟已行矣。罕知其故，遜謝良久，且言所由以不謹答之。訥去意益堅，罕度不可留，怒曰：「大約下人多名建，公何怒之深也！」遂拂衣而去。《玉泉子》。又《廣記》二四四引。

2 見崔元範1。

3 浙東觀察使兼御史中丞李訥爲軍士噪逐，坐貶朗州刺史，馳驛赴任。訥性褊狷，遇軍士不以禮，人皆怨之，遂及於難。監軍使王景宗責撫循無狀，杖四十，流恭陵。自此戎臣失律，監軍皆連坐。《東觀奏記》下。《唐語林》二。

4 咸通初，洛中謠曰：「勿雞言，送汝樹上去；勿鴨言，送汝水中去。」又曰：「勿笑父母不認汝。」及李納爲河南尹，是年大水，納觀水于魏王堤上，波勢浸盛，慮其覆溺，于是策馬而回。時人語曰：「昔瓠子將壞，而王尊不去；洛水未至，而李納已回。」是時男女多棲于木，咸爲所漂者，父母觀之不能救。《唐語林》七。案：李納，據《新唐書》一六二，應作「李訥」。

5 李訥僕射性卞急，酷尚弈棋，每下子安詳，極於寬緩。往往躁怒作，家人輩則密以弈具陳於前，訥覩便忻然改容，以取其子布算，都忘其恚矣。《南部新書》庚。

## 高少逸

1 高尚書少逸爲陝州觀察使。有中使于硤石驛怒餅餌黑，鞭驛吏見血，少逸封餅以進，中使亦自言。上怒曰：「高少逸已奏來。深山中如此食，豈易得也？」遂謫配恭陵，復令過陝赴洛。《唐語林》二。

## 韓藩

1 韓藩端公，大中二年封僕射敖門生也，與崔瑄大夫同年而相善。瑄廉問宛陵，請藩爲副使。時幕府諸從事率多後進子弟，以藩年齒高暮，凡遊從觀會，莫肯從狎，藩不平之。一日，諸郎府移廚看花，而藩爲之幕長，方盛服廳中，俟其來報。移時莫之召，藩乃入謁。瑄見藩至，甚訝其不赴會，藩便言不知，瑄乃與藩攜手往焉。既至彼，瑄則讓其失禮於首廳，賓從初端揖竦聽，俄而判官孔振裘攘袂厲聲曰：「韓三十五老大漢，向同年覓得一副使，而更學鬬脣合舌。」瑄掀髯而起，饌席遂散。《金華子》上。

2 韓藩端公自宣幕退居鍾山，因服附子硫黄過數，九竅百毛穴皆出血，唯存皮骨。小斂莫及，但以血褥舉骨就棺而已。吁，可駭也！《南部新書》己。

## 崔黯

1 唐崔黯鎮湖南，有惡少自髡鉗爲傭隸，依託佛教，幻惑愚俗，積財萬計。黯始下車，恐其事敗，乃持牒詣府云：「某發願焚修三年，今已畢，請脱鉗歸俗。」黯問：「三年教化，所得幾何？」曰：「逐旋用不記數。」又問：「費用幾何？」曰：「三千緡不啻。」黯曰：「費者有數，納者不記，豈無欺隱？」命搜其室，妻孥蓄積，甚於俗人。既服矯妄，即以付法。《折獄龜鑑》五。

## 蔡京

1 邕州蔡大夫京者，故令狐相公楚鎮滑臺之日，因道場見僧中令京挈於瓶鉢，彭陽公曰：「此童眉目疏秀，進退不慴，惜其單幼，可以勸學乎？」師從之，乃得陪相國子弟。青州尚書緒、丞相綯、綸也。後以進士舉上第，乃彭陽令狐公之舉也。尋又學究登科，而作尉畿服。既爲御史，覆獄淮南，李相公紳憂悸而已。頗得繡衣之稱乎？吴汝南詣闕申冤，蔡君先牓之曰：「是主上憂國之時，乃臣下無私之日。」謫居澧州，厲員外玄所辱。稍遷撫州刺史，常稱宇内無人。對僧徒，則非大品之談；遇道流，則五千言之義；接儒士，自比端木之賢於仲尼；次論《周易》，則評九聖之謬。來者縱得相許，有始而無卒焉。謂丁遐秀才等。郡有汝水，爲放生池，不與漁罟之事。忽一人乘小舟釣於此，蔡君張眥，遣吏捕之。釣者乃爲詩曰：「抛却長竿卷却絲，手攜蓑笠獻新詩。臨川太守清如鏡，不是漁人下釣時。」京覽詩，乃召之，已去，竟不言其姓字。或有識者，曰：「野人張頂也。」頂字不惑，本姓王氏，隱而不言。蔡牧益自驕矜，作詩以責商山四老，曰：「秦末家家思逐鹿，商山四皓獨忘機。如何鬢髮霜相似，更出深山定是非？」及假節邕交，道經湘口，零陵鄭太守史，與京同年，遠以酒樂相遲。座有瓊枝者，鄭君之所愛，而席之最姝，蔡强奪之行，鄭莫之競也。邕交所爲，多如此類，德義者見鄙，終其不悛也。行泊《中興頌》所，僶勉不前。地名，在浯溪也。題篇久之，似有悵悵之意。纔到邕南，制禦失律，伏法湘川，權厝於此。二子延、近，號訴蒼天，未終喪而俱逝。論者以妄責四皓，而欲買山，則浯溪之間，不徒言哉！詩曰：「停橈積水中，舉目孤烟外。借問浯溪人，誰家有山賣。」《雲溪友議》中。又《廣記》二七三引。《唐語林》七。《唐詩紀事》四九。

2　見許孟容1。

3　令狐文公在天平後堂宴樂，京時在坐，故義山詩云：「白足禪僧思敗道，青袍御史擬休官。」謂京曾爲僧也。或云：咸通中爲廣西節度，褊忮貪克，峻條令，爲炮熏刳斮法，御下慘毒，爲軍中所逐，後貶死。《唐詩紀事》四九。

4 唐蔡京尚書爲天德軍使，衙前小將顧彦朗、彦暉知使宅市買。八座有知人之鑒。或一日，俾其子叔向已下，備酒饌於山亭，召二顧賜宴。八座俄亦即席，約令勿起，二顧惶惑，莫喻其意。八座勉之曰：「公弟兄俱有封侯之相，善自保愛。他年願以子孫相依。」因遷其職級。洎黄寇犯闕，顧彦朗領本軍同立收復功，除東川，加使相。蔡叔向兄弟往依之。請叔向爲節度副使，仍以丈人行拜之，軍府大事皆諮謀焉。大顧薨，其弟彦暉嗣之，亦至使相。《北夢瑣言》四。又《廣記》一七〇引。

## 陳會

1 蜀之士子，莫不酤酒，慕相如滌器之風也。陳會郎中家以當壚爲業，爲不掃街，官吏毆之。其母甚賢，勉以修進，不許歸鄉，以成名爲期。每歲餱糧、紙筆、衣服、僕馬，皆自成都齎致。郎中業八韻，唯《螳蜋賦》大行。大和元年及第。李相固言覽報狀，處分廂界，收下酒旆，闔其户。家人猶拒之。逡巡賀登第，乃聖善獎訓之力也。後爲白中令子壻，西川副使，連典彭、漢兩郡而終。《北夢瑣言》三。《唐語林》四。

## 南卓

1 南中丞卓，吴楚遊學十餘年。衣布縷，乘牝衞，薄遊上蔡。蔡牧待之似厚，而爲客吏難阻。每宴集，令召，則云：「南秀才自以衣冠不整，稱疾不赴。」南生羈旋窮愁，似無容足之地。唯城南鬻飯老嫗，待之無厭色。後十七年，爲蔡牧，到郡乃曰：「古人一飯之恩必報，睚眦之怨必酬。吾雖位微，幸當斯日也。」遂戮仇吏，而奠飯嫗焉。轉黔南經略使，大更風俗。凡是溪塢，呼吸文字，皆同秦漢之音，甚有聲光。先柳子厚在柳州，吕衡州温嘲噱之曰：「柳州柳刺史，種柳柳江邊。柳館依然在，千株柳拂天。」至南公至黔南，又以故人嘲曰：「黔南南太守，南郡在雲南。閒向南亭醉，南風變俗談。」譔《駁史三》十卷，與馬史殊貫，班書小異，三國二晉已下之文，多被攻難。每於朝野摧論，莫能屈之者乎！唯吴武陵郎中、劉軻侍御，俱服其才識也。初爲拾遺，與崔詹事黯，因諫諍出宰。崔爲支江令，南爲松滋令。二諫垣牆，矯翼翩翩，無所羈束。雙名並扇，二邑妥然。公府常爲高榻相待，南公猶贈副戎等詩曰：「翱翔曾在玉京天，墮落江南路幾千。從事不須輕縣宰，滿身猶帶御爐烟。」《雲溪友議》中。《唐詩紀事》五四。

2　會昌元年，卓因爲洛陽令，數陪劉賓客、白少傅宴遊。白有家僮，多佐酒，卓因談往前三數事，二公亦應和之，謂卓曰：「若吾友所談，宜爲文紀，不可令堙没也。」時過而未録。及陜府盧尚書任河南尹，又話之，因遣爲紀。即粗爲編次，尚未脱藁，至東陽，因曝書見之，乃詳列而竟焉。《羯鼓録》序。

3　唐郎中南卓與李修古親表昆弟，李性迂僻，卓常輕之。李俄授許州從事，奏官勅下，時許帥方大讌，忽遞到開角，有卓與李書，遂執書喜白帥曰：「某與南卓二十三表兄弟，多蒙相輕，今日某忝爲尚書賓幕，又奏署勅下，遽與某書，大奇。」及啓緘云：「即日卓老不死，生見李修古上除目。」帥請書看，合坐大笑，李修古慙甚。《盧氏雜説》（《廣記》二五一）。《玉泉子》。《唐語林》七。

# 盧甚

1 京兆府參軍盧甚，昇進士第，入宫。甚孤貧，有文學。京兆尹遣巡館驛。左補闕崔瑄婚姻迴，與甚長亭相遇，争廳。甚以官雖卑，乃公行，略不讓瑄。瑄責其不遜，遂相詆訶。甚來，下御史臺按問，吏云：「當服白衫。」甚曰：「非國恤，不素服。」上聞之，以甚言涉大不敬，除籍爲民，投之嶺表。行至洛源驛，賜死。瑄左遷河南府陽翟縣令。《東觀奏記》中。參見崔鉉2。

# 紇干泉

1 開成三年，余忝列第。考官刑部員外郎紇干公，崔相國羣門生也。公及第日，於相國新昌宅小廳中，集見座主。及爲考官之前，假舍於相國故第，亦於此廳見門生焉。是年科目八人，六人繼昇朝序。鄙人蹇薄，晚方通籍。勅頭孫河南瞉，先於雁門公爲丞。公後自中書舍人，觀察江西，又歷工部侍郎，節制南海，㬻贈封雁門公。《因話録》三。《唐語林》四。

2 見韓琮1、紇干峻1。

3 舉人李文彬受知於舍人紇干㬻。時有京兆府司録賀蘭洎卒，文彬因謁紫微，紫微問曰：「今日有何新事？」文彬曰：「適過府門，聞紇干洎卒。」㬻曰：「莫錯否？」文彬曰：「不錯。」㬻曰：「君大似共鬼語也。」拂衣而入。文彬乃悟，蓋俱重姓，又同名，而誤對也。《奇聞録》(《廣記》二四二)。《玉泉子》。案：紇干臬，《廣記》作「紇干泉」(《玉泉子》作紇干洎，誤。

4 紇干尚書臮，苦求龍虎之丹，十五餘稔。及鎮江右，乃大延方術之士，乃作《劉弘傳》，雕印數千本，以寄中朝及四海精心燒鍊之者。《雲溪友議》下。案：紇干臮，原作紇干泉，誤。

## 韓　琮

1 廣州節度使紇干臮以貪猥聞，貶慶王府長史，分司東都，制曰：「鍾陵問俗，澄清之化靡聞；南海撫封，貪黷之聲何甚！而又交通詭遇，溝壑無厭，蹟固異於澹臺，道殊乖於吴隱。」舍人韓琮之詞也。書上，一朝不進用矣。《東觀奏記》中。

## 王紹鼎

1 唐成德軍節度使王紹鼎淫荒暴亂，時號「酒阿郎」。《海録碎事》八上。

## 温庭筠

1 温庭雲字飛卿，或云作筠字，舊名岐。與李商隱齊名，時號曰温李。才思艷麗，工於小賦。每入試，押官韻作賦，凡八叉手而八韻成，多爲鄰鋪假手，號曰救數人也。而士行有缺，縉紳薄之。李義山謂曰：「近得一聯句云：『遠比召公，三十六年宰輔。』未得偶句。」温曰：「何不云：『近同郭令，二十四考中書！』」宣宗嘗賦詩，上句有「金步揺」，未能對，遣未第進士對之，庭雲乃以「玉條脱」續也，宣宗賞焉。又藥名有白頭翁，温以蒼耳子爲對。他皆此類也。宣宗愛唱《菩薩蠻》詞，令狐相國假其新撰密進之，戒令勿他泄，而遽言於人，由是疏之。温亦有言云：「中書堂内坐將軍」，譏相國無學也。宣皇好微行，遇於逆旅，温不識龍顔，傲然而詰之曰：「公非司馬、長史之流？」帝曰：「非也。」又謂曰：「得非大參、簿尉之類？」帝曰：「非也。」謫爲方城縣尉，其制詞曰：「孔門以德行爲先，文章爲末。爾既德行無取，文章何以補焉？徒負不羈之才，罕有適時之用」云云。竟流落而死也。杜豳公自西川除淮海，温庭雲詣韋曲杜氏林亭，留詩云：「卓氏壚前金線柳，隋家隄畔錦帆風。貪爲兩地行霖雨，不見池蓮照水紅。」豳公聞之，遺絹一千疋。吴興沈徽云：「温舅曾於江淮爲親表檟楚，由是改名焉。」庭雲又每歲舉場，多爲舉人假手。沈詢侍郎知舉，别施鋪席授庭雲，不與諸公鄰比。翌日，簾前謂庭雲曰：「向來策名者，皆是文賦託於學士，某今歲場中並無假託學士。勉旃。」因遣之。由是不得意也。《北夢瑣言》四。又《廣記》一九九引。《南部新書》丁。《唐詩紀事》五四。

2　見令狐綯11。

3　温庭筠，彦博之裔孫，本名岐，字飛卿。少敏悟，薄行，無檢幅，多作側詞艷曲，與貴胄裴誠、令狐滈等飲博。與李商隱皆有名，號温李。醉爲邏卒擊折齒，由污行，訴不得理。連舉不第。徐商鎮襄陽，辟官。不得志，歸江東。紀唐夫贈詩曰：「鳳凰詔下雖沾命，鸚鵡才多却累身。」人多諷之。庭筠既以才廢，引長沙之事，自云：「豈司命重文章而輕爵禄，虚有授焉？」浮於行者，必有怨尤，不自咎也。《雅言雜録》(《詩話總龜》前集四)。

4　温庭筠有詞賦盛名。初從鄉里舉，客遊江淮間，楊子留後姚勗厚遺之。庭筠少年，其所得錢帛，多爲狹邪所費。勗大怒，笞且逐之，以故庭筠不中第。其姊趙顓之妻也，每以庭筠下第，輒切齒於勗。一日廳有客，温氏偶問：「誰氏？」左右以勗對之，温氏遽出廳事，執勗袖大哭。勗殊驚異，且持袖牢固不可脱，不知所爲。移時，温氏方曰：「我弟年少宴遊，人之常情，奈何笞之？迄今遂無有成，安得不由汝致之？」遂大笑，久之，方得解脱。勗歸憤訝，竟因此得疾而卒。《玉泉子》。又《廣記》四九八引。案：「大笑」，《廣記》作「大哭」。

5　温庭筠燭下未嘗起草，但籠袖憑几，每賦一韻，一吟而已，故場中號爲温八吟。《唐摭言》一三。又《廣記》一八二引。

6　山北沈侍郎主文年，特召温飛卿於簾前試之，爲飛卿愛救人故也。適屬翌日飛卿不樂，其日晚請開門先出，仍獻啓千餘字。或曰潛救八人矣。《唐摭言》一三。《唐才子傳》八。

7　開成中，温庭筠才名籍甚，然罕拘細行，以文爲貨，識者鄙之。無何，執政間復有惡奏庭筠攪擾場屋，黜隨州縣尉。時中書舍人裴坦當制，忸怩含毫久之。時有老吏在側，因訊之升黜，對曰：「舍人合爲責辭。何者？入策進士，與望州長馬一齊資。」坦釋然，故有澤畔、長沙之比。庭筠之任，文士詩人争爲辭送，唯紀唐夫得其尤。詩曰：「何事明時泣玉頻，長安不見杏園春。鳳皇詔下雖霑命，鸚鵡才高却累身。且飲緑醽銷積恨，莫辭黄綬拂行塵。方城若比長沙遠，猶隔千山與萬津。」《唐摭言》一一。又《廣記》二六五引。

《唐詩紀事》六一。

8 勅：「鄉貢進士温庭筠，早隨計吏，夙著雄名。徒負不羈之才，罕有適時之用。放騷人於湘浦，移賈誼於長沙。尚有前席之期，未爽抽毫之思。可隨州隋縣尉。」舍人裴坦之詞也。庭筠，字飛卿，彦博之裔孫也。詞賦詩篇，冠絶一時。與李商隱齊名，時號温李。連舉進士，竟不中第，至是謫爲九品吏。進士紀唐夫嘆庭筠之冤，贈之詩曰：「鳳凰詔下雖承命，鸚鵡才高却累身。」人多諷誦。上，明主也，而庭筠反以才廢。制中自引騷人、長沙之事，君子譏之。（《東觀奏記》下。《唐語林》七。）

9 見平曾1。

10 裴郎中諴，晉國公次弟子也。足情調，善談諧。舉子温岐爲友，好作歌曲，迄今飲席，多是其詞焉。裴君既入臺，而爲三院所謔曰：「能爲淫艷之歌，有異清潔之士也。」裴君《南歌子》詞云：「不是廚中串，争知炙裏心。井邊銀釧落，展轉恨還深。」又曰：「不信長相憶，擡頭問取天。風吹荷葉動，無夜不摇蓮。」又曰：「簳蝎爲紅燭，情知不自由。細絲斜結網，争奈眼相鈎。」二人又爲新添聲《楊柳枝》詞，飲筵競唱其詞而打令也。詞云：「思量大是惡因緣，只得相看不得憐。願作琵琶槽那畔，美人長抱在胸前。」又曰：「獨房蓮子没人看，偷折蓮時命也拚。若有所由來借問，但道偷蓮是下官。」温岐曰：「一尺深紅朦麴塵，舊物天生如此新。合懽桃核終堪恨，裏許元來别有人。」又曰：「井底點燈深燭伊，共郎長行莫圍碁。玲瓏骰子安紅豆，入骨相思知不知？」湖州崔郎中芻言，初爲越副戎，宴席中有周德華。德華者，乃劉採春女也。雖《羅嗊》之歌，不及其母，而《楊柳枝》詞，採春難及。崔副車寵愛之異，將至京洛，後豪門女弟子從其學者衆矣。温、裴所稱歌曲，請德華一陳音韻，以爲浮艶之美，德華終不取焉。二君深有愧色。所唱者七八篇，乃近日名流之詠也。《雲溪友議》下。《古今詩話》（《詩話總龜》前集二〇）。

11　見段成式10。

12　見邵謁1。

13　士張林説：毁寺時，分遣御史檢天下所廢寺，及收録金銀佛像。有蘇監察者不記名，巡覆兩街諸寺，見銀佛一尺以下者，多袖之而歸。人謂之蘇杠烏講反佛。或問温庭筠將何對好，遽曰：「無以過密陁僧也。」《尚書故實》。又《廣記》一七四引。《唐詩紀事》六一。

14　温庭筠嘗得一句云：「蜜官金翼使。」徧示知識，無人可屬，久之，自聯其下曰：「花賊玉腰奴。」予以謂道盡蜂蝶。《清異録》上。

15　温庭筠曰：「葡萄是賜紫櫻桃，黄葵是鍍金木槿。」《清異録》上。

16　温庭筠號「温鍾馗」，不稱才名也。《北夢瑣言》一〇。

17　吴興沈徽，乃温庭筠諸甥也，嘗言其舅善鼓琴吹笛，亦云：「有絃即彈，有孔即吹，不獨柯亭爨桐也。」制《曲江吟》十調。善雜畫。每理髮則思來，輒罷櫛而綴文也。有温顗者，乃飛卿之孫，憲之子，仕蜀，官至常侍。無它能，唯以隱僻繪事爲克紹也。中間出官，旋游臨邛，欲以此獻於州牧，爲謁者拒之。然温氏之先貌陋，時號「鍾馗」。顗之子郢，魁形克肖其祖，亦以姦穢而流之。《北夢瑣言》二〇。

18　温憲，先輩庭筠之子，光啓中及第，尋爲山南從事。辭人李巨川草薦表，盛述憲先人之屈。略曰：

「蛾眉先妬，明妃爲去國之人；猿臂自傷，李廣乃不侯之將。」《唐摭言》一〇。《唐詩紀事》七〇。《唐才子傳》九。

## 温庭皓

1 温庭皓，庭筠之弟，辭藻亞於兄，不第而卒。《唐摭言》一〇。

## 紀唐夫

1 見温庭筠7。

## 李　遠

1～3 見唐宣宗99～101。

4 李遠爲杭州刺史，嗜啖緑頭鴨。貴客經過，無他饋餉，相厚者乃緑頭鴨一對而已。《語林》（《類説》三二）。《唐才子傳》七。

5 唐進士曹唐《游仙詩》才情縹緲，岳陽李遠員外每吟其詩而思其人。一日，曹往謁之，李倒屣而迎。曹生儀質充偉，李戲之曰：「昔者未睹標儀，將謂可乘鸞鶴。此際拜見，安知壯水牛亦恐不勝其載！」時人聞而笑之。世謂「渾詩遠賦，不如不做」，言其無才藻，鄙其無教化也。《北夢瑣言》五。又《廣記》二五六引。

6 見許渾2。

# 雍陶

1 唐詩人最重行卷。陶首篇上裴度，或云耿湋行卷首篇上第五琦，遂指爲二子邪正。雖然，方琦未有釁時，上詩亦何足多怪。《唐詩紀事》五六。

2 雍陶員外，蜀川人也。上第後，稍薄於親黨。其舅雲安劉敬之罷舉歸三峽，素事篇章，讓陶不寄書，曰：「山近衡陽雖少雁，水連巴蜀豈無魚？」陶得詩悸赧，方有狐首之思歟。後爲簡州牧，自比之謝宣城、柳吴興也。賓至則折挫之，閽者亦怠，投贄者稀得見乎。有馮道明下第，請謁，云：「與員外故舊。」閽者以道明言啓之，及引進，陶訶曰：「與公昧平生，何方相識矣！」道明曰：「誦員外之言，仰員外之德；詩集中日得相見，何隔平生也？」遂吟曰：「立當青草人先見，行近白蓮魚未知。」又曰：「江聲秋入寺，雨氣夜侵樓。」又曰：「閉門客到常疑病，滿院花開不似貧。」陶聞吟欣狎，待道明如曩昔之友。君子以雍君矜誇而好媚，馮子匪藝而求知；其兩違之，文園豈尚也？《雲溪友議》上。又《廣記》二三九引。《古今詩話》（《詩話總龜》前集一八）。《唐詩紀事》五六。《唐才子傳》七。

3 雍使君陶典陽安日，簡州地名。送客至橋，然情未已。揖讓既久，欲更前車，客將曰：「此處呼爲情盡橋，向來送迎至此禮畢。」陶下馬，命筆題其橋楹，改爲「折柳」。自兹送别，咸吟是詩。簡郡風情不革義路矣。詩曰：「從來只有情難盡，何事名爲情盡橋？自此改名爲折柳，從他離恨一條條。」《鑒戒録》八。又《詩話總龜》前集一五引。《唐詩紀事》五六。《唐才子傳》七。

# 曹鄴

1　曹鄴字業之，桂林人，爲《四怨三愁五情》詩。其《怨》云：「庭花已結子，巖花猶弄色。誰令生處遠，用盡春工力！」其《愁》云：「別家鬢未生，到城鬢似髮。朝朝臨水望，灞水不入越。」其《情》云：「空城野雀饑，咬咬復飛飛。」忽見官倉粟，官倉無空時。」爲舍人韋慤所知。力薦於主司，乃中第。看榜日，謝主司云：「一辭桂巖猿，九泣都門月。年年孟春至，看花不如雪。」《杏園宴上呈同年》云：「賢路非在天，十年行不至。一旦公道開，青雲在平地。」又云：「故衣未及換，尚有去年淚。」又云：「永持共濟心，莫起胡越意。」《雅言系述》（《詩話總龜》前集一〇）。

2　劉駕與曹鄴爲友，俱攻古風詩。鄴既擢第，而不即出京，俟駕成名同去，果諧所志。《唐摭言》四。《唐詩紀事》六三。

3　鄴能文，有特操。咸通初，爲太常博士，白敏中卒，議謚，鄴責其病不堅退，且逐諫臣，懿宗立，敏中病足求避位，不許。補闕王譜奏，願聽其請，無使有持寵曠職之譏。帝怒斥譜。舉怙威肆行，謚曰醜。高元裕子璩，懿宗時爲相，卒。鄴建言，璩爲宰相，交游醜雜，進取多蹊徑。謚法：不思妄愛曰剌，請謚爲剌。《唐詩紀事》六〇。

# 劉駕

1　見曹鄴2。

## 李羣玉

1 唐李羣玉校書，字文山，澧州人。有詩名，散逸不樂應舉，親友强之，一上而已。嘗受知於相國河東裴公休，爲其延譽，因進詩，授弘文館校書。終於荆襄間。然多狎酒徒，疑其爲張祜之流。李少逢善夷謫官澧陽，備知其行止，因爲紀之，乃清介高節之人，非輕率之士，疑爲同人所謗。或曰：曾爲荆之幕下假書題謁澧吏艾使君，李謂艾侯曰：「小子困甚，幸使君痛救之。」以戲其姓之癖也。州將以其輕脱，所濟不厚也。《北夢瑣言》六。又《廣記》二六五引。

2 李羣玉，不知何許人，詩篇妍麗，才力遒健。咸通中，丞相脩行楊公爲奥主，進詩三百篇，授麟臺讎校。《唐摭言》一〇。

3 李羣玉好吹笙，常使家僮奏之。又善急就章，性善養白鵝。及授校書郎東歸，故盧肇送詩云：「妙吹應諧鳳，工書定得鵝。」《南部新書》丙。又《詩話總龜》前集四三。《廣記》二六五。《唐詩紀事》五四。

4 見李膺1。

5 見王璘3。

6 李校書羣玉既解天禄之任，而歸涔陽。經湘中，乘舟題二妃廟詩二首，曰：「小孤洲北浦雲邊，二女明妝共儼然。野廟向江空寂寂，古碑無字草芊芊。東風近暮吹芳芷，落日深山哭杜鵑。猶似含嚬望巡狩，九疑如黛隔湘川。」又：「黄陵廟前莎草春，黄陵女兒茜裙新。輕舟小檝唱歌去，水遠山長愁殺人。」

後又題曰：「黄陵廟前春已空，子規滴血啼松風。不知精爽落何處，疑是行雲秋色中。」李君自以第三篇春空便到秋色，踟躕欲改之。乃有二女郎見曰：「兒是娥皇、女英也。二年後，當與郎君爲雲雨之遊。」李君乃悉具所陳，俄而影滅，遂掌其神塑而去。重涉湖嶺，至于潯陽。潯陽太守段成式郎中，素爲詩酒之交，具述此事。段公因戲之曰：「不知足下是虞舜之辟陽侯也！」羣玉題詩後二年，乃逝於洪井，段乃爲詩，哭李四校書也：「酒裏詩中三十年，縱横唐突世喧喧。明時不作禰衡死，傲盡公卿歸九泉。」又曰：「曾話黄陵事，今爲白日催。老無男女累，誰哭到泉臺？」《雲溪友議》中。又《廣記》四九八引。《百斛明珠》（《詩話總龜》前集四九）。《唐詩紀事》五四。《唐才子傳》七。

## 李郢

1 李郢詩調美麗，亦有子弟標格，鄭尚書顥門生也。居於杭州，疏於馳競，終於員外郎。初將赴舉，聞鄰氏女有容德，求娶之，遇同人争娶之，女家無以爲辭，乃曰：「備一千緡，先到即許之。」兩家具錢，同日皆往。復曰：「請各賦一篇，以定勝負。負者乃甘退。」女竟適郢。初及第回江南，經蘇州，遇親知方作牧，邀同赴茶山，郢辭以決意春歸，爲妻作生日，親知不放，與之胡琴、焦桐、方物等，令且寄代歸意。郢爲《寄内》曰：「謝家生日好風煙，柳暖花香二月天。金鳳對翹雙翡翠，蜀琴新上七絲絃。鴛鴦交頸期千載，琴瑟和諧願百年。應恨客程歸未得，緑窗紅淚冷涓涓。」兄子咸通初來牧餘杭，郢時入訪猶子，留宿虚白堂，云：「闕月斜明虚白堂，寒蛩唧唧樹蒼蒼。江風徹曙不得睡，二十五聲秋點長。」《金華子》下。《唐語林》二。

## 崔珏

1 崔珏佐大魏公幕，與副車袁充常侍不叶，公俱薦之於朝。崔拜芸閣讎校，縱舟江滸。會有客以絲桐詣公，公善之，而欲振其名；命以乘馬迎珏，共賞絶藝。珏應召而至，公從容爲客請一篇，珏方懷怫鬱，因以發泄所蓄。詩曰：「七條絃上五音寒，此藝知音自古難。唯有河南房次律，始終憐得董庭蘭。」公大慙恚。《唐摭言》一一。《唐詩紀事》五八。

2 崔珏侍御家寄荆州，二子凶惡，節度使劉都尉判之曰：「崔氏二男，荆南三害。」不免行刑也。《北夢瑣言》三。《唐語林》二。

## 馬戴

1 馬博士戴，大中初爲太原李司空掌記，以正直被斥，貶朗州龍陽尉。戴著書，自痛不得盡忠於故府，而動天下之議。行道興詠，寄情哀楚，凡數十篇。其《方城懷古》云：「申胥枉向秦庭哭，靳尚終貽楚國羞。」《新春聞赦》云：「道在猜讒息，仁深疾苦除。堯聰能下聽，湯網本來疏。」《唐語林》二。《金華子》下。《唐詩紀事》五四。

2 許棠久困名場，咸通末，馬戴佐大同軍幕，棠往謁之，一見如舊相識。留連數月，但詩酒而已，未嘗問所欲。一旦，大會賓友，命使者以棠家書授之；棠驚愕，莫知其來。啓緘，乃知戴潛遣一介卹其家矣。《唐摭言》四。又《廣記》二三五引。《唐詩紀事》五四。《唐才子傳》九。

## 盧　發

1　白中令鎮荆南，杜藴常侍廉問長沙，時從事盧發致聘焉。發酒酣傲睨，公少不懌。因改著詞令曰：「十姓胡中第六胡，也曾金闕掌洪爐，少年從事誇門地，莫向罇前喜氣麄。」盧答曰：「十姓胡中第六胡，文章官職勝崔盧，暫來關外分憂寄，不稱賓筵語氣麄。」公極歡而罷。《唐摭言》一三。又《廣記》二五一引。《詩話總龜》前集一四引。《唐詩紀事》六六。

## 劉　蜕

1　荆南解比號天荒。大中四年，劉蜕舍人以是府解及第。時崔魏公作鎮，以破天荒錢七十萬資蜕。蜕謝書略曰：「五十年來，自是人廢；一千里外，豈曰天荒！」《唐摭言》二。又《廣記》一八二引。參見闕圖1。

2　見令狐綯9。

3　見裴休6。

4　劉蜕文塜，其文草聚而封之，凡一千一百八十紙，有塗者、乙者，有注楷者，有覆背者、硃墨圈者。《延漏録》（陶本《説郛》三二）。

5 唐劉舍人蜕，桐廬人。早以文學應進士舉，其先德戒之曰：「任汝進取，窮之與達，不望於汝。吾若没後，慎勿祭祀。」乃乘扁舟以漁釣自娱，竟不知其所適。不審是隱者，爲復是漁師，莫曉其端倪也。紫微歷登華貫，出典商於。霜露之思，於是乎止。臨終亦戒其子如先考之命。蜀禮部尚書纂，即其息也，嘗與同列言之。《北夢瑣言》三。又《廣記》四九九引。

## 劉魯風

1 劉魯風，江西投謁所知，頗爲典謁所沮，因賦一絶曰：「萬卷書生劉魯風，煙波千里謁文翁。無錢乞與韓知客，名紙毛生不爲通。」《唐摭言》一〇。《古今詩話》（《詩話總龜》前集三八）。

## 陸翺

1 陸翺，字楚臣，進士擢第。詩不甚高，而才調宛麗，有子弟之標格。未成名時，甚貧素，其《閒居即事》云：「衰柳歒閒苑，白門啼暮鴉。茅廚煙不動，書牖日空斜。老憶東山石，貧看南阮家。沈憂損神慮，萱草自開花。」《宴趙氏北樓》云：「殷勤趙公子，良夜竟相留。明月生東海，仙娥在北樓。酒闌珠露滴，歌迴石城秋。本爲愁人設，愁人到曉愁。」題品物類亦綺美，鸚鵡、早鶯、柳絮、燕子，當時甚播於人口。及第累年，無聞入召，一遊東諸侯，獲鏹僅百萬而已。竟無所成，卒於江南。長子希聲，好學多藝，勤於讀史，非寢食未嘗釋卷。中朝諸侯子弟好讀史者，無及希聲。昭宗朝登庸，辭疾不就，出遊江外，獲全危難。

《金華子》上。《唐語林》二。

## 田詢

1 宣宗舅鄭僕射光，鎮河中。封其妾爲夫人，不受，表曰：「白屋同愁，已失鳳鳴之侣；朱門自樂，難容烏合之人。」上大喜，問左右曰：「誰教阿舅作此好語？」對曰：「光多任一判官田詢者掌書記。」上曰：「表語尤佳，便好與翰林一官。」論者以爲不由進士，又寒士，無引援，遂止。《唐語林》三。《侯鯖録》六。《清波雜志》五。　案：田詢，《侯鯖録》、《清波雜志》作「田絢」。

## 薛保遜

1 薛保遜好行巨編，自號金剛杵。太和中，貢士不下千餘人，公卿之門，卷軸填委，率爲閽媪脂燭之費，因之平易者曰：「若薛保遜卷，即所得倍於常也。」《唐摭言》一二。又《廣記》一八一引。

2 古之製字卷紙題名姓，號曰名紙。大中年，薛保遜爲舉場頭角，人皆體傚，方作門狀。洎後仍以所懷，列於啓事，隨啓詣公相門，號爲門狀門啓。雖繁於名紙，各便於時也。《北夢瑣言》九。

3 薛保遜，名家子，恃才與地，凡所評品，士子以之升降，時號爲浮薄。相國夏侯孜尤惡之。其堂弟因名保厚以異之，由是不睦。内子盧氏，與其良人操尚略同。因季父薛監來省，盧新婦出參，俟其去後，命水滌門閾。薛監知而大怒，經宰相疏之，保遜因謫授澧州司馬，凡七年不代。夏侯孜出鎮，魏相暮登庸，方有徵拜，而殞於郡。愚曾睹薛文數幅，其一云：「餞交親於灞上，止逆旅氏，見數物象人，詰之。口輒動，皆云江淮嶺表州縣官也。嗚呼，天之生民，爲此輩笞撻。」又《觀優》云：「緋胡折窣，莽轉而出，衆人皆笑，唯保遜不會。」其輕物皆此類也。盧虔灌罷夔州，以其爲姊妹夫，徑至灃州慰省。迴至郵亭，迴望而笑曰：「豈意薛保遜一旦接軍事李判官，打楊柳枝乎！」灃州老軍將周藹舊曾服事，備言之。《北夢瑣言》三。又《廣記》二六六引。

4 見鄭光1。

## 何涓　潘緯

1 何涓，湘南人也，業辭。嘗爲《瀟湘賦》，天下傳寫。少遊國學。同時潘緯者，以《古鏡》詩著名。或曰：「潘緯十年吟古鏡，何涓一夜賦瀟湘。」《唐摭言》一〇。《古今詩話》（《詩話總龜》前集四）。《唐詩紀事》六三。

## 王助

1 唐大中初，綿州魏城縣人王助舉進士，有奇文。蜀自李白、陳子昂後，繼之者乃此侯也。嘗撰魏城縣道觀碑，詞華典贍。於時薛逢牧綿州，見而賞之，以其邑子延遇，因改名助，字次安，壯其文類王勃也。助自幼婦刊建，薛使君列銜於碑陰，以光其文。雖兵亂焚蕩，而螭首巋然。好事者經過，皆税駕而覽之。助後以瞽廢，無聞於世。賴河東公振發增價，而子孫榮之。其子朴仕蜀，至翰林學士。《北夢瑣言》五。

# 林傑

1 林傑字智周，幼而聰明秀異，言發成文，音調清舉。年六歲，請舉童子。時父肅爲閩府大將，性樂善，尤好聚書，又妙於手譚，當時名公多與之交。及有是子，益大其門。廉使崔侍郎千亟與遷職，鄉人榮之。傑五歲，父因攜之門脚，至王仙君霸壇，戲問：「童子能是乎？」傑遂口占云：「羽客已歸雲路去，丹爐草木盡彫殘。不知千載歸何日，空使時人埽舊壇。」父初不謂眇歲之作遽臻於此，羣親益所驚異，遞相傳諷，鄉里喧然。自此日課所爲，未幾盈軸。明年，遂獻唐中丞扶。唐既伸幅窺吟，聳耳皆歎，命子弟延入學院。時會七夕，堂前乞巧，因試其《乞巧》詩。傑援毫曰：「七夕今朝看碧霄，牽牛織女渡河橋。家家乞巧望秋月，穿盡紅絲幾萬條。」唐驚曰：「真神童也。」以是鄉人羣來求看，填塞門巷。傑又精於琴碁及草隸書，俱自天然，不假師受。唐因與賓從碁，或全局輸者，令罩之勿觸，取童子來，繼終其事。傑必指蹤出奇，往往返勝，曲盡玄妙，時謂神助。後復業詞賦，頗振聲問。有《仙客入壺中賦》云：「仙客以變化隨形，逍遥放情。處於外則一壺斯在，入其中則萬象俱成。飛閣重樓，不是人間之狀；奇花異木，無非物外之名。」至九歲，謁盧大夫貞、黎常侍殖，無不嘉獎。尋就賓見，日在讌筵。李侍御遠、趙支使容深所知仰，不捨斯須。和趙支使《詠荔枝》詩尤佳，云：「金盤摘下排朱果，紅殼開時飲玉漿。」鄭副史立作《奇童傳》，劉制使重爲序以貽之。至年十七，方結束琴書，將決西邁。無何，七月中，一旦天氣澄爽，書堂前忽有異香氛氳，奇音響亮。家人出户觀，見雙鶴嘹唳，盤空而下，雪翎朱頂，徘徊庭際。傑欣然捨筆，躍下庭前，抱得一隻。其父驚訝，恐非嘉兆，令促放，逡巡遡空而去。親鄰聞兹，咸來賀肅曰：「家藏書櫛比，乃類筵鱣之表祥也。」及夕，傑偶得疾，數日而終。則知傑乃神仙謫下人世，魂靈已蜕於鶴耳。不然者，何亡之速也！《閩川名士傳》（《廣記》一七五）。《古今詩話》（《詩話總龜》前集二）。《唐詩紀事》五九。

## 楊 牢

1 華陰楊牢幼孤，六歲時就學歸，誤入人家，乃父友也。二丈人彈棋次，見楊氏子，戲曰：「爾能爲丈人詠此局否？」楊登時叉手詠曰：「魁形下方天頂凸，二十四寸窗中月。」父友驚撫其首，遺以梨栗，曰：「爾後必有文。」年十八，一上中進士第，有詩集六十卷。性狷急，累居幕府，主人同列多不容。同列有固護之者，與詩云：「蝦蟇欲喫月，保護常教圓。」又云：「心明外不察，月向懷中圓。」又云：「羅幃苦不卷，誰道中無人。」其辭多怨恚。其妻亦有志行。在青州幕，奉使出，得疾，不診脈服藥而殞。《唐語林》三。《芝田録》（《天中記》二五）。《唐詩紀事》五三。

## 崔 櫓

1 崔櫓酒後失虔州陸郎中肱，以詩謝之曰：「醉時顛蹶醒時羞，麴蘗催人不自由。叵耐一雙窮相眼，不堪花卉在前頭。」《唐摭言》一二。《雍洛靈異記》（《詩話總龜》前集四一）。《唐才子傳》九。

## 曹唐

1 進士曹唐，以能詩名聞當世。久舉不第，常寓居江陵佛寺中亭沼。境甚幽勝，每自臨翫賦詩，得兩句曰：「水底有天春漠漠，人間無路月茫茫。」吟之未久，自以爲常製皆不及此作。一日，還坐亭沼上，方用怡咏，忽見二婦人，衣素衣，貌甚閒冶，徐步而吟，則唐前所作之二句也。唐自以製未翌日，人固未有知者，何遽而得之？因迫而訊之，不應而去，未十餘步間，不見矣。唐方甚疑怪。唐素與寺僧法舟善，因言於舟。舟驚曰：「兩日前，有一少年見訪，懷一碧牋，示我此詩。適方欲言之。」乃出示唐，頗惘然。數日後，唐卒於佛舍中。《靈怪集》（《廣記》三四九）。《宣室志》（《類説》二三）。又張本《説郛》六引。《五代史補》一亦載，略異。

《唐詩紀事》五八。

2 見羅隱9。

3 見李遠5。

## 劉綺莊

1 唐人劉綺莊爲崑山尉，研窮今古，緗帙所積甚富，嘗分類應用事，注釋于下，如《六帖》之狀，號《崑山編》。今其書尚存。《中吳紀聞》一。《吳郡志》一二。

## 鄧敞

1 鄧敞，封敖之門生，初隨計，以孤寒不中第。牛蔚兄弟，僧孺之子，有勢力，且富於財。謂敞曰：「吾有女弟未出門，子能婚乎？當爲君展力，寧靳一第乎？」時敞已婚李氏矣，其父嘗爲福建從事，官至評事。有女二人皆善書，敞之所行卷，多二女筆迹。敞顧己寒賤，必不能致騰踔，私利其言，許之。既登第，就牛氏親。不日挈牛氏而歸，將及家，紿牛氏曰：「吾久不到家，請先往，俟卿可乎？」牛氏許之。洎到家，不敢泄其事。明日，牛氏之奴驅其輜橐直入，即出居常牛氏所玩用供帳帷幙雜物，列於庭廡之間。李氏驚曰：「此何爲？」奴曰：「夫人將到，令具陳之。」李氏曰：「吾即妻也，又何夫人爲！」即撫膺大哭。頃之，牛氏至，知其賣己也，請見李氏曰：「吾父爲宰相，兄弟皆在郎省，縱嫌不能富貴，豈無嫁處耶？其不幸，豈唯夫人乎？今願一切與夫人同之，夫人縱憾於鄧郎，寧忍不爲二女計耶？」時李氏將訴於官，二女方牽挽其袖而止。後敞以祕書少監分司，慳吝尤甚。黃巢入洛，避亂於河橋，節度使羅元杲請爲副使從事。後巢寇又來，與元杲竄焉，其金帛悉藏於地中，並爲羣盜所得。《玉泉子》。

## 許道敏

1 貢士許道敏隨鄉薦之初，獲知於時相。是冬主文者將涖事於貢院，謁於相門。丞相大稱其文學精臻，宜在公選，主文加簡揖額而去。許潛知其旨，則磨厲以須，屈指試期，大挂人口。俄有張希復員外結婚于丞相奇章公之門，親迎之夕，辟道敏爲儐。道敏乘其喜氣，縱酒飛章，摇珮高談，極歡而罷。居無何，時相敷奏不稱旨，移秩他郡，人情恐駭。主文不敢第於甲乙。爾後晦昧坎壈，不復聞達。繼丁家故，垂二十載，至柘國小兵部知舉年，方擢於上科。時有同年張侍郎讀，一舉成事，年才十九，乃道敏敗於垂成之冬，儐導外郎鵲橋之夕，牛夫人所出也。差之毫氂，何啻千里！《闕史》上。又《廣記》一八二引。

## 苗台符　張讀

1　苗台符六歲能屬文，聰悟無比。十餘歲博覽羣籍，著《皇心》三十卷。年十六及第。張讀亦幼擅詞賦，年十八及第。同年進士，同佐鄭薰少師宣州幕。二人嘗列題於西明寺之東廡，或竊注之曰：「一雙前進士，兩箇阿孩兒。」台符，十七，不禄。讀，位至正卿。《唐摭言》三。又《廣記》一八二引。《古今詩話》（《詩話總龜》前集二八）。

## 李詹　狄慎思

1　李詹，大中七年崔瑶下進士。與狄慎思皆好爲酷，以灰水飲驢，蕩其腸胃，然後圍之以火，翻以酒調五味飲之。未幾與膳夫皆暴卒，慎思亦然。《南部新書》己。

## 顔　標

1　見鄭薰3。

2 見姚巖傑1。

## 韓　洙

1 韓洙與沈詢尚書中表，詢憐洙，許與成事。如是歷四五年，太夫人又念之，復累付于詢。詢知舉，大中九年也。自第二人邐迤改爲第七人，方定。及放牓，誤爲羅洙。後詢見韓洙，未嘗不深嗟其命。《南部新書》戊。

## 李　言

1 有進士李嶽，連舉不第，夜夢人謂曰：「頭上有山，何以得上第？」及覺，不可名嶽，遂更名言。果中第。《感定録》(《廣記》一五六)。　案：李言，《雲溪友議》下作「宋言」。參見宋言1。

## 宋　言

1 宋言端公，近十舉而名未播。大中十一年，將取府解。言本名嶽，因晝寢，似有人報云：「宋二郎秀才，若頭上戴山，無因成名。但去其山，自當通泰。」覺來便思去之，不可名「獄」，遂去二「犬」，乃改爲「言」。及就府試，馮涯侍郎作掾而爲試官，以解首送言也。時京兆張大夫毅夫，以馮參軍解送舉人有私，奏譴澧州司户。再試，退解頭宋言爲第六十五人。知聞來唁，宋曰：「來春之事，甘已參差。」李潘舍人放牓，以言爲第四人及第。言感恩最深，而爲望外也。乃馮涯知人，尋亦獲雪。《雲溪友議》下。又《廣記》二七八引。《感定録》（《廣記》一五六）。案：宋言，《感定録》作「李言」。參見李言1。

## 盧　彖

1　見崔沆1。

2　盧彖安仁，李藩侍郎門生，性簡易。嘗與同年生在藩座，久之，彖起更衣，藩謂門生輩本風，言訖，彖適至，聞藩言，即拱曰：「是！不敢。」藩與門生不覺失笑。宣宗嘗微行，遇彖妻肩輿，左右皆走避，上即撤輿觀之，大笑而去。時人盛傳彖妻醜。《唐語林》七。

## 吳　畦

1　見令狐滈2。

## 劉虛白

1　劉虛白與太平裴公早同硯席。及公主文，虛白猶是舉子。試雜文日，簾前獻一絶句曰：「二十年前此夜中，一般燈燭一般風。不知歲月能多少，猶著麻衣待至公！」《唐摭言》四。又《廣記》一八二引。《古今詩話》（《詩話總龜》前集二五）。《唐語林》六。《唐詩紀事》六〇。案：《唐語林》此下有「坦感之，與及第」。

2　東皋子王勣，字無功，有《杜康廟碑》、《醉鄉記》，備言酒德。竟陵人劉虛白擢進士第，嗜酒，有詩云：「知道醉鄉無户税，任他荒卻下丹田。」世之嗜酒者，苟爲孔門之徒，得無違告誡乎？《北夢瑣言》六。又《詩話總龜》前集三九引、《唐詩紀事》六〇引。

## 封定卿　丁茂珪

1　唐自大中後，進士尤盛。封定卿、丁茂珪場中頭角，舉子。與其交者，必先登第，而二公各二十舉方成名。何進退之相懸也？先是李都、崔雍、孫瑝、鄭嵎四君子，蒙其盼睞者，因是進昇。故曰：「欲得命通，問瑝、嵎、都、雍。」《北夢瑣言》一一。又《廣記》一八二引。

## 盧獻卿

1　范陽盧獻卿，大中中舉進士，詞藻爲同流所推。作《愍征賦》數千言，時人以爲庾子山《哀江南》之亞，今諫議大夫司空圖爲注之。連不中第，薄遊衡湘，至郴而病，夢人贈詩曰：「卜築郊原古，青山唯四鄰。扶疏遶臺榭，寂寞獨歸人。」後旬日而歿，郴守爲葬之近郊，果以夏初窆，皆符所夢。《本事詩·徵咎》。《古今詩話》（《詩話總龜》前集三五）。

## 韋顓　韋光

1 大中年，韋顓舉進士，詞學優贍，而貧窶滋甚，歲暮飢寒，無以自給。有韋光者，待以宗黨，後名殷裕之□。輟所居外舍館之。放牓之夕，風雪凝互，報光成名者絡繹而至。顓略無登第之耗，光延之於堂際小閣，備設肴饌慰安之，見光婢妾羅列衣裝，僕者排比鞍馬。顓夜分歸于所止，擁爐而坐，愁嘆無已，候光成名，將修賀禮。寢榻迫于壞牖，以横竹掛席蔽之。簷際忽有鳴梟，頃之集於竹上，顓神魄驚駭，杖策出户逐之，飛起復還，久而方去。謂僕者曰：「我失意亦無所恨，妖禽作怪如此，兼恐横罹災患。」俄而禁鼓忽鳴，牓到，顓已登第，光之服用車馬悉皆遺焉。世以鵩至梟鳴，不祥之兆，近觀數事亦不然乎！《劇談録》下。又《廣記》四六二引。

## 紇干峻

1 大中中，紇干峻與魏鐐争府元，而紇干屈居其下。翌日，鐐暴卒。時峻父方鎮南海，由是爲無名子所謗，曰：「離南海之日，應得數斤；當北闕之前，未消一捻。」因此峻兄弟皆罷舉。《唐摭言》二。又《廣記》一七八引。

## 李　瀆

1 大中三年，李褒侍郎知舉，試《堯仁如天賦》。宿州李使君弟瀆不識題，訊同鋪，或曰：「止於『堯之如天』耳！」瀆不悟，乃爲句曰：「雲攢八彩之眉，電閃重瞳之目。」賦成將寫，以字數不足，憂甚。同輩紿之曰：「但一聯下添一『者也』，當足矣。」褒覽之大笑。《唐語林》七。

## 楊仁贍

1　貶前鄉貢進士楊仁贍爲康州參軍，馳驛發遣。仁贍女弟出嫁前進士于瓌，納函之朝，有期周恤，仁贍不易其日，憲司糾論，遂坐貶。《東觀奏記》上。

## 范瓊　陳皓　彭堅

1　范瓊者，不知何許人也，開成年與陳皓、彭堅同時同藝，寓居蜀城。三人善畫人物、佛像、天王、羅漢、鬼神，三人同手於諸寺圖畫佛像甚多。會昌年除毀後，餘大聖慈一寺佛像得存。及宣宗皇帝再興佛寺，三人於聖壽寺、聖興寺、浄衆寺、中興寺，自大中至乾符，筆無暫釋，圖畫二百餘間牆壁，天王佛像，高僧經驗，及諸變相，名目雖同，形狀一無同者。自淳化五年、咸平三年，兩遇兵火，得存三寺筆跡。《益州名畫録》上。《宣和畫譜》二。《圖繪寶鑑》二。

2　陳皓、彭堅者，不知何許人也，開成中與范瓊寓止蜀城。大中年府主杜相公悰起浄衆等寺門屋，相國知三人中范瓊年齒雖低，手筆稱冠矣；因請陳、彭二公各畫天王一堵，各令一客將伴之，以幔幙遮蔽，不令相見，欲驗誰之强弱。至畫告畢之日，相國與諸府寮徹其幃幕，南畔仗劍振威者彭公筆，北畔持弓奮赫者陳公筆，二公筆力相似，觀者莫能昇降。大約宗師吳道玄之筆，而傳采拂澹過之。《益州名畫録》上。

## 梁新　趙鄂

1 醫者，意也。古人有不因切脈隨知病源者，必愈之矣。唐崔魏公鉉鎮渚宮，有富商船居，中夜暴亡，迨曉，氣猶未絶。鄰房有武陵醫士梁新聞之，乃與診視曰：「此乃食毒也。三兩日得非外食耶？」僕夫曰：「主公少出船，亦不食於他人。」梁新曰：「尋常嗜食何物？」僕夫曰：「好食竹雞，每年不下數百隻。近買竹雞，併將充饌。」梁新曰：「竹雞喫半夏。必是半夏毒也。」命擣薑捩汁，折齒而灌之，由是方蘇。崔魏公聞而異之，召到衙，安慰稱獎，資以僕馬錢帛入京，致書朝士，聲名大振。仕至尚醫奉御。有一朝士詣之，梁奉御曰：「何不早見示！風疾已深矣。請速歸處置家事，委順而已。」朝士聞而惶遽告退，策馬而歸。時有鄜州馬醫趙鄂者，新到京都，於通衢自榜姓名，云「攻醫術士」。此朝士下馬告之，趙鄂亦言疾已危，與梁生所説同矣，謂曰：「只有一法，請官人剩喫消梨，不限多少時，咀齕不及，捩汁而飲，或希萬一。」此朝士又策馬歸，以書筒質消梨，馬上旋齕。到家旬日，唯喫消梨，頓覺爽朗，其恙不作。卻訪趙生感謝。又訪梁奉御，具言得趙生教也。梁公驚異，且曰：「大國必有一人相繼者。」遂召趙生，資以僕馬錢帛，廣爲延譽，官至太僕卿。《北夢瑣言》一〇。又《廣記》二一九引。

2 見唐宣宗33。

3 又省郎張廷之有疾，詣趙鄂，纔診脈，説其疾宜服生薑酒一盞，地黃酒一杯。仍謁梁新，所説並同，皆言過此即卒。自飲此酒後，所疾尋平。他日爲時相堅虐一杯，訴之不及，其夕乃卒。時論謂之二妙。《聞奇録》（《廣記》二一九）。《玉泉子》。

## 陳陶

1 嚴宇牧豫章，陳陶隱西山，操行清潔。宇欲撓之，遣小妓蓮花往侍焉。陶殊不採，妓乃獻詩求去，云：「蓮花爲號玉爲腮，珍重尚書遣妾來。處士不生巫峽夢，虛勞神女下陽臺。」陶答曰：「近來詩思清於水，老去風情薄似雲。已向昇天得門户，錦衾深愧卓文君。」《麗情集》（《類説》三九）。《藝苑雌黄》亦引之（《苕溪漁隱叢話》後集一六）。《唐詩紀事》六〇。《唐才子傳》八。

2 大中年，洪州處士陳陶者，有逸才。歌詩中似負神仙之術，或露王霸之説，雖文章之士，亦未足憑。而以詩見志，乃宣父之遺訓也。其詩句云：「江湖水深淺，不足掉鯨尾。」又云：「飲冰狼子瘦，思日鷓鴣寒。」又云：「中原不是無麟鳳，自是皇家結網疏。」又云：「一鼎雄雌金液火，十年寒暑鹿霓衣。寄與東流任斑鬢，向隅終守鐵梭飛。」諸如此例，不可殫記。著《癖書》十卷，聞其名而未嘗見之。或云：《癖書》是鍾離從事陳岳所著。今兩存之。《北夢瑣言》五。

3 唐陳陶以詩名，兼釋、老學，自號三教布衣。《海録碎事》九下。

## 張頂

1 見蔡京1。

## 軒轅集

1 羅浮先生軒轅集年過數百而顏色不老，立於牀前則髮垂至地，坐於暗室則目光可長數丈。……及上召入內庭，遇之甚厚。每與從容論道，率皆叶於上意。因問曰：「長生之道可致乎？」集曰：「撤聲色，去滋味，哀樂如一，德施無偏，自然與天地合德，日月齊明，則致堯舜禹湯之道，而長生久視之術何足難哉？」又問：「先生之道孰愈於張果？」曰：「臣不知其他，但少於果耳。」……又問曰：「朕得幾年天子？」即把筆書曰四十年，但十字挑脚。上笑曰：「朕安敢望四十年乎！」及晏駕，乃十四年也。集初辭上歸山，自長安至江陵，於一布囊中探金錢以施貧者，約數十萬。中使從之，莫知其所出。既至，中路忽亡其所在，使臣惶恐不自安。後數日，南海奏先生歸羅浮山矣。《杜陽雜編》下。又《廣記》四八引。《南部新書》丙。

2 軒轅先生居羅浮山，宣宗召入禁中。能以桐竹葉滿手挼之悉成錢。先生又能散髮箕踞，用氣吹其髮，一一條直如植。《大中遺事》（張本《説郛》七四）。《唐語林》七。

3 見唐宣宗45。

## 知玄

1 釋知玄，字後覺，姓陳氏，眉州洪雅人也。曾祖圖南，任梓州射洪縣令。祖憲，考邈，皆名場不捷。母魏氏夢月入于懷，因而載誕，雖乳哺未能言，見佛像僧形，必含喜色。五歲，祖令詠花，不數步成云：「花開滿樹紅，花落萬枝空，唯餘一朵在，明日定隨風。」祖吟歎不懌曰：「吾育此孫，望其登甲科，雪二代之耻。今見孺子志矣，非貽厥也已，必從空門，乖始望也。」七歲，果遇法泰法師在寧夷寺講《涅槃經》。寺與居鄰，玄日就講集所，一聆法語，若覩前因。是夕夢其寺殿，佛手摩其頂。寤啓祖父，乞爲勤策，親黨覩其必不可抑奪，故聽之。年十一，遂其削髮。《宋高僧傳》六。

2 見李商隱8。

## 鄭神佐女

1 唐大中年，兖州奏：先差赴慶州行營押官鄭神佐陣没，其室女年二十四，先亡父未行營已前，許嫁右驍雄軍健李玄慶，未受財禮。阿鄭知父神佐陣没，遂與李玄慶休親。截髮往慶州北懷安鎮，收亡父遺骸，到兖州瑕丘縣進賢鄉，與亡母合葬訖，便於塋内築廬。識者曰：女子適邊取父遺骸合葬，烈而且孝，誠可嘉也。廬墓習於近俗，國不能禁，非也。廣引禮經而證之。《北夢瑣言》一。《廣記》二七〇。

# 顧師言

1 大中中，日本國王子來朝，獻寶器音樂，上設百戲珍饌以禮焉。王子善圍棋，上勅顧師言待詔爲對手。王子出楸玉局，冷暖玉棋子。云本國之東三萬里有集真島，島上有凝霞臺，臺上有手談池，池中生玉棋子，不由製度，自然黑白分焉。冬温夏冷，故謂之冷暖玉。又産如楸玉，狀類楸木，琢之爲棋局，光潔可鑒。及師言與之敵手，至三十三下，勝負未決。師言懼辱君命，而汗手凝思，方敢落指，則謂之鎮神頭，乃是解兩征勢也。王子瞪目縮臂，已伏不勝，迴語鴻臚曰：「待詔第幾手耶？」鴻臚詭對曰：「第三手也。」師言實第一國手矣。王子曰：「願見第一。」曰：「王子勝第三方得見第二，勝第二方得見第一。今欲躁見第一，其可得乎？」王子掩局而吁曰：「小國之一不如大國之三，信矣。」今好事者尚有顧師言三十三鎮神頭圖。《杜陽雜編》下。又《廣記》二二八引。《北夢瑣言》一。《南部新書》壬。

# 唐人軼事彙編卷二十五

## 夏侯孜

1 夏侯孜相國未偶，伶傳風塵，蹇驢無故墜井。每及朝士之門，舍逆旅之館，多有齟齬。時人號曰「不利市秀才」。後登將相。《北夢瑣言》三。《廣記》二七五引作《摭言》。《實賓録》六。

2 張侍郎爲河陽烏司徒從事，同幕皆是名輩。有道流殷九霞來自青城山，有知人之鑒。烏公問以年壽官禄，九霞曰：「司徒貴極藩服，所望者秉持鈞軸，封建茅土。惟在保守勳庸，苞貯仁義。享福隆厚，殊不可涯。」既而遍問賓僚，九霞曰：「其間必有台輔。」時烏公重一裴副使，應聲曰：「裴中丞是宰相否？」九霞曰：「若以目前人事言之，當如尊旨。以某所觀，即不在此。」時夏侯相國爲館驛巡官，且形質低悴。烏因戲曰：「裴副使不作宰相，莫是夏侯巡官否？」對曰：「司徒所言是矣。」烏公撫掌而笑曰：「尊師莫錯否？」九霞曰：「某山野之人，早修直道，無意於名宦金玉。蓋以所見，任直而道耳。」烏公曰：「如此則非某所知也。然其次貴達者爲誰？」曰：「張支使雖不居廊廟，履歷清途，亦至榮顯。」……其後譙公顯赫令名，再居鼎鉉。《劇談録》上。又《廣記》二二四引。

3　夏侯孜爲左拾遺，常着緑桂管布衫朝謁。開成中，文宗無忌諱，好文，問孜衫何太麄澁。具以桂布爲對，此布厚，可以欺寒。他日上問宰臣：「朕察拾遺夏侯孜，必貞介之士。」宰相具以密行，今之顔、冉。上嗟嘆久之，亦効着桂管布，滿朝皆倣効之，此布爲之貴也。《芝田録》（《廣記》一六五）。《玉泉子》。

4　崔鄲中丞爲京尹。三司使永達亭子宴丞郎，崔乘醉突飲，夏侯孜爲户部使，問曰：「尹曾任給、舍否？」崔曰：「無。」孜曰：「若不歷給、舍，尹不合衝丞郎宴。」命酒糺下籌進罰爵，取三大器滿飲之，良久方起。笞引馬前軍將至死。尋出爲賓客分司。《唐語林》七。《盧氏雜説》（《廣記》二三三）。《玉泉子》。《南部新書》辛。

5　見李景讓5。

6　宣宗崩，内官定策立懿宗，入中書商議，命宰臣署狀。宰相將有不同者，夏侯孜曰：「三十年前，外大臣得與禁中事；三十年以來，外大臣固不得知。但是李氏子孫，内大臣立定，外大臣即北面事之，安有是非之説？」遂率同列署狀。《唐語林》七。

7　丞相夏侯公爲宣宗山陵使，有司妙選陵寢，雖山形外正，而藴石中頑。丞相銜命，以豐價募丁匠開鑿皇堂，彌月不就。京府兩邑隸納鍛具，聯車以載，轍迹相望，至則鑊醯以沃之，且煎且鑿。役百萬丁力，孜孜矻矻，竟日所攻，不及函丈。曁石工告畢，百步夷然，於柏寢之上得折釵半股，其長如掌，銜於頑石間。匠者抉取以獻夏侯公。公以園陵甫及，聖情哀慕，寢而不奏。《闕史》上。又《廣記》四〇五引。

8　咸通十年停貢舉。前一年，日者言：己丑年無文柄，值「至仁」必當重振。明年上加尊號，内有「至仁」兩字，韓褒爲補闕，上疏請復之。夏侯孜謂楊元翼云：「李九丈行不得事，我行之。」九丈即衞公也。《唐語林》七。

9 夏侯相孜與王生同在場屋。王生有時價，孜且不侔矣。嘗落第，偕遊於京西，鳳翔連帥館之。一日從事有宴召焉。酒酣，從事以骰子祝曰：「二秀才若俱得登第，當擲堂印。」王生自負才雅，如有德色，怒曰：「吾誠淺薄，與夏侯孜同年乎？」不悦而去。孜及第，累官至宰相，王竟無所聞。孜在蒲津，王生之子不知其故，偶獲孜與父平昔所嘗往來筆札累十幅，皆孜手迹也，欣然挈之以謁孜，孜既見，問其所欲，一以依之。即召諸從事以話其事。《玉泉子》。又《廣記》一七七引。

10 唐相國夏侯公孜，富貴後得彭素之術，甚有所益。出鎮蒲中，悦一娼妓，不能承奉，以致尾閭之泄，因而致卒。有夏侯長官者，本反初僧也。曾依相國門庭，亂離後，挈家寄於鳳州山谷。尋亦物故，惟寡妻幼子而已。夏嫗獻此術於節使滿存相公，大獲濡濟。其子名籍，學吟詩，入西川依託勳臣，爲幕下從事，時人號爲「夏侯驢子」，乃世濟其鄙猥也。僕聞之於强山人甚詳，亦嘗與籍相識。籍子壻羅嶠，與僕相知，亦多蓄姬妾。疑其染夏氏之風。然夏侯長官者，得非相國之師乎？《北夢瑣言》一一。

11 李敬者，本夏侯譙公之傭也。公久厄塞名場，敬寒苦備歷，或爲其類所引曰：「當今北面官人，入則内貴，出則使臣，到所在打風打雨。你何不從之？而孜孜事一箇窮措大，有何長進！縱不然，堂頭官人，此輩謂堂吏爲官人。豐衣足食，所往無不克。」敬驟然曰：「我使頭及第後，還擬作西川留後官。」衆官大笑。時譙公於壁後聞其言。凡十餘歲，公自中書出鎮成都，臨行有以邸吏託者，一無所諾。至鎮，用敬知進奏，既而鞅掌極矣。向之笑者，率多投之矣。《唐摭言》一五。又《廣記》二七五引。

## 杜審權

1 杜審權，大中十二年知舉，放盧處權。有戲之曰：「座主審權，門生處權，可謂權不失權。」《南部新書》戊。

2 禮部故事：每年主司中埸多作風采。鄭詹尹知舉第一，李侍郎藩知舉落人極多，唯許下杜相公帖日，每去一人，必吁嗟移時。《唐語林》三。

3 見馮涓1。

4 杜相審權鎮浙西，性寬厚，左右僮僕希見其語。在翰林最久，習于慎密。在鎮三歲，自初視事，坐於東廳，至其罷去，未嘗易處。雖大臣經過，亦不踰中門。視事之暇，日未夕，非有故，不還私室。端默斂袵，常若對賓旅。夏日中欲寢息，則顧軍將令下簾。或四顧無人，即自起去簾鈎，以手捧軸，徐下簾至地，方拱退。進止雍容如畫。時杜悰先達，人謂之老杜相，審權爲小杜相。《唐語林》四。案：本條原出《金華子》上，但原書無「視事之暇」至「方拱退」一段。本條末三句又見《南部新書》戊。

## 畢諴

1 畢相諴家素賤。李中丞者，有諸院兄弟與諴熟。諴至李氏子書室中，諸子賦詩，諴亦爲之。頃者李至，觀諸子詩，又見諴所作，稱其美。諴初亦避之。李問曰：「此誰作也？」諸子不敢隱，乃曰：「某叔，頃來畢諴秀才作也。」諴遂出見。既而李呼左右責曰：「何令馬入池中，踐浮萍皆聚，蘆荻斜倒？」怒甚，左右莫敢對。諴曰：「萍聚只因今日浪，荻斜都爲夜來風。」李大悦，遂留爲客。《唐語林》三。

2 唐相畢諴，吴鄉人，詞學器度，冠於儕流。擢進士，未遂其志。嘗謁一受知朝士者，希爲改名，以期亨達。此朝士譏其鹺賈之子，請改爲諴字，相國忻然，受而謝之。竟以此名登第，致位台輔。前之朝士，慙悔交集也。《北夢瑣言》三。

3 畢諴相公及第年，與一二同人聽響卜。夜艾人稀，久無所聞。俄遇人投骨於地，羣犬争趨，又一人曰：「後來者必銜得。」《唐摭言》八。又《廣記》一八一引。

4 畢諴，本估客之子，連昇甲乙科，杜琮爲淮南節度使，置幕中，始落鹽籍。文學優贍，遇事無滯，在翰林，上恩顧特異，許用爲相，深爲丞相令狐綯所忌。自邠寧連移鳳翔、昭義、北門三鎮，皆綯緩其入相之謀也。諴思有以結綯，在北門求得絶色，非人世所易有，盛飾朱翠，專使獻綯。綯一見之心動，謂其子曰：「尤物必害人。畢太原於吾無分，今以是餌吾，將傾吾家族也。」一見返之。專人不敢將迴，驛候諴意。諴又瀝血輸啓事於綯，綯終不納，乃命郡吏貨之。東頭醫官李玄伯，上所狎昵者，以錢七十萬致於家，乃舍之正堂，玄伯夫妻執賤役以事焉。踰月，盡得其歡心矣，乃進於上。上一見惑之，寵冠六宫。玄伯燒伏火丹砂進之，以市恩澤，致上瘡疾，皆玄伯之罪也。懿宗即位，玄伯與山人王岳、道士虞紫芝，俱棄市。《東觀奏記》下。

5 唐畢相諴，家本寒微。其渭陽爲太湖縣伍伯，伍伯，即今號雜職行杖者。相國耻之，俾罷此役，爲除一官。

累遺致意，竟不承命。特除選人楊載宰此邑。參辭，特於私第延坐與語，期爲落此猥籍，津送入京。楊令到任，具達台旨。伍伯曰：「某下賤人也。豈有外甥爲宰相耶？」楊令堅勉之，乃曰：「某每歲公税，享六十緡事例錢，苟無敗闕，終身優渥。不審相公欲爲致何官職。」楊令具以聞，相國歎賞，亦然其説，竟不奪其志也。近者蜀相庾公傳素，與其從弟凝績，曾宰蜀州唐興縣。郎吏有楊會者，庾氏之昆弟深念之。洎迭秉蜀政，爲楊會除長馬以酬之。楊會曰：「某之吏役，遠近皆知，忝冒爲官，寧掩人口？豈可將數千家供待，而博一虛名長馬乎？」雖强假軍職，除授檢校官，竟不舍縣役。亦畢舅之次也。《北夢瑣言》四。又《廣記》四九九引。《唐語林》七。

## 楊收

1 唐相國楊收，江州人。祖爲本州都押衙。父直，爲蘭溪縣主簿，生四子：發、假、收、嚴，皆登進士第。收即大拜，發以下皆至丞郎。發以春爲義，其房子以柷以乘爲名。假以夏爲義，其房子以煚爲名。收以秋爲義，其房子以鉅、鏻、鑣、鑑爲名。嚴以冬爲義，其房子以注、涉、洞爲名。盡有文學，登高第，號曰修行楊家，與靜恭諸楊，比於華盛。收相少年於廬山修業，一日，尋幽至深隱之地，遇一道者，謂曰：「子若學道，即有仙分。必若作官，位至三公，終焉有禍。能從我學道乎？」收持疑，堅進取之心，忽道人之語。他日雖登廊廟，竟罹南荒之殛，悲夫！薛澤補闕乃楊氏之女孫壻，嘗語之。《北夢瑣言》一二。又《廣記》一五五引。《唐詩紀事》四七。

2　見崔澹2。

3　見曹確2。

4　咸通中，崔安潛以清德峻望，爲鎮時風，宰相楊收師重焉。欲設食相召，無由可入，先請崔公之門人，方便爲言，至于再三，終未許。楊意轉堅。稍稍亦有流言，或勸崔曰：「時相不可堅拒。」不得已而許之。楊喜甚，遽令排比，然後請日祗候。先是，崔公親情間人亦與楊通舊，欲求事，請公言之，終難啓口。將赴楊之召，謂親情曰：「修行今召我食。明日爾但與側近祗候，此際必言之。倘或要見，爾便須即來。」及崔到楊舍，見廳館鋪陳華焕，左右執事皆雙鬟珠翠，崔公不樂。飲饌及水陸之珍，臺盤前置香一爐，煙出成樓閣之狀。崔别聞一香氣，似非煙爐及珠翠所有者，心異之，時時四顧，終不諭香氣。移時，楊曰：「相公意似别有所矚。」崔公曰：「某覺一香氣異常酷烈。」楊顧左右，令于廳東間閣子内縷金案上，取一白角楪子，盛一漆毬子，呈崔公曰：「此是罽賓國香。」崔大奇之。宴罷返歸，竟不説得親情求事。據《太宗實録》云：「罽賓國進拘物頭花，香聞數里。」疑此近是。又見楊門人説：相公每下朝，常弄一玉婆羅門子，高數寸，瑩徹精巧可愛。云是于闐王内庫中物。《盧氏雜説》（《廣記》二三七）。

5　見裴坦5。

## 路巖

1　路巖幼病，有人稱善醫禳之術，巖用之不效，歎曰：「此盲郭璞也。」《搔首集》（《雲仙雜記》七）。

2 元和初，黜八司馬。韋執誼崖州，韓泰處州，柳宗元永州，劉禹錫朗州，韓曄杭州，凌準連州，程異郴州。及咸通中，韋保衡、路巖作相，除不附己者十司户。崔沆循州，李瀆繡州，蕭遘播州，崔彦融雷州，高湘高州，張顔潘州，李貺勤州，杜裔休端州，杜彦持義州，李藻費州。内繡州、潘州、雷州三人不迴。初高湜與弟湘少不相睦，咸通末，既出高州，湜雅與路巖相善，見巖陽救湘。巖曰：「某與舍人皆是京兆府荷枷者。」先是劉瞻志欲除巖，温璋希旨，別製新枷數十待之。瞻以人情附己，不甚緘密，其計泄焉。故居巖之後。湜既知舉，而問巖所欲言，時巖以去年停舉，已潛奏恐有遺滯，請加十人矣，即託湜以五人。湜喜其數寬，形於顔色。不累日十人勑下，湜未之知。巖執詔笑謂湜曰：「前者五人，侍郎所惠也。今之十人，某自致之。」湜竟依其數放焉。湘到任，憤湜不佑己，嘗賦詩云「唯有高州是富家」之句焉。《玉泉子》。

3 見曹確2。

4 路相巖與崔相雍同在崔相鉉幕。雍恃己名聲，因醉，撫巖背曰：「路子路子！争得共崔雍同恩門？」巖恨之。巖爲丞相，會和州不守，有石瓊者訟之，乃賜雍死。《唐語林》七。

5 宣宗以後，近代宰相，堂判俊贍，無及路公巖者。杜尚書慆，邠公之弟，牧泗州，爲龐勛所圍，以孤城保全於巨賊之中。高錫望牧滁州，嬰城固守而死。巖判崔雍狀引二子以證其事云「錫望守城而死，已有追榮；杜慆孤城獲全，尋加殊奬。」《金華子》上。《唐語林》二。

6、7 見韋保衡3、4。

8 路巖出鎮坤維也，開遠中衢恣爲瓦石所擊，故京兆尹温璋諸子之黨也。巖以薛能自尚書郎權京兆尹府事，李蠙之舉也，至是巖謂能曰：「臨行勞以瓦礫相餞。」能徐舉手板對曰：「舊例：宰相出鎮，府司無例發人防送。」巖有慚色。懿宗晚節，朝政多門，巖年少固位，邂逅致此。一旦失勢，當岐路者，率多仇隙附麗之徒，釣射時態，志在諛媚，雷同一詞，中外騰沸，其實未然也。始巖在淮南，與崔鉉作度支使，除監察，不十年，城門不出，而致位卿相。物禁太盛，暴貴不祥，良有以哉。初鉉以巖爲必貴，常曰：「路十終須與他那一官也。」自監察入翰林，鉉猶在淮南，聞之曰：「路十如今便入翰林，如何得老去。」皆如所言。《玉泉子》。又《廣記》一八八引。《續世説》四。《唐語林》七、三。

9 見劉瞻5。

10 唐路侍中巖，風貌之美，爲世所聞。鎮成都日，委執政於孔目吏邊咸，日以妓樂自隨，宴于江津。都人士女懷擲果之羨，雖衛玠、潘岳，不足爲比。善巾裹，蜀人見必效之。後乃翦紗巾之脚，以異於衆也。閭巷有裓服修容者，人必譏之曰：「爾非路侍中耶！」嘗過豐豚之肆，見儈豕者謂屠者曰：「此豚端正，路侍中不如。」用之比方，良可笑也。以官妓行雲等十人侍宴，移鎮渚宫日，於合江亭離筵贈行雲等《感恩多》詞，有「離魂何處斷，煙雨江南岸。」至今播於倡樓也。《北夢瑣言》三。《唐語林》四。

11 路侍中巖在西蜀，嘗夏日納涼於毬場廳中，使院小吏羅九皋巾裹步履，有似裴條郎中，大貂遥見，促召衫帶，逼視方知其非，因笞之。《北夢瑣言》四。

## 曹確

1 唐曹相國確判計，亦有台輔之望。或夢剃度爲僧，心甚惡之。有一士占夢多驗，相國召之，具以所夢語之。此人曰：「前賀侍郎，旦夕必登庸。出家者號剃度也。」無何，杜相出鎮江西，而相國大拜也。《北夢瑣言》一〇。又《廣記》二七八引。《搢紳脞説》(《分門古今類事》八)。

2 咸通末，曹相確、楊相收、徐相商、路相巖同爲宰相。楊、路以弄權賣官，曹、徐但備員而已。長安謡曰：「『確』『確』無論事，錢財總被『收』。『商』人都不管，貨『賂』幾時休？」《唐語林》七。《南部新書》甲。《唐詩紀事》四八。

## 曹汾

1 曹汾尚書鎮許下，其子希幹及第，用錢二十萬。榜至鎮，開賀宴日，張之於側。時進士胡錡有啓賀，略曰：「桂枝折處，著萊子之采衣；楊葉穿時，用魯連之舊箭。」汾之名第同故也。又曰：「一千里外，觀上國之風光；十萬軍前，展長安之春色。」《唐摭言》三。《唐詩紀事》五二。

## 徐商

1 徐商相公嘗於中條山萬固寺泉入院讀書。家廟碑云：「隨僧洗鉢。」《唐摭言》七。《唐詩紀事》四八。

2 見曹確2。

3 前朝宰相罕有不左降者，唯徐商特致公直，數十年不曾有累。其子齊國公彦若亦以忠於上，和於衆，竟無貶謫之禍。《中朝故事》。

## 于琮

1 見唐宣宗48。

2 見廣德公主2。

3 自咸通、乾符已來，京國察相者殊多，言事適中者甚少。愚之所識處士丁重，善於相人吉凶，屢有奇驗。于都尉方判鹽鐵，頻有宰弼之耗。時路相國秉鈞持權，與之不叶。一日重在新昌私第，值于公適至，路曰：「某與之賓朋，處士垂箔細看此人，終作宰相否？」備陳飲饌，留連數刻。既去，問之曰：「所見何如？」重曰：「入相必矣，兼在旬月之内。」路公笑曰：「見是帝王密親，復作鹽鐵使爾。」重曰：「不然。請問于之恩澤何如宣宗朝鄭都尉？」相國曰：「又安可比乎？」重曰：「鄭爲宣宗注意久之，而竟不爲相，豈將人事可以斟酌？某比不熟識于侍郎，今日見之，觀其骨狀，真爲貴者。其次風儀秀整，禮貌謙揖，如百斛巨器，所貯尚空其半，安使不受益於禄位哉！苟逾月不居廊廟，某無復更至門下。」路曰：「處士可謂弘遠矣。」其後浹旬，于果登台鉉。路相國每見朝士，大爲稱賞。由兹聲動京邑，車馬造門者甚衆，凡有所説，其言皆驗。後居終南山，好事者亦至其所。《劇談録》上。又《廣記》二二三引。《續世説》三。

4 于琮班中有時袖餅而食，或以遺同列。《常朝記》(《雲仙雜記》五)。

## 韋保衡

1 韋保衡嘗訪同人家，方坐，有李鉅新及第，亦繼至。保衡以其後先匿於帷下，既入，曰：「有客乎？」同人曰：「韋保衡秀才，可以出否？」鉅新成事甚自得，徐曰：「出也何妨？」保衡竟不之出。洎保衡尚主爲相，李蠙鎮岐下，鉅新方自山北舊從事辟焉。又保衡初既登第，獨孤雲除西川辟在幕中，樂籍間有佐酒者，副使李甲屬意時久，以逼於他適，私期迴將納焉。保衡既至，不知所之，祈於獨孤，且將解其籍。李至，意殊不平，每在宴席，輒以語侵保衡。保衡不能容，即攜其妓以去。李益怒之，屢言於雲，雲不得已，命飛牒追之而迴。無何，堂牒追保衡赴闕下，乃尚同昌公主也。李固懼之矣。不日，保衡復入翰林，李聞之，登時而卒。《玉泉子》。

2 韋保衡欲除裴修爲省郎，時李璋爲右丞，韋先遣盧望來申意，探其可否。李曰：「相公但除，不合先問某。」盧以時相事權設爲李所沮，則傷威重，因勸韋勿除。《盧氏雜說》(《廣記》四九九)。《玉泉子》。

3 韋、路作相，貶不附己者十司户：崔沆循州，李瀆綉州，蕭遘播州，高湘高州，崔彦融恩州，韋顔虔州，張濆勤州，杜裔休端州，鄭彦持義州，李藻費州。唯恩州不迴。《南部新書》癸。

4 韋保衡、路巖作相，勢動天地。附其勢者，有牛頭阿旁、夜叉捷疾之號。二相敗，以累譴者數十人。《南部新書》癸。

5 駙馬韋保衡之爲相，以厚承恩澤，大張權勢。及敗，長安市兒忽競彩戲，謂之「打圍」。不旬餘，韋禍及。《南部新書》辛。《唐語林》七。

6 見劉瞻5。

## 韋保乂

1 韋保乂，咸通中以兄在相位，應舉不得，特敕賜及第，擢入内庭。《唐摭言》九。又《廣記》一八三引。

## 劉瞻

1 見鄭絪6。

2 唐相國劉公瞻，其先人諱景，本連州人，少爲漢南鄭司徒掌牋劄。因題商山驛側泉石，滎陽奇之，勉以進修，俾前驛换麻衣，執贄之後致解薦，擢進士第，歷臺省。瞻相孤貧有藝，雖登科第，不預急流。任大理評事日，饘粥不給，嘗於安國寺相識僧處謁餐，留所業文數軸，置在僧几。致仕劉軍容玄冀游寺，見此文卷，甚奇之，憐其貧窶，厚有濟恤。又知其連州人，朝無强援，謂僧曰：「某雖閒廢，能爲此人致宰相。」爾後授河中少尹。幕寮有貴族浮薄者蔑視之。一旦有命徵入，蒲尹張筵而祖之。浮薄幕客呼相國爲「尹公」，曰：「歸朝作何官職？」相國對曰：「得路即作宰相。」此郎大笑之。在席亦有異其言者。自是以水部員外知制誥，相次入翰林，以至大拜也。王屋匡一上人細話之。《北夢瑣言》三。又《廣記》二六五引。《唐語林》三。

3　徐公商判鹺，以瞻爲從事，商拜相，命官曾不及瞻。瞻出於羈旅，以楊玄翼樞密權重，可倚以圖事，而密啗閽者謁焉。瞻有儀表，加之詞辯俊利，玄翼一見悦之。每玄翼歸第，瞻輒候之，由是日加親熟，遂許以内廷之拜。既有日矣，瞻即復謁徐公曰：「相公過聽，以某辱在門館，幸遇相公登庸，四海之人孰不受相公之惠！某故相公從事，窮飢日加，且環歲矣；相公曾不以下位處之，某雖不佞，亦相公之恩不終也。今已別有計矣，請從此辭。」即下拜焉。商初聞瞻言，徒唯唯而已。迨聞別有計，不覺愕然，方欲遜謝，瞻已疾趨出矣。明日，内牓子出，以瞻爲翰林學士。《玉泉子聞見録》(《通鑑考異》二三)。案：《通鑑考異》曰：「按瞻素有清節，必不至如《玉泉子》所云，恐出於愛憎之説。」

4　玄翼爲鳳翔監軍，瞻即出爲太原亞尹，鄭從讜爲節度使，殊不禮焉。洎復入翰林而作相也，常謂人曰：「吾在北門，爲鄭尚書冷將息，不復病熱矣。」從讜南海之命，瞻所致也。《玉泉子聞見録》(《通鑑考異》二三)。案：《通鑑考異》曰：「按《舊傳》，瞻自户部侍郎承旨出爲太原尹、河東節度使，瞻爲學士，若非以罪謫，恐不爲少尹。又《舊紀》，咸通十二年十二月，鄭從讜自宣武節度使爲廣州，在瞻驩州後，故知《玉泉子》所記皆虚。今不取。」

5　咸通中，中書侍郎平章事劉瞻以清儉自守，忠正佐時。懿皇以同昌公主薨謝，怒其醫官韓宗紹等，縶于霜臺，并親屬二三百人散繫大理，内外憂懼。瞻上疏切諫。時路巖、韋保衡恃寵忌之，出瞻爲荆南節度使，中外咸不平之。翰林承旨鄭畋爲制詞，略曰「早以文學，疊中殊科。風棱甚高，恭慎無玷。而又僻於廉潔，不尚浮華。安數畝之居，乃非己有；卻四方之賄，唯畏人知」云云。韋、路大怒，貶畋爲梧州刺史。取十道圖檢，見驩州去京萬里，乃謫瞻驩州司户參軍。舍人李庾行誥詞，駮責深焉，將欲加害。時遇懿皇厭代，僖皇初立，用元臣蕭倣佐佑大政，倣舉瞻自代。又幽州節度使張公素上疏理之，韋、路意乃止焉。俄而路巖出爲益帥，保衡又離相位，召瞻爲康州刺史，再授虢州。瞻旋至湘江，韋保衡南竄，相遇於江中，瞻家人齊登舟外詬駡之。保衡約束家人，無辭以對。至賀州驛内伏法，乃是數年前殺楊收閤子中榻上也。瞻至湖南，李庾方典是郡，出迎於江次竹牌亭置酒。瞻唱《竹枝詞》送李庾，躡履過溝，竹枝恨渠深女兒。庾懾怒，乃上酒於瞻。瞻命庾酬唱，庾云：「不曉詞間音律。」瞻投杯曰：「君應只解爲制詞也。」是夕，庾飲鴆而卒。瞻至京，俄入中書。時宰相劉鄴先與韋、路相熟，深有憂色。方判鹽鐵，乃於院中置會召瞻，飲中寘毒而薨。鄴尋授淮南節度使。僖皇於麟德殿置宴，伶人有詞曰：「劉公出典揚州，庶事必應大治，民瘼康泰矣。」諸伶人皆倡和曰：「此真最藥王菩薩也。」人皆哂之。路巖即貶儋州百姓，至江陵，籍没家産不知紀極，有蚊幮一領，輕密如碧煙，人疑其鮫綃也，及新州，伏法。《中朝故事》。《唐語林》七。

6 通義坊劉相國宅，本文宗朝朔方節度使李進賢舊第。進賢起自戎旅，而倜儻瑰瑋，累居藩翰，富於財寶，雖豪侈奉身，雅好賓客。有中朝宿德，常話在名場日，失意邊遊，進賢接納甚至。其後京華相遇，時亦造其門。屬牡丹盛開，因以賞花爲名，及期而往。廳事備陳飲饌，宴席之間已非尋常。舉杯數巡，復引衆賓歸内，室宇華麗，楹柱皆設錦繡，列筵甚廣，器用悉是黄金。堦前有花數叢，覆以錦幄。妓妾俱服紈綺，執絲簧善歌舞者至多。客之左右，皆有女僕雙鬟者二人，所須無不必至，承接之意，常日指使者不如。芳酒綺肴，窮極水陸。至於僕乘供給，靡不豐盈，自午訖於明晨，不覩杯盤狼籍。朝士云，邇後歷觀豪貴之屬，筵席臻此者甚稀。厥後進賢徙居長興，其宅互爲他人所有。咸通中，劉相國罷北京亞尹，復爲翰林學士，數歲後，自承旨入相，尚以十千税焉。及出鎮荆南，朝野無不惋惜。都城士庶以少及長，聞之俱爲涕泣。其後興化蕭相登庸，舉爲自代，表云：「正人吞聲而扼腕，百姓掩淚於道途。」是時昇道鄭相國在内庭，夜草麻制，具述其事云：「安數畝之居，仍非己有；却四方之賂，惟畏人知。」是時都下傳寫，爲之紙貴。持權者覩其詞，大怒，鄭公自翰林承旨左遷梧州，相國自端溪竄於日南。謫居四年，方獲清雪，以祕書監召還。未久，復持鈞軸。或將甲第爲獻，竟無所受。復於此宅寓居，庭宇不加修飾。清風儉德，充塞寰宇。《劇談録》下。

7　初，瞻南遷，無問賢不肖，一口皆爲之痛惜。殆將至京，東西市豪俠共率泉帛，募集百戲，將逆於城外。瞻知之，差其期而易路焉。瞻爲相，亦無他才能，徒以路巖遭時嫉怒，瞻爲所排，而人心歸向耳，其實未足譚也。《玉泉子見聞録》（《通鑑考異》二三）。

8　懿宗令韋保衡尚同昌公主，公主薨，懿宗殺醫官二十餘人，收捕其親族三百餘人，繫京兆獄中。宰相劉瞻召諫官使言之，莫敢言者，乃自上言，上不悦，又面諫，上大怒，叱出之，瞻爲荆南節度使。保衡又譖瞻與醫官通謀，誤投毒藥，貶瞻康州刺史。路巖作相，素與瞻議論不協，既貶康州，巖猶不快，閲十道圖，以驩州去長安萬里，再貶瞻驩州司馬。僖宗即位，韋、路賜死，瞻自虢州刺史召爲刑部尚書。瞻之貶也，人無賢愚，莫不痛惜。及其還也，長安兩市人率錢雇百戲迎之，瞻聞之，改期由它道而入。未幾，復作相。初，瞻南遷，劉鄴附於韋、路，共短之。及瞻大用，鄴内懼，召瞻置酒，瞻暴薨。時人皆以鄴爲鴆之也。《續世説》一一。

9　劉䁙，音潛。小字宜哥，唐宰相瞻之兄也。䁙家貧好道，嘗有道士經其家，見䁙異之，乃問：「知道否？」曰：「知之。某性饒俗氣，業應未浄，遽可彊學邪？」道士曰：「能相師乎？」䁙曰：「何敢！」於是師事之。道士命䁙曰：「山棲求道，無必裹巾。」䁙遂丫髻布衣，隨道士入羅浮山。初，䁙與瞻俱讀書爲文，而䁙性唯高尚，瞻情慕榮達。䁙嘗謂瞻曰：「鄙必不第，則逸於山野。爾得第，則勞於塵俗，竟不及於鄙也。然慎於富貴，四十年後，當驗矣。」瞻曰：「神仙遐遠難求，秦皇漢武，非不區區也。廊廟咫尺易致，馬周、張嘉貞，可以繼踵矣。」自後䁙愈精思於道，乃隱於羅浮。瞻進士登科，屢歷清顯，及昇輔相，頗著燮調之稱。俄謫日南，行次廣州朝臺，泊舟江濱。忽有丫角布衣少年衝暴雨而來，衣履不濕，云欲見瞻，左右皆訝，乃詰之。但言：「宜哥來也。」以白。瞻問形狀，具以對。瞻驚嘆，乃迎入見之。䁙顔貌可二十來，瞻以皤然衰朽，方爲逐臣，悲喜不勝。䁙復勉之曰：「與余爲兄弟，手足所痛。曩日之言，今四十年矣。」瞻亦感嘆，謂䁙曰：「可復修之否？」䁙曰：「身邀榮寵，職和陰陽，用心動静，能無損乎？自非茅家阿兄，已昇天仙，詎能救爾？今唯來相别，非來相救也。」於是同舟行，别話平生隔闊之事。一夕失䁙所在。今羅浮山中，時有見者。瞻遂南適，殁於貶所矣。《續仙傳》（《廣記》五四）。

## 劉贊

1　唐劉瞻相公，有清德大名，與弟阿初皆得道，已入仙傳。先婚李氏，生一子，即劉贊也。相國薨後，贊且孤幼，性甚懵鈍，教其讀書，終不記憶。其舅即李殷衡侍郎也，以劉氏之門不可無後，常加楚箠，終不長進。李夫人慈念，不忍苦之，歎其宿分也。一旦不告他適，無以訪尋，聖善憶念，淚如綆縻，莫審其存亡。數年方歸，子母團聚，且曰：「因入嵩山，遇一白衣叟，謂曰：『與汝開心，將來必保聰明。』」自是日誦一卷，兼有文藻，擢進士第。梁時登朝，充崇政院學士，預時俊之流。其渭陽李侍郎充使番禺，爲越王劉氏所縻，爲廣相而薨。僕與劉贊猶子瑴通熟，自言家世合有一人得道矣。即白衣叟，其髣髴乎？《北夢瑣言》一〇。

## 劉鄴

1 永寧劉相鄴，字漢藩，咸通中，自長春宮判官召入内庭，特敕賜及第。中外賀緘極衆，唯鄆州李尚書種一章最著，乃福建韋尚書岫之辭也。於是韋佐鄆幕，略曰：「用敕代牓，由官入名；仰温樹之烟，何人折桂？泝甘泉之水，獨我登龍。禁門而便是龍門，聖主而永爲座主。」又曰：「三十浮名，每年皆有；九重知己，曠代所無。」相國深所慊鬱，蓋指斥太中的也。《唐摭言》九。又《廣記》一八三引。《耆舊續聞》一〇。

2 劉相公鄴因白令公維持，方入翰苑，仍賜及第，爲同列所輕。因作詩曰：「曾是江波垂釣人，自憐深厭九衢塵。浮生漸老年隨水，往事曾聞淚滿巾。已覺遠天秋色動，不堪閒夜雨聲頻。多慚不是相如筆，虛直金鑾接侍臣。」《待漏院吟》曰：「玉堂簾外獨遲遲，明月初沉契勘時。閒聽景陽鐘盡處，兩鶯飛上萬年枝。」才調清高，終秉鈞衡。《抒情詩》(《詩話總龜》前集一〇)。

3 見劉三復1。

4 僖皇即位，蕭倣、崔彦昭秉政，素惡劉鄴，乃罷鄴知政事，出爲淮南節度使。是日鄴押班宣麻，通事引鄴内殿謝，不及笏記。鄴自撰十餘句，語曰：「霖雨無功，深愧代天之用；煙霄失路，未知歸骨之期。」帝爲之惻然。鄴，三復之子，贊皇門人也。《南部新書》癸。

5 見劉瞻5。

## 趙隱

1 隱，懿宗朝登庸，太夫人盧氏在堂。受命之明日，三相國并百執事并赴私第，列班陳慶賀之禮。每朔旦，憲府中集百官到宅候起居。太夫人及懿皇降誕日，相府與文武兩班，於慈恩寺飯僧，教坊三部大合樂於佛殿前，京兆府構綵棚，接東西廊，備相府宅觀。閲時，隱侍板輿到寺，及丞相率百官於庭北謝恩賜酒畢，乃迴班就棚通太夫人起居。朝野莫不稱美慶。其後崔丞相彦昭、張丞相濬，大用日皆在膝下，其榮養之禮，悉依趙氏舊儀。《趙氏科名録》（《廣卓異記》五）。

## 趙騭

1 趙騭試《被衮以象天賦》，更放韓衮爲狀元。或爲中貴語之曰：「侍郎既試《王者被衮以象天賦》，更放韓衮狀元，得無意乎？」騭由是求出華州。《唐摭言》一三。

2 禮部侍郎崔璵大中六年知舉，放趙騭及第。至咸通七年，騭自翰林學士出拜禮部侍郎知舉，璵爲禮部尚書。鷺放牓後，攜門生詣相國里謁璵，集於崇南街龍興觀前。進士韓袞已下題云：「集此從座主侍郎起居大座主尚書。」《唐書》(《廣卓異記》一九)。

## 蕭倣

1 咸通四年，蕭倣雜文榜中，數人有故，放榜後發覺，責授蘄州刺史主司。其年二月十三日得罪，貶蘄州刺史。五年五月量移虢略。《唐摭言》一四。

2 見鄭薰2。

3 見唐懿宗5。

4 蕭倣爲廣帥，曾有疾，召醫者視，云：「藥用烏梅子。」欲用公署中者，倣乃召有司以市價計而後取。廉也如此。《南部新書》丙。

5 丞相蘭陵蕭公，清譽儉德，時所推服。嘗統戎於番禺，有酌泉投香之譽，以是夷估輻輳，至於長安寶貨藥肆，咸豐衍於南方之物，由此人情歸美。今上誕聖於壬午，龍飛於癸巳，皇算十有二歲矣。思命耆德，佐佑大化，乃自奉常卿起公爲上相。公時年八十有三，居台席數載，汲引賢哲，導暢皇慈，儉德既彰，澆風少革。及薨於位，上再興不憖遺之歎，而廢常朝者三日。册贈之禮，有加美焉。議者曰：高位厚禄，苟有其分，陰靈必助其壽考；不然者，安有過懸車之歲，而命相之主始生。世傳太公晚達，七十而遇文王。今又逾釣渭之年一紀，乃知榮辱之分，豈偶然哉？《闕史》下。又《廣記》一一七引。

# 裴坦

1 唐相國裴公坦，大和八年李漢侍郎下及第。自以舉業未精，遽此叨忝，未嘗曲謝座主，辭歸鄠縣別墅，三年肄業不入城。歲時恩地，唯啓狀而已。至於同年，鄰於謝絶。掩關勤苦，文格乃變。然始到京，重獻恩門文章，詞采典麗，舉朝稱之。後至大拜，爲時名相也。夫世之干禄，先資名第，既得之後，鮮不替懈。自非篤於文學，省顧賓實者，安能及斯！裴公廟堂之期，有以見進德之無斁也。《北夢瑣言》八。

2 見裴休5。

3 見温庭筠7。

4 見唐懿宗5。

5 唐楊收、段文昌皆以孤進，貴爲宰相，率愛奢侈。楊相女適裴坦長子，嫁資豐厚，什器多用金銀。坦尚儉，聞之不樂。一日，與國號及兒女輩到新婦院，臺上用碟盛果實，坦欣然視碟子内，乃卧魚犀。坦盛怒，遽推倒茶臺，拂袖而出，乃曰：「破我家也。」他日收相果以納賂竟至不令，宜哉！《北夢瑣言》九。又《廣記》一六五引。

6 趙璘員外爲裴坦相漢南從事，璘甚陋，裴公戲之曰：「趙公本不醜。孩抱時，乳母憐惜，往往撫弄云：『作醜子，作醜子。』因此一定。」趙公大咍。《北夢瑣言》一〇。

7、8 見裴勛1、2。

# 裴勛

1 翁彦樞，蘇州人也，應進士舉。有僧與彦樞同鄉，出入故相國裴公坦門下，以年老優恤之，雖中門内，亦不禁其出入。手持貫珠，閉目以誦經，非寢食，未嘗輟也。坦主文柄入貢院，子勛、質日議牓於私室，僧多處其間，二子不之虞也。擬議名氏，迨與奪徑路，僧悉熟之，歸寺而彦樞詣焉。僧問彦樞將來得失之耗，彦樞具對以無有成遂狀。僧曰：「公成名須第幾人？」彦樞謂僧戲己，答曰：「第八人足矣。」即復往裴氏家，二子所議如初。僧忽張目謂之曰：「侍郎知舉耶？郎君知舉耶？夫科第國家重事，朝廷委之侍郎，意者欲侍郎剗革前弊，孤平得路。今之與奪，悉由郎君，侍郎寧偶人耶？且郎君所與者，不過權豪子弟，未嘗以一平人藝士議之，郎君可乎？」即屈其指，自首及末，不差一人。其豪族私讐曲折，必中二子所諱。勛等大懼，即問僧所欲，且以金帛啗之。僧曰：「貧道老矣，何用金帛爲？有鄉人翁彦樞者，陡要及第耳。」勛等即列丙科。僧曰：「非第八人不可也。」勛不得已，僧曰：「與貧道一文書來。」彦樞其年及第，竟如其言，一無差忒。《玉泉子》。

2 裴勛質貌么麽，而性尤率易。嘗與父坦會飲，坦令飛盞，每屬其人輒目諸狀。坦付勛曰：「矮人饒舌，破車饒楔，裴勛十分。」勛飲訖而復盞曰：「蝙蝠不自見，笑他梁上燕。十一郎十分。」坦第十一也，坦怒笞之。又慈恩寺連接曲江，京輦勝景，每歲新得第者，畢列姓名於此。勛嘗與親屬遊，見其父及第牓率多物故，謂人曰：「此皆鬼録也。」其輕薄如此。《玉泉子》。

# 李蔚

1 咸通中，丞相姑臧公拜端揆日，自大梁移鎮淮海，政績日聞。未期周，榮加水土，移風易俗，甚洽羣情。自彭門亂常之後，藩鎮瘡痍未平，公按轡恭己而治之，補綴頹毁，整葺壞綱，功無虚日。以其郡無勝遊之地，且風亭月榭既已荒涼，花圃釣臺未愜深旨。一朝，命於戲馬亭西連玉鉤斜道，開闢池沼，構葺亭臺。揮斤既畢，〔號曰「賞心」〕。栽培花木，蓄養遠方奇禽異畜，畢〔畢〕萃其所。芳春九旬，居人士女得以遊觀。一旦，聞浙右小校薛陽陶監押度支運米入城，公喜其姓〔名〕同曩日朱崖左右者，遂令詢之，果是其人矣。公愈喜，似獲古物。乃命衙庭小將代押，留止別館。一日，公召陶同遊，問及往日蘆管之事。陶因獻朱崖、陸暢、元、白所撰歌一軸，公益喜之。〔次出蘆管〕，即於兹亭奏之。其管絶微，每於一觱篥管中常容三管也。聲如天際自然而來，情思寬閒。公大佳賞之。亦贈其詩，不記終篇。其發端云：「虚心纖質雁銜餘，鳳吹龍吟定不如。」於是錫賚甚豐。出其二子，皆授牢盆倅職。初公搆池亭畢，未有名，因名「賞心」。諸從事以公近諱，蓋「賞」字有「尚」字也。公曰：「宣父言『徵』不言『在』，言『在』不稱『徵』，且非内官宫妾，何避其疑哉？」遂不改作。其亭自秦、畢亂逆，乃爲芻豢之地。嗟乎，公孫弘之東閤，劉屈氂後爲馬厩，亦何異哉！《桂苑叢談》。又《廣記》二〇〇引。

2 永寧李相蔚在淮海，暇日，攜酒樂訪節判韋公昭度，公不在。及奔歸，未中途，已聞相國舉酒縱樂。公曰：「是無我也。」乃回騎出館，相國命從事連往留截，仍移席於戟門以候。及迴，相國舞《楊柳枝》引公入，以代負荆。《南部新書》己。

3 盧澄爲李司空蔚淮南從事，因酒席請一舞妓解籍，公不許，澄怒，詞多不遜。公笑曰：「昔之狂司馬，今也憨從事。」澄索彩具，蔚與賭貴兆，曰：「彩大者，秉大柄。」澄擲之得十一，席上皆失聲；公徐擲之，得堂印。澄託醉而起。後數月，澄入南省；不數年，蔚入相。《唐語林》七。

4 唐丞相李蔚鎮淮南日，有布素之交孫處士，不遠千里，徑來修謁。蔚浹月留連，一日告發，李敦舊分，遊河祖送。過於橋下，波瀾迅激，舟子迴跋，舉篙濺水，近坐飲妓濕衣尤甚。李大怒，令擒舟子荷於所司。處士拱而前曰：「因兹寵餞，是某之過。敢請筆硯，略抒荒蕪。」李從之。乃以《柳枝詞》曰：「半額微黄金縷衣，玉搔頭裊鳳雙飛。從教水濺羅裙濕，還道朝來行雨歸。」李覽之，釋然歡笑，賓從皆贊之。命伶人唱其詞，樂飲至暮。舟子赦罪。更有李嶸獻詩云：「鷄樹煙含瑞氣凝，鳳池波待玉山澄。國人久倚東關望，擬築沙堤到廣陵。」後果入相。《抒情詩》（《廣記》二〇四）。《古今詩話》（《詩話總龜》前集二二）。參看裴虔餘1

5 咸通丙戌歲，上以年和時豐，思減傜免罪，乃下詔，以其冬御丹鳳樓，申眚災肆赦之命。有司擇用十月十日，近歲以知星食禄者，止能膠柱選日，不剋風雨之候。前一日，百司蒇事向畢，巳時風雨暴作。上仁惻及物，不罪日官，乃手香以祝，及未而霽，人心甚悦。詔有司，令市良土以夷樓前坳潦之所。時丞相李公蔚尹正神州，於是嚴令兩邑召載土者以集事。先是，有以隻輪載土而鬻者，每乘不逾三十錢，至是，幸時之急，遂高其價，逾倍方止。兩邑官吏有司捕盜者專其事，慮價不廉，懼未敢發。李公以義馭向晚，閔事不集，坐退朝別館，市□□遞院尹退朝即視事於其中。具桎梏鞭撲于前，援毫以伺。督責騎步，旁午於道。

二縣僚不得已，趨而前曰：「常鬻士者，每輪十數及三，今則幸其急，驟加十至七，願立斃其首，以衂其價。」李公謂曰：「事非舒緩，安以價爲！」遂令每乘加錢至百二。官吏奉命大喜。隻輪雲集，至暮，夷坳燥潴俱畢。役夫樂其善價，繼來不已，金吾司候有佚背而回者。詰旦，上御樓宣赦，百官畢集，樂懸具舉，兵仗羅列，建雞免囚，樓觀之下纖埃不生，聖顏甚悅。後一日，鬻士者詣府請直，則復給五十錢。《闕史》下。

## 王式

1 余頃年往長安中，鰥居僑寓，頗有介静之名。然惚率交友，未嘗辭避，故勝遊狎宴，常亦預之。朝中知己，謂余能立於顔生子祚生之間矣。余不達聲律，且無耽惑，而不免俗，以其道也。然亦懲其事，思有以革其弊。嘗聞大中以前，北里頗爲不測之地。故王金吾式、令狐博士滈，皆目擊其事，幾罹毒手，實昭著本末，垂戒後來。且又焉知當今無之，但不值執金吾曲臺之泄耳。王金吾，故山南相國起之子，少狂逸，曾昵行此曲。遇有醉而後至者，遂避之床下。俄頃又有後至者，仗劍而來，以醉者爲金吾也，因梟其首而擲之曰：「來日更呵殿入朝耶？」遂據其床。金吾獲免，遂不入此曲。其首家人收瘞之。令狐博士滈，相君當權日，尚爲貢士，多往此曲，有昵熟之地往訪之。一日忽告以親戚聚會，乞輟一日，遂去之。滈於鄰舍密窺，見母與女共殺一醉人而瘞之室後。來日復再詣之宿，中夜問女，女驚而扼其喉，急呼其母，將共斃之，母勸而止。及旦，歸告大京尹捕之，其家已失所在矣。以博文事不可不具載於明文耳。頃年舉子皆不及此里，惟新郎君恣遊於一春。近不知誰何啓迪。《北里志》。

2 越人仇甫聚衆爲亂，攻陷剡縣、諸暨等縣，浙左騷然。上用王式爲浙東觀察使，以武寧軍健卒二千人送之。式生擒仇甫以獻，斬於東市。《東觀奏記》下。《唐語林》七。

3 諸軍圍賊於剡。賊悍甚，其所謂女軍者，亦乘城摘礫以中人。三日，凡八十三戰，賊雖衄，官軍亦疲，裘甫佯言乞降，諸將使騎來白。公曰：「賊憊蹔休耳，謹備之。」仍遣押牙薛敬義謂諸將曰：「功成矣，勉之，勿怠也。」果復三戰，二十一日夜，甫與劉晊、劉慶十餘輩又從百餘人出，遥與諸將語，伺我軍之懈，將使勇者潰圍焉。諸將得公誡，夜皆設伏於營前。甫輩離城數十步，伏兵疾走以間之，鋭師數百復繼之，城中賊不出。甫遽甚，不知所爲，遂成擒焉。至是，用兵六十六日矣。二十三日，縛致府城，公於衙門陳兵以見，執其徒劉晊、劉慶二十餘輩，三斬之，械裘甫獻闕下。《平剡録》（《通鑑考異》二三）。

4 王式討裘甫。甫始起於剡，既爲官軍所敗，復入于剡，城堅卒鋭，不可遽拔。式乃約降，許奏以金吾將軍，甫許焉，其將劉晊獨以爲不可。比及越城，左右則械手以木，曳頸以組。甫曰：「吾既已降，何用是爲？」左右曰：「法也。到越則釋去，公且行，有命矣。」既至，式登南樓俟之，曰：「裘甫何罪，罪皆劉晊輩。」命三斬之。晊顧謂甫曰：「君竟拜金吾乎！」斬甫于長安東市。初，甫之入剡也，雖已累敗，向使城守，朞歲未可平也。玉泉子曰：古人有言，殺降不祥。李廣所以不侯，良有以也！王公亦不聞大貴。鄭公述《平剡録》一何曲筆哉！雖驟歷清顯，而卒以喪明不復起，可不慎哉！《玉泉子見聞録》（《通鑑考異》二三）。

5 王尚書式，僕射起之子，朝廷儒宗，最見重於武宗。常自譽於上曰：「讀書則五行皆下，爲文則七步成章。」而式頗有武幹，善用兵，累總戎平裘甫等。温璋失利於徐州，朝廷以彭門頻年逐帥，乃自河陽移式領河陽全軍赴任焉。駐軍境外，優游緩進。徐州將士自王智興後，驕驕難制，其銀刀都子父軍相承，每日三百人守衙，皆露刃立於兩廊夾幕之下，稍不如意，相顧笑議於飲食之間，一夫號呼，衆卒率和。節使多儒，素懦怯，聞亂則後門逃遁而獲免焉。如是殆有年矣。暨聞式到近境，先遣衙隊三百人遠接。式衩衣坐胡床，受參既畢，乃問其逐帥之罪，命皆斬於帳前，不留一人。《金華子》上。《唐語林》二。　案：《唐語林》以下尚有文字，見下條。

6　既而後來者莫知前者已死，又斬之。數日，銀刀都數千人殆盡。徐州軍士平居自恃吞噬，及式衣褉子半臂，曳屐危坐，拱手栗縮就死，無一人敢拒者。其後親戚相訝，不能自知焉。式既視事，餘黨並遠配，郡中少安矣。《唐語林》二。　案：此條文字緊接上條。

7　王尚書式初爲京兆少尹，好縱情酣飲，京師號爲「王鄧子」。性復放率，不拘小節。長安坊巷中有攔街鋪設，中夜樂神，遲明未已。式因過之，駐馬寓目。舞者喜賀主人，持杯跪於馬前曰：「主人多福，感得達官來顧，味稍美，敢拜壽觴。」式笑取而飲，媿領而去。行百餘步，乃回轡復謂之曰：「向者酒甚不惡，可更一杯。」復據鞍引滿巨鍾而去。其放率多如此。《金華子》上。《唐語林》二。

## 王龜

1　王龜，起之子。于永達坊選幽僻帶林泉之處，搆一亭，會文友于其間，名之曰「半隱亭」。後太和初，從起于蒲，於中修葺書堂以居之，號曰「郎君谷」。《南部新書》丙。

2 見唐武宗5。

## 李蠙

1 唐司空李蠙，始名虬，赴舉之秋，偶自題名於屋壁，經宵，忽覩名上爲人添一畫，乃成虱字矣。蠙曰：「虱者，蠙也。」遂改名蠙。明年果登第。《南楚新聞》(《廣記》一三八、《類説》四五)。

2 大中九年，沈詢侍郎以中書舍人知舉，其登第門生李彬父叢爲萬年令。同年有起居者之會，倉部李郎中蠙時在座，因戲諸進士曰：「今日極盛，蠙與賢座主同年。」時右司李郎中從晦又在座戲蠙曰：「殊未耳！小生與賢座主同年，如何？」謂郴州柳侍郎也。衆皆以爲異。是日，數公皆詣賓客馮尚書審，則又柳公座主楊相國之同年，舉坐嗟嘆。侍讀諫議漳説。《因話録》六。《唐語林》四。

3 見王鐸1。

4 李蠙與王鐸進士同年，後居得路，嘗恐鐸之先相而已後之。路巖出鎮，益失勢。鐸柔弱易制，中官愛焉。洎韋保衡將欲大拜，不能先於恩地，將命鐸焉。蠙陰知之，挈一壺酒請鐸曰：「公將登庸矣，吾恐不可以相攀也，願先是少接左右可乎？」即命酒飲鐸，妻氏疑其堇焉。使女奴傳言於鐸曰：「一身可矣，須爲妻兒謀。」蠙驚曰：「以吾酒爲鴆乎？」即命一大爵，自引滿，飲之而去。《玉泉子》。又《廣記》四九九引。《唐語林》七。

5 李尚書蠙性仁愛，厚於中外親戚，時推爲首。嘗爲一簿，遍記內外宗族姓名，及其所居郡縣，置於左右。歷官南曹。牧守及選人相知者赴所任，常閱籍以囑之。《唐語林》一。

## 王凝

1 見崔彥昭1。

2 王文公凝，清修重德，冠絕當時。每就寢息，必叉手而卧，慮夢寐中見先靈也。食飫飥麵不過十八片。曾典絳州，于時司空圖侍郎方應進士舉，自別墅到郡謁見後，更不訪親知，閽吏遽申：「司空秀才出郭矣。」或入郭訪親知，即不造郡齋。瑯琊知之，謂其專敬，愈重之。及知舉日，司空一捷，列第四人登科。同年訝其名姓甚暗，成事太速。有鄙薄者，號爲「司徒空」。瑯琊知有此說，因召一牓門生開筵，宣言於衆曰：「某叨忝文柄，今年牓帖，全爲司空先輩一人而已。」由是聲采益振。爾後爲御史分司，舊相盧公攜訪之，乃留詩曰：「氏族司空貴，官班御史雄。老夫如且在，未可歎途窮。」其爲名德所重也如此。《北夢瑣言》三。又《廣記》一八三引。《詩話總龜》前集三引。

3 王凝侍郎案察長沙日，有新授柳州刺史王某者，不知何許人，將赴所任，抵于湘川，謁凝。凝召預宴于賓佐，王啓凝云：「某是侍郎諸從子姪，合受拜。」凝遽問云：「既是吾族，小名何也？」答曰：「名通郎。」凝乃謂左右曰：「促召郎君來。」逡巡，其子至，凝詰曰：「家籍中有通郎者乎？」其子沉思少頃，乃曰：「有之，合是兄矣。」凝始命邀王君，則受以從姪之禮，因從容問云：「前任何官？」答曰：「昨罷職北海鹽院，旋有此授。」凝聞之，不悦。既退，凝復召其子謂曰：「適來王君，資歷頗雜，的非吾之枝葉也。」遽徵屬籍，尋其派，乃有通郎，已于某年某日物化矣。凝覩之怒。翌日，廳内備饌招之，王君望凝，欲屈膝，忽被二壯士挾而扶之，鞠躬不得。凝前語曰：「使君非吾宗也，昨日誤受君之拜，今謹奉還。」遂拜之如其數訖。二壯士退，乃命坐與餐，復謂之曰：「當今清平之代，此後不可更亂入人家也。」在庭吏卒悉笑。王君慚赧，飲食爲之不下，斯須，踧踖而出。《南楚新聞》（《廣記》二三八）。

## 温　璋

1　唐温璋爲京兆尹，勇於殺戮，京邑憚之。一日，聞挽鈴聲，俾看架下，不見有人。凡三度挽掣，乃見鴉一隻。尹曰：「是必有人探其雛而訴冤也。」命吏隨鴉所在捕之。其鴉盤旋，引吏至城外樹間，果有人探其雛，尚憩樹下，吏乃執之送府。以禽鳥訴冤，事異於常，乃斃捕雛者而報之。《北夢瑣言》一〇。又《廣記》四六三引。《南部新書》庚。

2　温璋，唐咸通壬辰尹正天府，性黷貨敢殺，人亦畏其嚴殘，不犯，由是治有能名。舊制：京兆尹之出，静通衢，閉里門，有笑其前道者，立杖殺之。是秋，温公出自天街，將南抵五門，呵喝風生。有黄冠老而且傴，弊衣曳杖，將横絶其間，騶人呵不能止，温公命捽來，笞背二十，振袖而去，若無苦者。温異之，呼老街吏，令潛而覘之有何言，復命黄冠扣之，既而跡之。迨暮，過蘭陵里，南入小巷，中有衡門，止處也，吏隨入關。有黄冠數人出謁甚謹，且曰：「真君何遲也？」答曰：「爲凶人所辱。可具湯水。」黄冠前引，雙鬟青童從而入，吏亦隨之。過數門，堂宇華麗，修竹夾道，擬王公之甲第。未及庭，真君顧曰：「何得有俗物氣？」黃冠争出索之。吏無所隱，乃爲所録。見真君，吏叩頭拜伏，具述温意。真君盛怒曰：「酷吏不知禍將覆族，死且將至，猶敢肆毒於人，罪在無赦！」叱街吏令去。吏拜謝了，趨出，遂走詣府，請見温，時則深夜矣。温聞吏至，驚起，於便室召之，吏悉陳所見，温大嗟惋。明日將暮，召吏引之。街鼓既絶，温微服與吏同詣黃冠所居。至明，吏款扉，應門者問誰，曰：「京兆温尚書來謁真君。」既闢重闈，吏先入拜，仍白曰：「京兆君温璋。」温趨入拜，真君踞坐堂上，戴遠遊冠，衣九霞之衣，色貌甚峻。温伏而叙曰：「某任總浩穰，權唯震肅，若稍畏懦，則損威聲。昨日不謂凌迫大仙，自貽罪戾，故來首服，幸賜矜哀。」真君責曰：「君忍殺立名，專利不厭，禍將行及，猶逞凶威。」温拜首求哀者數四，而真君終蓄怒不許。少頃，有黃冠自東序來，拱立於真君側，乃跪啓曰：「尹雖得罪，亦天子亞卿，況真君洞其職所統，宜少降禮。」言訖，真君令黃冠揖温升堂，别設小榻令坐，命酒數行，而真君怒色不解。黃冠復啓曰：「尹之忤犯，弘宥誠難，然則真君變服塵遊，俗士焉識？白龍魚服，見困豫且，審思之。」真君悄然，良久曰：「恕爾家族。此間亦非淹久之所。」温遂起，於庭中拜謝而去。與街吏疾行至府，動曉鐘矣。雖語親近，亦祕不令言。明年，同昌主薨，懿皇傷念不已，怒藥石之不徵也，醫韓宗紹等四家，詔府窮竟，將誅之。而温鬻獄緩刑，納宗紹等金帶及餘貨凡數千萬，事覺，飲酖而死。《三水小牘》（《廣記》四九）。案：《酉陽雜俎》前集九載黎幹事，與此相類。參看黎幹1。

## 張裼

1 唐張裼尚書朝望既高，號爲流品。與韋相保衡有分，韋言於同列，以其名裼，裼訓袒衣也；又詩云「載衣之裼」，裼即小兒褓衣，乃綳帶也。方欲因事改之，未幾，韋相流貶，竟不大拜。韋嘗問立名之由，裼以少孤，爲無學問親表所誤也。《北夢瑣言》八。

2 唐張裼尚書恃才直道外，仍有至性。及第後，歸東都，一日，髣髴見其亡親，謂曰：「去得也。」遂辦裝入京，果登朝籍，不爽陰告也。東都柏坡有莊，而多高大屋宇，中庭有土堆若冢，人言其下時有樂聲，本主鬻之不售。八座不信，以善價買之，遽令發掘，其下乃麥麴耳。以之和泥，塗一院牆屋，不假他求。是知妖由人興，向使疑誤神怪，則有物憑焉，必爲村巫酒食之資也。正直之人，其可欺乎！《北夢瑣言》八

3 見張仁龜1。

4 唐張裼尚書有五子，文蔚、彝憲、濟美、仁龜皆有名第，至宰輔丞郎。内一子忘其名。少年聞説壁魚入道經函中，因蠹食神仙字，身有五色，人能取壁魚吞之，以致神仙而上昇，張子惑之，乃書神仙字，碎翦，實於瓶中，捉壁魚以投之，冀其蠹蝕，亦欲吞之，遂成心疾。每一發作，竟月不食，言語麄穢，都無所避。其家扃閉而守之，俟其發愈，一切如常，而倍餐啜。一月食料，須品味而飫之。多年方謝世。《北夢瑣言》一二。

# 張仁龜

1 唐張褐尚書典晉州，外貯所愛營妓，生一子，其內子蘇氏號塵外，妬忌，不敢取歸，乃與所善張處士爲子，居江淮間。常致書題問其存亡，資以錢帛。及漸成長，教其讀書。有人告以「非處士之子，爾父在朝官高。」因竊其父與處士緘劄，不告而遁歸京國。褐公已薨，至宅門，僮僕無有識者。但云「江淮郎君」，兄弟皆愕然。其嫡母蘇夫人泣而謂諸子曰：「誠有此子，吾知之矣。我少年無端，致其父子死生永隔，我罪多矣！」家眷聚泣，取入宅，齒諸兄弟之列，名仁龜。有文，性好學修詞，應進士舉及第，歷侍御史。因奉使江浙，於候館自經而死，莫知所爲。先是張處士悵恨而終，必有冥訴，罹此禍也。柱史爲楊鉅侍郎愛壻也。《北夢瑣言》八。又《廣記》二七三引。《南部新書》丁。

# 高湜

1 見許棠4。

2 見路巖2。

# 高湘

1 見路巖2。

2 見邵安石1。

## 崔涓

1 崔涓，大夫嶼之子，小宗伯澹之兄。涓性俊逸，健於記識。初典杭州，上事數日，喚都押衙，謂曰：「乍到郡中，未能憶諸走吏姓名，卒要呼喚，皆滯人頤指。居常當直將卒，都有幾人？」對曰：「在衙當直，都有三百人。」乃各令以紙一幅，大書姓名，貼在胸襟前，逐人點過，自此一閱，逮及三考，未嘗誤喚一人者。《金華子》上。《唐語林》三。

2 崔涓在杭州，其俗端午習競渡於錢塘湖。每先數日即於湖沜排列舟舸，結絡綵艦，東西延袤，皆高數丈，爲湖亭之軒飾。忽於其夕，北風暴作，綵船洶湧，勢莫可制。既明，皆逐風飄泊湖之南岸，執事者相顧莫之爲計。須臾涓與官吏到湖亭，見其陳設，皆遥指於層波之外。大將愧懼，以綵艦聯從，非人力堪制，無計取回。涓微笑曰：「競渡船共有多少？」令每一綵舫，繫以三五隻船，齊力一時鼓棹，倏忽而至，殊不爲難。觀者歎駭，服其權智。涓之機捷率多如此。《金華子》上。《唐語林》三。

3 崔涓守杭州，湖上飲餞。客有獻木瓜，所未嘗有也，傳以示客。有中使即袖歸，曰：「禁中未曾有，宜進於上。」頃之，解舟而去。郡守懼得罪，不樂，欲撤飲。官妓作酒監者立白守曰：「請郎中盡飲。某度木瓜經宿必委中流也。」守從之。會送中使者還，云：「果潰爛，棄之矣。」郡守異其言，召問之，曰：「使者既請進，必函貯以行。初因遽觀，則以手掐之。此物芳脆易損，必不能入獻。」守命有司加給，取香錦面賚之。《唐語林》三。又《白孔六帖》一〇〇、《古今合璧事類備要》別集四三引。

## 崔澹

1 見孫棨1。

2 大中末，崔鉉自左僕射平章事鎮淮海，楊收以太常博士從鉉爲支使。收入拜侍御史，遷吏部員外，歷翰林學士，二歲拜兵部侍郎平章事，鉉未移。鉉賀收狀云：「前時里巷，初迎避馬之威；今日藩垣，便仰問牛之化。」此崔澹之辭。《唐書》（《廣卓異記》七）。《唐詩紀事》六〇。

3 崔涓弟澹，容止清秀，擢登第，累登朝列，崔魏公辟爲從事。清瘦明白，猶若鷺鷥，古之所謂玉而冠者，不妄也。先是中朝流品相率爲朋甲，以名德清重之最者爲其首。咸通之際，推李公都爲大龍甲頭，沙汰名士，以經緯其伍。涓、澹，親昆仲也。澹即預於品目，以涓之俊逸，目爲麄率，不許齒焉。多方敬接，冀時暱附，而甲中之士，恭默莫肯應對，避之如蠆螫焉。《金華子》上。《唐語林》四。

4 崔澹試《以至仁伐至不仁賦》，時黃巢方熾，因爲無名子嘲曰：「主司何事厭吾皇，解把黃巢比武王。」《唐摭言》一三。又《廣記》二五七引。

## 劉允章

1 劉允章侍郎主文年，榜南院曰：「進士納卷，不得過三軸。」劉子振聞之，故納四十軸。《唐摭言》一二。

2 見鄭仁表3。

3 咸通九年，劉允章放榜後，奏新進士春關前，擇日謁謝先師，皆服青襟介幘，有洙泗之風焉。《南部新書》乙。

4 劉允章試《天下爲家賦》，爲拾遺杜裔休駁奏，允章辭窮，乃謂與裔休對。時允章出江夏，裔休尋亦改官。《唐摭言》一三。《盧氏雜説》（《廣記》一八三）。

5 劉允章祖伯芻，父寬夫，皆有重名。允章少孤自立，以臧否爲己任。及掌貢舉，尤惡朋黨。初，進士有「十哲」之號，皆通連中官，郭纁、羅虬，皆其徒也。每歲，有司無不爲其干撓，根蔕牢固，堅不可破。都尉于琮方以恩澤主鹽鐵，爲纁極力，允章不應，纁竟不就試。比考帖，虬居其間，允章誦其詩，有「簾外桃花𩙪熟紅」，不知「熟紅」何用。虬已具在去留中，對曰：「《詩》云：『關關雎鳩，在河之洲；窈窕淑女，君子好逑。』侍郎得不思之？」頃之唱落，衆莫不失色。及出牓，惑于浮説，予奪不能塞時望。允章自鄂渚分司東都，其制，中書舍人孔晦之辭。弟紓爲諫官，乃允章門生，率同年送于坡下。紓猶欲前行，允章正色曰：「請違公不去。」故事：門生無答拜者，允章于是答拜，同行皆愕然。《唐語林》三。

6、7 見皮日休3、4。

8 見薛調1。

## 韋宙

1 見韋丹5。

2 唐相國韋公宙善治生。江陵府東有别業，良田美産，最號膏腴，而積稻如坻，皆爲滯穗。咸通初，除廣州節度使。懿宗以番禺珠翠之地，垂貪泉之戒。京兆從容奏對曰：「江陵莊積穀尚有七千堆，固無所貪。」懿皇曰：「此可謂之足穀翁也。」《北夢瑣言》三。又《廣記》四九九引。《唐語林》七。《侯鯖録》六。

3 丞相韋公宙出鎮南海，有小將劉謙者，職級甚卑，氣宇殊異，乃以從猶女妻之。其内以非我族類，慮招物議，諷諸幕寮，請諫止之。丞相曰：「此人非常流也。他日吾子孫或可依之。」謙以軍功拜封州刺史。韋夫人生子曰隱、曰巖。隱爲廣帥。巖嗣之，奄有嶺表四府之地，自建號曰漢，改名龔，在位經二紀而終。次子嗣。即京兆知人之鑒非謬也。《北夢瑣言》六。

## 韋岫

1 唐大中初，盧攜舉進士，風貌不揚，語亦不正，呼「攜」爲「彗」，蓋短舌也。韋氏昆弟皆輕侮之，獨韋岫尚書加敬，謂其昆弟曰：「盧雖人物甚陋，觀其文章有首尾，斯人也，以是卜之，他日必爲大用乎！」爾後盧果策名，竟登廊廟，奬拔京兆至福建觀察使，向時輕薄諸弟，率不展分。所謂以貌失人者，其韋諸季乎！《北夢瑣言》五。又《廣記》一七〇引。案：《青箱雜記》五作韋宙事，誤。

2 見劉鄴1。

3 見來鵬1。

4 見沈光3。

# 柳玭

1 唐柳大夫玭，直清重德，中外憚之。謫授瀘州郡守，先詣東川庭參，具櫜鞬，元戎顧相彥朗堅卻之。亞台曰：「朝廷本用見責，此乃軍府舊儀。」顧公不得已而受之。赴任路由渝州，有牟磨秀才者，即都校牟居厚之子，文采不高，執所業謁見，亞台獎飾甚勤。甥姪從行，以爲牟子卷軸不消見遇，亞台曰：「巴蜀多故，土豪倔起，斯乃押衙之子，獨能慕善，苟不誘進，渠即退志。以吾稱之，人必榮之。由此減三五員草賊，不亦善乎？」子弟竊笑而服之。《北夢瑣言》四。

2 唐柳大夫玭，清廉耿介，不以利回。家世得筆法，蓋公權少師之遺妙也。責授瀘州牧，禮參東川元戎顧彥朗相公，適遇降德政碑，顧欲濡染，以光刊刻。亞台曰：「惡劄固無所悋，若以潤筆先賜，即不敢聞命。」相國欽之。書訖，竟不干瀆也。《北夢瑣言》一二。

3 僕嘗覽《柳氏訓序》，見其家法整肅，乃士流之最也。柳玭出官瀘州郡，洎牽復，沿路染疾，至東川通泉縣求醫。幕中有昆弟或云瑈相，或云名珮。之子省之，亞台回面，且云不識。家人曰：「是某院郎君。」堅云不識，莫喻尊旨。良久，老僕忖之：「得非郎君幞頭脚乎？固宜見怪。但垂之而入，必不見阻。」比郎君垂下翹翹之尾，果接撫之。其純厚皆此類也。僕親家柳坤，即亞台疏房也，僑寓陽安郡，伯仲相率省焉。亞台先問：「讀書否？修文否？苟不如是，須學作官。我之先人，修文成名，皆作官業，幸勿棄分陰也。」瀘州郡有柳大夫所造公廨，家具皆牢實麤重，傳及數政，莫知于今存否。《北夢瑣言》一二。《演繁露》一二。

4 柳玭爲左史，其著《序訓》，自稱左侍極。《海録碎事》一一上。

## 薛逢

1 唐王鐸、楊收皆薛逢同年。收作相，逢有詩曰：「須知金印朝天客，同是沙堤避路人。威鳳遇時皆瑞聖，應龍無水謾通神。」收聞之，怒。王鐸作相，逢又有詩曰：「昨日鴻毛萬鈞重，今朝山岳一毫輕。」鐸又怒。《古今詩話》（《詩話總龜》前集三七）。《唐詩紀事》五九。

2 薛監晚年厄於宦途，嘗策羸赴朝，值新進士榜下，綴行而出。時進士團所由輩數十人，見逢行李蕭條，前導曰：「迴避新郎君！」逢輾然，即遣一介語之曰：「報道莫貧相！阿婆三五少年時，也曾東塗西抹來。」《唐摭言》三。又《詩話總龜》前集四一引。《唐才子傳》七。

3 見王助1。

4 薛逢命一道士貌真，自爲贊曰：「壯哉薛逢，長七尺五寸。」放筆，終未能續。一旦，忽有羽衣詣門，延之與語。忽于東壁見真贊，讀之，乃命筆續之。曰：「手把金錐，鑿開混沌。」長揖而去，不知所之。逢作《鑿混沌賦》馳名。《南部新書》丙。《唐詩紀事》五九。

## 楊損

1 青州楊尚書損觀風陜郊日，政令頗肅。郡人戎校缺，必採于輿論而升陟之。縷及細胥賤卒，率用斯道。以是涖政累載，無積薪歎燥請託之源。一日，使院有專兵籍者闕，局司頗重，選置惟難。有吏兩人，衆推合授，較其歲月、職次、功績、違犯，無少差異者。從事掾不能決，請裁於長，長或臆斷，誰曰無私。楊公俛首久之，曰：「余得之矣。」乃謂曰：「爲吏之最，孰先于書算耶！姑聽吾言。有夕道於叢林間者，聆羣跖評竊賄之數，且曰：『人六匹則長仗五匹，人七匹則短八匹，不知幾人，復幾匹？』」顧主硯小吏著於紙，令俯階籌之，且曰：「先達者勝。」少頃，一吏果以狀先，遂授良闕。儕類則眙伏而退。以其類亥二首六身之說，故書。《闕史》下。

2 見秦韜玉1。

## 薛調

1 薛調、季瓚，同年進士。調美姿貌，人號爲「生菩薩」；瓚俊爽，人號爲「劍」。調寬恕而瓚猜忌，論者以時人所稱，協其性也。劉允章罷江夏入朝，以風標自任。一日，調謁之，倒屣出迎，愛其風韻，去而復留者數四。既去，謂左右曰：「若不見其案：此下有闕文。也。」調爲翰林學士，郭妃悦其貌，謂懿宗曰：「駙馬盍若薛調乎？」頃之暴卒，時以爲中鴆。卒年四十三，常覽鏡曰：「薛調豈止四十三乎？」豈嘗有言其壽者耶？《唐語林》四。

# 柳晦

1 柳晦，河東人。少有文學，始以廕補。咸通末，官至拾遺，因上疏不納，乃去官，廬於終南山。……及黄巢犯闕，求能檄者，或薦晦，巢乃馳騎迎之，逼使爲檄。檄達行在，僖宗知晦所作，乃曰：「晦自求退，非朕棄遺，何訕謗之甚耶？賊平，議不赦。」巢命晦爲中書舍人，尋授僞相。《補録記傳》(《廣記》三一二)。

# 唐人軼事彙編卷二十六

## 盧　兟

1 盧兟自進士登科後，出將入相四十九年，不曾稱前銜，皆從此任受於彼。《中朝故事》。

## 盧仲元

1 范陽盧仲元，家于壽之安豐。其妻清河崔氏，率更令嫌姪女也。崔氏兄即，有薄田百畝，在洛城之東，守道力田以自給，未嘗干人。常躬耕得金一瓶，計百兩，不言於人，密埋于居室内。臨終，其妻李氏以家貧子幼，身後凍餒爲憂。崔屏人，語妻以埋金之事，指其記處，戒云：「愼勿言於人，他日盧郎中來，可告也。」未幾，盧赴調，經洛中，弔崔氏之孤訖，李使婢傳語曰：「新婦有哀迫之事，須面見姑夫。」盧許之。既見，乃述亡夫之意。盧悲泣久之，曰：「惟嫂之命。」李氏仍密遣所使之謹厚者，持金付之。盧遂罷選，持金鬻于揚州。時遇金貴，兩獲八千。復市南貨入洛，爲崔婦置田宅，兼爲剖分家事。既畢而歸，踰年方選。竟未嘗言於人，惟密親有知者。盧君生既，字子嚴，清望重器，爲世名臣，信陰德之報也。《因話録》三。

# 鄭愚

1 長安進士鄭愚、劉參、郭保衡、王冲、張道隱等十數輩，不拘禮節，旁若無人。每春時，選妖妓三五人，乘小犢車，指名園曲沼，藉草裸形，去其巾帽，叫笑喧呼，自謂之顛飲。《開元天寶遺事》上。

2 唐鄭愚尚書，廣州人。雄才奥學，擢進士第。敭歷清顯，聲稱烜然。而性本好華，以錦爲半臂。崔魏公鉉鎮荆南，滎陽除廣南節制，經過，魏公以常禮延遇。滎陽舉進士時，未嘗以文章及魏公門，此日於客次换麻衣，先贄所業。魏公覽其卷首，尋已，賞歎至三四，不覺曰：「真銷得錦半臂也。」又以魏公故相，合具軍儀廷參，不得已而受之。魏公曰：「文武之道，備見之矣。」其欽服形於辭色也。或曰：滎陽因醉眠，左右見一白猪。蓋杜征南蛇吐之類。《北夢瑣言》三。又《廣記》二〇二引。《唐語林》三。

3 咸通中，鄭愚自禮部侍郎鎮南海；時崔魏公在荆南，愚著錦褾子半臂袖卷謁之，公大奇之。會夜飲更衣，賓從間竊謂公曰：「此應是有，慙不稱耳！」既而復易紅錦，尤加焕麗，衆莫測矣。《唐摭言》一二。《唐詩紀事》六六。

4 鄭愚醉題廣州使院，似譏前政：「數年百姓受飢荒，太守貪殘似虎狼。今日海隅魚米賤，大須慙愧石留黄。」擬權龍褒體贈鄠縣李令，及寄朝右，李乃因病休官：「鄠縣李長官，横琴膝上弄；不聞有政聲，但見手子動。」《雲溪友議》中。

## 辛讜

1 邕府辛讜尚書，傳有神力。嘗與故滑臺杜僕射爲泗上郡職，時屬豐沛兵起浮磬，雉堞圍于賊鋒，其不抵於偷兒之手者，數板而已。杜公將有包胥乞師之請于鄰封，以劘壘方嚴，募轅門勇士，無敢應者，獨讜請行。岸列霜鋒，河浮戰艦。裸身宵度，勝舟而濟。獲告鄰部，果解重圍，賊鋒遂衄。朝廷録功，累授刺史于曹州，團練於泗州，節度於邕州。嘗言微時力田自粒，三伏甚暑，與鄰莊老農納涼于山之陰。山上有巨牛怒鬬者，哮吼争力，聲達數里。鄰人慮其奔北退走，則有蹂踐衝觸之患，相謀備鉤索爲制拒之計。辛曰：「衆力非及，某能當之。」俄頃，有牛果北而下，獰蹄踣土，凶角以奔。辛則正立中逵，俟其欲至，兩執其角，牛不能前。旁觀移時，如不寘力。牛怒滋甚，退身數尺，養力而衝。如是三四，劃然有聲，流血滂沱，角折牛仆。其主乃屠肉聚食，以酬壯觀，則命持斲斧斷角，堅不可刈。辛復拉之，應手而碎。時讜侏儒瘠瘁，如不勝衣。至官崇體腯，力亦隨減。《闕史》下。

## 馬舉

1 令狐趙公在相位，馬舉爲澤潞小將，因奏事到宅，會公有一門僧，善氣色，偶窺之，謂公曰：「適有一軍將參見相公，是何人？」以舉名語之。僧曰：「竊視此人，他日當與相公爲方面交代。」公曰：「此邊方小將，縱有軍功，不過塞垣一鎮，奈何與老夫交代？」僧曰：「相公第更召與語，貧道爲細看。」公然之。既去，僧曰：「今日看更親切，並恐是揚、汴。」公於是稍接之矣。咸通九年，公鎮維揚，舉破龐勛有功。先是上面許：「成功，與卿揚州。」既而難於爽信，即除舉淮南行軍司馬。公聞之，即處分所司，排比迎新使。羣下皆曰：「此一行軍耳！」公乃以其事白之，果如所卜。《唐摭言》一五。又《廣記》二二四引。

2 淮南節度使馬舉，討龐勛，爲諸道行營都虞候。遇大陣，有將在皁旗下，望之不入賊，使二騎斬之。騎迴云：「大郎君也。」舉曰：「但斬其慢將，豈顧吾子？」再遣斬之，傳首陣上。不移時而敗賊。《聞奇録》（《廣記》一五七）。

## 盧藩

1 唐盧尚書藩以文學登進士第，以英雄自許。歷數鎮，薨於靈武連帥。恩賜弔祭，內臣厚希例貺，其家事力不充，未辦歸裝，而天使所求無厭，家人苦之。親表中有官人，於靈前告曰：「家貧如此，將何遵副。尚書平生奇傑，豈無威靈及此宦者乎？」俄而館中天使中惡，以至於卒。是知精魂强俊者，可不畏之哉！八座從孫尚在江陵，嘗聞此説，故紀之以儆貪貨者。《北夢瑣言》一二。

## 李騭

1 見崔鉉1。

2 見胡玢1。

3 見任濤1。

## 李縮

1 李縮咸通中作越察，於甲仗庫創樓，名曰武威。刻石立文曰序樓文名云：「名樓以武威，兼義也。余之望又出武威。」《南部新書》癸。

## 張直方

1 見裴休1。

2 咸通庚寅歲，盧龍軍節度使、檢校尚書左僕射張直方抗表請修入覲之禮，優詔允焉。先是張氏世莅燕土，民亦世服其恩，禮燕臺之嘉賓，撫易水之壯士，地沃兵庶，朝廷每姑息之。洎直方之嗣事也，出綺紈之中，據方岳之上，未嘗以民間之休戚爲意。而酣酒於室，淫獸於原，巨賞狎於皮冠，厚寵集於緑幘。暮年而三軍大怨，直方稍不自安，左右有爲其計者，乃盡室西上。至京，懿宗授之左武衛大將軍，而直方飛蒼走黄，莫親徼道之職。往往設罘罝於通衢，則犬彘無遺。臧獲有不如意者，立殺之，或曰：「輦轂之下，不可專戮。」其母曰：「尚有尊於我子者耶？」則僭軼可知也。於是諫官列狀上請收付廷尉，天子不忍置於法，乃降爲燕王府司馬，俾分務洛師焉。直方至東都，既不自新，而慢遊愈極。洛陽四旁，翥者，攫走者，見皆識之，必羣噪長嗥而去。《三水小牘》上。又《廣記》四五五引。《南部新書》戊。

3　唐金吾大將軍張直方一旦開筵，命朝士看乾水銀，點制不謬，衆皆歎羨，以謂清河曾遇至人。良久，張公大笑曰：「已非所能，有自來矣。頃任桂府團練使，逢一道士，藴此利術，就而求之，終不可得。乃令健卒縛於山中，以死脅之。道士驚怕，但言藥即多獻，術則不傳，唯死而已。由是得藥，縱其他適。今日奉呈，唯成丹也，非已能也。」《北夢瑣言》一一。

4　咸通末，幽州張直方貶龔州刺史。到任後，修葺州城，因掘土，得一銅鼓。滿任，載以歸京。到襄漢，以爲無用之物，遂捨於延慶禪院，用代木魚，懸於齋室。今見存焉。《嶺表録異》上。又《廣記》二〇五引。

## 杜宣猷

1　杜宣猷大夫，自閩中除宣城，中官之力也。諸道每歲送閹人所謂私白者，閩爲首焉，且多任用，以故大閹已下，桑梓多係閩焉。時以爲中官藪澤。宣猷既至，每寒食節，輒散遣將吏荷挈食物，祭於諸閹塚墓，所謂洒掃者也。故時號爲勅使看墓。《玉泉子》。又《廣記》二三九引。

## 李　璋

1　見盧鈞6。

2　懿宗祠南郊。舊例：青城御幄前設綵樓，命僕寺輩作樂，上登樓以觀，衆呼萬歲。起居郎李璋上疏請罷，事不行。《唐語林》七。

3 見韋保衡2。

4 見李絳6。

## 李　據

1 唐李據，宰相絳之姪。生綺紈間，曾不知書，門蔭調補澠池丞。因歲節索魚不得，怒追漁師，云：「緣獺暴，不敢打魚。」判云：「俯臨新歲，猛獸驚人。漁網至寬，疏而不漏。放。」又祇承人請假，狀後判云：「白日黃昏須到，夜即平明放歸。」祇承人竟不敢去。又判決祇承人：「如此癡頑，豈合喫杖，決五下。」人有語曰：「豈合喫杖，不合決他。」李曰：「公何會！『豈』是助語，共之乎者也何別。」（《盧氏雜說》）

（《廣記》二六一）。《玉泉子》。

## 吴行魯

1 唐吴行魯尚書，彭州人。少年事内官西門軍容，小心畏慎，每夜常温溺器以奉之，深得中尉之意。或一日爲洗足，中尉以脚下文理示之曰：「如此文理，争教不作十軍容使！」行魯拜曰：「此亦無憑，某亦有之，何爲常執廝僕之役？」乃脱屨呈之，中尉嗟歎，謂曰：「汝但忠孝，我終爲汝成之。」爾後假以軍職，除彭州刺史。爲盧耽相公西川行軍司馬，禦蠻有功，歷東西川、山南三鎮節旄。除西川制云：「爲命代之英雄，作人中之祥瑞。」譏之也。厲圖南爲西川副使，隨府罷職，行魯欲延辟之。圖南素薄行魯，聞之大笑曰：「不能翦頭刺面，而趨侍健兒乎！」自使院乘馬，不歸私第，直出北郭，家人遽結束而追之。張雲起居爲成都少尹，常出輕言，爲行魯酖殺之。《北夢瑣言》三。又《廣記》二七五引。《南部新書》辛。

## 李超　鄭渾之

1 咸通末，鄭渾之爲蘇州督郵，譚銖爲鹺院官，鍾福爲院巡，俱廣文。時湖州牧李超、趙蒙，相次俱狀元。二郡境土相接，時爲語曰：「湖接兩頭，蘇聯三尾。」《南部新書》己。《唐語林》四。《嵐齋録》(《吴郡志》一一)。《唐詩紀事》五六。

## 蘇粹　蘇沖

1 蘇員外粹與母弟沖俱鄭都尉顥門生。後粹爲東陽守，沖爲信陽守，欲相見境上，本府許之。兩郡之守，攜賓客同府主出省，俱自外郎，兄弟之榮少比。《唐語林》四。　案：信陽，爲「信安」之誤。

2 蘇粹員外頗達禪理，自號本禪和。《南部新書》己。

## 盧　鉟

1 盧常侍鉟牧廬江日，相座囑一曹生，令署郡職，不免奉之。曹悦營妓名丹霞，盧阻而不許。會餞朝客於短亭，曹獻詩云：「拜玉亭間送客忙，此時孤恨感離鄉。尋思往歲絶纓事，肯向朱門泣夜長？」盧演爲長句，和而易之，曰：「桑扈交飛百舌忙，祖亭聞樂倍思鄉。樽前有恨慙卑宦，席上無聊愛靚妝。莫爲狂花迷眼界，須求真理定心王。遊蜂採掇何時已，卻恐多言議短長。」令丹霞改令罰曹，霞乃號爲「怨胡天」，以曹狀貌甚肖胡。滿座歡笑。盧乃目丹霞爲「怨胡天」。《南部新書》辛。《抒情集》（《廣記》二七三）。又《詩話總龜》前集一引。

## 崔雍

1 見封定卿1。

2 崔起居雍，甲族之子，少高令聞。舉進士，擢第之後，藹然清名喧於時，與鄭顥同爲流品所重。舉子公車得遊歷其門館者，則登第必然矣。時人相語爲崔、鄭世界，雖古之龍門，莫之加也。《金華子》上。《唐語林》四。

3 見鄭顥3。

4 崔雍爲起居郎，出守和州。遇龐勛悖亂，賊兵攻和，雍棄城奔浙右，爲路巖所搆，竟坐此見害。雍與兄朗、序、福昆仲八人，皆升籍進士，列甲乙科，嘗號爲點頭崔家。始雍之擢第也，其伯父昆仲率賀，會飲中堂。既醉而寢，忽夢遊歷於公署間，有緑衣者命坐於廳事中，設酒饌甚備。既而醉飽，不敢承命，其人堅請不已。雍乃請曰：「願以此肉，召從人盡之。」緑衣曰：「不可，須先輩自盡。」既寤，甚惡之。及和州失律，投於連帥，裴公璩奏之，鎖縻於思過院。雍憂恚且悶，乃召獄直軍將話其事。不日勑至，果如夢焉。《金華子》上。《唐語林》四。

5 崔雍起居譽望清舉，尤嗜古書圖畫，故鍾、王、韓、展之跡，萃於其家。嘗寶《太真上馬圖》一軸，以爲畫品之上。咸通戊子歲，授祿二千石於和州。值龐勳搆逆，豐、沛間賊鋒四掠，歷陽麽郡，右史儒生，非枝拒所及矣。乃命小將齎羽檄、牛酒犒賊師，且以全雉堞活黎庶爲請，由是境亡剽掠之患。雖矯爲款諭，而密表自陳。時宰有不協者，因寘之以法，士君子相弔。後有得崔君所寶畫者，軸杪題云：「上蔡之犬，堪嗟人生到此；華亭之鶴，徒唳天命如何？」字雖真蹤，不書時日，識者云：聞命之後，無暇及此。其預知耶，復偶然耶？《闕史》下。又《廣記》一四四引。

6、7 見路巖4、5。

8 唐咸通中，龐勛反於徐州。時崔雍典和州，爲勛所陷，執到彭門。雍善談笑，遜詞以從之，冀紓其禍，勛亦見待甚厚。其子少俊，飲博擊拂，自得親近，更無阻猜。雍以失節於賊，以門户爲憂，謂其子曰：「汝善狎之，或得方便，能傳刃乎？人皆有死，但得其所，吾復何恨。」其子承命，密懷利刃，忽色變身戰。勛疑訝，因搜懷袖，得匕首焉，乃令烹之。翌日，召雍赴飲。既徹，問雍曰：「肉美乎？」對曰：「以味珍且飽。」勛曰：「此即賢郎肉也。」亦命殺之。後黄巢入廣州，執節度使李侶，隨軍至荆州，令侶草表，述其所懷。侶曰：「某骨肉滿朝，世受國恩，腕即可斷，表終不爲。」尋於江津害之。《北夢瑣言》一〇。

## 李　都

1　見封定卿1。

2　李都荆南從事時，朝官親熟自京寓書，蹤甚惡，李寄詩戲曰：「草緘千里到荆門，章草縱横任意論。應笑鍾張虚用力，却教羲獻枉勞魂。惟堪愛惜爲珍寶，不敢留傳誤子孫。深荷故人相厚處，天行時氣許教吞。」《抒情詩》（《廣記》二〇九）。《古今詩話》（《詩話總龜》前集三八）。　案：《古今詩話》作「李郁」。

3　見鄭仁表3。

4　見王重榮1。

## 李　琢

1　許州西三四十里有雌虎暴，損人不一。統軍李琢聞之驚怪，其視事日，厲聲曰：「忠武軍十萬，豈無勇士？」有壯夫跳躍曰：「某能除。」琢壯其言，給利器。壯夫請不用弓刀，只要一大白棒。壯夫徑詣榛塢尋之，果得其穴也。其虎已出，唯三子，眼欲開。壯夫初不見其母，欲回，度琢必不信，遂抱持三子，至其家藏之，入白於琢。琢見空手來，訝之。曰：「已取得伊三兒。」琢聞驚異。果取到，大賞賚之，給廩帛，加軍職，曰：「嘗聞不探虎穴，焉得虎子，此夫是也。」壯夫竟除其巨者，不復更有虎暴。《芝田録》（《廣記》四三〇）。

2 唐馬植相公曾鎮安南，安撫軍民，懷柔蠻僚，廢珠池，尚儉素。李琢後鎮是邦，用法大酷，軍城遠出而屬南蠻。六七年間，勞動兵役。咸通七年，高駢收復之。先是荆徐間征役拒蠻，人甚苦之，有舉子聞許卒二千没於蠻鄉，有詩刺曰：「南荒不擇吏，致我交趾覆。聯綿三四年，致我交趾辱。懦者鬭則退，武者兵益黷。軍容滿天下，戰將多金玉。刮得齊民瘡，分爲猛士禄。雄雄許昌師，忠武冠其族。去爲萬騎風，住爲一川肉。時有踐卒回，千門萬户哭。哀聲動閭里，怨氣成山谷。誰能聽鼓聲，不忍看金鏃。念此堪淚流，悠悠潁川緑。」吟此詩，有以見失於授任，爲國家生事。《大東》之苦，斯其類乎！《北夢瑣言》二。

## 李師望

1 唐李師望，乃諸宗屬也，自負才術，欲以方面爲己任。因旅游邛蜀，備知南蠻之勇怯，遂上書希割西川數州，於臨邛郡建定邊軍節度。詔旨允之，乃自鳳翔少尹擢領此任。于時西川大將嫉其分裂巡屬，乃陰通南詔。於是蠻軍爲近界鄉豪所導，侵軼蜀川，元戎竇滂不能遏截。師望亦尋受貶，黜隴西。又云。因任華陽捕賊。《北夢瑣言》六。又《廣記》四九九引。

## 崔程

1 清河崔氏亦小房最專清美之稱。崔程即清河小房，世居楚州寶應縣，號八寶崔家。寶應本安宜縣，崔氏曾取八寶以獻，勅改名焉。程之姊，北門李相國蔚之夫人，蔚乃姑臧小房也，判鹽鐵。程爲揚州院官，舉吴堯卿，巧於圖利，一時之便，蔚以爲得人，竟亂筦搉之政。程累牧數郡，皆無政聲，小杜相公聞程諸女有德，致書爲其子讓能取焉。初辭之，私謂人曰：「崔氏之門著一杜郎，其何堪矣！」而相國堅請不已，程不能免，乃於寶應諸院間取一弟姪，以應命而適之。其後讓能顯達，封國夫人，而程之女竟無聞焉。《金華子》下。《唐語林》四。

## 崔碣

1 尚書博陵公碣，任河南尹，擿奸翦暴，爲天下吏師。先是有估客王可久者，膏腴之室，歲鬻茗於江湖間，常獲豐利而歸。是年又笈賄適楚，始返楫於彭門，值龐勳構逆，穽於寇域，逾期不歸。有妻美少，且無伯仲息胤之屬。妻嘗善價募人，訪於賊境之内，四裔竟無得其影迹者。或曰：「已戕于巨盜，而帑其財賄矣。」洛城有楊乾夫者，以善卜稱，妻晨持一縑，決疑於彼。楊生素熟於事，且利其色，思以計中之，乃爲端蓍虔祝。六位既兆，則曰：「所憂豈非伉儷耶？是人絶氣久矣，象見墳墓矣，遇刼殺與身并矣。」妻號咷將去，即又勉之曰：「陽烏已晚，幸擇良辰清旭，更垂訪問，當爲再祝。」妻誠信之。他日復往，振策布算，宛得前卦，乃曰：「神也，巽也，無復望也。」仍言號慟非所以成禮者，第擇日舉哀，繐服髽髮，繪佛飯僧，以資冥福。妻且悲且媿，以爲誠言，無巨細事，一以托之。楊生主辦，雅竭其志，則又謂曰：「婦人煢獨而積財賄，寇盜方熾，身之災也。宜割愛以謀安適。」妻初不納，夜則飛礫以懼之，晝則聲寇〔以危之，次則役媒〕以餌之。妻多楊之義，遂許嫁焉。楊生既遂志，乃悉籍所有，雄據優産。又逾月，皆貨舊業，挈妻卜居洛渠北。其明年，徐州平，天子下洗兵詔，大憝就擒外，脅從其間者，宥而不問，給篆爲信，縱歸田里。可久髡髁返洛，疥癢瘠穢，匄食於路。至則訪其廬舍，已易主矣。曲訊妻室，不知所從，輾轉飢寒，循路號叫。漸有人知者，因指其新居。見妻及楊，肆目門首，欲爲揖認，則訶詈詬辱，僅以身免。妻愕眙以異，復制於楊。可久不勝其冤，訴於公府。及法司按劾，楊皆厚賄以行，取證於妻，遂誣其妄。時屬尹正長厚，不能辯奸，於是以誣人之罪加之，痛繩其背，肩校〔出〕疆。可久冤楚相縈，殆將溘盡。命禄未絶，洛尹更任，則銜血齎冤，訴於新政。新政亦不能辯，其所鞫吏，得以肆堇毒於簧言，且曰：「以具獄訟舊政者，有漢律在。」則又列賁，配邑之遐者，隸執重役。可久雙眥洒血而目枯焉。時博陵公伊人燕居，備聆始卒，天啓良便，再領三川，獄吏屏息，覆盆舉矣。攬轡觀風化之三日，潛命就役所，出可久以至，仍敕吏掩乾夫一家，并素鞫吏，同桎其頸。且命可久暗籍其家服玩，物所存尚夥，而鞫吏賄賂醜迹昭焉。既捶其脅，復血其背，然後擢髮折足，同棄一坎，收録家産，手授可久。時離畢作沴，黳雲複鬱，斷獄之日，陽輪洞開，通逵相慶，有至出涕者。沈冤積憤，大亨暢於是日。古之循吏，孰能擬諸。《闕史》下。又《廣記》一七二引。

## 趙宏

1 咸通初，有天水趙宏者任江陰令，以片言折獄著聲。由是累宰劇邑，皆以雪冤獲優考，至於疑似晦僞之事，悉能以情僞辯之。時有楚州淮陰農者，比莊頃以豐歲而貨殖焉。其東鄰則拓腴田數百畝，資鏹未滿，因以莊券質於西鄰，貸緡百萬。契書顯驗，且言來歲齎本利以贖。至期果以腴田獲利，首以貯財贖契，先納八百緡，第檢置契書，期明日以殘資換券，所隔信宿，且恃通家，因不徵納緡之籍。明日賫餘鏹至，遂爲西鄰不認矣，且無保證，又乏簿籍，終爲所拒。東鄰冤訴於縣，縣爲追勘，無以證明。邑宰謂曰：「誠疑爾冤，其如官中所賴者券，乏此以證，何術理之？」復訴於州，州不能辨。東鄰不勝其憤，遠聆江陰之善政訟者，乃越江而南訴於趙宰。趙宰謂曰：「縣政地卑，且復踰境，何計奉雪？」東隣則冤泣曰：「此地不得理，則無由自滌也。」趙曰：「第止吾舍，試爲思之。」經宿，召前曰：「吾計就矣，爾果不妄否？」則又曰：「焉敢厚誣！」趙曰：「誠如是言，當爲寘法。」乃召捕盜之幹事者數輩至淮壖，曰有聚嘯而寇江者，按驗已具，且言有同惡相濟者在某居處，名姓形狀，俱以西鄰指言。請械送至此。先是，鄰州條法唯持刃截江無得藏匿，追牒至彼，果擒以還。然西鄰自恃無跡，未甚加懼，至則旅於庭下。趙厲聲謂曰：「幸耕織自活，何爲寇江？」因則號呼與淚隨曰：「稼穡之夫，未嘗舟檝。」趙又曰：「辨證甚明，且姓氏無差。或言僞而堅，則血膚取實。」因則大恐，叩頭見血，如不勝其冤者。趙又曰：「所盜率多金銀錦繡，非農家所宜有也，汝宜籍舍之産以辨之。」因意稍開，謂皆非所貯者，且不疑東鄰之越訟也，乃言：「有稻若干斛，莊客某甲算納到者；紬絹若干匹，家機所出者；錢若干貫，東鄰贖契者；銀器若干件，匠某鍛成者。」趙宰大喜，即再審其事，復謂曰：「汝果非寇江者，何爲諱東鄰所贖八百緡？」導引訴鄰，令其偶值。於是慚懼灰色，祈死廳前。趙令桎梏往本土，檢付契書，然後寘之於法。《唐闕史》上。又《廣記》一七二引。《折獄龜鑑》七。案：趙宏，《廣記》、《折獄龜鑑》作「趙和」。

## 龐勛

1　初，龐勛之求節也，必希歲内得之，於是閭里小兒競歌之曰：「得節不得節，不過十二月。」即龐勛九年十月十七日作亂，十年九月十九日就戮，通其閏月計之，正一歲而滅。《彭門紀亂》（《通鑑考異》二三）。

## 裘甫

1、2　見王式3、4。

## 方干

1　孫郃《玄英先生傳》曰：先生新定人，字雄飛。章八元即先生外王父也。廣明、中和間，爲律詩，江之南，未有及者。始謁錢塘守姚公合，公視其貌陋，初甚侮之。坐定覽卷，駭目變容而歎之。先生一舉不得志，遂遯於會稽，漁於鑑湖。與鄭仁規、李頻、陶詳爲三益友。弟子弘農楊弇、釋子居遠。先生卒，弇編其詩，請舍人王贊爲之序。贊序云：「張祜升杜甫之堂，方干入錢起之室」云。《唐詩紀事》六三。

2　詩人方干，亦吴人也，王龜大夫重之。既延入内，乃連下兩拜，亞相安詳以答之。未起間，方又致一拜。時號「方三拜」也。《北夢瑣言》六。《庶齋老學叢談》下。

3　方干，桐廬人也，幼有清才，爲徐凝所器，誨之格律。干或有句云：「把得新詩草裏論。」反語云

「村裏老」，詎凝而已。王大夫名與定保家諱一字同。廉問浙東，干造之，連跪三拜，因號「方三拜」。王公將薦之於朝，請吴子華爲表草。無何公遘疾而卒，事不諧矣。《唐摭言》一〇。又《唐摭言》四。《古今詩話》（《詩話總龜》前集三八）。

4 方干姿態山野，且更兔缺，然性好陵侮人。有龍丘李主簿者，不知何許人，偶於知聞處見干而與之傳盃酌。龍丘目有翳，改令以譏之曰：「干改令，諸人象令主：『措大喫酒點鹽，軍將喫酒點醬，只見門外著籬，未見眼中安障！』」龍丘答曰：「措大喫酒點鹽，下人喫酒點鮓，干嗜鮓。只見手臂著襴，未見口唇開袴！」一座大笑。《唐摭言》一三。又《廣記》二五七引。《諧噱録》（陶本《説郛》三四）。

5 方干貌陋唇缺，味嗜魚鮓，性多譏戲。蕭中丞典杭，軍倅吴傑患眸子赤，會宴於城樓飲，促召傑。傑至，目爲風掠，不堪其苦，憲笑命近座女伶裂紅巾方寸帖臉，以障風。干時在席，因爲令戲傑曰：「一盞酒，《一捻鹽》，止見門前懸箔，何處眼上垂簾？」傑還之曰：「一盞酒，一臠鮓，止見半臂著襴，何處口唇開袴？」一席絶倒。爾後人多目干爲「方開袴」。《唐語林》七。

6 處士方干與許贖善。贖寓越中，有非罪，金漢宏械於闤闠。干時在新定，聞之，馳於境上，賣一橱，高其價不售，固蔽贖之刑也，曰：「方處士爲友賣橱。」太守知之，遂釋贖之過。《葆光録》一。

7 李建州頻與方處士干爲吟友。頻有《題四皓廟》詩，自言奇絶，云：「東西南北人，高跡此相親。天下已歸漢，山中猶避秦。龍樓曾作客，鶴氅不爲臣。獨有千年後，青青廟木春。」示於干，干笑而言：「善則善矣，然内有二字未穩。『作』字太粗而難換。『爲』字甚不當，干聞『率土之濱，莫非王臣』，請改作

『稱』字。」頻降伏而且慚，悔前言之失，乃曰：「聖人以一字褒貶，此其明矣。」遂拜爲一字之師。《葆光録》一。又張本《説郛》二〇、陶本《説郛》三二引。

8 唐末宰臣張文蔚、中書舍人封舜卿等奏，前有名儒屈者十有五人，請賜孤魂及第。方干秀才是其數矣。每見人設三拜而已，謂禮數有三，識者呼爲「方三拜」，亦曰方十四郎。干爲人脣缺，連應十餘舉。有司議干才則才矣，不可與缺脣人科名。四夷所聞，爲中原鮮士矣。干潛知所論，遂歸鏡湖。後十數年，遇醫補得，年已老矣，遂舉不出鏡湖。時人號曰「補脣先生」。弟子李頻等皆中殊科，干可謂屈人矣。故有《鏡湖西島閒居》詩曰：「寒山壓鏡心，此處是家林。梁鷰欺春醉，岩猿學夜吟。雲連平地起，月向白波沈。猶自聞鐘角，棲身可在深。」又詩：「世人如不容，吾自縱天慵。落葉憑風掃，秋粳任水舂。花朝連郭霧，雪夜隔湖鐘。身在能無事，頭宜白此峯。」又《感懷》云：「至業不得力，至今猶苦吟。吟成五字句，使破一生心。世路屈聲滿，雲溪冤氣深。前賢多晚達，莫怕鬢霜侵。」李頻上第後，干寄詩曰：「弟子已攀桂，先生猶卧雲。」此恨之深矣。干爲詩鍊句，字字無失。如《寄友人》云：「鶴盤遠勢投孤嶼，蟬曳殘聲過別枝。」齊梁已來，未有此句。《詠擊甌》則體絶物理，詩人罷唱。詩曰：「白器敲來曲調成，腕頭匀細自輕清。隨風摇曳有餘韻，側水淺深多汎聲。春漏丁當相次發，寒蟬計會一時鳴。從今已得佳聲出，衆樂無由更得名。」干與杭州于郎中爲硯席之知，因求舉糧，遠遊郡所。杭牧疑干爲詩無卒才，因夜醺，與飛字韻，請賦一章，干半酣書成，合筵驚駭。于贈二百千充潤五十六字，于可謂獎士矣。詩曰：「閒世星郎夜醺時，丁丁寒漏滴聲微。琵琶弦促千般調，鸚鵡杯深四散飛。徧請玉容歌白雪，高燒紅蠟照朱衣。人閒有此榮華事，爭遣漁翁戀釣磯。」《鑒誡録》八。《唐詩紀事》六三。

9 見范攄子1。

## 李頻

1 見張喬1。

2 李建州嘗遊明州磁溪縣西湖題詩，後黎卿爲明州牧，李時爲都官員外，託與打詩板，附行綱軍將入京。《唐摭言》一三。

3 見方干7。

4 近代李頻、黄匪躬，皆嶺表人。頻即遺其糟糠；別婚士族。黄即三十年不返鄉里，于時妻母俱在。又何心乎？《北夢瑣言》五。

## 羅鄴

1 羅鄴，餘杭人也，家富於財。父則，爲鹽鐵小吏，有子二人，俱以文學干進，鄴尤長七言詩。時宗人隱，亦以律韻著稱，然隱才雄而麄疏，鄴才清而緜緻。咸通中，崔安潛侍郎廉問江西，志在弓旌，竟爲幕吏所沮。既而俯就督郵，因兹舉事闌珊，無成而卒。《唐摭言》一〇。《唐詩紀事》六八。

2 見尹璞1。

## 王樞

1 曹相確鎮浙西日，會湖中，郡判官王樞舉進士嚴惲詩曰：「春光苒苒歸何處，更向花前把一杯。盡日問花花不語，爲誰零落爲誰開？」王仰其才調，和曰：「花落花開人世夢，衰榮閒事且持杯。春風底事輕摇落，何似從來不要開。」《雅言雜載》（《詩話總龜》前集一四）。

## 閔廷言

1 閔廷言，豫章人也，文格高絶。咸通中，初與來鵠齊名。王棨嘗謂同志曰：「閔生之文，酷似西漢。」有《漁腹誌》一篇，棨尤所推伏。《唐摭言》一〇。

2 陳嶠謁安陸鄭郎中誠，三年方一見。誠從容謂嶠曰：「識閔廷言否？」嶠曰：「偶未知聞。」誠曰：「不妨與之還往，其人文似西漢。」《唐摭言》五。又《廣記》一八三引。

## 王璘

1 王璘舉日試萬言科，崔詹事觀察湖南，因遺之夾纈數匹。璘翌日以中單襜褕衣之以詣，崔公接之大驚矣。《唐摭言》一二。《唐詩紀事》六六。

2 長沙日試萬言王璘，辭學富贍，非積學所致。崔詹事廉問，特表薦之於朝。先是試之於使院，璘請書吏十人，皆給硯，璘袗絺捫腹，往來口授，十吏筆不停綴。首題《黄河賦》三千字，數刻而成；復爲《鳥散餘花落》詩三十首，援毫而就。時忽風雨暴至，數幅爲迴飈所卷，泥滓沾漬，不勝舒卷。璘曰：「勿取，但將紙來！」復縱筆一揮，斯須復十餘篇矣。時未亭午，已構七千餘言。詹事傳語試官曰：「萬言不在試限，請屈來飲酒。」《黄河賦》復有僻字百餘，請璘對衆朗宣，旁若無人。至京師時，路庶人方當鈞軸，遣一介召之。璘意在沽激，曰：「請俟見帝。」巖聞之大怒，亟命奏廢萬言科。璘杖策而歸，放曠於盃酒間，雖屠沽無間然矣。《唐摭言》一一。又《廣記》一八三引。《唐詩紀事》六六。

3 湖南日試萬言王璘，與李羣玉校書相遇於嶽麓寺。羣玉揖之曰：「公何許人？」璘曰：「日試萬言王璘。」羣玉待之甚淺，曰：「請與公聯句可乎？」璘曰：「唯子之命。」羣玉因破題而授之，不記其詞。璘覽之略不佇思，而繼之曰：「芍藥花開菩薩面，椶櫚葉散野叉頭。」羣玉知之，訊之他事矣。《唐摭言》一三。又《詩話總龜》前集一四引。《唐詩紀事》六六。

## 來鵬

1 唐進士來鵬詩思清麗，福建韋尚書岫愛其才，曾欲以子妻之，而後不果。爾後游蜀，夏課卷中有詩云：「一夜緑荷風翦破，賺他秋雨不成珠。」識者以爲不祥。是歲不隨秋賦，而卒於通議郎。《北夢瑣言》七。《古今詩話》(《詩話總龜》前集三四)。《唐詩紀事》五六。

## 來鵠

1 來鵠，豫章人也，師韓、柳爲文。大中末、咸通中聲價益籍甚。廣明庚子之亂，鵠避地遊荆襄，南返，中和客死於維揚。《唐摭言》一〇。《唐詩紀事》五六。

2 來鵠，洪州人。咸通中名振都下，然喜以詩譏訕當路，爲人所惡，卒不第。《金錢花》云：「青帝若教花裏用，牡丹應是得錢人。」《夏雲》云：「無限旱苗枯欲盡，悠悠閒處作奇峯。」《偶題》云：「可惜青天好雷電，只能驅趁懶蛟龍。」《詩史》（《詩話總龜》前集三七）。

## 胡曾

1 高相公駢統臨益部，兼號征南。蠻陬聞名，預自屏蹟矣。然時飛一木夾，其中惟誇兵革犀象，欲借綿錦之江，飲馬濯足而已。高相公於是經營版築，置防城勇士八千，命胡記室曾以檄破之，仍判迴木夾。故胡曾破之數聯，天下稱爲奇絶。此答木夾書元是胡曾與路岩相公鎮蜀日脩之，非爲高駢相公也，何光遠誤述。《鑒誡録》二。《唐詩紀事》七一。

## 邵謁

1 邵謁，韶州翁源人。少爲縣廳吏，客至倉卒，令怒其不搘床迎侍，逐去。遂截髻著縣門上，發憤讀書。書堂距縣十餘里，隱起水心。謁平居如里中兒未着冠者，髮鬅鬙，野服。苦吟，工古調。咸通七年抵京師，隸國子。時温庭筠主試，憫擢寒苦，乃榜謁詩三十餘篇，以振公道。……已而釋褐。後赴官，不知所終。《唐才子傳》八，原出《邵謁集》胡賓王序。

2 余亡友李秉彝德叟嘗爲余曰：家藏唐邵謁詩八十篇，甚工。謁選於吏部，部中牓此詩曰：「有能過此者，當先注官。」衆無閒言。《李希聲詩話》（《宋朝事實類苑》五九）。

## 鄭　誠

1 見閔廷言2。

## 李昭象

1 李昭象，字化文，池州刺史方玄之子。父卒，因家焉。懿宗末年，以文干相國路公巖，問其年，曰：「十有七矣。」巖年尚少，尤器重之。薦於朝，將召試，會巖貶，遂還秋浦，移居九華，與張喬、顧雲輩爲方外友。龍紀中，楊行密奔宣州，以書招之，不從。《唐詩紀事》六七。

## 李　濤

1 李濤，長沙人也。篇詠甚著，如「水聲長在耳，山色不離門。」又「掃地樹留影，拂牀琴有聲。」又「落日長安道，秋槐滿地花。」皆膾炙人口。温飛卿任太學博士，主秋試，濤與衛丹、張郃等詩賦皆榜於都堂。《唐摭言》一〇。《唐詩紀事》六七。

## 王季文

王季文，字宗素，池陽人。少厭名利，居九華，遇異人，授九仙飛化之術曰：「子當先決科於詞籍，後策名於真列，冥注使然，不可移也。」登咸通中進士第，授秘書郎。尋謝病歸九華，日一浴於山之龍潭，寒暑不渝。《唐詩紀事》二九。

## 周繇

1 周繇者，湖南人也，咸通初以辭賦擅名。繇嘗爲《角觝賦》，略曰：「前衝後敵，無非有力之人；左攫右拏，盡是用拳之手。」或非繇善角觝。《唐摭言》一〇。

## 裴虔餘

1 裴虔餘，咸通末佐北門李公淮南幕，嘗遊江，舟子刺船，誤爲竹篙濺水濕近座之衣，公爲之色變。虔餘遽請彩牋紀一絶曰：「滿額鵝黄金縷衣，翠翹浮動玉釵垂。從教水濺羅衣濕，知道巫山行雨歸。」公覽之極歡，命謳者傳之矣。《唐摭言》一三。又《廣記》二五一引。《古今詩話》（《詩話總龜》前集四）。《唐詩紀事》六〇。參看李蔚4。

案：裴虔餘，或作「裴慶餘」。

## 袁皓

1　袁皓初登第，過岳陽，悦妓蕊珠，以詩寄嚴使君曰：「得意東歸過岳陽，桂枝香惹蕊珠香。也知暮雨生巫峽，争奈朝雲屬楚王。萬恨只憑期尅手，寸心唯繫别離腸。南亭宴罷笙歌散，回首煙波路渺茫。」嚴君以妓贈之。《唐詩紀事》六七。

## 聶夷中

1　見許棠4。

## 許棠

1　見汪遵1。

2　見馬戴2。

3　見張喬1。

4　咸通中，禮部侍郎高湜知舉，榜内孤貧者公乘億，賦詩三百首，人多書於屋壁。許棠有《洞庭》詩，尤工，詩人謂之「許洞庭」。最奇者有聶夷中，河南中都人。少貧苦，精於古體。有《公子家》詩云：「種花於西園，花發青樓道。花下一禾生，去之爲惡草。」又《詠田家》詩云：「父耕原上田，子斸山下荒。六月禾未秀，官家已修倉。」又云：「鋤禾當日午，汗滴禾下土。誰念盤中飡，粒粒皆辛苦。」又云：「二月賣新絲，五月糶新穀。醫得眼前瘡，剜卻心頭肉。我願君王心，化爲光明燭。不照綺羅筵，只照逃亡屋。」所謂言近意遠，合三百篇之旨也。盛得三人，見湜之公道也。葆光子嘗有同寮，示我調舉時詩卷，內一句云：「科松爲蔭花。」因譏之曰：「賈浪仙云：『空庭唯有竹，閒地擬栽松。』吾子與賈生，春蘭秋菊也。」他日赴達官牡丹宴，欄中有兩松對植，立命斧斫之，以其蔭花。此侯席上，於愚有得色，默不敢答，亦可知也。《北夢瑣言》二。許棠事又見《實賓録》五、《唐詩紀事》七〇。

5 許棠初試進士，與薛能、陸肱齊名。薛擢第，尉盩厔；肱下第，遊太原；棠并以詩送之。棠登第，薛已自京尹出鎮徐州，陸亦出守南康，招棠爲倅。初，高侍郎湜知舉，棠納卷，覽其詩云：「退鷁已經三十載，登龍僅見一千人。」乃曰：「世復有屈於許棠者乎？」永臨劉相以其子希同年，留爲淮南館驛官。令和韻，棠嗜詩不通，南海僕射時爲副使知府事，笑謂人曰：「相公令許棠和韻，可謂虐人也！」《唐語林》七。

6 許棠常言於人曰：「往者年漸衰暮，行卷達官門下，身疲且重，上馬極難。自喜一第以來，筋骨輕健，攬轡升降，猶愈於少年時。則知一名能療身心之疾，真人世孤進之還丹也。」《金華子》下。《唐語林》七。

## 張喬

1 張喬，池州九華人也，詩句清雅，夐無與倫。咸通末，京兆府解，李建州時爲京兆參軍主試，同時有許棠與喬，及俞坦之、劇燕、任濤、吴罕、張蠙、周繇、鄭谷、李棲遠、温憲、李昌符，謂之十哲。其年府試月中桂詩，喬擅場。詩曰：「與月長洪濛，扶疏萬古同。根非生下土，葉不墜秋風。每以圓時足，還隨缺處空。影高羣木外，香滿一輪中。未種青霄日，應虚白兔宫。何當因羽化，細得問神功。」其年頻以許棠在場席多年，以爲首薦。喬與俞坦之復受許下薛能尚書深知，因以詩唁二子曰：「何事盡參差，惜哉吾子詩。日令銷此道，天亦負明時。有路當重振，無門即不知。何曾見堯日，相與啜澆漓。」《唐摭言》一〇。又《詩話總龜》前集一八引。《唐詩紀事》七〇。

2 咸通中，舉子乘馬，惟張喬跨驢。後敕下不許騎馬，故鄭昌圖肥，自有嘲詠。《南部新書》戊。

## 劇　燕

1 劇燕，蒲版人也。工爲雅正詩。王重榮鎮河中，燕投贈王曰：「祇向國門安四海，不離鄉井拜三公。」重榮甚禮重。爲人多縱，陵轢諸從事，竟爲正平之禍。《唐摭言》一〇。又《廣記》二六六引。《唐詩紀事》七〇。

## 任　濤

1 任濤，豫章筠川人也，詩名早著。有「露團沙鶴起，人卧釣船流。」他皆倣此。數舉敗於垂成。李常侍騭廉察江西，特與放鄉里之役，盲俗互有論列。騭判曰：「江西境内，凡爲詩得及濤者，即與放色役，不止一任濤耳。」《唐摭言》一〇。又《詩話總龜》前集四引。《唐詩紀事》七〇。

## 周 繇

1 繇字爲憲，池州人。及咸通進士第，以《明皇夢鍾馗賦》知名。弟繁，亦工爲詩。調池之建德令，李昭象以詩送曰：「投文得仕而今少，佩印還家古所榮。」後以御史中丞與段成式、韋蟾、温庭皓同遊襄陽徐商幕府。《唐詩紀事》五四。

2 周繇，江南人，咸通十三年鄭昌圖榜進士。調福昌縣尉。家貧，生理索寞，只苦篇韻。俯有思，仰有詠，深造閫域，時號爲「詩禪」。《唐才子傳》八。

3 見羅隱10。

## 李昌符

1 唐咸通中，前進士李昌符有詩名，久不登第，常歲卷軸，怠於裝修。因出一奇，乃作婢僕詩五十首，於公卿間行之。有詩云：「春娘愛上酒家樓，不怕歸遲總不留。推道那家娘子卧，且留教住待梳頭。」又云：「不論秋菊與春花，個個能噇空肚茶。無事莫教頻入庫，一名閒物要夢夢。」諸篇皆中婢僕之諱。浹旬，京城盛傳其詩篇。爲妳嫗輩怪罵騰沸，盡要摑其面。是年登第。與夫桃杖虎靴，事雖不同，用奇即無異也。《北夢瑣言》一〇。又《唐詩紀事》七〇引。

## 汪遵

1 許棠，宣州涇縣人，早修舉業。鄉人汪遵者，幼爲小吏，洎棠應二十餘舉，遵猶在胥徒，然善爲歌詩，而深自晦密。一旦辭役就貢，會棠送客至灞滻間，忽遇遵於途中，棠訊之曰：「汪都都者吏之呼也。何事至京？」遵對曰：「此來就貢。」棠怒曰：「小吏無禮！」而與棠同硯席，棠甚侮之。後遵成名五年，棠始及第。《唐摭言》八。又《廣記》一八三引。《唐詩紀事》五九。《唐才子傳》八。

## 李洞

1 李洞，唐諸王孫也，嘗遊兩川，慕賈閬仙爲詩，鑄銅像其儀，事之如神。洞爲《終南山詩》二十韻，句有：「殘陽高照蜀，敗葉遠浮涇。」復曰：「斸竹煙嵐凍，偷秋雨雹腥。遠平丹鳳闕，冷射五侯廳。」大約全篇得唱。又《贈司空侍郎》云：「馬饑飡落葉，鶴病曬殘陽。」又曰：「卷箔清溪月，敲松紫閣書。」又《送僧》云：「越講迎騎象，蕃齋懺射鵰。」復《贈高僕射》曰：「征南破虜漢功臣，提劍歸來萬里身。閒倚陵雲金柱看，形容消瘦老於真。」復曰：「藥杵聲中擣殘夢，茶鐺影裏煮孤燈。」復《送人歸日南》云：「島嶼分諸國，星河共一天。」時人但誚其僻澀，而不能貴其奇峭，唯吴子華深知之。子華才力浩大，八面受敵，以八韻著稱，遊刃頗攻騷雅。嘗以百篇示洞，洞曰：「大兄所示百篇中，有一聯絶唱，《西昌新亭》曰：『暖漾魚遺子，晴遊鹿引麛。』」子華不怨所鄙，而喜所許。洞三榜裴公，第二榜策夜，簾獻曰：「公道此時如不得，昭陵慟哭一生休。」尋卒蜀中。裴公無子，人謂屈洞之致也。《唐摭言》一〇。又《詩話總龜》前集一〇引。《唐詩紀事》五八。

2 進士李洞慕賈島，欲鑄而頂戴，常念賈島佛，而其詩體又僻於賈。《北夢瑣言》七。又《唐詩紀事》五八引。

## 李䲔征

1 見李涉2。

## 謝觀　寇豹

1 寇豹，不知何許人，與謝觀同在唐崔裔孫相公門下，以詞藻相尚。謂觀曰：「君《白賦》有何佳語？」對曰：「曉入梁王之苑，雪滿羣山；夜登庾亮之樓，月明千里。」豹唯唯。觀大言曰：「僕已擅名海内，子才調多，胡不作《赤賦》？」豹未搜思，厲聲曰：「田單破燕之日，火燎平原；武王伐紂之時，血流漂杵。」觀大駭。豹尋辭省别，觀猶依托。時祖席多蠅，觸目爲令。觀曰：「青蠅被扇扇離席。」豹舉目見户上白澤，曰：「白澤遭釘釘在門。」不唯敏捷，俱有譏諷。豹後不仕，隱南嶽。《鑒誡録》謂青蠅、白澤是高駢、羅隱詩。《郡閣雅談》（《詩話總龜》前集四六）。《江南野史》（《類説》二七）。

# 闞圖

1 唐荆州衣冠藪澤，每歲解送舉人，多不成名，號曰天荒解。劉蜕舍人以荆解及第，號爲破天荒。爾來余知古、闞圖、常修，皆荆州之居人也，率有高文，連登上科。闞即衙前將校之子也，及第歸鄉，都押已下爲其張筵，乃指盤上醬甌戲老校曰：「要校卒爲者。」其人以醋樽進之曰：「此亦校卒爲者也。」席人大噱。闞圖妻，即常修妹，才思婦也，有祭夫文行於世。《北夢瑣言》四。又《廣記》一五一引。

# 闞圖妹 常修

1 闞圖有一妹，甚聰慧，文學書札，罔不動人。圖常語同僚曰：「某家有一進士，所恨不櫛耳。」後寓居江陵。有鹺賈常某者，囊畜千金，三峽人也，亦家於江陵，深結托圖，圖亦以長者待之。數載，常公殂，有一子，狀貌頗有儒雅之風紀，而略曉文墨，圖竟以其妹妻之，則常修也。闞氏乃與修讀書，習二十餘年，才學優博，越絶流輩。咸通六年登科，座主司空李公蔚也。初，江東羅隱下第東歸，有詩别修云：「六載辛勤九陌中，却尋岐路五湖東。名慙桂苑一枝緑，鱠憶松江滿棹紅。浮世到頭須適性，男兒何必盡成功。惟應鮑叔深知我，他日蒲帆百尺風。」又廣陵秋夜讀修所賦三篇，復吟寄修云：「入蜀還吴三首詩，藏於篋笥重於師。劍門夜讀相如聽，瓜步秋吟煬帝悲。物景也知輸健筆，時情誰不許高枝。明年二月東風裹，江島閒人慰所思。」修名望若此，闞氏亦有助焉。後修卒，闞氏自爲文祭之，時人競相傳焉。《南楚新聞》

（《廣記》二七一）。《南部新書》丁。《諸嘘録》（陶本《説郛》三四）。

## 唐五經

1　唐咸通中，荆州有書生號唐五經者，學識精博，實曰鴻儒，旨趣甚高，人所師仰。聚徒五百輩，以束脩自給，優游卒歲，有西河、濟南之風。幕寮多與之游。常謂人曰：「不肖子弟有三變。」第一變爲蝗蟲，謂鬻莊而食也。第二變爲蠹魚，謂鬻書而食也。第三變爲大蟲，謂賣奴婢而食也。」三食之輩，何代無之！《北夢瑣言》三。又《廣記》二五〇引。

## 班　蒙

1　太保令狐相綯出鎮淮海日，支使班蒙與從事俱遊大明寺之西廊。忽覩前壁題云：「一人堂堂，二曜重光，泉深尺一，點去冰旁，二人相連，不欠一邊，三梁四柱烈火燃，添却雙勾兩日全。」諸賓至而顧之，皆莫能辨。獨班支使曰：「一人非大字乎？二曜者日月，非明字乎？尺一者寸十一，非寺字乎？點去冰旁，水字也。二人相連，天字也。不欠一邊，下字也。三梁四柱烈火燃，無字也。添却雙勾兩日全，比字也。以此觀之，得非『大明寺水天下無比』八字乎？」衆皆恍然曰：「黄絹之奇智亦何異哉！」嗟歎彌日。詢之老僧，曰：「頃年有客獨遊，題之而去，不言姓氏。」《桂苑叢談》。又《廣記》一七四引。《玉泉子》。

# 陳磻叟

1 陳磻叟者，父名岵，富有辭學，尤溺於内典。長慶中，嘗注《維摩經》進上，有中旨令與好官。執政謂岵因内道場僧進經，頗抑挫之，止授少列而已。磻叟形質短小，長喙疏齒，尤富文學。自負王佐之才，大言騁辯，雖接對相公，旁若無人；復自料非名教之器，弱冠度爲道士，隸名於昊天觀。咸通中降聖之辰，二教論義，而黄衣屢奔。上小不懌，宣下令後輩新入内道場，有能折衝浮圖者，許以自薦。磻叟攝衣奉詔，時釋門爲主論，自誤引涅槃經疏。磻叟應聲叱之曰：「皇帝山呼大慶，阿師口稱獻壽，而經引涅槃，犯大不敬！」初其僧謂磻叟不通佛書，既而錯愕，殆至顛墜。自是連挫數輩，聖顔大悦，左右呼萬歲。其日，簾前賜紫衣一襲。磻叟由是恣其輕侮，高流宿德多患之。潛聞上聽云：「磻叟衣冠子弟，不願在冠帔，頗思理一邑以自効耳。」於是中旨授至德縣令。磻叟莅事未終考秩，抛官詣闕上封事，通義劉公引爲羽翼，非時召對數刻，磻叟所陳，凡數十節，備究時病。復曰：「臣請破邊瑊家，可以贍軍一二年。」上問：「邊瑊何人？」對曰：「宰相路巖親吏。」既而大爲巖恚怒。翌日，敕以磻叟誣罔上聽，訐斥大臣，除名爲民，流愛州。磻叟雖至顛蹶，輒不敢以其道自屈。素有重墜之疾，歷聘藩后，率以肩輿造墀廡，所至無不仰止。及巖貶，磻叟得量移爲鄧州司馬。時屬廣明庚子之後，劉巨容起徐將，得襄陽，不能〔知〕磻叟，待以巡屬一州佐耳。磻叟沿漢南下，中途與巨容幕吏書云：「已出無禮之鄉，漸及逍遥之境。」巨容得之大怒，遣步健十餘輩，移牒潭鄂，追捕磻叟。時天下喪亂，無人爲隄防；既而爲卒伍所陵，全家泝漢至賈壍後，門三十餘口，無噍類矣。《唐摭言》九。又《廣記》二六五引。

## 李藹

1 李藹應舉功勤，敏妙絶倫，人謂之「束翅鷂子」。咸通二年及第。《盧氏雜説》（《廣記》一八三）。

2 李藹爲尹。故事：延英中謝，閣門等諸司事例共用三千緡，以公使錢充。藹至，見在纔數緡，問吏何以取足，吏請問捕賊官韓銖。銖曰：「此易耳！請來日排衙，拖拽銖於庭，問西市波斯客與漢客交雜，久而乃釋之。」藹儒者，不測其由。翌日如言責銖，銖出，蕃商二百許家各送壓驚錢，凡得數千緡，乃以三千緡供庫，贏餘甚多。《秦京雜記》（《類説》四）。

## 房珝

1 房珝，河南人，太尉之孫，咸通四年垂成而敗。先是名第定矣，無何寫録之際，仰泥落，擊翻硯瓦，汙試紙。珝以中表重地，祇薦珝一人，主司不獲已須應之。珝既臨曙，更請叩副試，主司不諾，遂罷。《唐摭言》九。又《廣記》一八三引。

## 韓衮

1 韓衮，咸通七年趙鷺下狀元及第。性好嗜酒。謝恩之際，趙公與之首宴，公屢賞歐陽琳文學，衮睨之曰：「明公何勞再三稱一複姓漢！」公愕然爲之徹席。自是從容不過三爵。及杏園開宴時，河中蔣相以故相守兵部尚書，其年子泳及第，相國欣然來突，衆皆榮之。袞厲聲曰：「賢郎在座，兩頭著子女，相公來此得否？」相公錯愕而去。及泳歸，公庭責之曰：「席内有顛酒同年，不報我，豈人子耶！」自是同年莫敢與之歡醉矣。《唐摭言》一二。

## 蔣泳

1 咸通中，進士及第過堂後，便以騾從，車服侈靡之極，稍不中式，則重加罰金。蔣泳以故相之子，少年擢第。時家君任太常卿，語泳曰：「爾門緒孤微，不宜從世禄所爲，先納罰錢。慎勿以騾從也。」《唐摭言》三。

## 歐陽琳

1 歐陽琳父袞，亦中進士。琳與弟玭同在場屋，苦其貧匱，每詣先達，刺輒同幅，時人稱之。杜邠公在岐下，以子裔休同年謁之。悰嘗以事怪琳，客或有爲琳釋解者，且言「琳，袞之子」，悰不答。久之，曰：「某自淮南赴闕，舟次龜山，風不可進，因策杖登岸徐步。適見一僧，方修道。前曰：『雪山和尚弟子教化。』某謂之曰：『何言弟子，饒你和尚也。』」《唐語林》六。

## 沈光

1 沈光始貢於有司，嘗夢一海船，自夢後，咸敗於垂成。暨登第年亦如是。皆謂失之之夢，而特地不測。無何，謝恩之際升階，忽爾迴飈吹一海圖，拂光之面，正當一巨舶，即夢中所覩物。《唐摭言》八。

2 見沈詢1。

3 前進士沈光有《洞庭樂賦》，韋八座岫謂朝賢曰：「此賦乃一片宫商也。」後辟爲閩從事。《北夢瑣言》七。《唐才子傳》八。

## 韋承貽

1 韋承貽咸通中策試，夜潛紀長句於都堂西南隅曰：「褒衣博帶滿塵埃，獨上都堂納試迴。蓬巷幾時聞吉語，棘籬何日免重來？三條燭盡鐘初動，九轉丸成鼎未開。殘月漸低人擾擾，不知誰是謫仙才？」「白蓮千朵照廊明，一片昇平雅頌聲。纔唱第三條燭盡，南宫風景畫難成。」光化初，幾爲圬墁者有所廢，楊洞見而勉之，遂留之如故。《唐摭言》一五。《唐詩紀事》五六。

## 鄭仁表

1 鄭仁表，洎之次子，仁規之弟。恃才傲物，士人薄之。自謂門地、人物、文章具美，嘗曰：「天瑞有五色雲，人瑞有鄭仁表。」《南部新書》癸。

2　鄭仁表起居經過滄浪峽，憩於長亭，郵吏堅進一板，仁表走筆曰：「分陝東西路正長，行人名利火然湯。路旁著個滄浪峽，真是將閒攪撩忙。」《唐摭言》一三。又《詩話總龜》前集一五引。《唐詩紀事》六一。

3　劉仁表，劉允章門生。初，允章知舉，仁表與李都善，即訪之，而謂都曰：「儀之某爲朝廷委任，何以見裨，少塞責乎？」都欲薦其所知者，允章迎謂之曰：「謂不言牛、孔，安得歲歲須人？」先是牛、孔數家憑勢力，每歲主司爲其所制，故允章亦云，適中都所欲言者。都曰：「蘊中錯也，願其往之。」以與允章雅熟，都納焉，即孔紓也。復授允章以文一軸，發之且大半，曰：「此可以與否？」允章佳賞，比及卷首，乃仁表也。允章鄙其輕薄而辭之。都曰：「公是遭罹者，奈何復聽讒言乎？」于是皆許之。仁表後爲華州趙騭幕，嘗飲酒，騭命歐陽琳作録事，酒不中者罰之。仁表酒不能滿飲，琳罰之，仁表曰：「鄂渚尚書解取録事，不解放門生。」時允章鎮江夏，仁表皆自謂也。《唐語林》三。　案：劉仁表，《登科記考》二三引《唐語林》作「鄭仁表」。據《舊唐書·鄭肅傳》，作鄭仁表近是。

## 公乘億

1　公乘億，魏人也，以辭賦著名。咸通十三年，垂三十舉矣。嘗大病，鄉人誤傳已死，其妻自河北來迎喪。會億送客至坡下，遇其妻。始，夫妻闊別，積十餘歲，億時在馬上，見一婦人，麁縗跨驢，依稀與妻類，因睨之不已；妻亦如是。乃令人詰之，果億也。億與之相持而泣，路人皆異之。後旬日，登第矣。

《唐摭言》八。又《廣記》一八三引。《唐詩紀事》六八。

2 見許棠4。

## 鄒希回

1 咸通十三年三月，新進士集於月燈閣爲蹙鞠之會。擊拂既罷，痛飲於佛閣之上，四面看棚櫛比，悉皆褰去帷箔而縱觀焉。先是飲席未合，同年相與循檻肆覽。鄒希回者，年七十餘，榜末及第。時同年將欲即席，希回堅請更一巡歷。衆皆笑，或謔之曰：「彼亦何敢望回！」《唐摭言》三。

## 郭薰

1 郭薰者，不知何許人，與丞相于都尉向爲硯席之交。及琮居重地，復綰財賦，薰不能避譏嫌，而樂爲半夜客。咸通十三年，趙騭主文，斷意爲薰致高等，騭甚撓阻，而拒之無名。會列聖忌辰，宰執以下於慈恩寺行香，忽有彩帖子千餘，各方寸許，隨風散漫，有若蜂蝶，其上題曰：「新及第進士郭薰。」公卿覽之，相顧驪然。因之主司得以黜去。《唐摭言》九。

## 鄭昌圖

1 廣明年中，鳳翔副使鄭侍郎昌圖未及第前，嘗自任以廣度弘襟，不拘小節，出入遊處，悉恣情焉。

洎至輿論喧然，且欲罷舉。《玉堂閒話》（《廣記》一八三）。

2　咸通中，上以進士車服僭差，不許乘馬，時場中不減千人，雖勢可熱手，亦皆跨長耳。或嘲之曰：「今年敕下盡騎驢，短轡長鞦滿九衢。清瘦兒郎猶自可，就中愁殺鄭昌圖。」相國魁梧甚，故有此句。《唐摭言》一五、一二。又《廣記》一八三引。《盧氏雜説》（《廣記》二五一）《詩話總龜》前集四〇。

3　鄭昌圖登第歲，居長安，夜後納涼於庭，夢爲人毆擊，擒出春明門，至合大路處石橋上，乃得解，遺其紫羅履一隻，奔及居而寤，甚困。言於弟兄，而牀前果失一履。旦令人於石橋上追尋，得之。《聞奇録》（《廣記》二八二）。《玉泉子》。

4　鄭光業中表間有同入試者，於時舉子率皆以白紙糊案子面，昌圖潛紀之曰：「新糊案子，其白如銀。入試出試，千春萬春。」光業弟兄共有一巨皮箱，凡同人投獻，辭有可嗤者，即投其中，號曰「苦海」。昆季或從容用咨諧戲，即命二僕舁苦海於前，人閲一編，靡不極歡而罷。光業嘗言：及第之歲，策試夜，有一同人突入試鋪，爲吴語謂光業曰：「必先必先，可以相容否？」光業爲輟半鋪之地。其人復曰：「必先必先，諮仗取一杓水。」光業爲取。其人再曰：「便干託煎一椀茶，得否？」光業欣然與之烹煎。居二日，光業狀元及第，其人首貢一啓，頗叙一宵之素。略曰：「既取水，更煎茶；當時之不識貴人，凡夫肉眼；今日之俄爲後進，窮相骨頭。」《唐摭言》一二。又《廣記》二五一引。

5　鄭光業新及第年，宴次，有子女卒患心痛而死，同年皆惶駭。光業撤筵中器物，悉授其母，别徵酒器，盡歡而散。《北里志》《唐摭言》三。

6　楚兒，字潤娘，素爲三曲之尤，而辯慧，往往有詩句可稱。近以遲暮，爲萬年捕賊官郭鍛所納，置於他所。潤娘在娼中逛逸特甚，及被拘繫，未能悛心。鍛主繁務，又本居有正室，至潤娘館甚稀。每有舊識過其所居，多於窗牖間相呼，或使人詢訊，或以巾箋送遺。鍛乃親仁諸裔孫也，爲人異常凶忍且毒，每知必極笞辱。潤娘雖甚痛憤，已而殊不少革。嘗一日自曲江與鍛行，前後相去十數步，同版使鄭光業昌國時爲補袞，道與之遇，楚兒遂出簾招之，光業亦使人傳語。鍛知之，因曳至中衢，擊以馬箠，其聲甚冤楚，觀者如堵。光業遥視之，甚驚悔，且慮其不任矣。光業明日特取路過其居偵之，則楚兒已在臨街牕下弄琵琶矣。駐馬使人傳語已，持彩箋送光業，詩曰：「應是前生有宿冤，不期今世惡因緣。蛾眉欲碎巨靈掌，雞肋難勝子路拳。秖擬嚇人傳鐵券，汾陽王有鐵券，免死罪，今則無矣。蓋恐嚇之詞。未應教我踏金蓮。曲江昨日君相遇，當下遭他數十鞭。」光業馬上取筆答之曰：「大開眼界莫言冤，畢世甘他也是緣。無計不煩乾偃蹇，有門須是疾連拳。據論當道加嚴箠，便合披緇念法蓮。如此興情殊不減，始知昨日是蒲鞭。」光業性疏縱，且無畏憚，不拘小節，是以敢駐馬報復，仍便送之，聞者爲縮頸。鍛累主兩赤邑捕賊，故不逞之徒，多所效命，人皆憚焉。《北里志》。

## 盧尚卿

1　咸通十一年，以龐勛盜據徐州，久屯戎卒，連年飛輓，物力方虚，因詔權停貢舉一年。是歲，進士盧尚卿自遠至闕，聞詔而迴，乃賦《東歸詩》曰：「九重丹詔下塵埃，深瑣文闈罷選才。桂樹放教遮月長，杏園終待隔年開。自從玉帳論兵後，不許金門諫獵來。今日霸陵橋上過，關人應笑臘前迴。」《年號記》（《廣記》一八三）。《唐詩紀事》五八。

## 李嶢

1 李嶢及第，在偏侍下，俯逼起居宴，霖雨不止，遣賃油幕以張之。嶢先人舊廬升平里，凡用錢七百緡，自所居連亘通衢，殆足一里。餘參馭輩不啻千餘人。韉馬車輿，闐咽門巷。來往無有霑濡者，而金碧照耀，頗有嘉致。嶢時爲丞相韋都尉所委，干預政事，號爲李八郎。其妻又南海韋宙女。宙常資之金帛，不可勝紀。《唐摭言》三。又《廣記》一八三引。案：李嶢，《廣記》引作「李堯」。

## 劉子振

1 劉子振，蒲人也，頗富學業，而不知大體；尤好陵轢同道，詆訐公卿。不耻干索州縣，稍不如意，立致寒暑；以至就試明庭，稠人廣衆，罕有與之談者。居守劉公主文歲，患舉子納卷繁多，榜云納卷不得過三軸。子振納四十軸，因之大掇凶譽。子振非不自知，蓋不能抑壓耳。乾符中官爲博士，三年釋奠禮畢，令學官講書，宰臣已下，皆與聽焉。時子振講《禮記》，陸鸞〔講〕《周易》。《唐摭言》九。又《廣記》二六三引。

2 薛耽《盛德日新賦》，韻脚云「循乃無已」。劉子震通狀，請改爲「修」字。當時改正。《盧氏雜説》（《廣記》

一八三）。

## 段維

1 段維，或云忠烈之後。年及強仕，殊不知書，一旦自悟其非，聞中條山書生淵藪，因往請益。衆以年長猶未發蒙，不與授經。或曰，以律詩百餘篇，俾其諷誦。翌日維悉能強記，諸生異之。復授八韻一軸，維誦之如初，因授之《孝經》。自是未半載，維博覽經籍，下筆成文，於是請下山求書糧。至蒲陝間，遇一前資郡牧即世，請維誌其墓。維立成數百言，有燕許風骨，厚獲濡潤。而乃性嗜煎餅，嘗爲文會，每箇煎餅纔熟，而維一韻賦成。咸通、乾符中，聲名籍甚，竟無所成而卒。《唐摭言》一〇、一三。

## 尹璞

1 咸通末，永樂崔侍中廉問江西，取羅鄴爲督郵，鄴因主解試。時尹璞自遠來求計偕，璞有文而使氣，鄴挾私黜之。璞大恚，怒疏鄴云：「羅鄴諱則，則可知也。」鄴父則，爲餘杭鹽鐵小吏。《唐摭言》二一。

## 王文舉

1 見唐懿宗18。

## 李可及

1 咸通中，優人李可及者，滑稽諧戲，獨出輩流，雖不能託諷匡正，然巧智敏捷，亦不可多得。嘗因延慶節，緇黄講論畢，次及倡優爲戲，可及乃儒服險巾褒衣博帶，攝齊以升崇座，自稱三教論衡。其隅坐者問曰：「既言博通三教，釋迦如來是何人？」對曰：「是婦人。」問者驚曰：「何也？」對曰：「《金剛經》云『敷座而坐』，或非婦人，何煩夫坐然後兒坐也？」上爲之啓齒。又問曰：「太上老君何人也？」對曰：「亦婦人也。」問者益所不喻。乃曰：「《道德經》云：『吾有大患，是吾有身，及吾無身，吾復何患？』倘非婦人，何患於有娠乎？」上大悦。又曰：「文宣王何人也？」對曰：「婦人也。」問者曰：「何以知之？」對曰：「《論語》云：『沽之哉，沽之哉，我待價者也。』向非婦人，待嫁奚爲？」上意極歡，寵錫甚厚。翌日，授環衛之員外職。《闕史》下。又《廣記》二五二引。《群居解頤》（張本《説郛》三二、陶本《説郛》二四）。

2 見唐懿宗7。

## 王宗實

1 見唐宣宗51。

## 西門季玄

1 西門季玄造二色酒，白酒中有黑花，斟於器中，花亦不散，其中有肝石故也。崔道旅以金銀銅錢來酤，曰：「以我三樣錢，買君二色酒，欲辭得乎？」《常新録》（《雲仙雜記》七）。

2 見唐懿宗7。

## 胡玢

1 胡玢，不知何許人，嘗隱廬山，苦心於五七言。《桑落洲》一篇曰：「莫問桑田事，但看桑落洲。數家新住處，昔日大江流。古岸崩欲盡，平沙長未休。想應百年後，人世更悠悠。」又《月詩》云：「輪中別有物，後改云桂根寧詩在。光外更無空。」玢與李騭舊交，騭廉問江西，弓旌不至。《唐摭言》一〇。《唐詩紀事》六五。

## 陳琡

1 陳琡，鴻之子也。鴻與白傅傳《長恨詞》，文格極高，蓋良史也。咸通中，佐廉使郭常侍銓之幕于徐。性尤耿介，非其人不與之交。同院有小計姓武，亦元衡相國之後，蓋汾陽之坦牀也，乃心不平之，遂挈家居于茅山，與妻子隔山而居，短褐束絛，焚香習禪而已。或一年半載，與妻子略相面焉。在職之時，唯流溝寺長老與之款接，亦具短褐相見。自述《檀經》三卷，今在藏中。臨行，留一章與其僧云：「行若獨輪車，常畏大道覆。止若圓底器，常恐他物觸。行止既如此，安得不離俗。」乾符中，弟璉復佐薛能幕于徐。自丹陽棹小舟至于彭門，與弟相見。薛公重其爲人，延請入城，遂堅拒之曰：「某已有誓，不踐公門矣。」薛乃攜舟造之，話道永日，不宿而去。其志尚之介僻也如此。《玉堂閒話》（《廣記》二〇二）。《唐詩紀事》六六。

## 僧 鸞

1 僧鸞有逸才而不拘檢，早歲稱卿御，謁薛氏能尚書於嘉州。八座以其顛率，難爲舉子，乃俾出家。自於百尺大像前披剃，不肯師於常僧也。後入京，爲文章供奉，賜紫。柳玭大夫甚愛其才，租庸張相亦曾加敬，盛言其可大用。由是反初，號鮮于鳳。修刺謁柳公，公鄙之不接；又謁張相，張相亦拒之。於是失望，而爲李鋌江西判官。後爲西班小將軍，竟於黄州遇害。《北夢瑣言》一〇。又《廣記》二六四引。

2 蜀沙門僧鸞慕李白歌，鄙賈島蹇澀，乃自諷其詞云：「鯨目光燒半海紅，鼇頭浪蹙掀天白。」而云「我不能致思於藩籬蹄涔之間。」人咸服之。仍精於《周易》、佛經，爲歌行掩之。《北夢瑣言》（《詩話總龜》前集八）。《五總志》。

## 魚玄機

1 西京咸宜觀女道士魚玄機，字幼微，長安倡家女也。色既傾國，思乃入神，喜讀書屬文，尤致意於一吟一咏。破瓜之歲，志慕清虛。咸通初，遂從冠帔於咸宜，而風月賞玩之佳句，往往播於士林。然蕙蘭弱質，不能自持，復爲豪俠所調，乃從游處焉。於是風流之士争修飾以求狎，或載酒詣之者，必鳴琴賦詩，間以謔浪，懵學輩自視缺然。其詩有「綺陌春望遠，瑶徽秋興多。」又「殷勤不得語，紅淚一雙流。」又「焚香登玉壇，端簡禮金闕。」又云：「多情自鬱争因夢，仙貌長芳又勝花。」此數聯爲絶矣。一女僮曰緑翹，亦特明慧有色。忽一日機爲鄰院所邀，將行，誡翹曰：「無出。若有熟客，但云在某處。」機爲女伴所留，迨暮方歸院，緑翹迎門曰：「適某客來，知錬師不在，不舍轡而去矣。」客乃機素相暱者，意翹與之狎。及夜，張燈扃户，乃命翹入卧内，訊之。翹曰：「自執巾盥數年，實自檢御，不令有似是之過，致忤尊意。且某客至，款扉，翹隔闔報云：『錬師不在。』客無言，策馬而去。若云情愛，不蓄於胸襟有年矣，幸錬師無疑。」機愈怒，裸而笞百數，但言無之。既委頓，請盃水酹地曰：「錬師欲求三清長生之道，而未能忘解佩薦枕之歡，反以沈猜，厚誣貞正。翹今必死於毒手矣。無天，則無所訴；若有，誰能抑我彊魂！誓不蠢蠢於冥莫之中，縱爾淫佚！」言訖，絶於地。機恐，乃坎後庭瘞之，自謂人無知者。時咸通戊子春正月也。有問翹者，則曰：「春雨霽，逃矣。」客有宴於機室者，因溲於後庭，當瘞上，見青蠅數十集於地，驅去復來，詳視之，如有血痕，且腥。客既出，竊語其僕。僕歸，復語其兄。其兄爲府街卒，嘗求金於機，機不顧，卒深銜之。聞此，遽至觀門覘伺，見偶語者，乃訝不覩緑翹之出入。街卒復呼數卒，攜鍤共突入玄機院發之，而緑翹貌如生。卒遂録玄機京兆府，吏詰之，辭伏，而朝士多爲言者。府乃表列上，至秋，竟戮之。在獄中亦有詩曰：「易求無價寶，難得有心郎。」「明月照幽隙，清風開短襟。」此其美者也。《三水小牘》下。又《廣記》一三〇引。

2 唐女道魚玄機，字蕙蘭，甚有才思。咸通中，爲李億補闕執箕帚。後愛衰下山，隸咸宜觀爲女道士。有怨李公詩曰：「易求無價寶，難得有心郎。」又云：「蕙蘭銷歇歸春浦，楊柳東西伴客舟。」自是縱懷，乃娼婦也。竟以殺侍婢爲京兆尹温璋殺之。有集行於世。《北夢瑣言》九。又《廣記》二七一引。《古今詩話》（《詩話總龜》前集四四）。

## 步非烟

1 臨淮武公業，任河南參軍。有愛妾非烟，姓步氏，善文章，工擊甌。比隣有趙子，以詩誘之曰：「一覩傾城貌，塵心只自猜。不隨蕭史去，擬學阿蘭來。」非烟答曰：「緑慘雙蛾不自持，只緣幽恨在新詩。郎心應似琴心怨，脈脈春情更付誰？」趙又曰：「珍重佳人惠好音，綵牋芳翰兩情深。薄於蟬翼誰供恨，密似蠅頭未寫心。疑是落花迷碧洞，只思輕雨滿幽襟。百回消息千回夢，裁作長謡寄緑琴。」非烟偶病旬日，方答之云：「無力嚴妝倚綉櫳，暗題蟬錦思無窮。以連蟬錦香囊贈趙。近來羸得傷春病，柳弱花欹怯曉風。」後乃踰垣相從。趙有「十洞三清雖路阻，有心還得傍瑶臺」之句。非烟答曰：「相思何似不相識，相見還愁却别君。」公業後知，箠殺之。趙竄於江淮。公業粗悍，故非烟有媒妁所欺，匹合瑣類之語。《唐詩紀事》七九。原出皇甫枚《三水小牘·步非烟》，文長不録。

## 趙鏻女

1　咸通六年，滄州鹽院吏趙鏻犯罪，至死。既就刑，有女請隨父死，云：「七歲母亡，蒙父私鹽官利衣食之。今父罪彰露，合隨其法。」鹽院官崔據義之，遂具以事聞。詔哀之，兼減父之死。女又泣曰：「昔爲父所生，今爲官所賜，誓落髮奉佛，以報君王。」因于懷中出刃，立截其耳以示信。既而侍父減死罪之刑，疾愈，遂歸浮圖氏。《南部新書》丁。

## 范攄子

1　范攄，唐末吴處士。有子七歲，能吟詩。《贈隱者》云：「掃葉隨風便，澆花趁日陰。」處士方干聞之曰：「此兒他日必垂名。」又《吟夏日》詩云：「閒雲生不雨，病葉落非秋。」干曰：「惜哉，必不享壽。」果十歲而卒。《延賓佳話》、《唐宋遺史》(《吴郡志》二六)。又《類説》二七、《分門古今類事》一四引。《南唐野史》(《類説》二七)。《郡閣雅談》(《詩話總龜》前集三四)。《青瑣集》(《詩話總龜》前集一三)。《唐詩紀事》七一。

# 唐人軼事彙編卷二十七

## 鄭畋

1 鄭文公畋，字台文。父亞，曾任桂管觀察使。畋生於桂州，小字桂兒。時西門思恭爲監軍，有詔徵赴闕，亞餞於北郊，自以衰年，因以畋託之曰：「他日願以桂兒爲念，九泉之下，不敢忘之。」言訖，泫然流涕，思恭誌之。及爲神策軍中尉，亞已卒，思恭使人召畋，館之于第，年未及冠，甚愛之，如甥姪，因選師友教導之。畋後官至將相。黄巢之入長安，西門思恭逃難於終南山，畋以家財厚募有勇者，訪而獲之，以歸岐下，温凊侍膳，有如父焉。思恭終於畋所，畋葬于鳳翔西岡，松柏皆手植之。未幾，畋亦卒，葬近西門之墳。百官皆造二隴以弔之，無不墮淚，咸伏其義也。《北夢瑣言》一三。又《廣記》一六八引。《玉泉子》。

2 見劉瞻5。

3 鄭畋爲學士，忽聞蹕聲，亟出迎拜，帝已升玉堂，取案上疊紙書云：「同中書門下平章事。」畋拜謝，帝笑曰：「朕戲耳。」畋曰：「唐叔剪桐，周公以天子亡戲言，况陛下宸翰，焉可爲戲！」帝乃不得已，遂相之。畋自承旨貶梧州，僖宗立，召常侍，拜相，與此説異。《紀異録》（《類説》一二）。

4 鄭文公畋與盧相攜親表也，閥閱相齊，詞學相均，同在中書。因公事不叶，揮霍間言語相擠詬，不覺硯瓦翻潑。謂宰相鬭擊，亦不然也。竟以此出官矣。《北夢瑣言》六。又《廣記》二六一引。

5 鄭相畋與盧相攜外兄弟，同在中書。後因議政喧競，撲碎硯。王侍中鐸笑之曰：「不意中書有瓦解之事！」《唐語林》七。

6 見李德裕24。

7 巢寇攻陷宮闕，近京藩鎮悉無兵備。初王仙芝敗衄，黄寇引餘黨南走交廣，朝廷以高駢令公統帥諸道兵師，於江湖中據要路。議者以爲高令公奕世名將，可以坐制凶渠。及賊徒擁衆北來，浮舟遂逼淮甸，於天長縣廣布營寨駐泊。高令公既不出軍，但閉關自保而已。賊鋒因此彌鋭，長驅遂涉淮北。時齊相公領青州，覩蜂蟻强衆，亦不敢進，卷旆遄征，或於中路遲留。藩屏既無捍禦，廟堂復失機謀，盜逼九衢乃未知覺，豈不異哉！ 時李相鎮蒲津，鄭相國鎮岐下，既聞車馬播遷，俱有勤王之念。鄭相國率賓僚將校共巡城壘，雉堞池隍悉皆毁塞，計其修築之功，萬旅月餘未竟，而賊鋒方盛，立虞奔軼。明晨復召從事大將，坐於内廳，詢以謀計。咸以巨盜方熾，未可枝梧，衆議且欲從權，俟兵集乃圖收復。相國曰：「諸君勸某臣賊乎？」於是歘然而倒。左右扶之不及，爲地甃所傷，而首皆破。洎日午達于明旦，口喑尚未能語。是時關輔征鎮咸已歸款，唯鳳翔信耗不通。賊議興師致討，有奔來者具述其事，於是監軍與僚佐代爲表章，使兩騎馳至京國。賊徒覽之大喜，遣王懷順將百餘人厚賫綵繒金玉，以申慰勞之意。既而開筵以待懷順，宴席施設，侔於曩日。列坐行觴，將陳飲饌，樂工纔合管絃，文武軍吏及聲妓一時慟哭，監軍、從事雪涕止之，良久方定。懷順與來者皆駭愕相眄，就食乃問其由。時吏部孫侍郎亦在幕中，對曰：「相國自鎮此方，恩及萬物，聽政之暇時命音樂與將吏交歡，遽及風疹所侵，今辰不赴兹會，衆聞絲竹聲，不覺悲泣耳。」是日合城老幼咸共悽傷。相國聞之曰：「我知億兆人民之心未厭唐德，賊勢雖甚，竊據宫闕，滅亡當在旦夕。」於是密飛羽檄告於鄰道會兵。旬朔間，邠、涇、洋、隴及沿邊藩鎮俱以鋭師來集，既而神策守鎮軍士聞風亦至麾下。一旦，賊中遣千餘人大索糧糗，于時烽候已嚴，偵邏殊密，雲旗霜刃，森羅於百里之内，賊入界大驚，俱就擒戮。有後殿者，奔以狀告，凶黨無不奪魄。陷京黔庶，亦思奮勇。初，有走還京中者云：「鳳翔鄭相公已叛黄王，兵士甚衆。」巢聞之殊不介意，言：「我行却半天下，所至無不收克，直至高令公猶不敢出軍敵我，鄭相國擬作何計？」唯趙、張、王、潘聞之，已爲奔軼之備也。俄而蒲關、晉、絳、并、汾、澤潞及河北三鎮並舉雄師，翕然響附。相國仗節訓兵，援旗誓衆，摧鋒督戰，累剉凶渠，首運奇謀，終摧巨孽。其後請朝，庸蜀復秉化權。匡國濟時，終始一致，文經武緯，何謝古人！詩云：「維岳降神，生甫及申。維申及甫，維周之翰。」相國有焉。《劇談録》下。

8 馬嵬佛寺，楊貴妃縊所。邇後才士文人經過，賦詠以導幽怨者不可勝紀，莫不以翠翹香鈿委於塵土，紅淒碧怨，令人傷悲，雖調苦詞清，而無逃此意。獨丞相滎陽公畋爲鳳翔從事日，題詩曰：「肅宗迴馬楊妃死，雲雨雖亡日月新。終是聖明天子事，景陽宫井又何人。」後人觀者以爲真輔相之句。《闕史》上。又《廣記》一九九引。

## 盧攜

1 見韋岫1。

2 故相盧攜爲監察日，中丞歸仁紹初上日，傳語攜曰：「昔自浙東推事回，鞴袋中何得有綾四十匹？請出臺。」後攜官除洛陽縣令，尋改鄭州刺史。以諫議徵入，至京，除兵部侍郎，入相。自洛陽入相一百日，數日，問：「何不見歸侍郎？」或對云：「自相公大拜請假。」攜即除仁紹兵部尚書，人情大洽也。《聞奇録》（《廣記》一七七）。《玉泉子》。

3 丞相范陽公攜，清苦律身，剸斷無滯，代天理物，必先鶉衣鷇食，遐陬遠裔，以是四方之譽翕然歸之。乾符丁酉歲，因與同列廷諍機務，詞氣相高，朝廷兩解之，偕授賓翼儲闈，分秩洛汭。河朔三鎮屢貢表詞，且以棄瑕擢用爲請。先是，常山帥王景崇者，年十有八襲繼父位，朝廷常姑息之。時每律琯三周，則各隆品爵，仍與幽、魏並制。幽、魏繼有更變，景崇時獨得軍情，以是爵位相懸，鎮至劇品。景崇時已檢校太尉、兼中書令、常山郡王，食邑五千户，實食襲三百户，窮極勳賞，無以加焉。而幽、魏官秩尚卑，以鎮州故，未行册命。常山揣朝廷方用恩澤、懷撫方伯，青徐之野尚聚萑蒲，餉輓方繁，兵力且困，乃上表，其畧曰：「臣當道與盧龍、魏博往列，三載考績，咸蒙寵榮。今者以臣官位稍崇，而兩鎮久稽成命。臣弟冀州刺史、檢校工部尚書景儒，自委郡符，亟聞美政，誠慚内舉，堪委外藩。請迴臣官，榮授景儒一鎮。」意圖易定。……聖上爲之旰食。乃詔范陽公以兵部尚書入覲，到京旬日，拜特進、門下侍郎、兼户部尚書平章事。三鎮有表，賀宰輔得其人。時公以步蹇，未任銜謝，上因命中書官就宅問計，對曰：「臣待罪台司，五環星歲，前後三鎮以甘言佞臣，美貺餌臣，臣皆拒而不納。或所論奏不違程式者，翌日允之，仍召奏使小將顯皇恩，且誡曰：『事出此口，言歸彼耳，可否面定，不自外來，無爲賄妄于其間也。前日驛書已告爾帥矣，宜以覆族爲慮。』以是知臣一心事主，必合信臣。臣請與書，諭以是非禍福之源，君臣父子之道。」立進書草。盧公才辨詞藻，尤工於指諭事理，上覽書色動，命中使送春服象只者賫往。及回表云：「冀州刺史景儒，自聆擢用，黎庶偃轅，令望加官，勤留當道。」且言：「臣濫分茅土，曾乏内勞，位冠三台，官崇一品，方思讓爵，不敢貪榮。幽魏加官，請循往例。」上大悦。《闕史》下。

4 盧公攜入相三日，堂判：福建觀察使播等九人，上官之時，衆詞疑惑；王回、崔程、郎幼復等三人，到任之後，政事乖張，並勒停見任。天下爲之岌嶫。黄巢勢盛，遣使乞鄆州節度使，勅下許之。攜謂妖亂之徒，若許則僥倖得志。及潼關不守，鑾駕將西幸，爲小黄門數十人詣宅擁門詬責之，遂寘堇而斃。黄巢既入京，斲其棺焉。《金華子》下。

5 見鄭畋4。

6 盧隱、李峭皆滑帥王鐸之門生，前後黜辱者數矣。隱、峭，物議以爲衽席不修。隱以從兄攜爲相，特除右司員郎，右丞崔沆不聽。隱上省，仍即見攜於私第。攜未知之，欣然而出。沆曰：「員外前日入省，時議未息，今復除糾司員外，省中固不敢辭，他曹惟相公命。」攜大怒，馳入曰：「舍弟極屈，即當上陳。」既上，沆乃求假。攜即時替沆官，沆謂人曰：「吾見丞郎出省郎，未見省郎出丞郎。」隱初自太常博士除水部員外，爲右丞李景温(揖)〔抑〕焉，追右司之命，景温之旨也。至是而遂其志矣。是時諫官亦有陳疏者。攜曰：「諫官似狗，一個吠輒一時有聲。」《玉泉子》。又《廣記》一八八引。《唐語林》七。

7 明皇朝崇尚玄元聖主之教，故以道舉入仕者歲歲有之。詔天下州府立紫極宮，度道流，爲三元朝醮之會。長安重建太清宫，琢玉石爲玄元皇帝真像，雕鐫之麗，不類人工，列太常樂懸，服天子衮冕。次又以玉石雕成玄宗、肅宗二聖真容于殿之東室。次又琢左右丞相李林甫、陳希烈於東西序。至代宗朝，人有以爲言者，曰：「陳、李二相，陰狡險詐，常欲動摇東宫，將有不利於先帝者數四。賴玄宗英明，社稷垂祐，不爾，則宗廟有綴旒之危。奈何以玉琢二臣列于清敬之地，比扁舟五湖之人鑄金肖形之像也？」尋詔除去，瘞於殿陰。爾後人無知者。至廣明庚子歲，丞相范陽公爲太清宫使，因命葺修頽廢之所。工役掘地，得玉石人，滌去泥壤，則簪裾端簡，如龍之像。工人不知其所自，以狀白公，公命尋究之，則林甫官銜銘于其背。丞相公忠褊直者，大以爲不可，因具奏其事，且曰：「林甫險巧罪迹，不宜獲保首領，請輦送京兆府擊碎之。」議者以爲：李林甫、陳希烈輔佐明皇，驕奢貪狠，而又益憎蓄怨，摇動儲君，信是一亂臣賊子也。然《禮》經云「刑不上大夫」，而況琢石之像，且異戮屍之責。況朝服簪裾而碎于府門，君子謂是失刑政矣。遂有好事者傳丞相奏章云：「臣聞見無禮於其君者，如鷹鸇之逐鳥雀也。右相李林甫等，寵異之命，冠于人臣，梟獍之心，勃於君上。像已輦送京兆府，集衆擊碎訖。其徒伴陳希烈，見搜擒次，候獲日送府司同罪。」士大夫聞之，無不掩笑。輦碎林甫，搜尋希烈之事，則實有之。至于徒伴、擒獲之語，斯又妄也。《闕史》下。

8　見盧渥3。

9　見王凝2。

10　盧攜夢人贈句曰：「若問登庸日，庭椿不染風。」初不解其言。後數年，攜拜相，庭下古椿一株，雖狂風驟雨，不濕不搖。《鳳池編》（《雲仙雜記》五）。

## 王鐸

1 故相晉國公王鐸爲丞郎，時李蠙判度支，每年江淮運米至京，水陸脚錢，斗計七百，京國米價，每斗四十，議欲令江淮不運米，但每斗納錢七百。鐸曰：「非計也，若於京國糴米，必耗京國之食；若運米實關中，自江淮至京，兼濟無限貧民也。」時糴米之制業已行，竟無敢沮其議者。都下官糴，米果大貴，未經旬而度支請罷，以民無至者故也。於是識者乃服鐸之察事矣。鐸卒以此大用。《聞奇録》（《廣記》四九九）。《玉泉子》。

2 見李蠙4。

3 見鄭畋5。

4 唐王中令鐸，重德名家，位望崇顯，率由文雅，然非定亂之才。鎮渚宫爲都統，以禦黄巢。寇兵漸近，先是赴鎮以姬妾自隨，其内未行，本以妬忌，忽報夫人離京在道，中令謂從事曰：「黄巢漸以南來，夫人又自北至，旦夕情味，何以安處？」幕寮戲曰：「不如降黄巢。」公亦大笑之。洎荆州失守，復把潼關，黄巢差人傳語云：「令公儒生，非是我敵，請自退避，無辱鋒刃。」於是棄關。隨僖皇播遷于蜀，再授都統，收復京都，大勳不成，竟罹非命。時議曰：「黄巢過江，高太尉不能拒捍，豈王中令儒懦所能應變乎？」落都統後有詩，其要云：「勅一作黜。詔已聞來闕下，檄書猶未遍軍前。」亦志在其中也。黄巢起廣州，自號義軍百萬都統，上表先陳犯闕之意，其詞云：「儻便歸降，必有陞獎。」朝廷恥笑。《北夢瑣言》三。又《廣記》二五二引。《唐詩紀事》六五。

5　王鐸初鎮荆南，黄巢入寇，望風而遁。他日將兵捍潼關，黄巢令人傳語云：「相公儒生，且非我敵，無污我鋒刃，自取敗亡也。」後到成都行朝，拜諸道都統。高駢上表，目之爲敗軍之將，正謂是也。諫議大夫鄭賨一作賓。曾獻書以規，其旨云：「未知令公以何人爲牙爪，何士參帷幄？當今大盜移國，羣雄奮戈，幕下非舊族子弟、白面郎君雍容談笑之秋也。」爾後罷軍權，鎮滑臺，竟有貝州之禍。《北夢瑣言》一四。

6　唐巢寇將亂中原，汴中有妖僧功德山，遠近桑門皆歸之，至於士庶，無不降附者。能於紙上畫神寇，放入人家，令作禍祟，幻惑居人，通宵繼晝，不能安寢。或致人疾苦，及命功德山贈金作法，則患立除之。又畫紙作甲兵，夜夜於街坊嘶鳴，騰踐城郭，天明即無所見。又多畫其犬，焚祝之，夜則鳴吠，相咬嚙於街衢，居人不得安眠，命而贈之，即悄無影響。人既異其術，趍術者愈衆。又滑州亦有一僧，頗善妖術，與功德山無異。公私頗患之。時中書令王鐸鎮滑臺，遂下令曰：「南燕地分有災，宜善禳之。」遂自公衙至于諸軍營，開啓道場，延僧數千人。僧數不足，遂牒汴州，請功德山一行徒衆悉赴之，遂以幡花螺鈸迎至衙。赴道場之夕，分選近上名德，入于公衙，其餘并令散赴諸營禮懺。洎入營，悉鍵門而坑之，方袍而死者數千人。衙中只留功德山已下酋長，訊之，並是巢賊之黨，將欲自二州相應而起。咸命誅之。《王氏見聞》（《廣記》二八七）。

7　見李琪1。

8　王中令鐸落都統，除滑州節度使，尋罷鎮。以河北安静，於楊全玫有舊，避地浮陽，與其都統幕客十來人從行，皆朝中士子。及過魏，樂彦禎禮之甚至。鐸之行李甚侈，從客侍姬有輦下昇平之故態。彦禎有子曰從訓，素無賴，愛其車馬姬妾，以問其父之幕客李山甫，山甫以咸通中數舉不第，尤私憤於中朝貴達，因勸從訓圖之。俟鐸至甘陵，以輕騎數百，盡掠其橐裝姬僕而還，鐸與賓客皆遇害。及奏朝廷云：「得貝州報，某日殺卻一人，姓王名令公。」其凶誕也如此。彦禎父子尋爲亂軍所殺，得非瑯琊公訴于上帝乎！《北夢瑣言》一三。又《廣記》二六四引。

9 王鐸既解諸道都統，乞歸河北養疾，肩輿就路，妓女數百人擁從前後，觀者駭目。道出鎮州，主帥迎接甚謹。初，鐸之入朝也，李山甫方爲鎮州從事，勸主帥劫取之，王氏遂亡其族。《賈氏譚録》。

## 王　鐐

1 王鐐富有才情，數舉未捷。門生盧肇等公薦於春官云：「同盟不嗣，賢者受譏。相子負薪，優臣致誚。」乃旌鐐嘉句曰：「擊石易得火，扣人難動心。今日朱門者，曾恨朱門深。」聲聞藹然，果擢上第。《抒情詩》（《廣記》二〇二）。《唐詩紀事》六六。

## 崔彦昭

1 咸通中，輔相崔彦昭、兵部侍郎王凝乃外表兄弟也。凝大中元年進士及第，來年彦昭猶下第，因訪凝。凝衩衣見之，崔甚恚。凝又戲之曰：「君卻好應明年經舉也。」彦昭忿怒而出，三年乃登第。懿皇朝，多自夏官侍郎判鹽鐵即秉鈞軸。一旦凝拜是官，決意入相，彦昭陷之。後數月之間，鹽鐵中有隳壞，凝朝職，朝廷以彦昭爲之，半載而入相。彦昭母乃命多製鞋履，謂侍婢曰：「王氏妹必與王侍郎同竄逐，吾要伴小妹同行也。」彦昭聞之，泣拜其母，謝曰：「必無此事。」王凝竟免其責也。《中朝故事》。

## 鄭從讜

1　光德相國崇望舉進士，因朔望起居鄭太師從讜，閽者已呈刺，適遇裴侍郎後至，先入從容，公乃命屈劉秀才以入。相國以主司在前，不敢昇進坐隅，拜於副階之上，鄭公乃降而揖焉。亟乃趨出，鄭公佇立於階所目之，候其掩映門屏，方回步，言曰：「大好及第舉人。」裴公亦贊歎。明年列於門生矣。《金華子》下。《唐語林》三。

## 崔　沆

1　崔沆及第年爲主罰録事。同年盧彖俯近關宴，堅請假往洛下拜慶，既而淹緩久之。及同年宴於曲江亭子，彖以雕幰載妓，微服䩭鞚，縱觀於側，遂爲團司所發。沆判之，略曰：「深攙席帽，密映氈車。紫陌尋春，便隔同年之面；青雲得路，可知異日之心。」《唐摭言》三。又《廣記》一八二引。《唐語林》七略有不同。

2　見鄭隱1。

3　見孟棨1。

4　崔相沆知貢舉，得崔瀣。時牓中同姓，瀣最爲沆知。譚者稱：「座主門生，沆瀣一氣。」《唐語林》七。

《南部新書》戊。

5 見盧攜6。

6 乾符六年夏五月，巢寇自廣陵將及襄漢，朝廷以王鐸令公爲南面都統。崔相國、豆盧相國同日策拜，宣麻之際，殿庭霧氣四塞。及政事堂立班賀，有雹大如鷄卵，時五月二十三日。識者以爲鈞軸不祥之兆。明年大寇攻陷京師，二相俱及于難。其天意乎，非人事也。《劇談録》下。

7 乾符中，有宰相自中書還第，使人以布囊盛錢數千，沿路以施匄者。於是貧乏相率羅路隅，所分既微，漸不能普，台鉉行李無復威儀。時有朝士，投牋諫之。其略云：「方今兵寇互興，民力凋弊，所望明公弼成大化，彌綸紀綱，舉賢任能，以光庶事，俾萬物各得其理，百姓日用不知。損不急之官，杜私門之請。如此則刑清俗富，天下自無窮人。不宜專政廟堂，方行小惠。昔子産以己車濟人於溱洧，君子謂不知爲政，不如以時修橋梁。惟明公察焉。」執政者覽書慙怒。俄而巢寇陷京，遂及於難。《劇談録》下。案：宰相當指崔沆或豆盧瑑。

8 江淮客劉圓，嘗謁江州刺史崔沆，稱「前拾遺」。沆引坐徐勸曰：「諫官不可自稱，司直評事可矣。」須臾他客至，圓抑揚曰：「大理評事劉圓。」沆甚奇之。《國史補》中。《唐語林》四。

## 崔沂

1 見姚洎3。

# 豆盧瑑

1 唐咸通中，舉子侯泳有聲采，亦士流也，而闕於恭慎。豆盧瑑罷相守僕射，乘間詣僧院，放僕乘他適，而於僧宇獨坐，皤然一叟也。泳自外入門，殊不顧揖，傲岸據榻。謂叟曰：「大參長史乎？」叟曰：「非也。」又問曰：「令録乎？」亦曰：「非也。」「遠州刺史乎？」亦曰：「稍高。」又曰：「少卿監乎？」答曰：「更向上。」侯生矍然不安處，疑是丞郎，怱原本作忽。據商本校改。遽而出。至門，見僕御肩輿旋至，方知是豆盧公也。歸去後，自咎悚惕。貢一長牋首過，賴先曾有卷及門，揆路通入，泳乃自陳乖疏。公亦遜謝，恕其不相識也。留而命酒，凡勸十盃，乃小懲也。仍云：「雖不奉訝，然凡事更宜在意。」侯生仍慚灼無以自容。先是豆盧家昆弟飲清酒而已，侯氏盛饌而飲。此日每飲一杯，迴首摘席經咀之，幾不濟，所謂雅責也。《北夢瑣言》八。

2、3 見崔沆6、7。

# 王　徽

1 王徽爲相只一日。中和五年二月，除昭義節制，徽上表乞免。詞曰：「六年内署，雖叨捧日之榮；一日台司，未展致君之懇。」《南部新書》乙。

2 見周岌1。

## 蕭遘

1 見趙光遠2。

2 唐僖宗再幸梁洋，朱玫立襄王，宰相蕭遘、裴澈、鄭匡圖等同奉之。洎破僞主，而僖皇反正，裴、鄭等皆罹大辟。始具兵衞四圍，矛槊森然。裴相猶戲曰：「天子之牆數仞也。」蕭遘相就河中賜毒，握之在手，自以主上舊恩，希貶降。久而毒爛其手，竟飲之而終。《北夢瑣言》六。

3 遘之字畫，雖罕傳於世，觀其《景公》、《幽公》二帖筆蹟，有廊廟之氣，而足規矩學者，未易到也。今御府所藏二。《宣和書譜》四。

## 韋昭度

1 韋令公昭度少貧窶，常依左街僧録浄光大師，隨僧齋粥。浄光有人倫之鑒，常器重之。《唐摭言》七。又《廣記》一七〇引。

2 見李蔚2。

3 唐太尉韋公昭度，舊族名人，位非忝竊。而沙門僧澈承恩，爲人潛結中禁，京兆與一二時相，皆因之大拜。悟達國師知玄，乃澈之師也，嘗鄙之。諸相在西川行在，每謁悟達，皆申跪禮。國師揖之，請於僧澈處喫茶。後掌武伐成都，田軍容致檄書曰：「伏以太尉相國，頃因和尚，方始登庸。在中書則開鋪賣官，居翰林則借人把筆。」蓋謂此也。《北夢瑣言》六。《唐語林》七。

4 唐陳敬瑄據成都府拒命，韋太尉昭度充招討使，率東川兵以伐之。王蜀先主時爲草賊，剽掠諸縣，乃擁手下兵投掌武，署爲衙内指揮使，資其爪牙也，因奏請割西川數州，就臨邛建節以授之。蜀主卑謙多智，事韋公甚謹。掌武量其事勢，終不能駕御，況軍旅之事，又非所長。每欲攻城，請戎服臨陣，慮矢石所及，不敢近前。掌武曰：「軍人安敢無禮！」東川都顯有唐喫人者，呼而戒之曰：「人肉何如豬羊？」乃賜一縉，俾充肉價。他皆倣此。重圍二年，蜀城已困，不日將下。一日門外諠譁，以軍糧闕乏，兵士擒曳掌武親吏駱別駕名志者，臠而噉之。由是懼罹其禍，遽託疾，以西川牌印付蜀主而歸朝。雖曰不武，斯亦用智自免也。《北夢瑣言》五。

5 中書令韋昭度方秉機衡，中外趨附者千萬，忽有老僧來謁。昭度方在道院獨坐，覩其僧，頗異之。僧曰：「令公禍將及矣。能隨貧道去否？特來相迎耳。」昭度恍然失色，亦甚懼焉，白僧曰：「某當權已久，深慮禍生，甚欲遠行，然略須辭別家眷。」其僧不許。昭度須請入焉，及至堂中，長幼聚哭云：「無信妄説！」拽其衣裾。移時昭度脱身趨道院，已失其僧矣。詢諸閽吏，無有見者。兩月間遂遇難，與表弟李磎同破家也。《中朝故事》。

6 見王行瑜1。

7 見歐陽澥2。

8 見吴融4。

# 杜讓能

1 杜讓能，丞相審權之子；韋相保衡，審權之甥。保衡少不爲讓能所禮，保衡爲相，讓能久不中第。及登科，審權憤其沈厄，以一子出身奏監察御史。《唐語林》七。

2 鳳翔李茂貞跋扈至甚，昭宗謂宰相杜讓能曰：「《春秋》之義，叛而必誅，安有甸服之間，顯違朝旨而悖慢如此！我若不討，四方其謂我何？」讓能奏曰：「艱難已來，行貞元故事，姑息戎臣久矣。根牢蔓熾，附之者衆。一旦難驟革之，又京師去岐咫尺，人心易以危懼。設有陵犯，損威愈甚。願陛下稍解雷霆而熟計之。」帝曰：「政刑弛紊，詔令不出都門，不欲孱孱守恬而坐。」因除宰相徐彦若鎮鳳翔，以茂貞爲興元尹，以嗣覃王率禁軍送彦若。或茂貞遷延不受代，即以兵攻之。軍旅所決，一委讓能。讓能懇諫不從，王師果敗。或云此舉乃讓能報私怨也。茂貞先以長書與讓能，繼上表，仍擁兵至臨皋驛，請誅宰相。帝遂斬樞密使李周曈以徇，乃貶讓能，仍詔送至軍前。茂貞具禮出迎，至驛，復表請行朝典。讓能奏曰：「鼂錯之辜，謬及於臣。今若歸罪於臣，可紓國難。」帝不得已，貶讓能雷州司户參軍，遣中使害於驛内。識者以讓能臨難無苟免，亦得其死也。後追贈太尉。其子曉，貌如削玉，有制誥之才，仕梁至宰相。鳳曆年，洛都有變，爲亂軍誤害，時皆歎惜之。《北夢瑣言》一四。

3 見崔程1。

# 崔安潛

1 唐崔安潛爲西川節度使，到官不詰盜。曰：「盜非所由通容，則不能爲。」乃出庫錢置三市，置榜其上，曰：「告捕一盜，賞錢五百緡。侶者告捕，釋其罪，賞同平人。」未幾，有捕盜而至者。盜不服，曰：「汝與我同爲盜十七年，贓皆平分，汝安能捕我？」安潛曰：「汝既知吾有榜，何不捕彼以來？則彼應死，汝受賞矣。汝既爲所先，死復何辭？」立命給捕者錢，使盜視之，然後殺盜於市。於是諸盜與其侶互相疑，無地容足，夜不及旦，散逃出境，境内遂無一人爲盜。《容齋隨筆》一六。

2 崔安潛鎮西川，李鋋爲小將。廣明初，駕幸西蜀，鋋乃蜀帥帶平章事，安潛乃具寮耳，曾趨走，人皆美之。《唐摭言》一五。

3 崔安潛東洛掌選，時選人中不能顯其名姓，竊顧雲啓事投獻者，崔公不之知，大賞歎，召之與語，便注一超資縣令。後有人白，崔公方悔。《盧氏雜説》（《廣記》一八六）。《玉泉子》。

4 唐崔侍中安潛崇奉釋氏，鮮茹葷血，唯於刑辟常自躬親，雖僧人犯罪，未嘗屈法。於廳事前慮囚，必温顏恤惻以盡其情。有大辟者，俾先示以判語，賜以酒食，而付於法。鎮西川三年，唯多蔬食。宴諸司，以麵及蒟蒻之類染作顏色，用象豚肩、羊臑、膾炙之屬，皆逼真也。時人比於梁武。而頻於宅使堂前弄傀儡子，軍人百姓穿宅觀看，一無禁止。而中壼預政，以玷盛德，惜哉！《北夢瑣言》三。《唐語林》七。

5 見楊收4。

6 何澤，韶陽曲江人也。父鼎，容管經略，有文稱。澤乾寧中隨計至三峯行在。永樂崔公，即澤之同年丈人也。聞澤來舉，乃以一絶振之曰：「四十九年前及第，同年唯有老夫存。今日殷勤訪我子，穩將鬐鬣上龍門。」時主文與奪未分，又會相庭有所阻，時崔相公胤恃權，即永樂猶子也。因之敗於垂成。後漂泊關外，梁太祖受禪，澤假廣南幕職入貢，敕賜及第。《唐摭言》九。《唐詩紀事》六六。

7 崔侍中安潛好看鬭牛。《北夢瑣言》四。又《廣記》二〇一引。《唐詩紀事》六六。

## 盧渥

1 盧渥舍人應舉之歲，偶臨御溝，見一紅葉，命僕搴來。葉上乃有一絶句，置於巾箱，或呈於同志。及宣宗既省宫人，初下詔，許從百官司吏，獨不許貢舉人，後亦一任。范陽獲其退宫，覩紅葉而吁怨久之，曰：「當時偶題隨流，不謂郎君收藏巾篋。」驗其書，無不訝焉。詩曰：「水流何太急，深宫盡日閒。殷勤謝紅葉，好去到人間。」《雲溪友議》下。又《廣記》一九八引。《詩話總龜》前集二三。《唐詩紀事》五九。 案：宫女葉上題詩，又見顧況4、5，李茵1。

2 唐陝州廉使盧沆，在舉場甚有時稱。曾於滻水逆旅遇宣宗皇帝微行，意其貴人，斂身迴避，帝揖與相見，沆乃自稱「進士盧沆」，帝請詩卷袖之，乘驢而去。他日，對大臣語及盧沆，令主司擢第。沆不自安，恐僭冒之辱。宰臣問沆：「與主上有何階緣？」沆乃具陳因由，時亦不訝，以其文章非叨忝也。沆後自廉察入朝知舉，遇黄寇犯闕，不及終場。趙崇大夫戲之曰：「出腹不生養主司也。」初，盧家未嘗知舉，盧相攜耻之，拔爲主文，竟不果也。《北夢瑣言》八。又《廣記》一八二引。《唐詩紀事》五九。　案：《廣記》、《唐詩紀事》等皆作盧渥事，是。

3 盧氏衣冠第一，歷代未嘗知舉。乾符中，盧攜在中書，歎宗人無掌文柄，乃擢羣從陝虢觀察使盧渥知禮闈。是歲十二月，黃巢犯闕，僖皇播遷，舉子星散。迨收復京都，裴贄連知三舉，渥有羨色。趙崇大夫戲之曰：「閣下所謂出腹不生養主司也。」《北夢瑣言》九。又《廣記》二五一引。《唐詩紀事》五九。

4 盧左丞渥，冠裳之盛，近代無出其右者，伯仲四人，咸居清顯。乾符初，服喪紀于洛下，先終制，渥自前中書舍人拜陝郊觀察使；又旬日，其弟紹自前長安縣令除給事中；又旬日，弟沆自前集賢校理授左拾遺；又旬日，弟沼自前畿尉遷監察御史。鳴珂珮玉，紆朱拖紫，照耀街巷，士族榮之。及赴任陝郊，洛城自保釐尹正已下，更設祖筵，以鮮華相尚，分秩故相及朝容惡日、兩邑縣官、卑秩麻衣，傾都出郭，洛城爲之一空。食器酒具，羅列道路，盛於清明簪潔松櫝之日。填咽臨都驛前後十五里，車馬不絕。左轄始捨轡，居首筵，則爲川尹邀去，乃大合樂於舊相之座，而諸朝容已攜酒饌出城者，散于田野，選勝聚飲，歌樂四起，飄飄然若澧州上巳、會稽禊事也。無貴無賤，及暮醉歸。有白鬚驛吏聲指曰：「某自擁篲清郵，五十載未嘗覩祖送之盛有如此者。」左轄有詩題在嘉祥驛，云：「交親榮餞洛城空，秉鉞戎裝上將同。星使自天丹詔下，雕鞍照地數程中。馬嘶靜谷聲偏響，旆映晴山色更紅。到後定知人易化，滿街棠樹有遺風。」此詩爲牌子，後爲易定帥王處存碎之。《闕史》下。又《廣記》二〇〇引。《唐詩紀事》五九。

## 裴璩

1 唐裴司徒璩性靳嗇。廉問江西日，凡什器圖障，皆新其製，閉屋緘貯，未嘗施用。每有宴會，即於朝士家借之。在番禺時，鍾愛一女，選滎陽鄭進士以壻之。才過禮期，遽屬秋薦，不免隨計，無何到京，尋報物故。五教念女及壻，不勝悲痛，而鄭偶笑之。蓋夫婦之愛未深，不解思慮，非有他故也。大凡士族女郎，無改醮之禮。五教念女早寡，不能忘情，乃召門生故吏而告之，因别適人。亂倫再醮，自河東始也。元禎少監、蘇淮中丞、賜紫楊玭少尹與五教親吏别駕説皆同。《北夢瑣言》五。又《廣記》一六五引。

## 蕭廩

1 蕭廩新爲京尹，楊復恭假子抵罪，仍毆地界。廩斷曰：「新除京尹，敢打所由，將令百司，難逃一死。」由是内外畏服。《南部新書》丁。

## 李拯

1 襄王僭僞，朱玫秉政，百揆失序，逼李拯爲内署。拯常吟曰：「紫宸朝罷綴鵷鸞，丹鳳樓前駐馬看。唯有終南山色在，晴明依舊滿長安。」拯終爲亂兵所殺。《南部新書》甲。又《詩話總龜》前集一八引。《唐詩紀事》七一。

# 馮 衮

1 馮給事入中書祇候宰相，見一老官人衣緋，在中書門立，候通報。時夏譙公爲相，留坐論事多時。及出，日勢已晚，其官人猶尚在，乃遣人問是何官。官人近前相見曰：「某新除尚食局令，有事相見相公。」因令省官通之。官人入，給事偶未去，官人見宰相了，出謝云：「若非給事恩遇，某無因得見相公。某是尚食局造餡子手，不知給事宅在何處？」曰：「在親仁坊。」曰：「欲説薄藝，但不知給事何日在宅？」曰：「來日當奉候。然欲相訪，要何物？」曰：「要大臺盤一隻，木楔子三五十枚，及油鐺、炭火，好麻油一二斗，南棗爛麵少許。」給事素精于飲饌，歸宅便令排比，仍垂簾，家口同觀之。至日初出，果秉簡而入，坐飲茶一甌，便起出廳，脱衫靴帶，小帽子，青半臂，三幅袴，花襜襪肚，錦臂鞲。遂四面看臺盤，有不平處以一楔填之，(後)〔候〕其平正，然後取油鐺爛麵等調停，襪肚中取出銀盒一枚，銀篦子、銀笊籬各一。候油煎熟，于盒中取餡子豏，以手于爛麵中團之，五指間各有麵透出，以篦子刮卻，便置餡子于鐺中。候熟，以笊籬漉出，以新汲水中良久，卻投油鐺中。三五沸取出，抛臺盤上，旋轉不定，以太圓故也。其味脆美，不可名狀。《盧氏雜説》(《廣記》二三四)。

2 唐馮衮牧蘇州，江外優佚，暇日多縱飲博。因會賓僚擲盧，馮突勝，以所得均遺一座，乃吟曰：「八尺臺盤照面新，千金一擲鬬精神。合是賭時須賭取，不妨迴首乞閒人。」更因飲酣，戲酒妓，而軍倅留情，索然無緒。馮眄之曰：「老夫過戲，無能爲也。」倅斂袵而謝。因吟曰：「醉眼從伊百度斜，是他家屬是他家。低聲向道人知也，隔坐剛抛豆蔻花。」《抒情詩》(《廣記》二五一、《吴郡志》一一)。《雅言雜載》(《詩話總龜》前集四二)。《陳輔之詩話》(陶本《説郛》八二)。

3 馮衮給事親仁坊有宅，南有山亭院，多養鵝鴨及雜禽之類極多，常遣一家人掌之。時人謂之鳥省。《盧氏雜説》(《廣記》四六三)。《玉泉子》。《南部新書》戊。　案：《玉泉子》「馮衮」作「馮蕘」，疑誤。

## 李涪

1 唐李涪尚書，福相之子，以《開元禮》及第。亦爲小文，好著述。朝廷重其博學，禮樂之事諮禀之。時人號爲「周禮庫」，蓋籍於舊典也。廣明以前，《切韻》多用吴音，而清青之字不必分用。涪改《切韻》，全刊吴音。當方進而聞於宰相，僉許之。無何，巢寇犯闕，因而寢止。于今無人敢以聲韻措懷也。然曾見《韻銓》，鄙駁《切韻》，改正吴音，亦甚覈當。不知八座於此，又何規製也，惜哉！《北夢瑣言》九。《賓實録》五。

2 隴西李涪常侍，福相之子，質氣古淡。光化中，與諸朝士避地梁川。小貂日游鄰寺，以散鬱陶。寺僧有爽公者，因與小貂相識，每晨他出，或赴齋請，苟小貂在寺，即不扃鐍其房，請其宴息，久而彌篤。乃曰：「李常侍在寺，争忍闔扉乎？」或一日從容，謂小貂曰：「世有黄白之術，信乎？好之乎？」貂曰：「某雖未嘗留心，安敢不信，又安敢輒好！」僧曰：「貧道之每拂曙出寺，爲修功德因緣也。仰常侍德，豈敢祕惜！」小貂辭遜再三，竟得其術。爾後最受三峯朝相、四入崔相恩知。每遇二公載誕之辰，乃獻銀藥孟子。此外，雖家屢空，終不自奉，亦不傳於子孫。遂平宰李璩，乃嫡孫也，嘗爲愚話之。廣成杜光庭先生常云：「未有不修道而希得仙術，苟得之，必致禍矣。唯名行謹潔者，往往得之。」即李翛之謂也。《北夢瑣言》六。

## 李航

1 唐監察李航，福相之子，美茂洽暢，播於時流。黄巢後，扶侍聖善，歸東都别墅，與御史穆延晦同行，宿於虢州公館。翌日，修謁郡牧張存，即王珙下部將也。謂典客曰：「我受穆家恩命，今穆侍御經過，必須展分報答也。」典客詣館話於穆生，因修狀謁謝。張公大怒，且曰：「此言得自何人？」具以典謁爲對，乃斬謁者。穆生驚怪，失意歸館。尋遣人就而害之。李監察不喻，方抱憂惶，俄亦遇害，將以滅口。于時李公遶聖善所憩之牀，無以求活，竟同非命。他日兄弟訴冤，夢航謂骨肉間曰：「張存已得請於上帝，不日即死。」果爲珙所誅。《北夢瑣言》九。

## 杜晦辭

1 杜晦辭，牧之子，自南曹郎爲趙公隱從事於朱方。王郢之叛，趙相國以撫御失宜致仕，晦辭罷職。時北門李相國在淮南，辟爲判官，晦辭以恩門休戚，辭不受命，退隱於陽羨别業，時論多之。永寧劉相國鎮淮南，又辟爲節度判官，方始應召。狂於美色，有父遺風。赴淮南之召，路經常州，李瞻給事方爲郡守，晦辭於祖席忽顧營妓朱娘言别，掩袂大哭。瞻曰：「此風聲婦人，員外如要，但言之，何用形迹？」乃以步輦隨而遺之。晦辭自飲筵散，不及換衣，便步歸舟中，以告其內。內子性仁和，聞之無難色，遂履而迎之。其喜於適願也如是。《金華子》上。《唐語林》七。

## 杜德祥

1 杜德祥侍郎昆弟力困，要舉息利錢濟急用，召同坊富民到宅，且問曰：「子本對是幾錢？」其人拂袖而出。《北夢瑣言》一〇。

## 樂朋龜

1 見張濬2。

## 楊知至

1 別頭及第，始於上元二年錢令緒、鄭人政、王悌、崔志恂等四人，亦謂之承優及第。楊嚴等，會昌四年王起奏五人：楊知至、刑部尚書汝士之子。源重、故相牛僧孺之甥。鄭朴、河東節度使崔元式女壻。楊嚴、監察御史發之弟。竇緘，故相易直之子。恩旨令送所試雜文付翰林重考覆。續奏進止，楊嚴一人，宜與及第，源重四人落下。時楊知至因以長句呈同年曰：「由來梁鷰與冥鴻，不合翩翾向碧空。寒谷謾勞鄒氏律，長天獨遇宋都風。此時泣玉情雖異，他日銜環事亦同。三月春光正搖蕩，無因得醉杏園中。」《唐摭言》八、一一。又《詩話總龜》前集四四引。《唐詩紀事》五九。

2 曲江亭子，安、史未亂前，諸司皆列於岸滸； 幸蜀之後，皆燼於兵火矣，所存者唯尚書省亭子而已。進士關宴，常寄其間。既徹饌，則移樂泛舟，率爲常例。宴前數日，行市駢闐於江頭。其日，公卿家傾城縱觀於此，有若中東床之選者，十八九鈿車珠鞍，櫛比而至。或曰：乾符中，薛能尚書爲大京兆，楊知至侍郎將攜家人遊，致書於能，假舫子。先是舫子已爲新人所假，能答書云：「已爲三十子之鳩居矣。」知至得書，怒曰：「昨日郎吏，敢此無禮！」能自吏部郎中拜京兆少尹，權知大尹。《唐摭言》三。又《廣記》一七八引。

## 王 慥

1 僖宗在蜀，以司封郎中王慥授萬年令兼御史中丞，先次歸京。乙巳年，駕回長安，轉右散騎常侍。十二月二十五日乙亥，蒲帥犯闕，是夜三更，駕出寶鷄，慥方寢疾，不得扈衛，自居平康里，奔南山下。自是杜門息跡，養疾累月。其夏，襄王稱制，京師搜訪，具言教令峻切，蕭、裴秉權，中外畏憚。慥不自安，舁疾起，既至，僞詔加左常侍。慥稱疾，不朝謝。襄王使御醫視之，賜藥物，一無所受，號慟而薨。朝野聞之，莫不痛惜焉。《録異記》三。

## 杜 昇

1 杜昇父宣猷終宛陵，昇有詞藻。廣明歲，蘇導給事刺劍州，昇爲軍倅，駕幸西蜀，例得召見，特敕賜緋導入内。韋中令自翰長拜主文，昇時已拜小諫，抗表乞就試，從之。登第數日，有敕復前官並服色。議者榮之。《唐摭言》九。又《廣記》一八三引。

2 昇自拾遺賜緋，却應舉及第，又拾遺。時號著緋進士。《盧氏雜説》(《廣記》一八三)。又《類説》四九引。《唐語林》四。《實賓録》一。

## 崔殷夢

1 崔殷夢知舉，吏部尚書歸仁晦託弟仁澤，殷夢唯唯而已。無何，仁晦復詣託之，至於三四。殷夢斂色端笏，曰：「某見進表讓此官矣。」仁晦始悟己姓，殷夢諱也。《唐語林》(《容齋續筆》一一)。

## 苗紳

1 苗紳貶南中，崔相國彦昭，其故人也，見而憫焉。呼紳至第而慰勉曰：「苗十大是屈人。」再三言之。紳歎久淹屈，既聞時宰之撫諭，莫勝其喜。及還家，其子迎於門，紳笑語其子曰：「今日見崔相國，憫我如此。」遂坐於廳，高誦其言曰：「苗十大是屈人。」喜笑一聲而卒。悲夫！《金華子》下。

## 侯昌業

1 唐自廣明後，閹人擅權，置南北廢置使。軍容田令孜有回天之力，中外側目。而王仙芝、黄巢剽掠江淮，朝廷憂之。左拾遺侯昌業上疏，極言時病，留中不出，命於仗内戮之。後有傳侯昌業疏詞不合事體，其末云：「請開揭諦道場，以消兵厲。」似爲庸僧僞作也。必若侯昌業以此識見犯上，宜其死也。《北夢瑣言》六。

2 司天少監侯昌業上疏，其略曰：「陛下不納李蔚、杜希敖之諫。」又曰：「臣乃明祈五道，暗祝冥官，悚息於班列之中，願早過於閻浮之世。」又曰：「受爵不逢於有德之君，立戟每佐於無道之主。」又曰：「不望堯、舜之年，得同先帝之日。」又曰：「明取尹希復指揮，暗策王士成進狀，强奪波斯之寶貝，抑取茶店之珠珍，渾取匱坊，全城般運。」又曰：「莫是唐家合盡之歲，爲復是陛下壽足之年。」又曰：「伏惟陛下，蹔停戲賞，救接蒼生，於殿内立揭諦道場，以無私財帛供養諸佛，用資世禄，共力攘災。」表奏，聖上龍威震怒，侍臣驚悸。宣徽使宣云：「侯昌業付内侍省，候進止。」翌日午時，又内養劉季遠宣口敕云：「侯昌業出自寒門，擢居清近，不能脩慎，妄奏閒詞，訕謗萬乘君王，毁斥百辟卿士，在我彝典，是不能容！其侯昌業宜賜自盡。」《續寶運録》（《通鑑考異》二四）。

## 孟昭圖

1 僖皇朝，左拾遺孟昭圖在蜀，上疏極諫，爲田令孜之所矯詔，沈蜀江。裴相澈有詩弔之曰：「一章何罪死何名，投水唯君與屈平。從此蜀江煙月夜，杜鵑應作兩般聲。」《南部新書》己。《唐詩紀事》六八。　案：裴澈，《南部新書》誤作「裴徹」。又《詩話總龜》前集四五引盧瓌《抒情》，云是狄常侍以詩悼孟昭門。

2 見唐昭宗4。

## 薛能

1 見李端5。

2 薛能尚書鎮鄆州，見舉進士者必加異禮。李勳尚書先德爲衙前將校，八座方爲客司小子弟，亦負文藻，潛慕進修，因舍歸田里。未踰歲，服麻衣，執所業于元戎。左右具白其行止，不請引見。元戎曰：「此子慕善，才與不才，安可拒之？某今自見。」其人質清秀，復覽其文卷，深器重之。乃出郵巡職牒一通與八座先德，俾罷職司閒居，恐妨令子修進。爾後果策名第，敭歷清顯。出爲鄆州節度也。八座事，得之王屋山僧匡一，甚詳。《北夢瑣言》三。《唐語林》七。

3 見路巖8。

4 見楊知至2。

5 薛能尚書鎮彭門，時溥、劉巨容、周岌俱在麾下。未數歲，溥鎮徐，巨容鎮襄，岌鎮許，俱假端揆。故能詩曰：「舊將已爲三僕射，病身猶是六尚書。」《唐摭言》一五。《古今詩話》（《詩話總龜》前集一八）。《唐詩紀事》六〇。

6 廣明元年，徐兵赴溵水，經許，能以前帥徐，軍吏懷恩，館之州內。許軍懼徐人見襲，大將周岌因衆怒逐能，自稱留後。能全家遇害。《唐詩紀事》六〇。《郡齋讀書志》四中。《唐才子傳》七。

7　薛能，會昌間進士。自負過高。從事西川日，每短諸葛功業，爲詩曰：「陣圖誰許可，廟貌我揶揄。」又云：「焚却蜀書宜不讀，武侯無可律吾身。」譏李白曰：「我生若在開元日，争遣名爲李翰林。」又曰：「李白終無取，陶潛固不刊。」自題其集云：「詩源何代失澄清，處處狂波污後生。常感道孤吟有淚，却緣風壞語無情。難甘惡少欺韓信，枉被諸侯殺禰衡。縱到緱山也無益，四方聯絡盡蛙聲。」放誕如此。後軍亂被害。《廣記》二六五。《唐摭言》一二。《唐詩紀事》六〇。

8　唐薛尚書能以文章自負，累出戎鎮，常鬱鬱歎息。因有詩謝淮南寄天柱茶，其落句云：「麄官乞與真抛卻，賴有詩名合得嘗。」意以節將爲麄官也。鎮許昌日，幕吏咸集，令其子具櫜鞬參諸幕客。幕客怪驚，八座曰：「俾渠消災。」時人以爲輕薄也。蓋不得本分官，矯此以見志，非輕薄也。《北夢瑣言》四。又《廣記》二六五引。

9　唐趙璘儀質瑣陋。成名後爲壻，薛能爲儐相，乃爲詩嘲謔。其略曰：「巡闌每傍樗蒱局，望月還登乞巧樓。第一莫教嬌太過，緣人衣帶上人頭。」又曰：「不知元在鞍轎裏，將爲空馱席帽歸。」又曰：「火爐牀上平身立，便與夫人作鏡臺。」《抒情詩》(《廣記》二五七)。《詩話總龜》前集三九。

10　薛許州能以詩道爲己任。還劉得仁卷，有詩云：「百首如一首，卷初如卷終。」譏劉不能變態。《北夢瑣言》六。又《詩話總龜》前集八引。《唐語林》四。《秀水閒居録》(陶本《説郛》四一)。《唐才子傳》七。

11　見高蟾1。

## 韋蟾

1 韋蟾左丞至長樂驛亭，見李湯給事題名，索筆紀之曰：「渭水秦山豁眼明，笑人何事寡詩情。祇應學得虞姬壻，書字纔能記姓名。」《唐摭言》一三。又《廣記》二五六引。《唐摭言》三文字稍異。《詩話總龜》前集三八。《唐詩紀事》五八。案：李湯，《廣記》、《詩話總龜》誤作「李瑒」。

2 韋蟾廉問鄂州，及罷任，賓僚盛陳祖席，蟾遂書《文選》句云：「悲莫悲兮生別離，登山臨水送將歸。」以牋毫授賓從，請續其句。座中悵望，皆思不屬。逡巡，女妓泫然起曰：「某不才，不敢染翰，欲口占兩句。」韋大驚異，令隨口寫之：「武昌無限新栽柳，不見楊花撲面飛。」座客無不嘉歎。韋令唱作《楊柳枝》詞，極歡而散，贈數十箋，納之。翌日共載而發。《抒情詩》(《廣記》二七三)。《唐詩紀事》五八。

## 李質

1 李質，字公幹，襄陽人。應舉無成，有親在衡湘，往謁焉。泝流至湓城，豫章逐帥，捨舟由武寧而反。會草寇殺其宰，倉惶前去得日觀。宿東房，有酒數缸甚美，遂攜一壺上樓酌之，因吟曰：「曾入桃溪路，仙原信少雙。洞霞飄素練，蘚壁畫陰窗。古木愁撐月，危峯欲墮江。自吟空向寂，誰共倒秋缸。」吟畢，如有人言曰：「土主尚書寓宿在此。」質登第後二十年，廉察豫章，時大中十二年也。《科名分定録》(《唐詩紀事》六六)。《輿地紀勝》二六。

## 李　瞻

1 李瞻，漢之子，有文學，氣貌淳古。非其人，雖富貴不交也。累遷司封郎中。歸茅山，徵拜給事中，不就。後兩京亂，竟不罹其禍。《唐語林》四。

2 李瞻、王祝繼牧常州，皆以名重朝廷，於本郡道不修支郡禮。初，李給事多不順從廉使，猶剛正於可否。其王給事則强愎爲己任，周侍中寶皆隱忍之。瞻罷秩退隱茅山，則免黄巢之難。祝剛訐北土，遂罹王珙之害。金華子曰：禍福無門，惟人所召，誠不謬乎！《金華子》上。

## 王　祝

1 唐王祝給事，名家子，以剛鯁自任，仍以所尚垂訓子孫，嫌人柔弱。又素有物力，殖利極豐。黄寇前，嘗典常州。京國亂離，盤旋江湖，甚有時望。急詔徵回，歸裝極厚，水陸分載。行至甘棠，王珙帥于是邦，不式王命，凶暴衆聞。以夕拜將來必居廊廟，延奉勤至。夕拜鄙其武人，殊不降接。珙乃於内廳盛張宴席，備列珍玩，簾下妓樂齊列，其内子亦映簾共珙立。乃斂容向夕拜曰：「某雖武夫，叨忝旄鉞，今日多幸，獲遇軒蓋經過，苟不棄末宗，願居子姪之列，即榮幸也。」夕拜不允，堅抗再三。珙勃然作色曰：「給事王程有限，不敢淹留。」俄而罷宴，處分兩轄，速請王給事離館。暗授意旨，並令害之。一家上下，悉投黄河，獲其囊三四百籠，以舟行没溺聞奏。朝廷多故，舍而不問。夕拜有一子，此際行至襄州，亦無故投井而卒。雖陝帥狂暴，亦未喻天意也。《北夢瑣言》九。又《廣記》二四四引。《唐詩紀事》六七。案：王祝，《新唐書》七二中、《廣記》作「王柷」。

2 見李瞻2。

## 李瓚

1 李瓚，故相宗閔之子。自桂州失守，貶昭州司户，後量移衢州刺史；給事中柳韜疏之，復貶。韜始與瓚相善，瓚先達而棄韜。瓚既重爲所貶，性强躁，憤且死。鄭舍人穀之父，瓚座主也，乃爲書曰：「與穀，受恩；未穀，極苦。」累十點，筆落而卒。《唐語林》六。《玉泉子聞見録》（《永樂大典》一〇三一〇）。

## 黄巢

1 黄巢五歲，侍翁父爲菊花聯句。翁思索未至，巢信口應曰：「堪與百花爲總首，自然天賜赭黄衣。」巢之父怪，欲擊巢，迺翁曰：「孫能詩，但未知輕重。可令再賦一篇。」巢應之曰：「颯颯西風滿院栽，蘂寒香冷蝶難來。他年我若爲青帝，移共桃花一處開。」跋扈之意，已見嬰孩之時，加以數年，豈不爲神器之大盜耶？《貴耳集》下。

2 巢與〔王〕仙芝俱入蘄州，以仙芝獨受官而怒，毆仙芝傷面，由是分隊。《驚聽録》（《通鑑考異》二四）。

3 見慧能1。

4 黄巢先求廣府兼使相，朝廷不與。黄巢夏初兵屯廣南，屢候敕旨不下，遂恣行攻劫。黄巢夏六月上表，稱「義軍百萬都統兼韶、廣等州觀察處置等使」，末云「六月十五日表」。秋，遣内侍仇公度齎手詔并廣南、邕府、安南、安東等道節度使、指揮觀察使、開國公、食邑五百户官告六通，又賜節度將吏空名尚書僕射官告五十通。九月二十日，仇公度到廣州，至十月一日，巢與公度雜匹段、藥物等五馱、表函并所賜官告並卻付公度。表末云：「廣明元年十月一日上表。」公度等其年十月二十九日至京。《續寶運録》（《通鑑考異》二四）。案：《考異》曰：「如《寶運録》所言，則是廣明元年十月一日巢猶在廣州也。按其月巢已入長安。」

5 巢又自表乞廣州節度、安南都護。巢自春夏其衆大疫，死者什三四，欲據有嶺表，永爲巢穴，乃繼有是請。右僕射于琮議云云。時朝廷倚高駢成功，不允其奏，乃議除官。或云，以正員將軍縻之，宰相亦沮其議，乃除率府率。《實録》（《通鑑考異》二四）。

6 黄巢攻金陵，人説之曰：「王毋攻也。王名巢，入金陵則鏁矣。」遂解去。《後山叢談》二。

7 僖宗幸蜀，黄巢陷長安，南北臣僚奔問者相繼。無何，執金吾張直方與宰臣劉鄴、于悰諸朝士等潛議奔行朝，爲羣盜所覺，誅戮者至多。自是阨束，内外阻絶。京師積糧尚多，巧工劉萬餘、樂工鄧慢兒、角觝者摘星胡弟米生者竊相謂曰：「大寇所向無敵，京城糧貯甚多，雖諸道不賓，外物不入，而支持之力，數年未盡。吾黨受國恩深，志効忠赤而飛竄無門，皆爲逆黨所使。吾將貢策，請竭其糧。外貨不至，内食既盡，不一、二年，可自敗亡矣。」萬餘，黄巢憐其巧性，常侍直左右，因從容言曰：「長安苑囿城隍，不啻百里，若外兵來逼，須有禦備，不爾，固守爲難。請自望仙門以北，周玄武、白虎諸門，博築城池，置樓櫓却敵，爲禦捍之備，有持久之安也。」黃巢喜，且賞其忠節。即日，使兩街選召丁夫各十萬人築城，人支米二升、錢四十文。日計左右軍支米四千石、錢八千貫。歲餘，功不輟而城未周，以至於出太倉穀以支夫食，然後剥榆皮而充御廚，城竟不就。萬餘懼賊覺其機，出投河陽，經年病卒。鄧慢兒善彈琵琶，樂府推其首冠，黃巢頗狎之。因炙其右手，託以風廢，終不爲彈，禮之甚厚，而未嘗爲執器奏曲。每三五日一召入禁中，輒與之金帛。一旦謂其友曰：「吾嘗聞忠節之士有死而已。吾頻爲大寇所逼，終不能爲之屈節奏曲。今日見召，吾當就死，不復歸矣。」與妻女一兒訣別，使者促之，遂入見黃巢。黃巢欣然謂曰：「汝樂官推所藝第一，而久云風廢，吾亦信待於汝。豈不致三兩聲琵琶乎？不全曲也。」慢兒曰：「某出身應役，朱紫之服皆唐天子所賜，固不忍負前朝之恩，以此樂樂於他人也。」巢大怒，命斬之，屠其家焉。摘星胡弟善射，發無不中，巢甚愛之，衣以錦服，出入常在馬前。渭橋爲官軍所奪，黃巢親領兵以禦之。既至橋，命米生引滿以射，凡發十數箭，箭皆及遠而不中。黃巢詰之：「箭皆及遠而不中物，何也？」對曰：「聖唐兵士非親即故，故不中爾。」巢怒，亦殺之。《録異記》三。

8 廣明之年號，識者以爲黃巢日月。明年，兩京没焉，議者尤之。《玉泉子真録》（張本《説郛》一一）。

9 見王鐸4。

10 見皮日休6。

11 黃巢自長安遁歸，與其衆屯於陳蔡間溵河，下寨連絡，號八山營。于時蔡州秦宗權懼巢，以城降之。時既饑乏，野無所掠，唯捕人爲食，肉盡繼之以骨，或碓擣，或磑磨，咸用充飢。天軍四合，巢軍不利，其黨駭散，頻爲雷電大雨淹浸其營。乃與妻孥昆弟奔於太山狼虎谷，爲外甥林言斬首送徐州，時溥下裨將李師鋭函首送成都行在也。《北夢瑣言》一六。

12 巢之興，有讖云：「黄蛇獨吼，天下人走。」又曰：「金色蝦蟆争怒眼，翻却曹州天下反。」中和初謡云：「黄巢須走秦山東，死在翁家翁。」時巢死之處，民家乃姓翁也。因而書之。《廣卓異記》六。《南部新書》丁。

13《唐史》：中和四年六月，時溥以黄巢首上行在者，僞也。東西二都舊老相傳，黄巢實不死，其爲尚讓所急，陷太山狼虎谷，乃自髡爲僧，得脱，往投河南尹張全義，故巢黨也。各不敢識，但作南禪寺以舍之。予數至南禪，壁間畫僧，巢也。其狀不逾中人，唯正蛇眼爲異耳。老人言：更有故寫真絹本尤奇，巢題詩其上云：「猶憶當年草上飛，鐵衣脱盡掛僧衣。天津橋上無人識，獨凭闌干看落暉。」爲李易初取也。《邵氏聞見後録》一七。

14 頃見王仁裕《洛城漫録》云：「張全義爲西京留守，識黄巢於羣僧中。」陶穀《五代亂紀》云：「巢既遁免，祝髮爲浮屠，有詩云：三十年前草上飛，鐵衣著盡著僧衣。天津橋上無人問，獨倚危闌看落暉。」又《僧史》言：「巢有塔在西京龍門，號翠微禪師。」而世傳巢後住雪竇，所謂雪竇禪師即巢也。然明州雪竇山有黄巢墓。歲時邑官遣人祀之至今。《揮麈後録》五。《志雅堂雜鈔》上。《能改齋漫録》八。

15 陶穀《五代亂紀》載：「黄巢遁免，後祝髮爲浮屠，有詩云：『三十年前草上飛，鐵衣著盡著僧衣。天津橋上無人問，獨倚危欄看落暉。』」近世王仲言亦信之，筆于《揮麈録》。殊不知此乃以元微之《智度師》詩竄易礫裂，合二爲一。元集可攷也。其一云：「四十年前馬上飛，功名藏盡擁僧衣。石榴園下擒生處，獨自閒行獨自歸。」其二云：「三陷思明三突圍，鐵衣拋盡納禪衣。天津橋上無人識，閒凭欄杆望落暉。」《賓退録》四。《稗史彙編》(《五代詩話》八)。

16 盜亦有道。黃巢後爲緇徒，曾住大刹，禪道爲叢林推重。臨入寂時，指脚之下，有黃巢二字。《貴耳集》中。

17 柳州宜章縣黃沙峒，山勢嶮惡，盤紆百餘里，爲溪峒十八所，皆剛夷惡獠根株窟穴之處。出峒口，地稍平，山上有黃巢廟，不知何時何人所立，其前一杉木合抱。山下人每聞廟内聲喏，若有數百人受令唯喏者，則峒民必嘯聚而叛。淳熙中，王宣子尚書爲湖南帥，留意治寇。適有作亂者，命統制官楊欽領兵討平之，因發火箭焚其廟，且伐其樹。臨欲仆，有大黑蛇長丈許，頂上披髮，呀然躍出，爲搏噬之狀，衆環以弓矢射殺之。治其地爲寨，以屯戍卒，金鼓之音，朝暮響震，自是一方獲寧。將官張某預是役，備説其異。已上皆景裴説。《夷堅支志》乙集五。

## 尚讓

1 黃巢入青門，坊市聚觀。尚讓慰曉市人曰：「黃王爲生靈，不似李家。」其悖也如此。《南部新書》甲。

2 辛丑年，黃巢在京，尚讓爲相，改乾符之號爲金統元年，見在百司並令仍舊。忽一日，有人潛書七言四韻，帖在都堂南門，譏諷頗深。僞相大怒，應堂門子及省院官並令剜眼倒懸，以令三省。又奏請宣下諸軍火隊内，收得文官會吟詩者，宜令就營屏除，如只是識字者，宜令將内役使。是時京城内外殺戮三千餘人。百司驚惶，皆悉逃竄。其七言四韻詩曰：「自從大駕去奔西，貴落深坑賤出泥。邑號盡封元母，郡君變作士和妻。扶犂黑手翻持笏，食肉朱脣卻喫齏。唯有一般平不得，南山依舊與天齊。」《鑒誡録》一。

## 田令孜

1 僖宗皇帝以咸通三年降誕，十四年七月十九日即位，年十二。左軍護軍田令孜輔翊于朝，僖宗呼爲阿父，朝綱由己，人無敢言。每入對敭，皆自備兩牙盤果食，便對御前從容良久而退，以爲常式。數年後，扈從幸蜀，轉恣毗睚，殺害孔多。及翠華還京，不敢侍從。時令孜見陳敬瑄爲西川節度，乃求爲監軍而殂。《中朝故事》。

2 大駕廣明二年春孟到蜀，叟嘗接識北司諸官子弟，有光啓門承旨，似先大夫，爲叟言：去年黄巢淩犯，聖上蒼忙就路，諸王多是徒行。壽王至斜谷，行不得，韈一足，跣一足，偃卧磻石上。田軍容在後收拾，驅壽王。壽王起告軍容：「行不得，與箇馬騎。」軍容云：「山谷間何處得馬！」以鞭一抶之令行，雖迴首無言，衷心深銜此恨。爾後經今八年，僖宗皇帝在寶雞行宫寢疾月餘，彌留，臣下皆知不起于疾，内外屬望在於壽王。壽王仁孝大度，弘寬有斷，衆所歸心。軍容聞，大恐，就御寢問：「識臣否？」帝目瞪不語。軍容大驚，尋時矯制除西川監軍使，仍馳驛赴任，遂將拱宸、奉鑾兩都自衛，星夜倍程。軍容才到西川，僖宗已崩，國朝果册壽王登極皇帝位，於是積年怨恨，今日逞其志矣。張彭《耆舊傳》（《通鑑考異》二五）。

3 光啓四年戊申，十月十日，田軍容除西川監軍使，此月到。十一月一日，僖宗皇帝晏駕，昭宗即位，改文德元年。文德二年己酉，太師有除未下。聞朝廷降使，三軍百姓僧道詣驛，就使車訴論二十年鐵券。有一人驛亭截耳，時有微雨，卧踝於泥。天使視之無言，良久曰：「不必不必！」索馬揮鞭便發。太師軍容專差親信於人衆中，探使有何言，既聞，二人神色俱喪，乃理兵講武，更創置三都，黄頭都以親密者管之，諸軍頻閲隊。十月，探知朝廷除韋相公授西川節度使，已宣麻。軍容甚有懼色，乃以書召閬州王司徒，計其過綿州，即出兵拒之，令其怒，怒必攻諸州，所在發兵交戰。此是軍容計，恐韋相公來交代，以兵隔之，言王司徒來侵我，我所舉兵，蓋與王氏相敵，欲遮其反名。十二月二十日，驅人上城，一更，出兵數千人，排於城外北面堤上。二十一日，王司徒大軍已至城下，於城北街去來鬭數合。巳時，川軍被一時築過橋，堤上排者大走，並收入城。至暮，王司徒收軍，宿七里亭。二十二日早，又進軍逼城，至午又退，止七里亭。二十三日早，引軍入新繁、濛陽諸縣界，城内出軍，日有相持。此年十一月，改元龍紀元年己酉。二月二十五日，大戰三郊，乃各下數寨相守。所至縣邑，大遭焚燒，户口逃竄。張彭《耆舊傳》（《通鑑考異》二五）。

4 長安完盛日，有一家於西市賣飲子，用尋常之藥，不過數味，亦不閒方脈，無問是何疾苦，百文售一服。千種之疾，入口而愈。常於寬宅中置大鍋鑊，日夜剉斫煎煮，給之不暇。人無遠近，皆來取之。門市駢羅，喧闐京國。至有齎金守門，五七日間，未獲給付者。獲利甚極。時田令孜有疾，海内醫工召遍，至於國師待詔，了無其徵。忽見親知白田曰：「西市飲子，何妨試之？」令孜曰：「可。」遂遣僕人馳乘往取之。僕人得藥，鞭馬而廻。將及近坊，馬蹶而覆之。僕既懼其嚴難，不復取云，遂詣一染坊，丐得池脚一鉼子，以給其主。既服之，其病立愈。田亦只知病愈，不知藥之所來，遂償藥家甚厚。飲子之家，聲價轉高。此蓋福醫也。近年，鄴都有張福醫者亦然，積貨甚廣，以此有名，爲蕃王挈歸塞外矣。《玉堂閒話》（《廣記》二一九）。

## 陳敬瑄

1 唐軍容使田令孜擅權，有廻天之力。嘗致書於許昌，爲其兄陳敬瑄求兵馬使職。節將崔侍中安潛不允。爾後崔公移鎮西川，敬瑄與楊師立、牛勗、羅元杲以打毬争三川，敬瑄獲頭籌，制授右蜀節旄以代崔公。中外驚駭。報狀云：「陳僕射之命，莫知誰何？」青城縣彌勒會妖人彌勒會，北中金剛禪也。窺此聲勢，乃僞作陳僕射行李，云山東盜起，車駕必謀幸蜀，先以陳公走馬赴任。乃樹一魁妖，共翼佐之。軍府未喻，亦差迎候。至近驛，有指揮索白馬四匹，察事者覺其非常，乃羈縻之。未供承間，而真陳僕射亦連轡而至，其妖人等悉擒縛，而俟命潁川，俾隱而誅之。識者曰：「陳僕射由閹官之力，無涓塵之效，盜處方鎮，始爲妖物所憑，終以自貽誅滅。非不幸也。」《北夢瑣言》四。又《廣記》二八九引。

2 陳太師敬瑄，雖濫升重位，而頗有偉量。自鎮西川日，乃委政事於幕客，委軍旅於護戎，日食蒸犬一頭，酒一壺。一月六設曲宴，即自有平生酒徒五人狎昵，焦菜一盌，破三十千。常有告設吏偷錢，拂其牒而不省。營妓玉兒者，太師賜之巵酒，拒而不飲，乃誤傾潑於太師，污頭面。遽起更衣，左右驚憂，立候玉兒爲齏粉。更衣出，卻坐，又以酒賜之，玉兒請罪，笑而恕之。其寬裕率皆此類。《北夢瑣言》（《廣記》一七七）。

3 唐世長安有宗小子者，解黄白術，唯在平康狎游。與西川節度使陳敬瑄微時游處，因色失歡。他日陳公遭遇，出鎮成都，京國亂離，僖宗幸蜀。宗生避地，亦到錦江，然畏潁川知之，遂旅游資中郡，銷聲斂跡，惟恐人知。寓應真觀，修一爐大丹未竟，宗生解六壬，每旦運式，看一日吉凶。無何失聲，便謀他適，走至内江縣，潁川差人吏就所在害之。所修藥道士收得，傳致數家，皆不利人，莫知何也。《北夢瑣言》二一。

## 李德權

1 京華有李光者，不知何許人也。以諛佞事田令孜，令孜嬖焉，爲左軍使，一旦奏授朔方節度使。勅下翌日，無疾而死。光有子曰德權，年二十餘，令孜遂署劇職。會僖皇幸蜀，乃從令孜扈駕，止成都。時令孜與陳敬瑄盗專國柄，人皆畏威。李德權者處于左右，遐邇仰奉，奸豪輩求名利，多賂德權以爲關節。數年之間，聚賄千萬。官至金紫光禄大夫、檢校右僕射。後敬瑄敗，爲官所捕，乃脱身遁於復州，衣衫百結，丐食道途。有李安者，常爲復州後槽健兒，與父相熟。忽覩德權，念其藍縷，邀至私舍。安無子，遂認以爲姪。未半載，安且死。德權遂更名彦思，請繼李安効力，蓋慕彼衣食耳。尋獲爲牧守圉人。有識者皆目之曰「看馬李僕射」。《南楚新聞》（《廣記》四九九）。

## 西門思恭

1 見吳行魯1。

2 見鄭畋1。

## 孟方立

1 昭義軍節度使孟方立，邢州平鄉人也。少以勇力隸於本軍爲裨將。廣明中，潞帥高潯攻諸葛爽於河陽，方立出天井關爲前鋒。時潯爲大將劉廣所逐，廣忌方立，留戍于關。後廣爲潞人所殺，三軍乃以方立爲帥。因有首邱之思，遂移軍於邢州。用法平正，人皆附之。始拜墳墓於鄉里，詣縣令里所，陳桑梓之敬。有識者賞焉。姪遷嗣爲潞帥，降太原。《北夢瑣言》一三。

## 韓簡

1 魏博節度使韓簡性粗質，每對文士，不曉其説，心常耻之。乃召一孝廉，令講《論語》。及講至《爲政篇》，明日謂諸從事曰：「僕近知古人淳朴，年至三十，方能行立。」外有聞者，無不絶倒。《北夢瑣言》一三。又《廣記》二六二引。《拊掌録》（張本《説郛》三二）。

## 樂彥禎

1 見王鐸8。

## 王重榮

1 河中節度使王重榮，始爲牙將，黄巢犯闕，元戎李都奉僞，畏重榮黨附者多，因薦爲副使。一日忽謂都曰：「凡人受恩，只可私報，不可以公徇。令公助賊陷一邦，於國不忠，而又日加箕斂，衆口紛然，倏忽變生，何以遏也？」遽命斬其僞使。都無以對，因以軍印授重榮而去。及都至行在，朝廷又以前京兆尹竇潏間路至河中代都爲帥，重榮迎之。潏前爲京兆尹，有慘酷之名，時謂之「墮疊」。及至，翌日集軍校于庭，謂曰：「天子命重臣作鎮將，遏賊衝，安可輕議斥逐，令北門出乎！且爲惡者必一兩人而已，爾等可言之。」潏不知軍校皆重榮之親黨也。衆皆不對，重榮乃自屏肅佩劍，歷階而上，謂潏曰：「爲惡者非我而誰？」召潏之僕吏控馬及階，請依李都前例，速去之。潏不敢仰視，乃躍馬復由北門而出。重榮破黄巢有功，正授節制，封郡王。與田令孜結怨。他日爲部將常行儒殺之。時號「鐵條」，以其剛也。《北夢瑣言》一三。案：《通鑑考異》二五引此，按云：「及黄巢犯闕，都何嘗奉僞，亦未嘗聞以潏代都。今不取。」

## 羅弘信

1 中和中，魏博帥羅弘信初爲本軍步射小校，掌牧圉之事。曾宿於魏州觀音院門外，其地有神祠，俗號曰白須翁。巫有宋遷者，忽詣弘信謂曰：「夜來神忽有語，君不久爲此地主。」弘信怒曰：「欲危我耶？」他日復以此言來告弘信，弘信因令密之。不期歲，果有軍變，推弘信爲帥。弘信狀貌豐偉，多力善射，雖聲名未振，衆已服之。累加至太尉，封臨淮王。弘信卒，子紹威繼之，與梁祖通歡結親，情分甚至。先是本府有牙軍八千人，豐其衣糧，動要姑息。時人云：「長安天子，魏府牙軍。」主使頻遭斥逐，由此益驕。紹威不平，有意翦滅，因與汴人計會，詐令役夫肩籠内藏器甲，揚言汴帥葬羅氏之女。紹威密令人於兵仗庫斷弓絃共甲襻，夜會汴人，擐甲持戈，攻殺牙軍。牙軍覺之，排闥入庫，而弓甲無所施勇也，全營殺盡，仍破其家。人謂牙軍久盛，宜其死矣。紹威雖豁素心，而紀綱無有，漸爲梁祖陵制，竭其帑藏以奉之。忽患脚瘡，痛不可忍，意其牙軍爲祟，乃謂親吏曰：「聚六州四十三縣鐵，打一箇錯不成也。」紹威卒，其子周翰繼之，俄而移鎮滑臺，羅氏失去其國矣。《北夢瑣言》一四。又《廣記》三一二、《廣卓異記》一一引。

## 陳璠

1 陳璠者，沛中之卒徒也，與故徐帥時溥少結軍中兄弟之好。及溥爲支詳所任，璠亦累遷右職。黄巢之亂，支辟簡勁卒五千人，命溥總之而西，璠爲次將。溥自許昌趨洛下，璠以千人反平陰，溥乃矯稱支命追兵迴，於是引師與璠合屠平陰，掠圃田而下及沛。支慮其變，郊勞。及解甲，盛設厚賂之。浦乃令其親諷支曰：「軍前不安，民望見迫，且請公解印以厭衆心。」支力不能制，及率其孥出居大彭館，浦自稱留後。璠謂浦曰：「支尚書惠及沛人，若不殺之，將貽後悔。」浦不可。璠固請，與浦往復十餘。浦怒曰：「自看自看。」璠乃詐爲浦命，謂之曰：「請支行李歸闕下。」支以爲誠也，翌日，遂發。璠伏甲於七里庭，至則無少長皆殺之，沛人莫不流涕。其後浦受朝命，乃表璠爲宿州太守。璠性憯酷喜殺，復厚斂淫刑，百姓嗟怨，五年中貲賄山積。浦惡之，乃命都將張友代璠，璠怒不受命。友至，處別第以俟璠出，璠夜率髦俊五百餘人圍友。遲明，友自領驍果百餘人突之。璠潰，與十餘騎走出數十里，從騎皆亡，璠棄其馬，微服乞食於野。野人有識之者，執以送郡。友縶之往白浦，浦命斬之於郡。璠本麤悍，而朴不知書，臨刑忽索筆賦詩曰：「積玉堆金官又崇，禍來倏忽變成空。五年榮貴今何在，不異南柯一夢中。」時以爲鬼代作也。《三水小牘》下。又《廣記》三五三引。案：時浦，正史作「時溥」。

2　見張翱1。

## 時溥

1　見陳璠1。

## 劉漢宏

1 漢宏，兗州使院之小吏也，尋爲大將領本州兵以禦黄巢寇，遂殺將首，刼輜重而叛。詔忠武軍討之，不利，復命前濠州刺史崔鍇招攜之。宏遂降，授宿州刺史。會浙東觀察使柳韜以賄免，朝官皆耻代之，議者以漢宏降將也，以降將代贓吏宜矣，乃除之。既有七州之地，而復萌逆節。常會客，酒酣，謂衆曰：「天下喪亂，金刃之讖烏知非僕？」遂撫掌大笑。復又會于使院，有羣鴉噪庭樹上，因使伐木，有座者言：「此樹有年矣，鴉噪乃常耳，願勿爲怪。」宏曰：「我將斬白蛇，豈止此樹邪！」遂伐之。又嘗構別第，窮極雄壯，一日有飛帛書署其門曰：「漢宏是賊，豈宜造此大宅！」宅之中堂懸一錦傘，守衛甚謹，即夕失之，人皆以爲任俠所獲。及舉兵，至西陵，將謀渡江，乃禱于江干，俄有一矢墜其前，莫知其所來，宏頗惡之。既敗，棄其母，挾妻而奔焉。就執之日，董庶人讓之，宏曰：「成即是，敗即非，自古何有不敗之家，不亡之國？然則僕射亦有名將良策，宏無之，以至于此，何必太讓哉！」《吴越備史》一。

2 台州刺史杜雄執送漢宏至，命斬于會稽市。漢宏斥刑者曰：「吾廉察也，非汝輩可殺。吾嘗夢手捧金錢殺我者，錢公也。」乃請王親刃焉。《吴越備史》一。

3 見李紳12。

# 周寶

1 周侍中寶初在軍中，性强毅，閹官之門，莫肯折節。逮將中年，猶處下位，或自憤悱。獨以領毬子供奉者前後凡三十六度，遂挂聖意，遷金吾第二番將軍。尋遷對御仗第一籌，喪其一目。授涇原節度，移鎮浙東，與燕公對境。高駢在軍中時，以兄呼寶，及總元戎，意遂輕少，兼以對境微釁，憎愛日尋，漸積爲仇讎矣。《金華子》上。

2 見高駢15。

3 周侍中寶與高中令駢，起家神策打毬軍將，而擊拂之妙，天下知名。李相國公領鹽鐵，在江南，駐泊潤州萬花樓觀春。時酒樂方作，乃使人傳語曰：「在京國久聞相公盛名，如何得一見？」寶乃輒輟樂命馬，不换公服，馳驟於綵場中。都憑城樓下瞰，見其懷挾星彈，揮擊應手，稱歎者久之，曰：「若今日之所覩，即從來之聞，猶未盡此之善也。」《金華子》上。

4 浙西周寶侍中博陵崔夫人，乃乾符中時相之姊妹也，少爲女道士，或云寡而冠帔，自幽獨焉。大貂素以豪俠聞，知崔有容色，乃踰垣而竊之，宗族亦莫知其存没。爾後周除浙右，其内亦至國號，乃具車馬，偕歸崔門，曰：「昔者官職卑下，未敢先言，此際叨塵，亦不相辱。」相國不得已而容之。《北夢瑣言》四。

5 周寶在浙西副使，崔綰，公之妻族弟兄，雁列於幕中；觀察判官田佩，亦其外甥，二人最爲貪暴。其次陸謌已下，皆挾勢而入。及更變之後，甚者亦多不免也。《南部新書》壬。

6 比唐制：武選以馬上擊球較其能否，有置鐵鈎于球杖以相擊。寶嘗遇此選，爲鐵鈎所摘一目睛迸，寶即取而吞之，復擊球，遂獲頭等，授涇源，勅賜一木睛以代之。木睛不知何木，視之亦明，置水中無所礙真睛矣。一日早起盥漱，其睛墜水盆中，侍姬竊笑，寶怒曰：「我瞎漢，何足笑也？」遂殺之。潤州衙軍以軍額號鎮海軍，蓋舊宿也。寶復置親信，號決勝軍，處之後樓，使其子瑱總之，衆號爲後樓軍，其衣食糧賜數倍于鎮海。士卒頗有怨望，因恣横于外。一日，會客于後樓，即席有言其事者，則殺之。而薛朗與鎮海將劉浩友善，遂以寶意示之，且誡其職下。浩聞之，憤曰：「可以免禍者，不過反耳！」是夕，遂率鎮海軍而叛，乃推朗爲主。寶聞亂，率家屬跣襪拓芙蓉門，召後樓軍曰：「後樓軍兜，即能救我乎？」後樓聞之，亦同叛焉，寶遂奔。高駢與寶夾江爲鎮，頗有嫌隙，及奔駢，遺書曰：「竊承走馬，以及奔牛。」又遺送黄虀一瓶、葛粉十斤，以表虀粉之意。寶在涇源，至于金陵，多會賓客，歡宴終日，後庭樂妓百餘人，水陸肴膳，日極豐美。《吴越備史》一。

7 初，周侍中寶之在軍，困於芻粟之備。有僕忘其姓名，恒力負至，不令有乏。如是綿歷星紀，未嘗辭倦。及其達也，舉之隸諸衞，使主廐庾，以謹厚尤見委任。既卒數年矣，或一夕夢來報馬料盡，公甲午生，甚惡之，遂病疽而薨。《金華子》上。

## 李全忠

1 唐乾符末，范陽人李全忠少通《春秋》，好鬼谷子之學，曾爲棣州司馬。忽有蘆一枝生於所居之室，盈尺三節焉，心以爲異，以告别駕張建章。建章積書千卷，博古之士也，乃曰：「昔者蒲洪以池中蒲生九節爲瑞，乃姓蒲，後子孫昌盛。蘆者茅也，合生陂澤之間，而生於室，非其常也，君後必有分茅之貴。三節者，傳節鉞三人。公可誌之。」全忠後事李可舉爲戎校，諸將逐可舉而立全忠。累加至檢校太尉，臨戎甚有威政。全忠死，子匡威嗣。匡威爲三軍所逐。弟匡儔爲太原所攻，挈家赴闕，至滄州景城，爲盧彦威所害。先是，匡威少年好勇，不拘小節，自布素中以飲博爲事，漁陽士子多忌之。曾一日，與諸游俠輩釣于桑乾赤欄橋之側，自以酒禱曰：「吾若有幽州節制分，則獲一大魚。」果釣得魚長三尺，人甚異焉。有馬郁者，少負文藝，匡威曾問其年，郁曰：「弱冠後，兩周星。」傲形於色。後匡威繼父爲侯，首召馬郁問曰：「子今弱冠後幾周星歲？」郁但頓顙謝罪。匡威曰：「好子之事，吾平生所愛也，何懼之有？」因署以府職。其闊達多如此類，故人多附之。葆光子嘗見范陽熟人説，李匡儔妻張氏，國色也，其兄匡威爲帥，强淫之。匡儔按劍而俟，夜深妻迴，出步輦，爲其夫殺之。匡威羞見其弟及將校，或言欲將兵救援鎮州，既出城，三軍立匡儔爲帥。匡威遂稱欲歸朝覲，行次常山，又有劫質王鎔之事。匡儔移牒王鎔，往復指陳，終不及淫穢之事，諱國惡也。《北夢瑣言》一三。又《廣記》一三八、《廣卓異記》一七引。

## 李匡威

1　見李全忠1。

2　見王鎔2。

## 李匡儔

1 見李全忠1。

## 秦宗權

1 黄巢破後，蔡州秦宗權繼爲反逆，兵力强鋭，又復稱僭，山東諸郡苦之。十年之間，屠膾生聚。汴帥朱全忠盡節禦之。宗權爲部將申叢擒而折足囚縛，朱全忠具表檻送至京。京兆尹孫揆率府縣吏閱之，宗權即檻中舉首曰：「宗權非反也，大尹哀之。」觀者因以爲笑。《北夢瑣言》一五。

## 周岌

1 唐廣明歲，薛能失律於許昌，都將周岌代之。明年，宰相王徽過許，謂岌曰：「昔聞貴藩有部將周撞子，得非司空耶？何致此號？」岌愧赧良久，答曰：「岌出身走卒，實藴壯心，每有征行，不避鋒劍，左衝右捽，屢立微功。所以軍中有此名號。」王笑，復謂岌曰：「當時撲落渦河裏，可是撞不著耶？」岌頃總許卒征徐方，爲賊所敗，溺於渦水，或拯之，僅免，故有此言。《三水小牘》下。又《廣記》二五七引。《實賓録》一三。

## 劉巨容

1 高騈鎮維揚，有申屠別駕懷至術，爲呂用之譖毁，一旦作竄。燕公命吏齎長限牒所在尋捕，至襄州禪院中遇之，擒得申生，寄襄獄縶維。申生告獄吏，要見督郵韋公，吏以告之。韋遽面見，屏人曰：「某身上有化金藥，欲獻元戎劉公巨容，可乎？」韋審之，遂非時入謁，因得道達，點甎瓦半葉以呈之。劉公歎訝，乃虛以叛獄而匿之。僖皇在蜀，降天使至峴山，即田令孜弟也，劉公乘醉將藥金誇衒於中使。中使迴，聞於田中尉。洎劉司空朝覲行在，與申生偕往，藏隱此人，不令他適。田軍容銜之，於導江莊加害，劉、申皆不幸也。有一子號申司馬，居朗州，尚存點汞藥在身。荆南節判司空董太監得申生四粒藥。點四汞奉一百千，以慰好奇之心也。王蜀時，有一士著緑布衫，常在街衢，仍棲逆旅。巡使蕭懷武欲求其術，堅確不與，遂於馬院打殺之。蓋不能任持所致也。《北夢瑣言》一一。

## 高騈

1 唐燕公高騈微時，爲朱叔明司馬。總兵巡按，見雙鵰，謂衆曰：「我若貴，矢當疊雙。」乃伺其上下，果一矢貫二鵰。衆大驚異，因號爲落鵰公。《感定録》（《廣記》一三八）。《唐才子傳》九。

2 見杜悰8。

3 安南高騈奏開本州海路。初，交趾以北，距南海有水路，多覆巨舟。騈往視之，乃有横石隱隱然在水中，因奏請開鑿，以通南海之利。其表略云：「人牽利楫，石限橫津。纔登一去之舟，便作九泉之計。」時有詔聽之。乃召工者，啖以厚利，竟削其石。交廣之利，民至今賴之以濟焉。或言駢以術假雷電以開之，未知其詳。《北夢瑣言》二。

4　咸通中，南蠻圍西川，朝廷命太尉渤海高公駢自天平軍移鎮成都。戎車未屆，乃先以帛書軍號其上，仍畫一符於郵亭遞之，以壯軍聲。蠻酋懲交趾之敗，望風而遁。先是府無羅郭，南寇纔臨，遂成煨燼，士民無久安之計。渤海規畫地勢，圖版築焉。慮畚鍤將施，亭堠有警，乃命門僧景山此僧多爲掌武決策，人謂是龐勛漏網而變名也。奉使入南詔，宣言躬自巡邊。自下手築城日，舉烽直至大渡河。凡九十三日，樓櫓矗然，旌旆竟不行，而驃信讋慄不暇。兵以詐勝，斯之謂也。《北夢瑣言》五。又《廣記》一九〇引。

5　唐渤海王太尉高公駢鎮蜀日，因巡邊至資中郡，舍於刺史衙。對郡山頂有開元佛寺，是夜黃昏，僧徒禮讚，螺唄間作，渤海命軍候悉擒械之。來晨笞背斥逐，召將吏而謂之曰：「僧徒禮念，亦無罪過，但以此寺十年後，當有禿丁數千作亂。我故以是厭之。」其後土人皆髡髮執兵，號大髡小髡，據此寺爲寨，陵脅州將。果叶渤海之言。時稱駢好妖術，斯亦或然之驗與。得於資中處士王迢。《北夢瑣言》三。又《廣記》四九九引。《唐語林》三。

6　唐咸通中，西川僧法進刺血寫經，聚衆教化寺。所司申報高燕公，判云：「斷臂既是凶人，刺血必非善事。貝多葉上，不許塵埃；俗子身中，豈堪腥膩。宜令出境，無得惑人，與一繩遞出東界。」所司不喻繩絞，賜錢一千，送出東郭，幸而誤免。後卒於荊州玉泉寺。《北夢瑣言》九。

7 高燕公鎮蜀日，大慈寺僧申報堂佛光見。燕公判曰：「付馬步使捉佛光過。」所司密察之，誘其童子，具云：「僧輩以鏡承隙日中影，閃於佛上。」由此乖露，擒而罪之。《北夢瑣言》（《廣記》二八九）。

8 唐高駢鎮成都，甚好方術。有處士蔡畋者，以黄白干之，取瓦一片，研丹一粒，半塗入火，燒成半截紫磨金，乃奇事也。蔡生自負，人皆敬之，以爲地仙。燕公求之不得。久而乖露，乃是得藥於人，眩惑賣弄，爲元戎笞殺之。《北夢瑣言》一一。又《廣記》二八九引。

9 唐南蠻侵軼西川，苦無亭障。自咸通已後，劍南苦之。牛叢尚書作鎮，爲蠻寇憑陵，無以抗拒。高公自東平移鎮成都，蠻酋猶傅蜀城。掌武先選驍鋭救急，人背神符一道，蠻覘知之，望風而遁。爾後僖宗幸蜀，深疑作梗，乃許降公主。蠻王以連姻大國，喜幸逾常，因命宰相趙隆眉、楊奇鯤、段義宗來朝行在，且迎公主。高太尉自淮海飛章云：「南蠻心膂，唯此數人，請止而鴆之。」迄僖宗還京，南方無虞，用高公之策也。楊奇鯤輩皆有詞藻，途中詩云：「風裏浪花吹又白，雨中嵐色洗還青。江鷗聚處窗前見，林狖啼時枕上聽。此際自然無限趣，王程不敢暫留停。」詞甚清美也。《北夢瑣言》一一。又《廣記》一九〇引。《唐詩紀事》八〇。

10 玉局觀洞，高駢帥蜀，取罪人以繩絆其腰，令探淺深。繩兩日方絶，出青城山洞天觀門。《續博物志》三。

11 太尉駢……鎮蜀日，以蠻蜑侵暴，乃築羅城，城四十里。朝廷雖加恩賞，亦疑其固護。或一日聞奏樂聲，知有改移，乃題風箏寄意曰：「夜静絃聲響碧空，宮商信任往來風。依稀似曲才堪聽，又被移將別調中。」旬日報到，移鎮渚宮。《北夢瑣言》七。《唐詩紀事》六三。《搜採異聞録》一。《猗覺寮雜記》上。《唐才子傳》九。

12 廣明元年七月，黃巢自采石北渡，直抵天長。時城内土客諸軍尚十餘萬，皆良將勁兵，議者慮狂寇有奔犯關防之患，悉願盡力死戰。用之等慮其立功之後，侵奪己權，謂渤海曰：「黃巢起於羣盜，遂至横行，所在雄藩，望風瓦解，天時人事，斷然可知。令公既統强兵，又居重地，只得坐觀成敗，不可更與争鋒。若稍損威名，則大事去矣。」渤海深以爲然，竟不議出軍。巢遂至北焉。初，巢寇廣陵也，江東諸侯以渤海屯數道勁卒，居將相重任，巢江海一逋逃耳，固可掉折箠而擒之。及聞安然渡淮由是方鎮莫不解體。《妖亂志》(《通鑑考異》二四)。

13 唐光啓三年，中書令高駢鎮淮海，有蝗行而不飛，自郭西浮濠，緣城入子城，聚於道院，驅除不止。松竹之屬，一宿如剪，幡幢畫像，皆嚙去其頭，數日之後，又相啖食。九月中，暴雨方霽，溝瀆間忽有小魚，其大如指。蓋雨魚也，占有兵喪。至十月，有大星夜墮於延和閣前，聲若奔雷，迸光碎響，洞照一庭。自十一月至明年二月，昏霧不解。或曰：「下謀上之兆。」是時粒食騰貴，殆逾十倍，寒僵雨仆，日輦數千口，棄之郭外。及霽，而達坊静巷，爲之一空。是時浙西軍變，周寶奔毗陵，駢聞之大喜，遽遣使致書於周曰：「伏承走馬，已及奔牛。奔牛堰名，在常州西。今附虀一瓶，葛粉十斤，以充道途所要。」蓋諷其虀粉也。三月，使院致看花宴，駢有與諸從事詩，其末句云：「人間無限傷心事，不得樽前折一枝。」蓋亡滅之讖也。及爲秦彦幽辱，計口給食，自五月至八月，外圍益急，遂及於難。《妖亂志》(《廣記》一四五)。《南部新書》丁。《唐詩紀事》六三。

14 見周寶1。

15 高駢在淮海，周寶在浙西爲節度使，相與有隙。駢忽遣使悔叙離絶，願復和好，請境會於金山。寶謂其使者曰：「我非李康，更要作家門功勳，欺誑朝廷邪！」〔原注〕：元和中，李康鎮東川，傳有異志。駢祖崇文鎮西川，乃僞設鄰好，康不防備，來會於境，爲崇文所斬。《金華子雜編》(《通鑑考異》一九)。案：《通鑑考異》云高崇文誘誅李康事「得於傳聞，不可爲據」。

16 淮海小將姓朱，忘其名。有女未嫁，爲鬼物所祟，常呼韓郎。往來如生人，唯不見形，奉外舅姑禮，自云天朝神。朱以異事，不敢隱祕，乃告府主高燕公。公唯書名，俾朱歸帖於女房門上。其邪來見，咨嗟言別而去。聞於劉山甫。《北夢瑣言》九。

17 見呂用之2。

18 見諸葛殷1。

19 高駢既好神仙，性復多誕，每稱與玉皇及羣仙書札來往。時對賓客，或彩牋以爲報答。《南部新書》壬。

20 江淮州郡，火令最嚴，犯者無赦。蓋多竹屋，或不慎之，動則千百間立成煨燼。高駢鎮維揚之歲，有術士之家延火，燒數千户，主者録之，即付於法。臨刃，謂監刑者曰：「某之愆尤，一死何以塞責！然某有薄技，可以傳授一人，俾其救濟後人，死無所恨矣。」時駢延待方術之士，恒如飢渴，監刑者即緩之，馳白於駢。駢召入，親問之，曰：「某無他術，唯善醫大風。」駢曰：「可以覈之。」對曰：「但於福田院選一最劇者，可以試之。」遂如言，乃置患者於密室中，飲以乳香酒數升，則懵然無知。以利刀開其腦縫，挑出蟲可盈掬，長僅二寸。然以膏藥封其瘡，別與藥服之，而更節其飲食動息之候。旬餘，瘡盡愈。纔一月，眉鬚已生，肌肉光浄，如不患者。駢禮術士爲上客。《玉堂閒話》（《廣記》二一九）。

21 高駢在淮南，有贄歌者，末章云：「五色真龍上漢時，願把霓旌引煙策。」公説，乃辟爲從事。及公遇害，有識者多嗤其言過也。《南部新書》癸。

22 高駢章疏不恭，皆顧雲之辭也。駢後謂左右曰：「異日朝廷以不臣見罪，此輩寧無赤族之患耶？」《南部新書》丙。

23 唐高駢嘗誨諸子曰：「汝曹善自爲謀。吾必不學俗物，死入四板片中，以累於汝矣。」及遭畢師鐸之難，與諸甥姪同坎而瘞焉，唯駢以舊氈苞之，果符所言。後呂用之伏誅，有軍人發其中堂，得一石函，内有桐人一枚，長三尺許，身披桎，口貫長釘，背上疏駢鄉貫甲子官品姓名，爲厭勝之事。以是駢每爲用之所制，如有助焉。《妖亂志》（《廣記》二八三）。

24 唐高駢幼好爲詩，雅有奇藻，屬情賦詠，横絶常流，時秉筆者多不及之。故李氏之季，言勳臣有文者，駢其首焉。集遇亂多亡，今其存者盛傳於時。《謝蟠雜説》（《廣記》二〇〇）。

## 呂用之

1 呂用之，鄱陽安仁里細民也。性桀黠，略知文字。父璜，以貨茗爲業，來往於淮淛間。時四方無事，廣陵爲歌鍾之地，富商大賈，動逾百數。璜明敏，善酒律，多與羣商遊。用之年十二三，其父挈行，既慧悟，事諸賈，皆得歡心，時或整履揺箠，匿家與奴僕等居。數歲，璜卒家。乾符初，羣盜攻剽州里，遂他適。用之既孤且貧，其舅徐魯仁賙給之。歲餘，通於魯仁室，爲魯仁所逐。因事九華山道士牛弘徽，弘徽自謂得道者也，用之降志師之，傳其驅役考召之術。既弘徽死，用之復客於廣陵，遂穀巾布褐，用符藥以易衣食。歲餘，丞相劉公節制淮左，有蠱道寘法者，逮捕甚急。用之懼，遂南渡。高駢鎮京口，召致方伎之士，求輕舉不死之道，用之以其術通於客次，逾月不召。詣渤海親人俞公楚，公楚奇之，過爲儒服，目之曰江西呂巡官，因間薦於渤海。及召試，公楚與左右附會其術，得驗。尋署觀察推官，仍爲制其名，因字之曰無可，言無可無不可。自是出入無禁。初專方藥香火之事。明年，渤海移鎮，用之固請戎服，遂署右職。用之素負販，久客廣陵，公私利病，無不詳熟。鼎竈之暇，妄陳時政得失，渤海益奇之，漸加委仗。先是，渤海舊將有梁纘、陳拱、馮綬、董僅、公楚、歸禮，日以疏退，渤海至是孤立矣。用之乃樹置私黨，伺動息，有不可去者，則厚以金寶悦之。左右羣小，皆市井人，見利忘義，上下相蒙，大逞妖妄，仙書神符，無日無之，更迭唱和，罔知愧耻。自是賄賂公行，條章日紊，煩刑重賦，率意而爲。道路怨嗟，各懷亂計。用之懼其竊發之變，因請置巡察使，採聽府城密事。渤海遂承制受御史大夫，充諸軍都巡察使。於是召募府縣先負罪停廢胥吏陰狡兔猾者，得百許人，厚其官傭，以備指使。各有十餘丁，縱横閭巷間，謂之「察子」。至於士庶之家，呵妻怒子，密言隱語，莫不知之。自是道路以目。有異己者，縱謹静端默，亦不免其禍，破滅者數百家。將校之中，累足屏氣焉。《妖亂志》（《廣記》二九〇）。

2 高駢末年，惑於神仙之術。呂用之、張守一、諸葛殷等皆言能役使鬼神，變化黃金，駢酷信之，遂委以政事。用之等援引朋黨，恣爲不法。其後亦慮多言者有所漏洩，因謂駢曰：「高真上聖，要降非難，所患者，學道之人真氣稍虧，靈呪遂絶。」駢聞之，以爲信然，乃謝絶人事，屏棄妾媵，賓客將吏，無復見之。有不得已之故，則遣人先浴齋戒，詣紫極宫道士祓除不祥，謂之解穢，然後見之。拜起纔終，已復引出。自此内外擁隔，紀綱日紊。用之等因大行威福，傍若無人，歲月既深，根蔕遂固。用之自謂磻谿真君，張守一是赤松子，諸葛殷稱將軍，有一蕭勝者，謂之秦穆公附馬，皆云上帝遣來，爲令公道侣。其鄙誕不經，率皆如此。江陽縣前一地祇小廟，用之貧賤時，常與妻止其舍，凡所動静，禱而後行。得志後，謂爲冥助，遂修崇之。迴廊曲室，妝樓寢殿，百有餘間，土木工師，盡江南之選。每軍旅大事，則以少牢祀之。用之、守一皆云神遇，駢凡有密請，即遣二人致意焉。中和元年，用之以神仙好樓居，請於公廨邸北跨河爲迎仙樓。其斤斧之聲晝夜不絶，費數萬緡，半歲方就。自成至敗，竟不一遊，扃鐍儼然，以至灰燼。是冬，又起延和閣於大廳之西，凡七間，高八丈，皆飾以珠玉，綺窗繡户，殆非人工。每旦，焚名香，列異寶，以祈王母之降。及師鐸亂，人有登之者，於藻井垂蓮之上見二十八字云：「延和高閣上干雲，小語猶疑太乙聞。燒盡降真無一事，開門迎得畢將軍。」此近詩妖也。用之公然云與上仙來往。每對駢，或叱咄風雨，顧揖空中，謂見羣仙來往過於外，駢隨而拜之。用之指畫紛紜，略無愧色。左右稍有異論，則死不旋踵矣。見者莫測其由，但搏膺不敢出口。用之忽云：「后土夫人靈仇遣使就某借兵馬，並李筌所撰《太白陰經》。」駢遽下兩縣，率百姓葦席數千領，畫作甲兵之狀，遣用之於廟庭燒之。又以五彩箋寫《太白陰經》十道，置於神座之側。又於夫人帳中塑一緑衣年少，謂之韋郎。廟成，有人於西廡棟上題一長句，詩曰：「四海干戈尚未寧，謾勞淮海寫儀刑。九天玄女猶無信，后土夫人豈有靈。一帶好雲侵鬢緑，兩行嵬岫拂眉清。韋郎年少耽閒事，案上休誇《太白經》。」好事者競相傳誦。是歲，詔於廣陵立駢生祠，并刻石頌。差州人採碑石於宣城，及至楊子院，用之一夜遣人密以健牯五十牽至州南，甃垣架濠，移入城内。及明，栅緝如故。因令楊子縣申府：「昨夜碑石不知所在。」遂懸購之。至晚云：「被神人移置街市。」駢大驚，乃於其傍立一大木柱，上以金書云：「不因人力，自然而至。」即令兩都出兵仗鼓樂，迎入碧筠亭。至三橋擁鬧之處，故埋石以礙之，僞云人牛拽不動。駢乃朱篆數字，帖於碑上，須臾去石乃行。觀者互相謂曰：「碑動也。」識者惡之。明日，楊子有一村嫗詣知府判官陳牒，云：「夜來里胥借耕牛牽碑，誤損其足。」遠近聞之，莫不絶倒。比至失守，師鐸之衆竟至壞墉而進。常與丞相鄭公不叶，用之知之，忽曰：「適得上仙書，宰執之間，有陰圖令公者，使一俠士來，夜當至。」駢驚悸不已，問計於用之，曰：「張先生少年時，嘗學斯術於深井里聶夫人，近日不知更爲之否。若有，但請此人當之，無不虀粉若。」駢立召守一語之，對曰：「老夫久不爲此戲，手足生疏，然爲令公，有何不可？」及期，衣婦人衣，匿於别室。守一寢於駢卧内，至夜分，擲一銅鐵於階砌之上，鏗然有聲，遂出皮囊中彘血，灑於庭户簷宇間，如格鬭之狀。明日，駢泣謝守一曰：「蒙先公再生之恩，真枯骨重肉矣。」乃躬輦金玉及通天犀帶以酬其勞。江陽縣尉薛，失其名，亦用之黨也，忽一日告駢曰：「夜來因巡警，至后土廟前，見無限陰兵，其中一人云：『爲我告高王，夫人使我將兵數百萬於此界遊奕，幸王無慮他寇之侵軼也。』言畢而没。」羣妖聞之大喜悦，競以金帛遺之。未久，奏薛六合縣令。用之又以木刻一大人足，長三尺五寸，時久雨初霽，夜印於后土廟殿後柏林中及江陽縣前，其跡如較力之狀。明日，用之謂駢曰：「夜來有神人鬬於夫人廟中，用之夜遣陰兵逐之，已過江矣。不爾，廣陵幾爲洪濤。」駢駭然，遂以黄金二十斤以餉用之。後駢有所愛馬死，圉人懼得罪，求救於用之。用之乃又見駢曰：「隋將陳杲仁，用之有事命至淮東，杲仁訴以無馬，令公大烏，駢良馬名。且望一借。」頃刻，厩吏報云：「大烏黑汗發。」駢徐應之曰：「吾已借大司徒矣。」俄而告斃。初，蕭勝納財於用之，求知鹽城監，駢以當任者有績，與奪之間，頗有難色。用之曰：「用勝爲鹽城者，不爲勝也。昨得上仙書云：『有一寶劍在鹽城井中，須用靈官取之。』以勝上仙左右人，欲遣去耳。」駢俛仰許之。勝至監數月，遂匣一銅匕首獻于駢，用之稽首曰：「此北帝所佩者也，得之則百里之内五兵不敢犯。」駢甚異之，遂飾以寶玉，常置座隅。時廣陵久雨，用之謂駢曰：「此地當有火災，郭邑之間，悉合灰燼。近日遣金山下毒龍以少雨濡之。自此雖無大段燒爇，亦未免小小驚動也。」於是用之每夜密遣人縱火，荒祠壞宇，無復存者。駢當授道家秘法，用之、守一無增焉，因刻一青石，如手板狀，隱起龍蛇，近成文字「玉皇授白雲先生高駢」，潛使左右置安道院香几上。駢見之，不勝驚喜。用之曰：「玉皇以令公焚修功著，特有是命，計其鸞鶴，不久當降。某等此際謫限已滿，便應得陪幢節，同歸真境也。他日瑶池席上，亦是人間一故事。」言畢，歡笑不已，遂相與登延和閣，命酒殽，極歡而罷。後於道院庭中刻木爲鶴，大如小駟，鞲轡中設機捩，人或逼之，奮然飛動。駢嘗羽服跨之，仰視空闊，有飄然之思矣。自是嚴齋醮，飛煉金丹，費耗資財，動逾萬計，日居月諸，竟無其驗。《妖亂志》（《廣記》二九〇）。

# 諸葛殷

1 高駢嬖吏諸葛殷，妖人呂用之之黨也。初自鄱陽將詣廣陵，用之先謂駢曰：「玉皇以令公久爲人臣，機務稍曠，獲譴於時君，輒遣左右一尊神爲令公道中羽翼。不久當降，令公善遇。欲其不去，亦可以人間優職縻之。」明日，殷果來，遂巾褐見駢於碧筠亭。妖形鬼態，辨詐蜂起，謂可以坐召神仙，立變寒暑。駢莫測也，俾神靈遇之，謂之諸葛將軍也。每從容酒席間，聽其鬼怪之説，則盡日忘倦。自是累遷鹽鐵劇職，聚財數十萬緡。其凶邪陰妖，用之蔑如也。有大賈周師儒者，其居處花木樓榭之奇，爲廣陵甲第，殷欲之而師儒拒焉。一日，殷謂駢曰：「府城之内，當有妖起，使其得志，非水旱兵戈之匹也。」駢曰：「爲之奈何？」殷曰：「當就其下建齋壇，請靈官鎮之。」殷即指師儒之第爲處，駢命軍候驅出其家。是日雨雪驟降，泥淖方盛，執事者鞭韃迫蹙，師儒攜挈老幼，匍匐道路，觀者莫不愕然。殷遷其族而家焉。殷足先患風疽，至是而甚，每一躁癢，命一青衣交手爬搔，血流方止。駢性嚴潔，甥姪輩皆不得侍坐，唯與殷欵曲，未嘗不廢寢忘飡，或促膝密坐，同杯共器。遇其風疽忽發，即恣意搔捫，指爪之間，膿血沾染，駢與之飲啗，曾無難色。左右或以爲言，駢曰：「神仙多以此試人，汝輩莫介意也。」駢前有一犬子，每聞殷腥穢之氣，則來近之。駢怪其馴狎，殷笑曰：「某常在大羅宫玉皇前見之，别來數百年，猶復相識。」其虚誕率多如此。高虞常謂人曰：「争知不是吾滅族冤家？」殷性躁虐，知楊州院來兩月，官吏數百人，鞭背殆半。光啓二年，僞朝授殷兼御史中丞，加金紫。及城陷，竄至灣頭，爲邏者所擒，腰下獲黄金數斤，通天犀帶兩條。既縛入城，百姓聚觀，交唾其面，焬撮其鬢髮，頃刻都盡。獄具，刑於下馬橋南，杖至百餘，絞而未絕。會師鐸母自子城歸家，經過法所，遂扶起避之。復蘇於橋下，執朴者尋以巨木踣之。騶殿過，決罰如初。始殷之遇也，驕暴之名尋布於遠近，其族人競以謙損戒殷。殷曰：「男子患於不得遂志，既得之，當須富貴自處。人生寧有兩遍死者？」至是果再行法。及棄屍道左，爲仇人剜其目，斷其舌，兒童輩以瓦礫投之，須臾成峯。《妖亂志》（《廣記》二九〇）。

## 張守一

1 張守一者，滄景田里人也。少怠惰，不事生計，自言能易五金，以溺好利者。其後貧弊，不能自存，乃負一柳筬，鬻粉黛以貿衣食，流轉江淮間。呂用之以妖妄見遇，遂來廣陵，客於蕭勝門下。久不得志，將捨勝去，用之聞之，止之曰：「男子以心誠期物，何患無知己？倘能與用之同，即富貴之事當共圖之。」由是爲用之所薦。高駢見其鄙朴，常以真仙待之。及得志，雖僭侈不及用之，貪冒之心特甚。二都建，爲左鏌鎁軍使，累轉檢校左僕射。其禮敬次於用之。每話道對酌，自旦及暮，不能自捨。誑惑之計，與用之常相表裏，以致數年其事不洩。光啓二年，僞朝授守一德州刺史。明年，渤海以閩川奏守一，事未受而敗。及從楊行密入城，又請爲諸將合太還丹。藥未就，會有康知柔者，本鄭昌圖家吏，昌圖判户部，以知柔爲發運使，院胥伍諷嘗得罪於知柔，鞭之，楊行密入城，諷遂發知柔贓罪二十餘事。至是諷及知柔俱繫於軍侯獄。知柔素與守一善，曰：「願入財以贖罪。」守一即白於楊公。公以守一、知柔洎諷事跡皆不可原，遂命就獄殺之。《妖亂志》（《廣記》二八九）。

## 吴堯卿

1　唐吴堯卿家于廣陵，初傭保於逆旅。善書計，因之出入府庭，遂聞於搢紳間。始爲鹽鐵小吏，性敏辯，於事之利病，皆心記能調，悦人耳目。故丞相李蔚以其能，自首任之。高駢因署堯卿知泗州院，兼利國監，尋奏爲刺史。制命未行，會軍變，復歸廣陵。頃之，知浙西院，數月而罷。又知揚州院，兼摧糴使。僞朝授堯卿御史大夫。堯卿託附權勢，不問貴賤，苟有歧路，縱廝養輩，必歛衽以金玉餌之；微以失勢，雖素約爲之死交，則相對終日，不復與言，趨利背義如此。權貴無不以賄賂交結之。故不離淮泗，僭竊朱紫，塵污官省。三數年間，盜用鹽鐵錢六十萬緡。時王棨知兩使句務，下堯卿獄，將窮其事，爲諸葛殷所保持獲全。及城陷，軍人識是堯卿者，咸請啗之，畢師鐸不許，夜令堯卿以他服而遁。至楚州遇變，爲仇人所殺，棄屍衢中。其妻以紙絮葦棺歛之，未及就壙，好事者題其上云：「信物一角，附至阿鼻地獄。請去斜封，送上閻羅王。」時人以爲笑端。《妖亂志》（《廣記》二五二）。

2　楊子留後吴堯卿，家有傭賃者，役之既久，一日，持一大桃核，可容數升，以獻堯卿。堯卿知其異，稍磨之取食，食盡，頗覺輕健。堯卿爲吏，貪猥殘虐。畢師鐸之難，投所居後閣井中死，師鐸求得類堯卿者殺之。後有得其故居者，竊知其屍在井中，取而得之，舉體皆腐壞，而藏府有成金者。《稽神録》（《廣記》四一〇）。

# 唐人軼事彙編卷二十八

## 羅隱

1 羅秀才隱傲睨於人，體物諷刺。初，赴舉之日，於鍾陵筵上，與娼妓雲英同席。一紀後，下第又經鍾陵，復與雲英相見。雲英撫掌曰：「羅秀才猶未脱白矣。」隱雖內恥，尋亦嘲之：「鍾陵醉別十餘春，重見雲英掌上身。我未成名君未嫁，可能俱是不如人？」隱常獻卷於鄭相公畋。鄭女妙於篇什，每讀隱詩，至「張華謾出如丹語，不及劉侯一紙書」，未嘗不於父前三復，似慕其才。相國或一日因隱到宅，遂留從容，命女下簾窺之。女見隱爲人迂差，永不復吟隱詩矣。隱又與顧雲先輩謁淮南高相公駢，顧爲人風雅，時渤海公辟留，隱遂辭歸錢塘。高與賓幕小酌䝉隱於海風亭。是時盛暑，有青蠅入座，渤海公命扇驅之，顧謔隱曰：「青蠅被扇扇離座。」隱立酬之曰：「白澤遭釘釘在門。」議者以才調相譏，兩俱全美。隱度高公欲繼淮王求仙，所爲妖亂，潛題后土廟刺之，連夕挂帆而邁。巫者告公，公既悔且怒，急棹追之，已出境矣。詩曰：「四海干戈尚未寧，又於汾水建儀形。九天玄女猶無聖，后土夫人豈有靈。一帶野雲侵鬢緑，兩條宮柳入眉青。韋郎年少知何事，端坐唯看《太白經》。」高後失政，因呂用之等幻惑，爲畢師鐸所害，隱自錢塘著《妖亂誌》以非之，故有《題延和閣》云：「延和高閣勢凌雲，輕語猶疑太一聞。燒盡降香無一事，開門迎得畢將軍。」昔僖宗在蜀日，隱吟詩數首以刺諸侯，及鑾輅還京，爲朝貴所嫉，竟不成名。後錢尚父鏐爲詩酒之侶，繼遇中原喪亂，無復所聞。《駕在蜀》詩曰：「白丁攘臂犯長安，翠輦蒼惶路屈盤。丹鳳有情雲外遠，玉龍無跡渡頭寒。静思貴族謀身易，危惜文皇創業難。不將不侯何計是，釣魚船上淚闌干。」又《寄詠漫天嶺》云：「南去休誇蜀道難，此中危峻已多端。到頭不會蒼蒼意，争得禁佗兩度漫。」《駕還京》詩曰：「馬嵬楊柳尚依依，又見鑾輿幸蜀歸。泉下阿蠻應有語，這迴休更説楊妃。」隱以諷刺頗深，連年不第，舉子劉贊贈之詩曰：「人皆言子屈，我獨謂君非。明主既難謁，青山何不歸。年虛侵雪鬢，塵杜污麻衣。自古逃名者，至今名豈微。」隱覩之，因起式微之思，遂有《歸五湖》詩曰：「江東日暖花又開，江東行客思悠哉。高陽酒徒半凋落，終南山色空崔嵬。聖代也知無棄物，侯門未必用非才。一船明月一竿竹，家住五湖歸去來。」《鑒誡録》八。《詩話總龜》前集二六、三七。《唐詩紀事》六九。《唐才子傳》九。

2　羅隱、鄴、虬共在場屋，謂之三羅。《南部新書》己。《唐詩紀事》六九。

3　唐羅給事隱、顧博士雲俱受知於相國令狐公。顧雖鹺商之子，而風韻詳整。羅亦錢塘人，鄉音乖刺。相國子弟每有宴會，顧獨與之，丰韻談諧，莫辨其寒素之士也。顧文賦爲時所稱，而切於成名，嘗有啓事陳於所知，只望丙科盡處，竟列名於尾株之前也。令狐召學士話於梁震先輩。愚於梁公處聞之。羅既頻不得意，未免怨望，竟爲貴子弟所排，契闊東歸。黃寇事平，朝賢議欲召之，韋貽範沮之曰：「某曾與之同舟而載，雖未相識，舟人告云：『此有朝官。』羅曰：『是何朝官？我脚夾筆，亦可以敵得數輩。』必若登科通籍，吾徒爲秕穅也。」由是不果召。《北夢瑣言》六。又《廣記》一八四引。《唐語林》七。

4 令狐滈，趙公綯之子，登進士，隱以詩賀之。趙公謂滈曰：「吾不喜汝及第，喜汝得羅公一篇耳。」《唐詩紀事》六九。《十國春秋》八四。

5 見令狐綯11。

6 鄭畋少女好羅隱詩，常欲妻之。一日隱謁畋，畋命其女隔簾視之。及退，其女終身不讀江東篇什。舉子或以此謔之，答曰：「以貌取人，失之子羽。」衆皆啓齒。《南部新書》丁。

7 裴筠婚蕭楚公女，言定未幾，便擢進士。羅隱以一絶刺之，略曰：「細看月輪還有意，信知青桂近嫦娥。」《唐摭言》九。又《廣記》二五六引。《詩話總龜》前集三八。《唐語林》七。

8 羅隱謝裴廷翰詩卷云：「澤國佳人，唯妝半面；謍丘辨士，或獻空籠。」《唐摭言》一二。

9 曹唐、羅隱同時，才情不殊。羅曰：「唐有鬼詩。」或曰：「何也？」曰：「水底有天春寂寂，人間無路月茫茫。」唐曰：「羅有女子障詩。」或曰：「何也？」曰：「若教解語應傾國，任是無情也動人。」此蓋羅《牡丹》詩也。盧瓌《抒情》(《詩話總龜》前集三九、六)。《五代史補》一。《唐詩紀事》五八。

10 唐羅隱與周繇分深，謂隱曰：「閣下有女障子詩極好，乃爲絶唱。」隱不喻何爲也。曰：「若教解語應傾國，任是無情也動人。」是隱題花詩。隱撫掌大笑。《抒情詩》(《廣記》二五二)。

11 羅隱在科場恃才傲物，尤爲公卿所惡，故六舉不第。時長安有羅尊師者，深於相術，隱以貌陋，恐爲相術所棄，每於尊師接談，常自大以沮之，及其累遭黜落，不得已，始往問焉。尊師笑曰：「貧道知之久矣，但以吾子決在一第，未可與語。今日之事，貧道敢有所隱乎？且吾子之於一第也，貧道觀之，雖首冠羣英，亦不過簿尉爾。若能罷舉，東歸霸國以求用，則必富且貴矣。兩途，吾子宜自擇之。」隱懵然不知所措者數日。鄰居有賣飯媼，見隱，驚曰：「何辭色之沮喪如此，莫有不決之事否？」隱謂知之，因盡以尊師之言告之。媼歎曰：「秀才何自迷甚焉？且天下皆知羅隱，何須一第然後爲得哉？不如急取富貴，則老婆之願也。」隱聞之釋然，遂歸錢塘。時錢鏐方得兩浙，置之幕府，使典軍中書檄，其後官給事中。初，隱罷上中書之日，費窘，因抵魏謁鄴王羅紹威。將入其境，先貽書叙其家世，鄴王爲姪。幕府僚吏見其書皆怒曰：「羅隱一布衣爾，而姪視大王，其可乎？」紹威素重士，且曰：「羅隱名振天下，王公大夫多爲所薄，今惠然肯顧，其何以勝！得在姪行，爲幸多矣，敢不致恭，諸公慎勿言。」於是擁旆郊迎，一見即拜，隱亦不讓。及將行，紹威贈以百萬，他物稱是，仍致書於鏐，謂叔父。鏐首用之。《五代史補》一。《十國春秋》八四。

12、13　見羅紹威4、5。

14　鄴都羅紹威學隱爲詩，自號其文爲《偷江東集》。青州王師範遣使齎禮幣，求一篇，隱以詩寄之曰：「盛業傳家有寶刀，況聞餘力更揮毫。腰間印綬黄金貴，卷内文章白雪高。宴罷佳賓吟鳳藻，獵回諸將問龍韜。登壇甲子纔三十，猶擬回頭奪錦標。」王得詩大喜。昭宗欲以甲科處之，有大臣奏曰：「隱雖有才，然多輕易，明皇聖德，猶横遭譏謗，將相臣僚，豈能免乎凌轢？」帝問譏謗之詞，對曰：「隱有《華清》詩曰：『樓殿層層佳氣多，開元時節好笙歌。也知道德勝堯舜，争奈楊妃解笑何！』」其事遂寢。《唐詩

15 羅隱字昭諫，新登縣人也。祖知微，福唐縣令。父脩古，應《開元禮》。隱本名横，凡十上不中第，遂更名。初，從事湖南，歷淮、潤，皆不得意，乃歸新登。及來謁王，懼不見納，遂以所爲《夏口》詩標于卷末，云「一個禰衡容不得，思量黄祖謾英雄」之句。王覽之大笑，因加殊遇，復命簡書辟之曰：「仲宣遠託婁荆州，都緣亂世；夫子辟爲魯司寇，只爲故鄉。」隱曰：「是不可去矣。」簡辭，孔目官章魯風之詞也。王初授鎮海節度，時命沈崧草謝表，盛言浙西繁富，成以示隱，隱曰：「今浙西兵火之餘，日不暇給，朝廷執政方切于賄賂，此表入，執政豈無意于要求邪？」乃請更之。其略曰：「天寒而麋鹿常遊，日暮而牛羊不下。」朝廷見之曰：「此羅隱詞也。」及爲賀昭宗更名表曰：「上則虞舜之全文，右則姬昌之半字。」當時京師稱爲第一。隱性不喜軍旅，唯與丞相杜建徽善。王初城西府，命賓僚巡覽，顧謂上右曰：「百步一敵樓，足以言金湯之固。」隱徐曰：「敵樓不若内向。」及徐、許之亂，人皆以爲先見。一日，隱寢疾，王親臨撫問，因題其壁云：「黄河信有澄清日，後代應難繼此才。」隱起而續末句云：「門外旌旗屯虎豹，壁間章句動風雷。」隱由是以紅紗罩覆其上。其後果無文嗣。隱累官錢唐縣令，尋授鎮海軍掌書記、節度判官、鹽鐵發運使副，授著作上郎、司勳郎中，歷遷諫議大夫、給事中，賜金紫。卒年七十七歲。所著《江南甲乙集》、《淮海寓言》及《讒書》、《後集》並行于世。初，新登鼉江常有二氣亘於江上，晝夜不滅，及隱泊丞相杜建徽生，而二氣不復見，識者以爲文武秀氣焉。《吴越備史》一。《唐才子傳》九。《十國春秋》八四。

16 羅隱乾符中舉進士十上不第，黄巢亂，歸依錢鏐。及朱温篡，詔至，痛哭勸鏐舉義，鏐不能從。温聞其名，以諫議大夫招之，不就，事鏐終於著作佐郎。《鶴林玉露》乙編六。

17 初，節度判官羅隱勸王舉兵討梁，曰：「縱無成功，猶可退保杭越，自爲東帝，奈何交臂事賊？」王以隱不遇于唐，有怨心，其言雖不能用，心甚義之。王不行。《吴越備史》一。《十國春秋》八四。

18 浙帥錢鏐時，宣州叛卒五千餘人送款，錢氏納之，以爲腹心。時羅隱在其幕下，屢諫，以謂敵國之人，不可輕信，浙帥不聽。杭州新治城堞，樓櫓甚盛，浙帥攜寮客觀之。隱指卻敵，佯不曉曰：「設此何用？」浙帥曰：「君豈不知欲備敵邪？」隱謬曰：「審如是，何不向裏設之？」浙帥大笑曰：「本欲拒敵，設於内何用？」對曰：「以隱所見，正當設於内耳。」蓋指宣卒將爲敵也。後浙帥巡衣錦城，武勇指揮使徐綰、許再思挾宣卒爲亂，火青山鎮，入攻中城，賴城中有備，綰等尋敗，幾於覆國。《夢溪筆談》一三。

19 錢氏之有國也，應西湖之捕魚者必日納數斤，謂之使宅魚。有終日不及其數者，必市爲供之。民頗怨嘆。一日，武肅大設一圖，上畫磻溪直鉤之事，武肅指示，命羅隱賦詩，應聲曰：「呂望當年展廟謨，直鉤釣國更誰如。若教生在西湖上，也是須供使宅魚。」武肅大笑，自是盡得蠲免。《閒談録》（張本《説郛》一四、陶本《説郛》三二）。《十國春秋》八四。

20 見錢鏐19。

21 羅隱與桐廬章魯風齊名。錢武肅崛起，以魯風善筆札，召爲表奏孔目官，魯風不就，執之。後以羅隱爲錢唐令，懼而受命。因宴獻詩云：「一箇禰衡容不得，思量黄祖謾英雄。」自是始厚之。《古今詩話》（《詩話總龜》前集三七）。《唐詩紀事》六九。

22 見章魯封1。

23 羅隱，光化中猶佐兩浙幕。同院沈嵩得新榜，封示隱，隱批一絶於紙尾曰：「黄土原邊狡兔肥，矢如流電馬如飛。灞陵老將無功業，猶憶當時夜獵歸。」《唐摭言》一〇。《古今詩話》(《詩話總龜》前集三八)。《唐詩紀事》六九。

24 羅隱，梁開平中累徵夕郎不起，羅衮以小天倅大秋姚公使兩浙，衮以詩贈隱曰：「平日時風好涕流，《讒書》雖盛一名休。寰區嘆屈瞻天問，夷貊聞詩過海求。向夕便思青瑣拜，近年尋伴赤松遊。何當世祖從人望，早以公台命卓侯。」隱答曰：「崑崙水色九般流，飲即神仙憩即休。敢恨守株曾失意，始知緣木更難求。鴒原謾欲均餘力，鶴髮那堪問舊遊。遥望北辰當上國，羡君歸棹五諸侯。」《唐摭言》一〇。

25 烈祖爲政事僕射時，遣人聘越，問：「識羅給事否？」曰：「不識，亦未聞名。」越人曰：「四海知有羅江東，爾獨拙於用乎？」對曰：「金牓上無名，所以不知也。」《江南餘載》上。《唐詩紀事》六九。

26 見王維15。

27 隱雖不以書顯名，作行書尤有唐人典刑。觀其《羅城記藁》諸帖，略無季世衰弱之習，蓋自胸中所養，不爲世俗淺陋所移爾。今御府所藏行書四。《宣和書譜》一一。

28 羅隱喜筆工莨鳳，語之曰：「筆，文章貨也。吾以一物助子取高價。」即贈雁頭牋百幅。士夫聞之，懷金同價，或以綵羅大組换之。《龍鬚志》(《雲仙雜記》三)。《唐才子傳》九。

29 羅隱帽輕巧簡便省朴，人竊倣學，相傳爲减様方平帽。《清異録》下。

30 羅隱爲錢塘令，嘗手植海棠一本於舊治庭前。王禹偁有詩賦之。《古今合璧事類備要》別集二九。

31　吴珙、吴頊、吴崧、皮光業、林昇、羅隱、何蕭、韓必居於吴興長城之八座山，時號八友。《天中記》二〇。

32　閭丘方遠，其先齊人嬰之後也。父閏，不仕，以文學節行稱。方遠幼辨慧，學于廬州道士陳玄悟，尋傳法籙於天台玉霄宫葉藏質。方遠雅好儒學，每披卷得之趨，必曰：「葛稚川、陶隱居俱吾之師友也。」銓《太平經》爲十三篇。景福庚戌歲，始居餘杭大滌洞。初入謁王，談莊老之義，逡巡而罷。退而歎曰：「彼英雄也，是不宜與談玄虚之道者。」翌日入謁，遂陳《春秋》，因延之盡日。由是王厚加禮遇，重建天柱宫，俾以居之。王奏請賜紫，又勅賜號玄同先生。一日，王于城南樓命方遠圖形，前一夕，王夢方遠駕鶴至，由是王益奇之。江東羅隱每就方遠授子書，方遠必瞑目而授，餘無他論。門人夏隱言謂方遠曰：「羅記室，令公上客，先生何不與之語？」方遠曰：「隱才高性下，吾非授書，不欲及他事。」而隱亦盡師事之禮。《吴越備史》一。《十國春秋》八九。

33　謝皋父嘗至新城，聞故老言：羅隱給事塚在縣界徐邨之水塢，塚碣猶存，梁開平四年沈崧志。《研北雜志》下。

## 皮日休

1　咸通中，進士皮日休進書兩通。其一請以《孟子》爲學科，其略云：「臣聞聖人之道，不過乎經；經之降者，不過乎史；史之降者，不過乎子；子不異道者，孟子也。舍是而諸子者，必斥乎經史，爲聖人之賊也云云。」文多不載。請廢《莊》、《列》之書，以《孟子》爲主，有能通其義者，其科選請同明經也。其二請以韓文公愈配饗太學，其略曰：「臣聞聖人之道，不過乎求用。用於生前，則一時可知也。用於死後，則萬世可知也云云。」又云：「孟子、荀卿翼輔孔道，以至於文中子。文中子之道曠矣，其幾於室授者，唯韓愈焉。蹴及楊、墨，蹂踐釋、老，故得孔道炳然如日星焉。吾唐以來，一人而已。苟不得在二十一賢之數列，則典禮未爲備也。」日休先字逸少，後字襲美，襄陽竟陵人也。業文，隱鹿門山，號醉吟先生，竊比大聖。榜未及第，禮部侍郎鄭愚以其貌不揚，戲之曰：「子之才學甚富，如一日何？」休對曰：「侍郎不可以一日廢二日。」謂不以人廢言也。舉子咸推伏之。官至國子博士。寓蘇州，與陸龜蒙爲文友。著《文藪》十卷、《皮子》三卷，人多傳之。黄寇中遇害。其子爲錢尚父吴越相。《北夢瑣言》二。又《廣記》四九九引。《唐語林》二。

2 皮日休，南海鄭愚門生。春闈内嘗宴於曲江，醉寢於别榻，衣囊書笥，羅列旁側，率皆新飾。同年崔昭符，鐐之子，因蔑視之，亦醉，更衣。見日休，謂其素所熟狎者，即固問，且欲戲之。日休童僕劇前呼之，昭符知日休也，曰：「勿呼之，渠方宗會矣。」以其橐笥皆皮。時人傳之，以爲口實。《玉泉子》。又《廣記》二六五引。《唐語林》七。

3 東都留守劉允章，文學之宗，氣頗高介，後進循常之士，罕有敢及門者。咸通中，自禮部侍郎授鄂州觀察使。明年皮日休登第，將歸覲於蘇臺，路由江夏，因投刺焉。劉待之甚厚，至於饔餼有加等，留連累日，仍致宴於黄鶴樓以命之。監軍使與參佐悉集，後日休方赴召，已酒酣矣。既登樓，劉以其末至，復乘酒應命，心薄之。及酒數行，而日休吐論紛擾，頓亡禮敬，劉作色謂曰：「吴兒勿恃蕞爾之才，且可主席。」日休答曰：「大夫豈南岳諸劉乎，何倨貴如是？」劉大怒，戟手遥指而訴曰：「皮日休，知鸚鵡洲是禰衡死處無？」日休不敢答，但嵬峨如醉，掌客者扶出。翌日微服而遁于浙左。《三水小牘》（《廣記》二六五）。

4 日休嘗遊江湖間。時劉允章鎮江夏，幕中有穆判官者，允章親也，或譖日休薄焉。允章素使酒，一旦方宴，忽怒曰：「君何以薄穆判官乎？君知身之所來否？鸚鵡洲在此，即黄祖沉禰衡之所也。」舉席爲之懼，日休雨涕而已。《玉泉子》。又《廣記》二六五引。

5 皮日休，字襲美。唐咸通十年爲郡從事，居官纔一月，陸魯望以所業見之，自此交從甚密，更迭唱和，無慮數百篇，總目之曰《松陵集》。松陵，吴江别名也。日休自有著述，號《鹿門子書》。《中吴紀聞》三。

6 黄巢令皮日休作讖詞，云：「欲知聖人姓，田八二十一；欲知聖人名，果頭三屈律。」巢大怒，蓋巢頭醜，掠鬢不盡，疑三屈律之言是其譏也。遂及禍。《南部新書》丁。《唐詩紀事》六四。《唐才子傳》八。

7 唐皮日休篤信釋典，以平等報應自然爲佛果。值廣明之亂，僞授翰林學士，被害，處之恬然。《該聞録》（《類説》一九）。　案：《老學庵筆記》一〇辨《該聞録》之説，曰：「日休未嘗陷賊爲其翰林學士被誅也。」

8 唐皮日休嘗謁歸仁紹，數往而不得見。皮既心有所慊，而動形於言，因作《詠龜》詩：「硬骨殘形知幾秋，屍骸終不是風流。頑皮死後鑽須遍，都爲平生不出頭。」時仁紹亦有諸子佾、係，與日休同在場中，隨即聞之，因伺其復至，乃於刺字皮姓之下題詩授之，曰：「八片尖裁浪作毬，火中爆了水中揉。一包閒氣如長在，惹蹋招拳卒未休。」時人以爲日休雖輕俳，而仁紹亦浮薄矣。《廣記》二五七。《大酒清話》（《類説》五五）。《唐詩紀事》六四。

9 皮日休曾謁歸融尚書，不見，因撰《夾蛇龜賦》，譏其不出頭也，而歸氏子亦撰《皮靸鞋賦》，遞相謗誚。皮生後爲湖南軍倅，亦甚傲誕，自號間氣布衣，莊布以長書責之，行於世也。《北夢瑣言》七。《唐摭言》一〇。

10 莊布訪皮日休不遇，因以書疏其短失，世頗傳其文。日休子光鄴嘗爲吴越王使江南，輒問江表何人近文最高，或對曰：「近世無聞，惟莊布贈皮日休書，家藏一本。」光鄴大慚。《江南餘載》下。

11 皮日休，歷太常博士，後從巢寇遇禍。子光業，爲吴越丞相。子文璨，任元帥判官，入京爲太僕少卿卒。子子猷，猷字仲卿，祥符八年御前進士。《南部新書》癸。

## 陸龜蒙

1 唐吴郡陸龜蒙，字魯望，舊名族也。其父賓虞，進士甲科，浙東從事侍御史，家于蘇臺。龜蒙幼精六籍，弱冠攻文。與顔蕘、皮日休、羅隱、吴融爲益友。性高潔，家貧思養親之禄，與張搏爲吴興、廬江二郡倅。著《吴興實録》四十卷、《松陵集》十卷、《笠澤叢書》五卷。丞相李公蔚、盧公攜景重之。羅給事寄陸龜蒙詩云：「龍樓李丞相，昔歲仰高文。黄閣今無主，青山竟不焚。」蓋嘗有徵聘之意。唐末以左拾遺授之，詔下之日，疾終。光化三年，贈右補闕。吴侍郎融傳貽史，右補闕韋莊撰誄文，相國陸希聲撰碑文，給事中顔蕘書，皮日休博士爲詩。皮寇死浙中。方干詩名著於吴中，陸未許之，一旦頓作詩五十首，裝爲方干新製，時輩吟賞降仰。陸謂曰：「此乃下官效方干之作也，方詩在模範中爾。」句奇意精，識者亦然之。《北夢瑣言》六。又《廣記》二三五引。《南部新書》(《詩話總龜》前集二八)。《唐語林》四。《唐詩紀事》六四。

2　陸龜蒙，字魯望，三吴人也。幼而聰悟，文學之外，尤善談笑，常體江、謝賦事，名振江左。居於姑蘇，藏書萬餘卷。詩篇清麗，與皮日休爲唱和之友；有集十卷，號曰《松陵集》。中和初，遘疾而終，顔蕘給事爲文誌其墓，吴子華奠文千餘言，略曰：大風吹海，海波淪漣，涵爲子文，無隅無邊。長松倚雪，枯枝半折，挺爲子文，直上巔絶。風下霜晴，寒鐘自聲，發爲子文，鏗鏘杳清。武陵深閒，川長晝白，間爲子文，渺茫岑寂。豕突鯨狂，其來莫當。雲沉鳥没，其去倏忽。膩若凝脂，軟於無骨。霏漠漠，澹涓涓。春融冶，秋鮮妍。觸即碎，潭下月，拭不滅，玉上煙。《唐摭言》一〇。《唐詩紀事》六四。

3　龜蒙善爲賦，絶妙。人有收得《賦林》，皆綴緝屬對，差次比擬，凡數首有題而未就，其用工如此。《談苑》（《吴郡志》二二）。

4　木蘭堂在郡治後。《嵐齋録》云：唐張摶自湖州刺史移蘇州，於堂前大植木蘭花，當盛開時，燕郡中詩客，即席賦之。陸龜蒙後至，張聯酌浮之，龜蒙徑醉，彊執筆題兩句云：「洞庭波浪渺無津，日日征帆送遠人。」頽然醉倒。摶命他客續之，皆莫詳其意。既而龜蒙稍醒，援毫卒其章曰：「幾度木蘭船上望，不知元是此花身。」遂爲一時絶唱。《吴郡志》六。　案：此詩一説爲李商隱作。參見李商隱7。

5　甫里先生陸龜蒙嗜茶荈，置小園於顧渚山下，歲入茶租，薄爲甌蟻之費，自爲《品第》一篇，繼《茶經》、《茶訣》之後。《古今事文類聚》續集一二。

6　陸龜蒙居震澤之南，巨積莊産，有鬭鴨一欄，頗極馴養。一旦有驛使過，挾彈斃其尤者。于是龜蒙諧而駭之，曰：「此鴨能人語。」復歸家，少頃，手一表本，云：「見待附蘇州上進，使者斃之何也？」使人恐，盡與橐中金，以糊其口，龜蒙始焚其章，接以酒食。使者俟其稍悦，方請其人語之由。曰：「能自呼其名。」使者憤且笑，拂袖上馬。復召之，盡還其金。曰：「吾戲之耳。」《南部新書》丁。《葆光録》二。《談苑》（《吴郡志》二九、《類説》五三）。《中吴紀聞》一。《唐詩紀事》六四。

7 陸龜蒙譚謔有味，居笠澤，有一竹禪床常用偃憩。時十月，天已寒，侍童忘施氊褥，龜蒙已坐，急起呼曰：「此節目翁須是與些衣服，不然，他寒我也寒。」《清異録》下。

8 崑山白蓮花寺，乃陸魯望捨宅之所，後有祠堂，像設皆當時物。咸淳中，盛氏子醉遊寺中，因仆其像於水，則滿腹皆魯望平生詩文親藁也。寺僧頌於郡，時太守倪普亦怒之，遂從徒坐，而更塑其像。雖可少雪天隨之辱，然無復當時之腹藁矣。《齊東野語》一五。

## 孫發

1 孫發，吴人，舉百篇科。皮日休贈以詩云：「百篇宫體喧金屋，一日官銜下玉除。」陸龜蒙亦云：「直應天授與詩情，百詠惟消一日成。」其見推當時如此。後未有繼之者。《吴郡志》二五。

## 高蟾

1 進士高蟾詩思雖清，務爲奇險，意疏理寡，實風雅之罪人。薛許州謂人曰：「倘見此公，欲贈其掌。」然而落第詩曰：「天上碧桃和露種，日邊紅杏倚雲栽。芙蓉生在秋江上，不向春風怨未開。」蓋守寒素之分，無躁競之心，公卿間許之。先是胡曾有詩曰：「翰苑何時休嫁女，文章早晚罷生兒。上林新桂年年發，不許平人折一枝。」羅隱亦多怨刺，當路子弟忌之。由是渤海策名也。《北夢瑣言》七。又《廣記》一九九引。

2 高蟾累舉不第，有詩云：「月桂數條楮白日，天門幾扇鎖明時。陽春發處無根蔕，憑仗東風次第吹。」怨而切。又《下第上王司馬侍郎》詩云：「天上碧桃和露種，日邊紅杏倚雲栽。芙蓉生在秋江上，獨向秋風怨未開。」人頗憐其意。明年李昭知舉，遂擢第。《詩史》(《詩話總龜》前集四四)。《唐才子傳》九。

## 鄭隱

1 鄭隱者，其先閩人，徙居循陽，因而耕焉。少爲律賦，辭格固尋常。咸通末，小魏公沆自闕下黜佐，于時循人稀可與言者，隱贄謁之，沆一見甚慰意，自是日與之遊。隱年少懶於事，因傲循官寮，由是犯衆怒，故責其逋租，繫之非所。沆聞大怒，以錢代隱輸官，復延之上席。未幾，沆以普恩還京，命隱偕行。隱禀性趦趄，沆之門吏家僕靡不惡之，往往呼爲乞索兒，沆待之如一。行次江陵，隱狎遊多不館宿，左右争告，沆召隱徵辯，隱以實對，沆又資以財帛，左右尤不測也。行至商顔，詔沆知貢舉。時在京骨肉聞沆攜隱，皆以書止之。沆不能捨，遂令就策試，然與諸親約止於此耳。暨榜除之夕，沆巡廊自呼隱者三四，矍然頓氣而言曰：「鄭隱，崔沆不與了，却更有何人肯與之！」一舉及第。然隱遠人，素無關外名，足不蹟先達之門，既及第而益孤。上過關譏，策蹇出京，槃桓淮浙間。中和末，鄭續鎮南海，辟爲從事，諸同舍皆以無素知，聞隱自謂有科第志，無復答。既赴辟，同舍皆不睦，續不得已，致隱於外邑。居歲餘，又不爲宰君所禮。會續欲貢士，以幕内無名人，迎隱尸之。其宰君謂隱恨且久，仇之必矣，遂於餞送筵置鴆，隱大醉，吐血而卒。《唐摭言》九。

## 章碣

1 章碣，不知何許人，或曰孝標之子。咸通末，以篇什著名。乾符中，高侍郎湘自長沙攜邵安石至京及第，碣賦「東都望幸」以刺之。復爲《焚書坑》詩曰：「竹帛煙銷帝業虚，昔年曾是祖龍居。坑灰未冷關東亂，劉項從來不讀書。」《唐摭言》一〇。

2 見邵安石1。

## 羅虬

1 唐咸通中，舉人李雲翰行《口脂賦》。又羅虬詩云：「窗前遠岫懸生碧，簾外殘霞掛熟紅。」又李罕《披雲霧見青天》詩：「顔回似青天。」皆遭主司庭責面遣。《廣記》二六一。

2 見劉允章5。

3 羅虬辭藻富贍，與宗人隱、鄴齊名。咸通、乾符中，時號三羅。廣明庚子亂後，去從鄜州李孝恭。籍中有紅兒者，善肉聲，常爲貳車屬意。會貳車聘鄰道，虬請紅兒歌而贈之繒綵。孝恭以副車所貯，不令受所貺。虬怒，拂衣而起，詰旦，手刃。絶句百篇，號比紅詩，大行於時。《唐摭言》一〇。又《廣記》二七三引、《詩話總龜》前集二九引。《唐詩紀事》六九。

4 羅虬累舉不第，務於躁進，因罷舉，依於宦官。典台州，晝錦也，常以展墓，勉謁邑宰，横笏傲然。宰曰：「某雖塵吏，不達事體，然使君豈不看松柏下人乎？」譏其無桑梓之敬，曾武人之不若也。虬有俊才，嘗見雕陰官妓《比紅兒詩》，他無聞也。《北夢瑣言》一三。

5 羅虬撰花九錫：一、重頂幄障風；二、新詩詠；三、甘泉浸；四、美醑賞；五、雕文臺座安置；六、書畫寫；七、艷曲翻；八、金錯刀剪折；九、玉缸貯。《延漏録》（陶本《説郛》三二）。

## 李山甫

1 見張孜1。

2 咸通中，數舉進士，被黜，依魏博樂彦禎幕府。因樂禍，且怨中朝大臣，導彦禎子從訓伏兵殺王鐸，劫其家。嘗有詩云：「勸君莫用誇頭角，夢裏輸贏總未真。」譏執政也。巢寇之亂，翰林待詔王遨者，北遊在鄴，山甫遇於道觀，謂曰：「幽蘭緑水，可得聞乎？」遨應命奏之。曲終潸然曰：「憶在咸通，玉亭秋夜，供奉至尊，不意流離至此也。」山甫賦詩曰：「幽蘭緑水耿清音，歎惜先生枉用心。世上幾時曾好古？人前何必獨霑襟。」句未成，山甫亦自黯然，悲其不遇也。《唐詩紀事》七〇。《南部新書》丁。《詩話總龜》前集四四。《全唐詩録》（《五代詩話》二）。參看王敬傲1。

3 李山甫美姿容，髮長五尺餘，凡沐後，令二婢捧金盤承而梳之。有客造焉，見理髮，趨出，疑其婦，山甫連呼，方悟也。《牧豎閒談》（《類説》五二）。

## 孫棨

1 王團兒，前曲自西第一家也。昨車駕反正，朝官多居此。己爲假母，有女數人。長曰小潤，字子美，少時頗籍籍者。小天崔垂休名胤，本字似之，及第時年二十。變化年溺惑之，所費甚廣。嘗題記於小潤髀上，爲山所見，名就，今字衮求，近白小求，宰臨晉。贈詩曰：「慈恩塔下親泥壁，滑膩光華玉不如。何事博陵崔四十，金陵腿上逞歐書？」垂休本第四十，後改爲四十一，即崔四十崔相也。次曰福娘，字宜之，甚明白，豐約合度，談論風雅，且有體裁。故天官崔知之侍郎嘗於筵上與詩曰：名澹，贈詩方在内庭。「怪得清風送異香，娉婷僊子曳霓裳。惟應錯認偷桃客，曼倩曾爲漢侍郎。」時爲内庭月部侍郎。次曰小福，字能之，雖乏風姿，亦甚慧黠。予在京師，與羣從少年習業，或倦悶時，同詣此處，與二福環坐，清談雅飲，尤見風態。予嘗贈宜之詩曰：「綵翠僊衣紅玉膚，輕盈年在破瓜初。霞盃醉勸劉郎飲，雲髻慵邀阿母梳。不怕寒侵緣帶寶，每憂風舉倩持裾。謾圖西子晨妝樣，西子元來未得如。」得詩甚多，頗以此詩爲稱愜，持詩於牕左紅牆請予題之，及題畢，以未滿壁，請更作一兩篇，且見戒無艷。予因題三絶句，如其自述，其一曰：「移壁回牕費幾朝，指環偷解薄蘭椒。無端鬭草輸鄰女，更被拈將玉步摇。」其二曰：「寒繡紅衣餉阿嬌，新團香獸不禁燒。東鄰起樣裙腰闊，刺蹙黄金綫幾條。」其三曰：「試共卿卿戲語麤，畫堂連遣侍兒呼。寒肌不奈金如意，白獺爲膏郎有無。」尚校數行未滿，翼日詣之，忽見自札後宜之題詩曰：「苦把文章邀勸人，吟看好箇語言新。雖然不及相如賦，也直黃金一二斤。」宜之每宴洽之際，常慘然鬱悲，如不勝任，合坐爲之改容，久而不已。靜詢之，答曰：「此蹤跡安可迷而不返耶？又何計以返？每思之，不能不悲也。」遂嗚咽久之。他日忽以紅箋授予，泣且拜，視之，詩曰：「日日悲傷未有圖，懶將心事話凡夫。非同覆水應收得，只問僊郎有意無。」余因謝之曰：「甚知幽旨，但非舉子所宜，何如？」又泣曰：「某幸未係教坊籍，君子倘有意，一二百金之費爾。」未及答，因授予筆，請和其詩。予題其箋後曰：「韶妙如何有遠圖，未能相爲信非夫。泥中蓮子雖無染，移入家園未得無。」覽之因泣，不復言，自是情意頓薄。其夏，予東之洛，或醵飲於家，酒酣，數相囑曰：「此歡不知可繼否？」因泣下。洎冬初還京，果爲豪者主之，不復可見。曲中諸子，多爲富豪輩日輸一緡於母，謂之買斷。但未免官使，不復祗接於客。至春上巳日，因與親知禊於曲水，聞鄰棚絲竹，因而視之，西座一紫衣，東座一縗麻，北座者遍通出甲反麻衣，對米盂爲糾，其南二妓，乃宜之與母也。因於棚後候其女傭以詢之，曰：「宣陽綵纈舖張言爲街使郎官置宴，張即宜之所主也。」時街使令坤爲敬瑄，二縗蓋在外艱耳。及下棚，復見女傭曰：「來日可到曲中否？」詰旦詣其里，見能之在門，因邀下馬，予辭以他事，立乘與語。能之團紅巾擲予曰：「宜之詩也。」舒而題詩曰：「久賦恩情欲託身，已將心事再三陳。泥蓮既没移栽分，今日分離莫恨人。」予覽之，悵然馳回，且不復及其門。每念是人之慧性可喜也。常語予：「本解梁人也，家與一樂工鄰，少小常依其家學針綫，誦歌詩。總角爲人所誤，聘一過客，云入京赴調選。及挈至京，置之於是，客紿而去。初是家以親情，接待甚至。累月後乃逼令學歌令，漸遣見賓客。尋爲計巡遼所嬖，韋宙相國子及衞增常侍子所娶，輸此家不啻千金矣。間者亦有兄弟相尋，便欲論奪。某量其兄力輕勢弱不可奪，無奈何謂之曰：『某亦失身矣，必恐徒爲。』因尤其家得數百金與兄，乃慟哭永訣而去。」每遇賓客話及，嗚咽久之。《北里志》。

2 劉泰娘，北曲内小家女也。彼曲素無高遠者，人不知之。亂離之春，忽於慈恩寺前見曲中諸妓同赴曲江宴，至寺側下車而行，年齒甚妙，粗有容色。時遊者甚衆，争往詰之，以居非其所，久乃低眉。及細詢之，云：「門前一樗樹子。」尋遇暮雨，諸妓分散。其暮，予有事北去，因過其門，恰遇犢車返矣，遂題其舍曰：「尋常凡木最輕樗，今日尋樗桂不如。漢高新破咸陽後，英俊奔波遂喫虛。」同遊人聞知，詰朝詣之者結駟於門矣。《北里志》。

## 歐陽澥

1 見章孝標1。

2 歐陽澥者，四門之孫也，薄有辭賦，出入場中僅二十年。善和韋中令在閤下，澥即行卷及門，凡十餘載，未嘗一面，而澥慶弔不虧。韋公雖不言，而心念其人。中和初，公隨駕至西川，命相，時澥寓居漢南，公訪知行止，以私書令襄帥劉巨容，俾澥計偕。巨容得書大喜，待以厚禮，首薦之外，資以千餘緡，復大讌於府幕。既而撰日遵路，無何，一夕心痛而卒。巨容因籍澥答書，既呈於公，公覽之憮然，因曰：「十年不見，灼然不錯！」《唐摭言》一〇。又《廣記》一五八引。《唐詩紀事》六七。

## 孫 樵

1 孫樵送茶與焦刑部，書云：「晚甘侯十五人遣侍齋閣，此徒皆請雷而摘，拜水而和，蓋建陽丹山碧水之鄉，月澗雲龕之品，慎勿賤用之。」《清異録》下。

2 孫樵爲史書曰「墨兵濆」。《海録碎事》一八。

## 蔣 凝

1 蔣凝，江東人，工於八韻，然其形不稱名。隨計途次襄陽，謁徐商相公，疑其假手，因試《峴山懷古》一篇。凝於客次賦成，尤得意。時温飛卿居幕下，大加稱譽。《唐摭言》七、五。

2 乾符中，蔣凝應宏辭，爲賦止及四韻，遂曳白而去。試官不之信，逼請所試，凝以實告。既而比之諸公，凝有得色，試官嘆息久之。頃刻之間，播於人口。或稱之曰：「白頭花鈿滿面，不若徐妃半妝。」《唐摭言》一〇。又《廣記》一八三引。

3 蔣凝侍郎亦有人物，每到朝士家，人以爲祥瑞，號水月觀音。《北夢瑣言》五。

## 程 賀

1 唐崔亞郎中典眉州，程賀以鄉役差充廳子。其弟在州（曾）〔曹〕爲小書吏。崔公見賀風味有似儒生，因詰之曰：「爾公讀書乎？」賀降階對曰：「薄涉藝文。」崔公指一物，俾其賦詠，雅有意思，處分令歸。選日裝寫所業執贄，甚稱奬之。俾稱進士，依崔之門，更無他岐。凡二十五舉及第。每入京，館於博陵之第，常感提拔之恩。亞卒之日，賀爲崔公縗服三年，人皆美之。《北夢瑣言》一一。又《廣記》一八三引。《唐詩紀事》六七。

2 程賀員外因詠君山得名，時人呼爲「程君山」。《鑒誡録》九。《唐詩紀事》六七。

## 狄歸昌

1 唐狄歸昌右丞愛與僧游，每誦前輩詩云：「因過竹院逢僧話，略得浮生半日閒。」其有服紫袈裟者，乃疏之。《北夢瑣言》一〇。

2 唐僖宗幸蜀，有詞人於馬嵬驛題詩云：「馬嵬煙柳正依依，重見鸞輿幸蜀歸。泉下阿蠻應有語，這迴休更泥楊妃。」不出名氏，人仰奇才。此即侍郎狄歸昌詩也。《抒情詩》（《廣記》二〇〇）。又《詩話總龜》前集一引。《唐詩紀事》七一。　案：《鑒誡録》八作羅隱詩。

## 李　茵

1 進士李茵，襄陽人。嘗遊苑中，見紅葉自御溝流出，上題詩云：「流水何太急，深宫盡日閒。殷勤謝紅葉，好去到人間。」茵收貯書囊。後僖宗幸蜀，茵奔竄南山民家，見一宫娥，自云宫中侍書，名雲芳子。

有才思，茵與之款接。因見紅葉，嘆曰：「此妾所題也。」同行詣蜀，具述宫中之事。及綿州，逢内官田大人識之，曰：「書家何得在此？」逼令上馬，與之前去。李甚怏悵。其夕，宿逆旅，雲芳復至。曰：「妾已重賂中官，求得從君矣。」乃與歸襄陽。數年，李茵疾瘠，有道士言其面有邪氣。雲芳子自陳：往年綿竹相遇，實已自經而死。感君之意，故相從耳。人鬼殊途，何敢貽患於君。置酒賦詩，告辭而去矣。《北夢瑣言》（《廣記》三五四）。此較《北夢瑣言》九所載詳細。案：宫女葉上題詩，又見顧況4、5。

## 高　測

1 唐高測，彭州人，聰明博識，文翰縱横。至於天文曆數，琴棋書畫，長笛胡琴，率皆精巧，乃梁朝朱異之流。嘗謁高燕公上啓事，自序其要云：「讀書萬卷，飲酒百杯。」燕公曰：「萬卷書不易徵詰，百杯酒得以奉試。」乃飲以酒，果如所言。僖皇帝幸蜀，因進所著書，除祕校。卒於威勝軍節度判官也。《北夢瑣言》五。

## 李凝古

1 李凝古，給事中損之子。沖幼聰敏絶倫，工爲燕許體文。中和中，從彭門時溥，溥令製露布進黄巢首級。凝古辭學精敏，義理該通，凡數千言，冠絶一時，天下仰風。無何，溥奏諸將各領一麾，凝古獲濡潤而不之謝，溥因兹減薄。《唐摭言》一〇。

## 張孜

1 懿宗之代，有處士張孜，本京兆人，躭酒如狂，好詩成癖，然於吟諷終昧風騷，爾來二十餘年不成卷軸。孜與李山甫友善，常爲山甫鄙之。張乃圖寫李白真儀，日夕虔禱。忽夢一人自天降下，颯曳長裾，是夕星月晃然，當庭而坐，與孜對酌，論及歌詩。孜問姓名，自云李白，孜因備得其要，白亦超然上昇。孜後所吐篇章，悉干教化，當時詩者稍稍善之。有《遇雪》云：「長安大雪天，鳥雀難相覓。其中豪貴家，搗椒泥四壁。到處生紅爐，周迴下羅冪。暖手調金絲，蘸甲斟瓊液。醉唱玉塵飛，困融香汗滴。豈知飢寒人，脚手生皴劈。」又《庚子年遇赦》云：「時清無大赦，何以安天下。直到赤眉來，始尋黄紙寫。草草蠲賦輿，忙忙點兵馬。天子自蒙塵，何曾濟孤寡？」又駕在蜀日，孜著雜言數篇，傷時頗切，其一首兩聯云：「只愛輕與肥，不憂貧與賤。著牙賣朱紫，斷錢賒舉選。」返駕還京之後，相府遣人捕之，孜乃易姓越淮而去。《鑒誡録》九。《唐詩紀事》六七。

## 秦韜玉

1 秦韜玉應進士舉，出於單素，屢爲有司所斥。京兆尹楊損奏復等列，時在選中。明日將出牓，其夕忽叩試院門，大聲曰：「大尹有帖！」試官沈光發之，曰：「聞解牓内有人曾與路巖作文書者，仰落下。」光以韜玉爲問，損判曰：「正是此。」《唐語林》七。

2 秦韜玉，京兆人，父爲左軍軍將。韜玉有詞藻，亦工長短歌，有《貴公子行》曰：「階前莎毯緑不卷，銀龜噴香挽不斷。亂花織錦柳撚綫，妝點池臺畫屏展。主人功業傳國初，六親聯絡馳朝車。鬭雞走狗家世事，抱來皆佩黄金魚。却笑書生把書卷，學得顔回忍饑面。」然慕柏者爲人，至於躁進。駕幸西蜀，爲田令孜擢用，未期歲，官至丞郎，判鹽鐵，特賜及第。《唐摭言》九。

3 秦韜玉出入大閹田令孜之門。車駕幸蜀，韜玉已拜丞郎，判鹺。及小歸公主文，韜玉准敕放及第，仍編入其年榜中。韜玉置書謝新人，呼同年，略曰：「三條燭下，雖阻文闈；數仞牆邊，幸同恩地。」《唐摭言》九。又《廣記》一八三引。《唐詩紀事》六三。

## 周　朴

1 周朴，唐末詩人，寓於閩中，於僧寺假丈室以居，不飲酒茹葷，塊然獨處。諸僧晨粥卯食，朴亦攜巾盂，廁諸僧下，畢食而退，率以爲常。郡中豪貴設供，率施僧錢，朴即巡行拱手，各丐一錢，有以三數錢與者，朴止受其一耳。得千錢，以備茶藥之費，將盡復然，僧徒亦未嘗厭也。性喜吟詩，尤尚苦澀。每遇景物，搜奇抉思，日旰忘返，苟得一聯一句，則忻然自快。嘗野逢一負薪者，忽持之，且厲聲曰：「我得之矣！我得之矣！」樵夫矍然驚駭，掣臂棄薪而走。遇游徼卒，疑樵者爲偷兒，執而訊之。朴徐往告卒曰：「適見負薪，因得句耳。」卒乃釋之。其句云：「子孫何處閒爲客，松柏被人伐作薪。」彼有一士人，以朴僻於詩句，欲戲之。一日，跨驢於路，遇朴在傍，士人乃欹帽掩頭吟朴詩云：「禹力不到處，河聲流向東。」朴聞之忿，遽隨其後，且行。士但促驢而去，略不回首。行數里追及，朴告之曰：「僕詩『河聲流向西』，何得言『流向東』？」士人頷之而已。閩中傳以爲笑。或曰「曉來山鳥鬧，雨過杏花稀」，亦朴詩也。《唐詩紀事》七一。

## 顧蒙

1 顧蒙，宛陵人，博覽經史，慕燕許刀尺，亦一時之傑。餘力深究内典，繇是屢爲浮圖碑，倣歐陽率更筆法，酷似前人。庚子亂後，萍梗江浙間。無何，有美姬爲潤帥周寶奄有，蒙不能他去，而受其豢養，由此名價減薄。甲辰淮浙荒亂，避地至廣州，人不能知，困於旅食，以至書《千字文》授於聾俗，以换斗筲之資。未幾，遘疾而終。蒙頗窮《易》象，著《大順圖》三卷。《唐摭言》一〇。

## 陳象

1 陳象，袁州新喻人也。少爲縣吏，一旦憤激爲文，有西漢風骨，著《貫子》十篇。南平王鍾傳鎮豫章，以羔雁聘之。累遷行軍司馬，御史大夫。傳薨，象復佐其子文政。爲淮師攻陷，象被擒送維揚，戮之。象頗師黄老，訖至於此，莫知所自也。《唐摭言》一〇。

## 顧　雲

1　顧雲，大順中制同羊昭業等十人修史。雲在江淮，遇高逢休諫議。時劉子長僕射清名雅譽，充塞縉紳；其弟崇望，復在中書。雲以逢休與子長舊交，將造門希致先容，逢休許之久矣。雲臨岐請書，逢休授之一函，甚草創。雲微有惑，因潛啓閱之，凡一幅，並不言雲，但曰：「羊昭業等擬將一尺三寸汗脚，踏他燒殘龍尾道。懿宗皇帝雖薄德不任，被前件人羅織，執大政者亦大悠悠。」雲吁嘆而已。《唐摭言》一二。又《廣記》二六五引。《唐詩紀事》六七。

2　黄籙擅場，星辰備位。顧雲博士爲高燕公草齋詞云：「天静則星辰可摘。」奇險之句施於至敬，可乎？《北夢瑣言》七。

3　見高駢22。

## 王敬傲

1　唐乾符之際，黄巢盜據兩京，長安士大夫避地北遊者多矣。時有前翰林待詔王敬傲，長安人，能碁善琴，風骨清峻。初自蒲坂歷於并，并帥鄭從讜以相國鎮汾晉，傲謁之，不見禮。後又之鄴，時羅紹威新立，方撫士卒，務在戰争，敬傲在鄴中數歲。時李山甫文筆雄健，名著一方，適於道觀中與敬傲相遇，又有李處士亦善撫琴，山甫謂二客曰：「《幽蘭》、《緑水》，可得聞乎？」敬傲即應命而奏之，聲清韻古，感動神爽。曲終，敬傲潸然返袂云：「憶在咸通，王庭秋夜，供奉至尊之際，不意流離於此也。」李處士亦爲《白鶴》之操。山甫援毫抒思，以詩贈曰：「《幽蘭》《緑水》耿清音，歎息先生枉用心。世上幾時曾好古，人前何必苦霑襟。」餘句未成。山甫亦自黯然，悲其未遇也。王生因别彈一曲，坐客彌加悚敬，非尋常之品調。山甫遂命酒停絃，各引滿數杯，俄而玉山俱倒。洎酒醒，山甫方從容問曰：「向來所操者何曲？他處未之有也。」王生曰：「某家習正音，奕世傳受，自由德、順以來，待詔金門之下，凡四世矣。其常所操弄，人衆共知，唯嵇中散所受伶倫之曲，人皆謂絶於洛陽東市，而不知有傳者。余得自先人，名之曰《廣陵散》也。」山甫早疑其音韻殆似神工，又見王生之説，即知古之《廣陵散》或傳於世矣，遂成四韻，載於詩集。今山甫集中只標李處士，蓋寫録之誤耳。由是李公常目待詔爲王中散也。王生後又遊常山，是時節帥王鎔年在幼齡，初秉戎鉞，方延多士，以廣令名。時有李夐郎中、莫又玄祕書、蕭珦員外、張道古，並英儒才學之士，咸自四集於文華館。故待詔之琴碁，亦見禮於賓榻，歲時供給，莫不豐厚。王或命揮絃動軫，必大加錫遺焉。在常山十數年，甚承禮遇。敬傲每戴危冠，着高屐，優遊嘯詠而已。冬月亦葛巾單衣，體無綿纊，日醺酣於市。人咸怪異之。聞昭宗返正，辭歸帝里，後不知所終。敬傲又能衣袖中翦紙爲蜂蝶，舉袂令飛，滿於四座，或入人之襟袖，以手攬之，即復於故所也。常時咸疑有神仙之術。張道古與相善，每欽其道藝，曾著《王逸人傳》，爲此也。道古名睍，博學，善古文，讀書萬卷，而不好爲詩。曾在張楚夢座上，時久旱，忽大雨，衆賓皆喜而詠之，道古最後方成絶句曰：「亢暘今已久，喜雨自雲傾。一點不斜去，極多時下成。」坐客重其文學之名，而哂其詩之拙也。《耳目記》（《廣記》二〇三）。

## 楊篆

1 楊篆員外乾符中佐永寧劉丞相淮南幕，因遊江失足墜水，待遣人歸宅取衣，久之而不至。公聞之，命以衣授篆。少頃衣至，甚華靡，問之，乃護戎所賜，時中貴李全華監揚州。公聞之無言。後除起居舍人，爲同列譖，改授駕部員外郎。由是一生坎軻。《唐摭言》九。

## 姚巖傑

1 姚巖傑，梁國公元崇之裔孫。童丱聰悟絶倫，弱冠博通墳典；慕班固、司馬遷爲文，時稱大儒。嘗以詩酒放遊江左，尤肆陵忽前達，旁若無人。乾符中，顔標典鄱陽，鞠場亭宇初構，巖傑紀其事，文成，粲然千餘言；標欲刊去一兩字，巖傑大怒。既而標以睚眦，已勒石，遂命覆碑於地，以牛車拽之，磨去其文。巖傑以一篇紀之曰：「爲報顔公識我麽？我心唯只與天和。眼前俗物關情少，醉後青山入意多；田子莫嫌彈鋏恨，甯生休唱飯牛歌，聖朝若爲蒼生計，也合公車到薜蘿！」盧子發牧歙州，巖傑在婺源，先以著述寄肇，肇知其人性使酒，以手書褒美，贈之以束帛，辭以兵火之後，郡中凋弊，無以迎逢大賢。巖傑復以長牋激之，始謂以文友相遇，千載一時。肇不得已，輟所乘馬，迎至郡齋，館穀如公卿禮。既而日肆傲睨，輕視子發。子發嘗以篇詠誇於巖傑曰：「明月照巴山。」巖傑笑曰：「明〔月〕照天下，奈何獨照巴山耶！」子發慚不得意。無何，會於江亭，時蒯希逸在席，子發改令曰：「目前取一聯象。令主曰：『遠望漁舟，不闊尺八。』」巖傑遽飲酒一器，凭欄嘔噦；須臾，即席還肇令曰：「凭欄一吐，已覺空喉。」有集二十卷，目曰《象溪子》。中和末，豫章大亂，巖傑苦河魚之疾，寓於逆旅，竟不知其所終。《唐摭言》一〇。又《廣記》二〇〇、二六六兩引之。又《詩話總龜》前集三引。《唐詩紀事》六六。

## 歸處訥

1 歸處訥者，歸侍郎融之曾孫也。多遊秦隴，言足是非，在事者無不以金帛酒食彌縫之，畏其詠也。或見人衣鮮華，即念詩曰：「昂藏騎馬出朱門，服色鮮華不可論。盡是殺人方始得，一絲絲上有冤魂。」黄巢犯京後，守亮、守信等悉爲楊軍容復恭義兒，勢奪諸侯，亦一時之威也。歸有不平之色，詠虺漢以刺之曰：「草頭灰面惡形儀，盡是軍容表裏兒。昔日水牛攀角上，而今細馬劈腰騎。錢多内藏猶嫌少，位等三公尚厭卑。更有一般堪笑處，鍍金牙齒咬銀匙。」又詠奸漢云：「輕脣利舌傍侯門，送諂承顔日日新。愛與大官添弟子，能將小藥獻夫人。秤頭不放分毫過，對面常如割骨貧。更有一般奸太嗽，聚錢唯趂買金銀。」又代村婦詠邊將曰：「紫袍金帶不須誇，動便經年鎮海涯。争似我家田舍壻，朝驅牛去暮還家。」又有石校書欽若，本東川人，文章四六，與王超齊名。天復初，應舉，值大駕東遷，蜀路不通，干戈繼起，遂客寄天水，荏苒一紀有餘。後知父亡，方乃舉慟，廣於寺院，追薦懺罪而已。歸與石遽因小隙，荼毒詠之，石氏聲名因茲減價。詩曰：「十二年來匿父喪，三年之罪遣誰當？如今追薦應無益，已被牛頭煮幾場。」《鑒誡録》一〇。

## 李曜　吴圓

1 唐尚書李曜罷歙州，與吴圓交代，有佐酒録事名媚川，聰明敏慧，李頗留意，而已納營籍妓韶光，託於替人，令存卹之。臨發洪飲，不勝離情，有詩曰：「經年理郡少歡娱，爲習干戈間飲徒。今日臨行盡交割，分明收取媚川珠。」吴答曰：「曳履優容日日歡，須言達德倍汍瀾。韶光今已輸先手，領得蠙珠掌内看。」《抒情詩》(《廣記》二五二)。《南部新書》(《詩話總龜》前集二三)。

## 皇甫枚

1 光啓中僖宗在梁州，秋九月，皇甫枚將赴調行在，與所親裴宜城者偕行。十月，自相州西抵高平縣，縣西南四十里登山越玉溪。其日行旅稍稀，煙雲晝晦，日昃風勁，惑於多歧。上一長坂，下視有茅屋數間，槿籬疏散，其中有喧語聲，乃延望之。少頃，有村婦出自西廂之北，著黄故衣，蓬頭敗屨，連呼之不顧，但俛首而復入。乃循坂東南下，得及其居，至則荆扉横葛，縈帶其上，茨棘羅生於其庭，略無人蹤，如涉一二年者矣。枚與裴生愕立久之，復登坂長望，見官道有人行，乃策蹇驢赴之。至則郵吏將往端氏縣者也，乃與俱焉。是夜宿端氏。《三水小牘》(《廣記》三五三)。

## 盧休

1 見吳融2。

## 孟棨

1 孟棨年長於小魏公。放榜日，棨出行曲謝，沆泣曰：「先輩，吾師也。」沆泣，棨亦泣。棨出入場籍三十餘年。《唐摭言》四。

## 夏侯澤

1 牙娘居曲中，亦流輩翹舉者。性輕率，惟以傷人肌膚爲事。故硤州夏侯表中澤，相國少子，離辭年自比員刺硤州不到任。及第中甲科，皆流品知聞者，宴集尤盛。而表中性疏猛，不拘言語，或因醉戲之，爲牙娘批頰，傷其面頗甚。翼日期集於師門，同年多竊視之，表中因厲聲曰：「昨日子女牙娘抓破澤顒。」同年皆駭然。裴公俛首而哂，不能舉者久之。裴公瓚，其年主司。今小天趙爲山，每因宴席，偏眷牙娘，謂之郡君。爲山内子，予從母妹也，甚明悟，爲山頗憚之。或親姻中聞爲山屬意牙娘，遂以告其内子。他日爲山自外歸，内子謂爲山曰：「今日顔色甚悦暢，定應是見郡君也。」爲山愕然久之，無言以答，亦終不敢詰其言之所來。《北里志》。

## 鄭合敬

1　鄭合敬先輩及第後，宿平康里，詩曰：「春來無處不閒行，楚潤相看别有情。好是五更殘酒醒，時時聞唤狀元聲。」楚娘字潤卿，妓之尤者。《北里志》。《唐摭言》三。　案：鄭合敬，《詩話總龜》前集三誤作鄭谷。

## 劉　覃

1　新進士尤重櫻桃宴。乾符四年，永寧劉公第二子覃及第；時公以故相鎮淮南，敕邸吏日以銀一鋌資覃醵罰，而覃所費往往數倍。邸吏以聞，公命取足而已。會時及薦新狀元，方議醵率，覃潛遣人厚以金帛預購數十碩矣。於是獨置是宴，大會公卿。時京國櫻桃初出；雖貴達未適口，而覃山積鋪席，復和以糖酪者，人享蠻榼一小盎，亦不啻數升。以至參御輩，靡不霑足。《唐摭言》三。又《廣記》四一一引。

2　乾符四年，諸先輩月燈閣打毬之會，時同年悉集。無何，爲兩軍打毬，軍將數輩，私較於是。新人排比既盛，勉强遲留，用抑其鋭。劉覃謂同年曰：「僕能爲羣公小挫彼驕，必令解去，如何？」狀元已下應聲請之。覃因跨馬執杖，躍而揖之曰：「新進士劉覃擬陪奉，可乎？」諸輩皆喜。覃馳驟擊拂，風驅電逝，彼皆瞪眎。俄策得毬子，向空礫之，莫知所在。數輩慙沮，僶俛而去。時閣下數千人因之大呼笑，久而方止。《唐摭言》三。

3　天水僊哥，字絳真，住於南曲中。善談謔，能歌令，常爲席糾，寬猛得所。其姿容亦常常，但蕴藉不惡，時賢雅尚之，因鼓其聲價耳。故右史鄭休範仁表嘗在席上贈詩曰：「嚴吹如何下太清，玉肌無奈六銖輕。雖知不是流霞酌，願聽雲和瑟一聲。」劉覃登第，年十六七，永寧相國鄴之愛子。自廣陵入舉，輜重數十車，名馬數十駟，時同年鄭賓先輩扇之，鄭賓本吳人，或薦裴讚爲東床，因與名士相接，素無操守，粗有詞學。乾符四年，裴公致其捷，與覃同年，因諂事覃，以求維揚幕，不慎廉隅，猥褻財利，又薄其中饋，竟爲時輩所棄斥。極嗜欲於長安中。天水之齒甚長於覃，但聞衆譽天水，亦不知其妍醜。所由輩潛與天水計議，每令辭以他事，重難其來。覃則連增所購，終無難色。會他日天水實有所苦，不赴召，覃殊不知信，增緡不已。所由輩又利其所乞，且不忠告，而終不至。時有户部府吏李全者户部煉子也。居其里中，能制諸妓，覃聞，立使召之，授以金花銀榼可二斤許，全貪其重賂，經入曲追天水，入兜輿中，相與至宴所。至則蓬頭垢面，涕泗交下，褰簾一覩，亟使舁回，而所費已百餘金矣。《北里志》。

## 鄭　賓

1 見劉覃3。

## 趙光遠

1 趙光遠，丞相隱弟子，幼而聰悟。咸通、乾符中，以爲氣焰温、李，因之恃才不拘小節，常將領子弟，恣遊俠斜，著《北里志》，頗述其事。《唐摭言》一〇。　案：《北里志》著者爲孫棨。

2 楊妙兒者，居前曲，從東第四五家。本亦爲名輩，後老退爲假母。居第最寬潔，賓甚翕集。長妓曰萊兒，字逢僊，貌不甚揚，齒不卑矣。但利口巧言，詼諧臻妙。陳設居止處，如好事士流之家，由是見者多惑之。進士天水光遠，故山北之子，年甚富，與萊兒殊相懸，而一見溺之，終不能捨。萊兒亦以光遠聰悟俊少，尤諂附之，又以俱善章程，愈相知愛。天水未應舉時，已相昵狎矣。及應舉，自以俊才，期於一戰而取。萊兒亦謂之萬全，是歲冬大誇於賓客，指光遠爲一鳴先輩。及光遠下第，京師小子弟自南院徑取道詣萊兒以快之。萊兒正盛飾立於門前以俟榜，小子弟輩馬上念詩以謔之曰：「盡道萊兒口可憑，一冬誇壻好聲名。適來安遠門前見，光遠何曾解一鳴。」萊兒尚未信，應聲嘲答曰：「黃口小兒口没憑，逡巡看取第三名。孝廉持水添瓶子，莫向街頭亂椀鳴。」其敏捷皆此類也。是春，萊兒毷氉久不痊於光遠。京師以宴下第者謂之打毷氉。光遠嘗以長句詩題萊兒室曰：「魚鑰獸環斜掩門，萋萋芳草憶王孫。醉憑青瑣窺韓壽，困擲金梭惱謝鯤。不夜珠光連玉匣，辟寒釵影落瑶樽。欲知明惠多情態，役盡江淹别後魂。」萊兒酬之曰：「長者車塵每到門，長卿非慕卓王孫。定知羽翼難隨鳳，却喜波濤未化鯤。嬌别翠鈿粘去袂，醉歌金雀碎殘樽。多情多病年應促，早辦名香爲返魂。」萊兒亂離前有闤闠豪家以金帛聘之，置於他所，人頗思之，不得復覩。萊兒以敏妙誘引賓客，倍於諸妓，榷利甚厚，而假母楊氏未嘗優恤。萊兒因大詬假母，拂衣而去，後假母泣訴於他賓。次妓曰永兒，字齊卿，婉約於萊兒，無他能。今相國蕭司徒遘甚眷之，在翰苑時，每知聞間爲之致宴，必約定名占之。次妓曰迎兒，既乏丰姿，又拙戲謔，多勁詞以忤賓客。次妓曰桂兒，最少，亦窘於貌，但慕萊兒之爲人，雅於逢迎。《北里志》。

## 邵安石

1 邵安石，連州人也。高湘侍郎南遷歸闕，途次連江，安石以所業投獻遇知，遂挈至輦下。湘主文，安石擢第，詩人章碣賦《東都望幸》詩刺之：「懶修珠翠上高臺，眉月連娟恨不開。縱使東巡也無益，君王自領美人來。」《唐摭言》九。《古今詩話》（《詩話總龜》前集三七）。《唐詩紀事》六一。

## 温定

1 乾符丁酉歲，關宴甲於常年。有温定者，久困場屋，坦率自恣，尤憤時之浮薄，設奇以侮之。至其日，蒙衣肩輿，金翠之飾，敻出於衆，侍婢皆稱是，徘徊於柳陰之下。俄頃，諸公自露棚移樂登鷁首，既而謂是豪貴，其中姝麗，因遣促舟而進，莫不注視於此，或肆調謔不已。羣興方酣，定乃於簾間垂足，定膝脛偉而毳。衆忽覩之，皆掩袂，亟命迴舟避之。或曰：「此必温定矣！」《唐摭言》三。又《廣記》二六五引。

## 盧嗣業

1 見孫偓3。

## 皇甫穎

1 皇甫穎早以清操著稱，乾符中及第。時四郊多壘，穎以垂堂之誡，絶意禄位，隱於鹿門别墅，尋以疾終。《唐摭言》八。

## 李廷璧

1 李廷璧乾符中試夜，於鋪内偶獲襖子半臂一對，廷璧起取衣之。同鋪賞之曰：「此得非神授！」逡巡有一人擒捉，大呼云：「捉得偷衣賊也！」《唐摭言》九。

2 李廷璧二十年應舉，方於蜀中策名。歌篇靡麗，詩韻精能。嘗爲舒州軍倅，其妻猜妬，一日鈴閣連宴，三宵不歸。妻達意云：「來必刃之。」泣告州牧，徙居佛寺，浹辰晦迹。因詠《愁》詩曰：「到來難遣去難留，着骨黏心萬事休。潘岳愁絲生鬢裏，婕妤悲色上眉頭。長途詩盡空騎馬，遠雁聲初獨倚樓。更有相思不相見，酒醒燈背月如鉤。」《抒情集》(《廣記》二七二)。《詩話總龜》前集四四作李延璧。

## 于棁

1 于棁舊名韜玉，長興相國兄子。貴主視之如己子，莫不委之家政，往往與於關節，由是衆議喧然。廣明初，崔厚侍郎榜，貴主力取鼎甲，榜除之夕，爲設庭燎，仍爲宴具，以候同年展敬。選内人美少者十餘輩，執燭跨乘列於長興西門。既而將入辨色，有朱衣吏馳報曰：「胡子郎君未及第。」胡子，棁小字。諸炬應聲擲之於地。巢寇難後，於川中及第，依棲田令孜矣。或曰，棁及第非令孜力，後依其門耳。《唐摭言》九。

2 見俞洛真1。

## 黄郁　李瑞

1 黄郁，三衢人，早遊田令孜門，擢進士第，歷正郎金紫。李瑞，曲江人，亦受知於令孜，擢進士第，又爲令孜賓佐，俱爲孔魯公所嫌。文德中，與郁俱陷刑網。《唐摭言》九。案：《唐語林》三引此，黄郁作華郁。

## 于化茂

1 唐僖宗時，于化茂頗有學問，依棲中丞蔡授門館。一日告去，作《燕離巢》詩云：「舊壘危巢泥已墮，今年因傍社前歸。連雲大廈無棲處，更向誰家門户飛？」主人見詩愴然，復留。《青瑣高議》前集五。

## 張南本

1 張南本者，不知何許人也，中和年寓止蜀城。攻畫佛像人物、龍王神鬼，有《金谷園圖》、《勘書圖》、《詩會圖》、《白居易叩齒圖》、《高麗王行香圖》。今聖壽寺中門賓頭盧變相，東廊下靈山佛會，大聖慈寺華嚴閣下東畔大悲變相，竹溪院六祖，興善院大悲菩薩、八明王、孔雀王變相，並南本筆。相傳南本於金華寺大殿畫明王八軀，纔畢，有一老僧入寺蹶仆于門下，初不知是畫，但見大殿遭火所焚。其時孫位畫水，南本畫火，代無及者。世之水火，皆無定質，唯此二公之畫，冠絶今古。僖宗駕回之後，府主陳太師於寶曆寺置水陸院，請南本畫天神地祇、三官五帝、雷公電母、岳瀆神仙、自古帝王、蜀中諸廟一百二十餘幀，千怪萬異，神鬼龍獸，魍魎魑魅，錯雜其間，時稱大手筆也。至孟蜀時被人模搨，竊换真本，鬻與荆湖人去。今所存，僞本耳。僞本淳化年遭賊搓劫，已皆散失。《益州名畫録》上。《圖畫見聞誌》二。《宣和畫譜》二。《圖繪寶鑑》二。

## 孫位

1 孫位者，東越人也。僖宗皇帝車駕在蜀，自京入蜀，號會稽山人。性情疏野，襟抱超然，雖好飲酒，未嘗沈酩。禪僧道士常與往還，豪貴相請，禮有少慢，縱贈千金，難留一筆，惟好事者時得其畫焉。光啓年，應天寺無智禪師請畫山石兩堵，龍水兩堵，寺門東畔畫東方天王及部從兩堵；昭覺寺休夢長老請畫浮漚先生松石墨竹一堵，倣潤州高座寺張僧繇《戰勝》一堵。兩寺天王部衆，人鬼相雜，矛戟鼓吹，縱横馳突，交加戛擊，欲有聲響。鷹犬之類，皆三五筆而成，弓弦斧柄之屬，並掇筆而描，如從繩而正矣。其有龍拏水洶，千狀萬態，勢欲飛動，松石墨竹，筆精墨妙，雄壯氣象，莫可記述，非天縱其能，情高格逸，其孰能與於此邪。悟達國師請於眉州福海院畫行道天王、松石龍水兩堵，並現存。不知其後有何所遇，改名遇矣。《益州名畫録》上。《宣和畫譜》二。《圖繪寶鑑》二。

2 唐僖宗皇帝翠華西幸之年，有會稽山處士孫位隨駕止蜀。位有道術，兼攻書畫，皆妙得筆精。曾於應天寺門左壁上畫天王一座，部從鬼神，奇怪斯存，筆勢狂縱，莫之與京。三十餘年無有敵者。景焕其先亦專書畫，嘗與翰林歐陽學士炯酒忘形之交，一日聯騎同遊兹寺，偶畫右壁天王以對之。渤海在旁觀其逸勢，復書歌行一篇以紀之。續有草書僧夢龜後至，又請書之於廊壁上。故書畫歌行，一日而就。傾城人看，闐咽寺中。成都之人故號爲應天三絶。《野人閒話》(《廣記》二一四)。《圖畫見聞誌》六。《賓實録》四。

## 張詢

1 張詢者，南海人也。爰自鄉薦下第，久住帝京，精於小筆。中和年隨駕到蜀，與昭覺寺休夢長老故交，遂依托焉。忽一日，長老請於本寺大慈堂後留少筆蹤，畫一堵早景，一堵午景，一堵晚景，謂之《三時山》，蓋貌吴中山水頗甚工。畫畢之日，遇僖宗駕幸兹寺，盡日歎賞。王氏朝，皇太子簡王欲要遷於東宫，爲壁泥通枋移損不全，乃寢前命。今現存。《益州名畫録》下。《圖畫見聞誌》二。《宣和畫譜》一〇。《圖繪寶鑑》二。

## 張素卿

1 道士張素卿者，簡州人也。少孤貧，性好畫。在川主譙國夏侯公孜宅，多見隋唐名畫，藝成之後，落拓無羈束，遂衣道士服。唯畫道門尊像。豪貴之家，少得其畫者。乾符中，居青城山常道觀焚修。至中和元年，僖宗皇帝遣使與賜紫道士杜光庭，封丈人山爲希夷公。癸卯歲，素卿上表云：「五嶽既已封王，丈人位居五嶽之上，不可稱公。」是歲勅宣改封五嶽丈人爲希夷真君，素卿賜紫。素卿有《老子過流沙圖》、《五嶽朝真圖》、《九皇圖》、《五星圖》、《老人星圖》、《二十四化真人像》、《太無先生像》。素卿於諸圖畫而能敏速，落錐之後，下筆如神，自始及終，更無改正。今龍興觀甚有畫壁，年深皆盡頹損。餘張百子堂板龕内門兩畔龍虎兩軀，素卿筆，現存。王蜀先主修青城山丈人觀，請素卿於丈人真君殿上畫五岳、四瀆、十二溪女、山林溪沼樹木諸神及岳瀆曹吏，詭怪之質，生於筆端，上殿觀者，無不恐懼。又於簡州開元觀畫容成子、董仲舒、嚴君平、李阿、馬自然、葛玄、長壽仙、黄初平、葛永璝、竇子明、左慈、蘇躭十二仙君像，各寫當初賣卜、賣藥、書符、導引時真。筆蹤灑落，彩畫因循，當代名流，皆推畫手。蜀檢校太傅安公思謙，好古博雅，唐時名畫，人皆獻之，黄筌、滕昌祐、石恪，皆在其門館，賓禮優厚。甲寅歲十一月十一日，值蜀主誕生之辰，安公進素卿所畫十二仙真形十二幀，蜀主躭玩欣賞者久，因命翰林學士禮部侍郎歐陽炯次第讚之，令翰林待詔黄居寶八分書題之，凡有醮奏，於玉局開懸供養。乾德三年，聖朝克復，吏部侍郎吕公餘慶鎮蜀日，求古畫圖書，並將進呈，斯畫預焉。《益州名畫録》上。《圖畫見聞誌》六。《宣和畫譜》二。《圖繪寶鑑》二。

2 西蜀道士張素卿，神仙人也。曾於青城山丈人觀繪畫五嶽四瀆真形並十二溪女數堵，筆跡遒健，精彩欲活，見之者心竦神悸，足不能進，實畫中之奇絶也。蜀主累遣祕書少監黄筌令取模様，及下山，終不相類。因生日，或有收得素卿所畫八仙真形八幅，以獻孟昶，觀古人之形相，見古人之筆妙，(歡)〔歎〕賞者久之，且曰：「非神仙之人，無以寫神仙之質也。」賜物甚厚。一日，令僞翰林學士歐陽炯次第讚之，又遣水部員外郎黄居寶八分題之。每觀其畫，歎筆跡之縱逸；覽其讚，賞文詞之高古；視其書，愛點畫之宏壯。顧謂八仙，不讓三絶。八仙者。李己、容成、董仲舒、張道陵、嚴君平、李八百、長壽、葛永璝。《野人閒話》（《廣記》二一四）。

## 石野猪

1 見唐僖宗4。

## 王俳優

1 唐乾符中，綿竹王俳優者有巨力。每遇府中饗軍宴客，先呈百戲，王生腰背一船，船中載十二人，舞《河傳》一曲，略無困乏。《北夢瑣言》（《廣記》一九二）。

## 蔣　曙

1 蔣曙，中和初，自起居郎以弟兄因亂相離，遂屏跡邱園。因應天令節表請入道，從之。《唐摭言》八。

## 孫　泰

1 孫泰，山陽人，少師皇甫穎，操守頗有古賢之風。泰妻即姨妹也。先是，姨老矣，以二子爲託，曰：「其長損一目，汝可娶其女弟。」姨卒，泰娶其姊。或詰之，泰曰：「其人有廢疾，非泰不可適。」衆皆伏泰之義。嘗於都市遇鐵燈臺，市之，而命洗刷，却銀也，泰亟往還之。中和中，將家於義興，置一別墅，用緡錢二百千。既半授之矣，泰遊吴興郡，約回日當詣所止。居兩月，泰迴，停舟徒步，復以餘資授之，俾其人他徙。於時，覩一老嫗，長慟數聲，泰驚悸，召詰之。嫗曰：「老婦常逮事翁姑於此，子孫不肖，爲他人所有，故悲耳！」泰憮然久之，因紿曰：「吾適得京書，已別除官，固不可駐此也，所居且命爾子掌之。」言訖，解維而逝，不復返矣。子展，進士及第，入梁爲省郎。《唐摭言》四。又《廣記》一一七引。

## 從諗

1 真定帥王公一日攜諸子入趙州院，坐而問曰：「大王會麽？」王曰：「不會。」師云：「自小持齋身已老，見人無力下禪牀。」王公尤加禮重，翌日令客將傳語，師下禪牀受之。侍者問：「和尚見大王來，不下禪牀，今日軍將來，爲甚麽卻下禪牀？」師云：「非汝所知。第一等人來，禪牀上接；中等人來，下禪牀接；末等人來，三門外接。」《南部新書》辛。《景德傳燈録》一〇。

## 僊哥

1 見劉覃3。

## 楚兒

1 見鄭昌圖6。

## 鄭舉舉

1 見孫偓3。

## 牙　娘

1 見夏侯澤1。

## 顔令賓

1 顔令賓，居南曲中，舉止風流，好尚甚雅，亦頗爲時賢所厚。事筆硯，有詞句。見舉人，盡禮祗奉，多乞歌詩，以爲留贈，五彩箋常滿箱篋。後疾病且甚，值春暮景色晴和，命侍女扶坐於砌前，顧落花而長嘆數四，因索筆題詩云：「氣餘三五喘，花剩兩三枝。話别一樽酒，相邀無後期。」因教小童曰：「爲我持此出宣陽，親仁已來，逢見新第郎君及舉人，即呈之云：曲中顔家娘子將來扶病奉候郎君。」因令其家設酒果以待。逡巡至者數人，遂張樂歡飲至暮，涕泗交下曰：「我不久矣，幸各制哀挽以送我。」初，其家必謂求賻送於諸客，甚喜。及聞其言，頗慊之。及卒，將瘞之日，得書數篇，其母拆視之，皆哀挽詞也。母怒擲之於街中曰：「此豈救我朝夕也。」其鄰有喜羌竹劉驨驨，聰爽能爲曲子詞，或云嘗私於令賓，因取哀詞數篇，教挽柩前同唱之，聲甚悲愴。是日瘞於青門外。或有措大逢之，他日召驨驨使唱，驨驨尚記其四章。一曰：「昨日尋僊子，輀車忽在門。人生須到此，天道竟難論。客至皆連袂，誰來爲鼓盆？不堪襟袖上，猶印舊眉痕。」二曰：「殘春扶病飲，此夕最堪傷。夢幻一朝畢，風花幾日狂。孤鸞徒照鏡，獨燕懶歸梁。厚意那能展，含酸尊一觴。」三曰：「浪意何堪念，多情亦可悲。駿奔皆露膽，麏至盡齊眉。花墜有開日，月沉無出期。寧言掩丘後，宿草便離離。」四曰：「奄忽那如此，夭桃色正春。捧心還動我，掩面復何人？岱岳誰爲道，逝川寧問津。臨喪應有主，宋玉在西鄰。」自是盛傳於長安，挽者多唱之。或詢驰曰：「宋玉在西，莫是你否？」驰哂曰：「大有宋玉在。」諸子皆知私於樂工。及鄰里之人，極以爲耻，遞相掩覆。絳真因與諸子争全相謔，失言云：「莫倚居突肆。」既而甚有恨色。後有與絳真及諸子昵熟者，勤問之，終不言也。《北里志》。

## 楊萊兒　楊永兒

1 見趙光遠2。

## 王小潤　王福娘

1 見孫棨1。

## 俞洛真

1 俞洛真有風貌，且辯慧。頃曾出曲中，值故左揆于公，貴主許納別室。于公琮尚廣德公主，宣宗女也，頗有賢淑之譽。從子棁冒其季父，棁，珠之子。于公柄國時，頗用事，曾貶振州司户。後改名應舉，左揆爲力甚切，竟不得。後投跡今左廣令孜門，因中第，遂佐十軍。先通洛真而納之，月餘不能事，諸媵之間彰其跡，以告貴主，主即出之，亦獲數百金。遂嫁一胥吏，未朞年而所有索盡，吏不能給，遂復入曲，攜胥一女，亦當時絶色。洛真雖有風情，而淫冶任酒，殊無雅裁。亦時爲席糾，頗善章程。鄭右史仁表常與詩曰：「巧製新章拍指新，金罍巡舉助精神。時時欲得横波盻，又怕回籌錯指人。」離亂前兩日，與進士李文遠渭，渥之弟，今改名澣，其年初舉，乘醉同詣之。文遠一見，不勝愛慕。時日已抵晚，新月初升，因戲文遠題詩曰：「引君來訪洞中僊，新月如眉拂户前。領取嫦娥攀取桂，便從陵谷一時遷。」予題於楣間訖，先回。間兩日，文遠因同詣南院，文遠言：「前者醉中題姓字於所詣，非宜也。回將撤去之。」及安上門，有自所居追予者曰：「潼關失守矣。」文遠不肯中返，竟至南院。及回，固不暇前約，聳轡而歸。及親仁之里，已奪馬紛紜矣，因倉皇而回，遂乃奔竄。因與文遠思所題詩，真讖詞也。《北里志》。

## 王蘇蘇

1 王蘇蘇，在南曲中，屋室寬博，巵饌有序。女昆仲數人，亦頗善諧謔。有進士李標者，自言李英公勷之後，久在大諫王致君門下，致君弟姪因與同詣焉。飲次，標題牕曰：「春暮花株遶户飛，王孫尋勝引塵衣。洞中僊子多情態，留住劉郎不放歸。」蘇蘇先未識，不甘其題，因謂之曰：「阿誰留郎？君莫亂道。」遂取筆繼之曰：「怪得犬驚雞亂飛，羸童瘦馬老麻衣。阿誰亂引閒人到，留住青蚨熱趕歸。」標性褊，頭面通赤，命駕先歸。後蘇蘇見王家郎君，輒詢：「熱趕郎在否？」《北里志》。

## 劉泰娘

1 見孫棨 2。

## 荆十三娘

1 進士趙中行，家於温州，以豪俠爲事。至蘇州，旅止支山禪院僧房。有一女商荆十三娘，爲亡夫設大祥齋，因慕趙，遂同載歸揚州。趙以氣義，耗荆之財，殊不介意。其友人李正郎弟三十九，愛一妓，爲其父母奪與諸葛殷，李悵恨不已。時諸葛殷與吕用之幻惑高太尉，恣行威福，李懼禍，飲泣而已。偶話於荆娘，荆娘亦憤惋，謂李三十九郎曰：「此小事，我能爲郎報讐。但請過江，於潤州北固山六月六日正午時待我。」李亦依之。至期，荆氏以囊盛妓，兼致妓之父母首歸於李。後與趙進士同入浙中，不知所止。《北夢瑣言》八。又《廣記》一九六引。

## 封詢

1 渤海封夫人，諱詢，字景文，天官侍郎敖孫也。諸兄皆貢士，有聲名場。夫人氣韻恬和，容止都雅，善草隸，工文章，盛飾則芙蕖出緑波，巧思則柳絮因風起。至於婉静之法，翦製之工，固不學而生知，媚黨號爲淑女。咸通戊子歲，始從媒贄，移天於殷門故祕省校書保晦遐構。遐構兄，余寮壻也。愛鍾自出，姑實親姨，夙夜蒸蒸，劬勞無怠。廣明庚子歲，妖纏黄道，釁起白丁，闕輔烽飛，輦轂遐狩，以天府陸海之盛，奄化於鯨鯢腹中。即冬十二月七日也，邦人大潰，校書自永寧里所居，盡室潛於蘭陵里蕭氏池臺，地鄰五門，以爲賊不復入。至明日，羣凶霧合，祕校遂爲所俘。賊酋覩夫人之麗，將欲叱後乘以載之，夫人正色相拒，確然不移。誘説萬辭，俱瞑目反背而莫顧。日將夕，賊因勃然起曰：「行則保羅綺於百齡，止則取齏粉於一劍。」夫人奮袂駡曰：「狂賊狂賊，我生於公卿高門，爲士君子正室。琴瑟叶奏，鳳凰和鳴，豈意昊天不容，降此大戾！守正而死，猶生之年，終不負穢抱羞於汝逆豎之手！」言訖，遇害。賊酋既去，祕校脱身來歸，侍婢迎門白夫人逝矣。祕校拊膺失聲而前，枕屍於股，大慟良久。揮淚於夫人面曰：「景文景文，即相見！」遂長號而絶。三婢子覩主父主母俱殞，乃相攜投浚井而死。三水人曰：「噫，二主二天，實士女之醜行！至於臨危抗節，乃丈夫難事，豈謂今見於女德哉！渤海之媛，汝陰之嬪，貞烈規儀，永光於彤管矣。」辛丑歲，遐構兄出自雍，話茲事。以余有《春秋》學，命筆削以備史官之闕。《三水小牘》下。

《廣記》三七〇。　案：「封詢」，《新唐書·列女傳》作「封絢」。

2 唐進士殷保晦，妻封夫人，皆中朝士族也。殷公歷官臺省，始舉進士時，文卷皆内子爲之，動合規式，中外皆知。良人倜儻疏放，善與人交，未嘗以文章爲意。黄寇犯闕，夫妻遭難。初，封夫人就刃，殷公失聲，雙血被面。其從母爲尼，親見其禍，泣言於姻親。愚於殷之中表聞之，方信古人云「淚盡繼之以血」，哀痛之極也。《北夢瑣言》一一。

## 李庭妻崔氏

1 陸存者，愚儒也，衰白之後，方調授汝州郟城令，時乾符丁酉歲也。是秋，王仙芝黨與起自海沂，來攻郡，途經郟城，存微服將遁，爲賊所虜。其酋問曰：「汝何等人也？」存紿之曰：「某庖人也。」乃命溲麵煎油作食所謂䭔飳者，移時不成。賊酋怒曰：「這漢謾語，把劍來！」存懼，急撮麵，兩手速拍，曰：「祖祖父父，世業世業。」衆大笑，釋之。時縣尉李庭妻崔氏有殊色，賊至爲所掠，將妻之，崔氏大詬曰：「我公卿家女，爲士子妻，死乃緣命，豈受草賊污辱！」賊怒，刳其心而食。見者無不灑涕。《三水小牘》下。

## 楊奇鯤

1 見高駢9。

## 伊　璠

1 巢偷污踞宫闕，與安、朱之亂不侔。其間尤異者，各爲好事傳記。冠裳農賈，挈妻孥潛跡而出者，不可勝記，至有積月陷寇，終日逃避，竟不覩賊鋒者。獨前涇陽令伊璠爲戎所得，屢脱命於刃下，其後血屬相失，村服晦行，及藍闕，爲猛獸搏而食之。禍患之來，其可苟免？《闕史》下。又《廣記》一五八引。《唐詩紀事》七〇。

# 唐人軼事彙編卷二十九

## 孔緯

1 孔緯拜官，教坊優伶繼至，各求利市。石野豬獨先行到，公有所賜，謂曰：「宅中甚闕，不得厚致，若有諸野豬，幸勿言也。」復有一伶繼來，公索其笛，喚近階，指笛竅問之曰：「何者是浣溪紗孔子？」伶大笑之。《北夢瑣言》一〇。又《廣記》二五二引。《諧噱録》（陶本《説郛》三四）。按孔緯：《北夢瑣言》原作「孔昭緯」，據《廣記》改。

2 魯國公孔緯入相後，言於甥姪曰：「吾頃任兵部侍郎，與王晉公鐸充弘文館學士，判館事，上任後，巡廳，晉公乃言曰：『余昔任兵部侍郎，與相國杜邠公悰充弘文館直學士，判館事，暮春，留余看牡丹於斯廳内，言曰：「此廳比令無逸無逸乃邠公子，終金州刺史。修之，止要一間，今壯麗如此。子殊不知，非久須爲灰燼。」余聞此言，心常銘之。又語余曰：「明公將來亦據此座，猶或庶幾，由公而下者，罹其事矣。」』以吾今日觀之，則邠公之言得其大概矣。」是時昭宗纂承，孔緯入相，朝廷事體掃地無餘，故緯感昔言而傷時也。《聞奇録》（《廣記》五〇〇）。《玉泉子》。

3 孔緯在中書，朱全忠併有數鎮，兵力强盛，表請鹽鐵印。詔下宰相議之，緯力争不從，謂其下邸吏曰：「朱公若收鹽鐵印，非興兵不可。」全忠尋止。後韓建討太原不利，爲張濬所誤，貶之。它日昭宗欲再攻鳳翔，以問緯，緯曰：「鳳翔，天子西門。若自去窟穴，受制一面，即大事去矣。」昭宗曰：「卿是朕賢臣，殊未達時事。」緯曰：「陛下以臣爲賢，是謗臣也。臣若賢，肯立於陛下之朝？」因稱疾，以太子太師致仕。卒於華下。《北夢瑣言》一四。

4 唐末亂離，渴於救時之術。孔相國緯，每朝士上封事，不暇周覽，但曰：「古今存亡，某知之矣。未審所陳利害，其要如何。」蓋鄙其不達變也。《北夢瑣言》七。

## 張　濬

1 唐黄巢犯闕，僖宗幸蜀，張相國濬白身未有名第，時在河中永樂莊居。里有一道人，或麻衣，或羽帔，不可親狎。一日，張在村路前行，後有喚：「張三十四郎，駕前待爾破賊。」回顧，乃是此道人。相國曰：「某一布衣耳，何階緣而能破賊乎？」道人勉其入蜀，適遇相國聖善疾苦，未果南行，道者乃遺兩粒丹曰：「服此可十年無恙。」相國得藥奉親，所疾痊復。後歷登台輔，道者亦不復見。破賊之説，何其驗哉！《北夢瑣言》四。又《廣記》八五引。

2 舊例，士子不與内官交游。十軍軍容田令孜擅回天之力，僖皇播遷，行至洋源，百官未集，闕人掌誥。樂朋龜侍郎亦及行在，因謁中尉，仍請中外，由是薦之，充翰林學士。張濬相自處士除起居郎，亦出子方之門，皆申中外之敬。洎車駕到蜀，朝士畢集。一日，中尉爲宰相開筵，學士洎張起居同預焉。張公耻於對衆設拜，乃先謁中尉，便施謝酒之敬，中尉訝之。俄者賓主即席，坐定，中尉白諸相曰：「某與起居，清濁異流，曾蒙中外。既慮玷辱，何憚改更！今日猥地謝酒，即又不可。」張公慚懼交集，自此甚爲羣彦薄之。樂公舉進士，初陳啓事，謁李昭侍郎自媒云：「別於九經書史及老莊泊《八都賦》外，著八百卷書，請垂比試。」誠有學問也，然於制誥不甚簡當，時人或未可之。《北夢瑣言》五。又《廣記》二三九引。

3　唐宰相張濬常與朝士於萬壽寺閲牡丹而飲，俄有雨降，抵暮不息，羣公飲酣未闌。左右伶人皆御前供奉第一部者，恃寵肆狂，無所畏憚，其間一輩曰張隱，忽躍出，揚聲引詞曰：「位乖燮理致傷殘，四面墻匡不忍看。正是花時堪下淚，相公何必更追歡。」告訖遂去。闔席愕然，相眄失色，一時俱散。張但慙恨而已。《南楚新聞》（《廣記》二五七）。

4　張相濬富於權略，素不知兵。昭宗朝，親統扈駕六師，往討太原，遂至失律，陷其副帥侍郎孫揆。尋謀班師，路由平陽。平陽即蒲之屬郡也，牧守姓張，即蒲帥王珂之大校。珂變詐難測，復慮軍旅經過，落其詭計，濬乃先數程而行，泊於平陽之傳舍。六軍相次，由陰地關而進。濬深忌晉牧，復不敢除之。張於一舍郊迎，既駐郵亭，濬令張使君升廳，茶酒設食畢，復命茶酒，不令暫起，仍留晚食。食訖，已晡時，又不令起，即更茶數甌，至張燈，乃許辭去。自旦及暮，不交一言，口中咀少物，遥觀一如交談之狀。珂性多疑，動有警察，時偵事者尋已密報之，云：「敕史與相國密話竟夕。」珂果疑，召張問之曰：「相國與爾自旦至暮所話何？」對云：「並不交言。」王殊不信，謂其不誠，戮之。六師乃假途歸京，了無纖慮。後判邦計，諸道各致紈綺之類，並不受之，乃命專人面付之，曰：「爾述吾意，以此物改充軍行所費之物，鍋、幕布、槽、啖馬藥，土產所共之物，咸請備之。」於是諸藩鎮欣然奉之。以至軍行十萬，所要無闕，皆心匠之所規畫。梁祖忌之，潛令刺客殺之於長水莊上。《玉堂閒話》（《廣記》一九〇）。

5〔天復〕二年，昭宗自鳳翔遣金吾將軍李儼齎御札自巫峽間道潛行，宣告吴王楊行密，爲討伐逆賊朱全忠事。李儼者，宰臣張濬男。其張濬先爲都統討太原，退軍，朝貶，韓建力救，不赴貶所，只在三峯，其男留行在，乃授金吾將軍。昭宗差來，宣告於吴王行密。朱全忠探知，張濬一門盡遭殺戮。《唐補紀》（《通鑑考異》二七）。

6唐相國張濬二子，一曰義師，即小字也，本名格，爲蜀相；一曰興師，忘其名。後號李將軍，名儼，與父達軍機於淮海，亦遇害也。格與興師，昆弟俊邁，而尚矯譎，皆有父風。興師幼年出宅門，見其門僧，忘其名。傳相國處分，七笞之，其僧解後，莫知何罪。俄而相國召僧坐安，見其詞色不懌，因問之，僧以：「郎君傳相國處分見怪，未知罪名。」相國驚駭慚謝，以：「兒子狂駭，幸師慈悲。」回至堂前，唤興師怒責之，且曰：「汝見僧何罪，而敢造次？」對曰：「今日雖無罪過，想其向來隱惡不少，是以笞之。」相國不覺失笑。《北夢瑣言》九。

## 崔昭緯

1見張曙1。

2見王行瑜1。

## 崔昭矩

1 崔昭矩，大順中裴公下狀元及第。翌日，兄昭緯登庸。王倜，丞相魯公摶之子。倜及第，翌日摶登庸，王倜過堂別見。《唐摭言》八。又《廣記》一八三引。案：魯公摶，原作「曾公損」，誤，據《新唐書·王摶傳》改。

2 唐進士崔昭矩爲狀元，有進士團所由，動静舉罰。一日，所由疏失，狀元笞之。逡巡，所由謝伏于階前，對諸進士曰：「崔十五郎不合於同年前面瞋決所由，請罰若干。」博陵無言以對。《北夢瑣言》一一。

## 鄭延昌

1 見温憲1。

## 孫偓

1 長安城有孫家宅，居之數世，堂室甚古。其堂前一柱，忽生槐枝。孫氏初猶障蔽之，不欲人見。朞年之後，漸漸滋茂，以至柱身通體而變，壞其屋上衡，祕藏不及。衣冠士庶之來觀者，車馬填咽。不久，偓處巖廊，儲居節制，人以爲應三槐之朕。亦甚異也。近有孫煒，乃偓之嗣，備言其事。《玉堂閒話》（《廣記》一三八）。

2 孫龍光偓，崔澹下狀元及第。前一年，嘗夢積木數百，偓踐履往復。既而請一李處士圓之，處士曰：「賀喜郎君，來年必是狀元，何者？ 已居衆材之上也。」《唐摭言》八。又《廣記》一八三引。

3 鄭舉舉者，居曲中，亦善令章，嘗與絳真互爲席糾。而充博非貌者，但負流品，巧談諧，亦爲諸朝士所眷。常有名賢醵宴，辟數妓，舉舉者預焉，今左諫王致君調、右貂鄭禮臣轂、夕拜孫文府儲、小天趙爲山崇皆在席。時禮臣初入內庭，矜誇不已，致君已下倦不能對，甚減歡情。舉舉知之，乃下籌指禮臣曰：「學士語太多。翰林學士雖甚貴甚美，亦在人耳。至如李騭、劉允承、雍章亦嘗爲之，又豈能增其聲價耶？」致君已下皆躍起拜之，喜不自勝，致禮臣因引滿自飲，更不復有言。於是極歡至暮而罷，致君已下各取彩繒遺酬。孫龍光爲狀元，名偓，文府弟，爲狀元在乾符五年。頗惑之，與同年侯彰臣潛、杜寧臣彥殊、崔勛美昭愿、趙延吉光逢、盧文舉擇、李茂勳茂藹弟等數人，多在其舍，他人或不盡預。故同年盧嗣業訴醵罰錢，致詩於狀元曰：「未識都知面，頻輸復分錢。苦心觀筆硯，得志助花鈿。徒步求秋賦，持盃給暮饘。力微多謝病，非不奉同年。」嗣業，簡辭之子，少有詞藝，無操守之譽。與同年非舊知聞，多稱力窮不遵醵罰，故有此篇。曲內妓之頭角者爲都知，分管諸妓，俾追召匀齊，舉舉、絳真皆都知也。曲中常價一席四鐶，見燭即倍，新郎君更倍其數，故云復分錢也。今左史劉郊文崇及第年，亦惑於舉舉。同年宴而舉舉有疾不來，其年酒糾多非舉舉，遂令同年李深之邀爲酒糾。坐久，覺狀元微哂，良久，乃吟一篇曰：「南行忽見李深之，手舞如蜚令不疑。任爾風流兼蘊藉，天生不似鄭都知。」《北里志》。《唐語林》七。

4 唐相國孫公偓，寬裕通簡，不事矯異。常語於親友曰：「凡人許己，務在得中。但士行無虧，不必太苦。以我之長，彰彼之短，以我之清，彰彼之濁。幸勿爲之。」後謫居衡山，情抱坦然，不以放逐而懷戚戚。每對客座，而廝僕輩紛訴毆曳，仆於面前，相國凝然，似無所睹。謂客曰：「若以怒心逢彼，即方寸自撓矣。」其性度皆此類也。相國曾乘軺至蜀，詣杜光庭先生受籙，乃曰：「嘗遇至人，話及時事，每有高棲之約。爾後雖登台輔，竟出官於南嶽。」有詩寄杜先生，其要句云：「蜀國信難遇，楚鄉心更愁。我行同范蠡，師舉效浮丘。他日相逢處，多應在十洲。」唐末朝達罹穀水白馬驛之禍，唯相國獲免焉。《北夢瑣言》四。又《詩話總龜》前集一九引。

## 李　磎

1　唐李相磎高才奧學，冠絶羣彦，爲朋黨所排，洎登巖廊，似涉由徑。雖然，亦才授也。制下之日，劉舍人崇魯抱麻而哭之。李相斥其祖禰，條上其事，具表論之。又以彭城先德受賄飲酖，乃作《鸚鵡杯賦》，醜詞訐切，人爲寒心。朝士有識者閲其表曰：「何必多言！但云倒策側龜於君前有誅，彭城子何所逃刑？」時以爲然。《北夢瑣言》四。

2　見王行瑜1。

3　司空圖侍郎撰李公磎行狀，以公有出倫之才，爲時輩妬忌，罹於非横。其平生著文有《百家著諸心要文集》三十卷、《品流誌》五卷、《易之心要》三卷、《注論語》一部、《明無爲》上下二一作三。篇、《義説》一篇。倉卒之辰，焚於賊火，時人無所聞也。惜哉！陽春白雪，世人寡和，豈虚言也！《北夢瑣言》六。

## 李　涜

1　乾寧二年，崔凝榜放，貶合州刺史。先是李涜附於中貴，既憤退黜，百計摧之，上亦深器涜文學，因之蘊怒，密旨令内人於門搜索懷挾，至於巾屨，靡有不至。《唐摭言》一四。

2　唐晉相李涜，磎相之子也。文學淵奥，迥出輩流，于時公相之子弟無能及者。應舉時，文卷行《明易先生書》，又有《答明易先生書》，朝士覽之，不測涯涘，即其他文章可知也。然恃才躁進，竟罹非禍。爾後磎相追雪，贈太子太師，謚曰文，司空圖撰行狀。涜贈禮部員外郎。先是劉崇魯舍人撰磎相麻，因而貶黜。磎以大彭先世因贓仰藥，撰《鸚鵡杯賦》。李涜酬詞云：「玉犬吠天關，彩童哭仙吏。一封紅篆書，爲奏塵寰事。八極鼇柱傾，四溟龍鬣沸。長庚冷有芒，文曲淡無氣。烏輪不再中，黄沙瘞腥鬼。請帝命真官，臨雲啓金匱。方與清華宫，重正紫極位。曠古雨露恩，安得借一作惜。沾施。生人血欲盡，欃槍無飽意。」甚有文義焉。《北夢瑣言》七。

## 陸希聲

1　見陸翺1。

2　錢鄧州若水嘗言，古之善書，鮮有得筆法者。唐陸希聲得之，凡五字：擫、押、鉤、格、抵。用筆雙鉤，則點畫遒勁，而盡妙矣，謂之撥鐙法。希聲自言，昔二王皆傳此法，自斯公以至陽冰亦傳之。希聲以授沙門晉光。晉光入長安爲翰林供奉，希聲猶未達，以詩寄晉光曰：「筆下龍蛇似有神，天池雷雨變逡巡。寄言昔日不龜手，應念江頭洴澼人。」晉光感其言，因引薦希聲於貴倖，後至宰相。刁衎言，江南後主得此法，書絶勁，復增二字，曰導、送。《楊文公談苑》（《宋朝事實類苑》五〇、《類説》五三）。《詩話總龜》前集二六。《宣和書譜》四。《唐詩紀事》四八。《書小史》一〇。

3 見晉光1。

4 唐陸希聲自稱遁叟。《海録碎事》八下。

5 余媚娘，適周氏，夫亡，以介潔自守。陸希聲使媒游説，媚娘曰：「陸郎中不置側室及女奴，則可爲婦。」希聲諾之。娶二年，劈牋沫墨，更唱迭和。媚娘又能饌五色膾，妙不可及。無何，希聲納薛英，媚娘許之，希聲以爲誠然，既共居，略無他説。候希聲它適，將薛英閉室中，手刃殺之，碎其肌體，盛以二大合，封題云「送物歸别墅」。閽吏異之，送京兆獄，媚娘遂就極典。《麗情集》（《類説》二九）。

## 徐彦若

1 故事：南曹郎既聞除目，如偶然忽變改授他人，縱未領命，亦不復還省矣。南海端揆爲主客員外時，有除翰林學士之命。既還省，吏忽報除目下，員外徐彦若除翰林學士。端揆以己未承旨，乃駕而將復治故廳。至省，省門子前曰：「員外已受報出省，不可更入南曹。」例舉不敢避，遂退。彦若，公相之子，能馳譽清顯，中尉楊復恭善之，故能變致中授耳。《金華子》上。

2 唐乾寧中，荆南成令公汭曾爲僧，盜據渚宫，尋即真命。末年騁辨，每事標特。初以澧、(郎)〔朗〕舊在巡屬，爲土豪雷滿所據，奏請割隸。相國徐公彦若在中書，不爲處置，由是銜之。相國出鎮番禺，路由渚宫，成令雖加接延，而常怏怏。饌後更席而坐，詭辯鋒起。相國曰：「令公位尊方面，自比桓文；雷滿者，偏州一夥草賊耳。令公不能加兵而怨朝廷乎？」成公赧焉而屈，東海文雅高談，聽之亹亹。成令雖甚敬憚，猶以嶺外黄茅瘴患者髮落而戲曰：「黄茅瘴，望相公保重。」相國曰：「南海黄茅瘴，不死成和尚。」蓋譏成令曾爲僧也，終席慚耻之。《北夢瑣言》五。又《廣記》二五七引。《續世説》六。

3 見徐商3。

## 盧光啓

1 盧相光啓，先人伏刑，爾後弟兄修飾赴舉，因謂親知曰：「此乃開荒也。」然其立性周謹。進取多塗，著《初舉子》一卷，即進取諸事。皆此類也。策名後，歟歷臺省。受知于租庸張濬，清河出征并、汾，盧每致書疏，凡一事别爲一幅，朝士至今效之。蓋八行重疊别紙，自公始也。唐末舉人不問士行文藝，但勤於請謁，號曰精切，亦楷法於范陽公爾。其族弟汝弼嘗爲張相出征判官，傳檄四方，其略云：「致赤子之流離，自朱邪之版蕩。」自謂人曰：「天生朱邪赤子，供我之筆也。」俊邁亦有族昆之風。《北夢瑣言》四。又《廣記》一八三引。

## 鄭綮

1 唐相國鄭綮雖有詩名，本無廊廟之望。嘗典廬州，吴王楊行密爲本州步奏官，因有遺闕而笞責之。然其儒懦清慎，弘農常重之。昭宗時，吴王雄據淮海，朝廷務行姑息，因盛言鄭公之德，由是登庸，中外驚駭。于時皇綱已紊，四方多故，相國既無施展，事必依違。太原兵至渭北，天子震恐，渴於攘卻之術，相國奏對，請於文宣王謚號中加一「哲」字。其不究時病，率此類也。同列以其忝竊，每譏侮之。相國乃題詩於中書壁上，其詞曰：「側坡蛆蜫蜦，蟻子競來拖。一朝白雨下，無鈍無嘍囉。」意者以時運將衰，縱有才智，亦不能康濟，當有玉石俱焚之慮也。時亦然之。相國《題老僧》詩云：「日照西山雪，老僧門未開。凍缾粘柱礎，宿火焰爐灰。童子病歸去，鹿麑寒入來。」常云：「此詩屬對，可以稱衡，重輕不偏也。」或曰：「相國近有新詩否？」對曰：「詩思在灞橋風雪中驢子上，此處何以得之？」蓋言平生苦心也。《北夢瑣言》七。又《廣記》二六一引。《古今詩話》（《詩話總龜》前集二六）。《唐詩紀事》六五。《砦溪詩話》二。

## 朱朴

1 光化中，朱朴自毛詩博士登庸。恃其口辯，可以立致太平，由藩邸引導，聞於昭宗，遂有此拜。對敭之日，面陳時事數條，每言「臣必爲陛下致之」。洎操大柄，無以施展，自是恩澤日衰，中外騰沸。内宴日，俳優穆刀陵作念經行者，至御前曰：「若是朱相，即是非相。」翌日出官。時人曰：拔士爲相，自古有也。君子不耻其言之不出，耻躬之不逮。況唐末喪亂，天下阻兵，雖負奇才，不能謀畫，而朱公一儒生，以區區辯給，欲整其亂，衹自取辱焉。涓縷未申，勍敵已至，勤教樂僮吹篳篥，甚爲識者所責也。《北夢瑣言》六。又《廣記》二五二引。

2 朴亦有文詞，託識諸王下吏人以通意旨，言：「方今宰相皆非時才，至令宗社不安，頻有傾動。若使朴在相位，月餘能致太平。」諸王以爲然，乃奏天聽。翌日，宣唤，顧問機宜，便入中書，令參知政事。諸相座愕然莫測，聽其籌謨。經四五月，並無所聞，遂貶出嶺外。《唐補紀》（《通鑑考異》二六）。

3 唐昭宗出幸華州，方强藩悍鎮，遠近爲梗，思得特起奇士任之，以成中興之業。水部郎中何迎，表薦國子博士朱朴才如謝安，朴所善方士許巖士得幸，出入禁中，亦言朴有經濟才。上連日召對，朴有口辯，上悦之，曰：「朕雖非太宗，得卿如魏徵矣。」上憤天下之亂，朴自言得爲宰相，月餘可致太平，遂拜爲相。制出，中外大驚。《唐制詔》有制詞，學士韓儀所撰，曰：「夢傳巖而得真相，則商道中興；獵渭濱而載獻臣，則周朝致理。朕自逢多難，渴竚英賢，暗禱鬼神，明祈日月。果得哲輔，契予勤求。朱朴學業優深，識用精敏，久徊翔而不振，彌貞吉以自多。朕知其才，遂召與語。理亂立分於言下，聞所未聞；兵農皆在於術中，得所未得。不覺前席，爲之改容；須委化權，用昌衰運。自我拔奇，寧拘品秩；百度羣倫，俟爾康濟。」其美如此。儀者偓之兄，所謂「暗禱鬼神，明祈日月」之語，必當時所授旨意也。朴爲相纔半年而罷。後貶郴州司户參軍，制云：「不爲自審之謀，苟竊相援之力，實因奸幸，潛致顯榮。亦謂術可弭兵，學能活國，冒半歲容身之贊，無一朝輔政之功。唯辱中台，頗興羣論。」嗚呼！昭宗當王室艱危之際，無知人之明，拔朴於庶僚中，位諸公袞，以今觀之，適足詒後人譏笑。《新史》贊謂：「捭豚臑而拒貙牙，趣亡而已。」悲夫！《容齋續筆》一一。

## 陸扆

1 陸扆舉進士，屬僖宗幸梁洋，隨駕至行在。與中書舍人鄭損同止逆旅。扆爲宰相韋昭度所知，欲身事之速了，屢告昭度，昭度曰：「奈已深夏，復使何人爲主司？」扆以鄭損對。昭度從之，因令扆致意。牓帖皆扆自定。其年六月，狀頭及第。後在翰林署，時苦熱，同列戲之曰：「今日好造牓天。」然扆名冠一時，兄弟三人，時謂三陸，希聲及威也。《北夢瑣言》（《廣記》一八三引，所引較原書卷四詳）。案：「兄弟三人」，原書卷四作「朝中陸氏三人」，是。據《新唐書·宰相世系表》，三人並非兄弟。

2 鄭損舍人，光啓中隨駕在興元，丞相陸公扆爲狀元。先是扆與損同止逆旅，扆於時出丞相文忠公之門，切於了却身事。時已六月，懇叩公，希奏置舉場。公曰：「奈時深夏，復使何人爲主司？」扆曰：「鄭舍人其人也。」公然之。因請扆致謝於損，扆乃躬詣損拜請，其榜貼皆扆自定。《唐摭言》八。

3 陸相扆出典夷陵時，有士子修謁，相國與之從容。因命酒勸此子，辭曰：「天性不飲酒。」相國曰：「誠如所言，已校五分矣。」蓋平生悔吝若有十分，不爲酒困，自然減半也。《北夢瑣言》六。又《廣記》二三三引。《南部新書》辛。

## 裴贄

1 賈泳父脩有義聲。泳落拓不拘細碎，嘗佐武臣倅晉州。昭宗幸蜀，三榜裴公時爲前主客員外，客遊至郡，泳接之傲睨。公嘗簪笏造泳，泳戎裝一揖曰：「主公尚書邀放鷂子，勿怪如此！」倥偬而退，贄頗銜之。後公三主文柄，泳兩舉爲公所黜，既而謂門人曰：「賈泳潦倒可哀，吾當報之以德。」遂放及第。《唐摭言》一一。又《廣記》一八三引。

2 見王渙1。

## 崔遠

1 崔遠家墅在長安城南，就中禊池產巨藕，貴重一時。相傳爲禊寶，又曰「玉臂龍」。《清異錄》上。

## 裴樞

1 見聶師道1。

2 梁祖欲以牙將張延範爲太常卿，諸相議之。裴樞曰：「延範勳臣，幸有方鎮節鉞之命，何籍樂卿？恐非梁王之旨。」乃持之不與。裴終以此受禍。《南部新書》乙。

3 見梁太祖18。

# 崔胤

1　唐崔相國愼猷廉察浙西日，有瓦棺寺持《法華經》僧爲門徒。或有術士言「相國面上氣色有貴子」，問其姙娠之所在，夫人洎妾媵間皆無所見。相國徐思之，乃召曾侍更衣官妓而示術士，曰：「果在此也。」及載誕日，腋下有文，相次分明，即瓦棺僧名也，因命其小字緇郎。年七歲，尚不食肉。一日有僧請見，乃掌其頰，謂曰：「既愛官爵，何不食肉？」自此方味葷血，即相國胤也。崔事，一說云是終南山僧，兩存之。《北夢瑣言》四。《唐語林》三。

2　崔愼由鎭西川，有異人張叟者，與跡熟，因謂之曰：「今四十無子，良可懼也。」叟曰：「爲公求之。惟終南翠微寺有僧，絶粒五十五年矣，君宜遺之服玩，若愛而受之，則其嗣也。」崔如其言，遺以服玩，果受之。僧尋卒，遂生一男。叟復相之曰：「貴則過公，恐不得其終。」因字曰衲僧，又云緇郎。即胤也。《南部新書》丁。

3　崔愼由初以未有兒息，頗以爲念，有僧常遊崔氏之門者，崔因告之，且問其計。僧曰：「請夫人盛飾而遊長安大寺，有老僧院，即詣之。彼若不顧，更之他所，若顧我厚，宜厚結之，俾感動其心，則其後身爲公子矣。」如其言，初適三處，不顧。後至一院，僧年近六十矣，接待甚勤至，崔亦厚施之，自是供施不絶。僧乃曰：「身老矣，自度無以報公，願以後身爲公之子。」不數年，僧卒，而四八生焉。或云：「手文有綱僧二字。」《玉堂閒話》（《廣記》三八八）。

4 見孫棨1。

5 唐崔胤字垂休，宰相慎由子也。喜陰計，附離權强，其外自處若簡重，而中險譎可畏。五拜相，權傾天下。人改呼油爲麻膏，以避其父諱，而天下之人號胤爲麻膏相公。《實賓録》一。《南部新書》甲。《海録碎事》七下。

6 崔慎由工部尚書拜相，子允四入相。四入既當權，天下人呼油爲有來麻汁。《唐書》（《廣卓異記》六）。

7 見趙匡凝1。

8 唐昭宗以宦官怙權，驕恣難制，常有誅翦之意，宰相崔胤嫉忌尤甚。上敕胤，凡有密奏，當進囊封，勿於便殿啓奏，以是宦者不之察。韓全誨等乃訪京城美婦人數十以進，求宫中陰事，天子不之悟，胤謀漸泄。中官以重賂甘言，請藩臣以爲城社，視崔胤眥裂。時因伏臘讌聚，則相向流涕，辭旨訣別。會汴人寇同、華，知崔胤之謀，於是韓全誨引禁軍，陳兵仗，逼帝幸鳳翔。它日，崔胤與梁祖叶謀以誅閹宦，未久，禍亦及之，致族絶滅，識者歸罪於崔胤。先是其季父安潛嘗謂親知曰：「滅吾族者，必緇兒也。」緇兒即胤小字。河東晉王李克用聞胤所爲，謂賓友曰：「助賊爲虐者，其崔胤乎？破國亡家，必在此人也。」《北夢瑣言》一七。又《廣記》二三九引。

9 及事權既大，知朱温懷篡奪之志，慮一朝禍發，與國俱亡，因圖自安之計。與朱温外貌相厚，私心漸異；與元規密爲計畫，倍招兵數，繕治鎧甲，朝夕不止。朱温察之，乃陰令部下驍果數千，紿爲散卒，於京師應募。胤每日教閲弓弩，梁卒僞示怯懦，或倒弓背矢，有若不能，胤莫之識。俄而朱友倫打毬墜死，温愈不悦。又聞胤欲挾天子出幸荆襄，温乃抗言：「胤將交亂天下，傾覆朝廷，宜急誅之，無令事發。」天子將罷胤知政事，貶太子賓客，鄭元規循州司户。事未行，温子友諒引兵攻胤，詰旦，擒之，又攻鄭元規於京府，擒之，崔、鄭俱獻首岐下。《唐太祖紀年録》（《通鑑考異》二七）。案：《考異》曰：「《紀年録》云傳首岐下，誤也。」

10 見唐昭宗29。

## 柳璨

1 見盧文焕1。

2 臣史嘗見光化二年，禮部侍郎趙光逢放柳璨及第，璨不多時便拜相。上事日，座主尚居散職，謁見之時，令朱衣吏連姓朗而贊之，全不優容，時議短之。然璨入相伏誅，併在二年内。嗚呼，賤恩辜義，有如此者。《廣卓異記》六。

## 楊涉

1 賈覃自言應舉時從禽於鄠杜，忽於村店遇大僚避雨者，竊訪之，乃主司楊侍郎涉。當時匆遽，不暇脱韋袴衣襴，褁卷投贄，楊公稱歎再三。覃自以爲必入等矣。及牓出，則無名。有私於楊公者，公曰：「覃好事業，但不脱衣袴，故爲累耳。」《江南餘載》上。

2 見楊凝式1。

# 韓偓

1 韓偓，即瞻之子也，兄儀。瞻與李義山同年，集中謂之韓冬郎是也。故題偓云：「七歲裁詩走馬成。」冬郎，偓小名。偓，字致光，《南部新書》乙。

2 昭宗召偓入院，試文五篇：《萬邦咸寧賦》、《禹拜昌言詩》、《武臣授東川節度制》、《答佛誓國進貢書》、《批三功臣讓圖形表》。繳狀云：「臣才不邁羣，器非拔俗，待價既殊於櫝玉，窮經有愧於籯金。遭逢清時，涵濡睿澤。峩冠振珮，已塵象闕之班；舐筆和鉛，更辱金門之召。擊鉢謝捷，纂組非工，撫己循涯，以榮爲懼。」《金鑾密記》（張本《說郛》四、七五，陶本《說郛》四九）。

3 韋貽範於鳳翔圍城中，挾李茂貞起復作相，偓當草制，抗疏論其不可。夜半，以授翰林院使。使，中人也，語偓曰：「學士無以性命爲戲。」偓不答，扃户而寢。明日無麻制宣讀，茂貞曰：「陛下命相，學士不肯草制，與反何異？」昭宗曰：「卿薦貽範，朕不敢拒；偓不草制，朕亦不拒，其如道理分明何！」《金鑾密記》（《類說》七）。案：韋貽範，原作「崔貽範」，誤。

4 韓偓，天復初入翰林。其年冬，車駕出幸鳳翔，偓有扈從之功。返正初，上面許偓爲相，奏云：「陛下運契中興，當復用重德鎮風俗。臣座主右僕射趙崇可以副陛下是選，乞迴臣之命，授崇，天下幸甚。」上嘉歎。翌日，制用崇暨兵部侍郎王贊爲相。時梁太祖在京，素聞崇之輕佻，贊復有嫌疊，馳入請見，於上前具言二公長短。上曰：「趙崇是偓薦。」時偓在側，梁主叱之。偓奏曰：「臣不敢與大臣争。」

上曰：「韓偓出。」尋謫官入閩。故偓有詩曰：「手風慵展八行書，眼暗休看九局圖。窗裏日光飛野馬，桉前筠管長蒲盧。謀身拙爲安蛇足，報國危曾捋虎鬚。滿世可能無默識，未知誰擬試(秦)〔齊〕竽！」《唐摭言》六。又《廣記》五〇〇引。《詩史》（《詩話總龜》前集四四）。《唐詩紀事》六五。

5 昭宗末年，朱温篡形已成。韓偓在翰林，蘇檢數爲經營入相，偓怒曰：「公不能有所爲，今朝夕不濟，乃欲以此相汙耶！」昭宗欲相偓，偓辭，而薦趙崇。崔胤怒，使温譖而逐之。昭宗與之泣別，偓泣曰：「臣得遠貶，及死乃幸，不忍見篡弒之辱也。」《鶴林玉露》乙編六。

6 韓寅亮，偓之子也。嘗爲予言：偓捐館之日，温陵帥聞其家藏箱笥頗多。而緘鐍甚密，人罕見者，意其必有珍翫，使親信發觀，惟得燒殘龍鳳燭金縷紅巾百餘條，蠟淚尚新，巾香猶鬱。有老僕泫然而言曰：「公爲學士日，常視草金鑾内殿，深夜方還翰苑。當時皆宫妓秉燭炬以送，公悉藏之。自西京之亂，得罪南遷，十不存一二矣。」余丱歲，延平家有老尼，嘗説斯事，與寅亮之言頗同。尼即偓之妾云耳。《南唐近事》。

7 見姚洎1。

8 唐韓偓爲詩極清麗，有手寫詩百餘篇，在其四世孫奕處。偓天復中避地泉州之南安縣，子孫遂家焉。慶曆中，予過南安，見奕出其手集，字極淳勁可愛。後數年，奕詣闕獻之。以忠臣之後，得司士參軍，終於殿中丞。又予在京師見偓《送詡光上人》詩，亦墨跡也，與此無異。《夢溪筆談》一七。

9 見和凝3。

10 韓偓字致光，京兆人。佐河中府，拜左拾遺，遷中書舍人，官至翰林學士。有詩集行于世，自號「玉山樵人」。所著歌詩頗多，其間綺麗得意者數百篇，往往膾炙人口。或樂工配入聲律，粉牆椒壁竊詠者，不可勝紀。自謂「咀五色之靈芝，咽三清之瑞露」，不然，何清詞麗句，如此之秀穎耶？考其字畫，雖無譽於當世，然而行書亦復可喜。嘗讀其《題懷素草書詩》，云：「怪石奔秋澗，寒藤挂古松。若教臨水畔，字字恐成龍」之句，非潛心字學，其作語不能迨此。後人有得其石本詩以贈，謂字體遒麗，辭句清逸，則知其茹芝飲露之語，不爲過也。今御府所藏行書二。《宣和書譜》一〇。

## 司空圖

1 見盧獻卿1。

2 見王凝2。

3 段章，咸通十年事前進士司空圖。初，章以自傭爲馭者，亦無異於他傭。是年夏，圖歸蒲久，以乏力，不足賙給，章乃謝去。廣明庚子歲冬十二月，寇犯京，圖寓居崇義里。九日，自里豪楊瓊所，轉匿常平倉下。將出，羣盜繼至，有擁戈拒門者，熟視良久，乃就持圖手曰：「某段章也，係擄而來，未能自脱，然顧懷優養之仁。今乃相遇，天也。某所主曰張將軍，喜下士，且幸偕往，必亡他。然且決免於暴横矣。」圖誓以不辱。章惘然泣下，導至通衢，即別去。圖因此得自開遠門宵遯，至咸陽橋，復遇牓者韓鈞濟之，乃抵鄠縣，因達於行在。司空圖《段章傳》（《廣記》二七五）。

4 見裴度16。

5 河中節度使王重榮請圖撰碑，得絹數千匹，圖致于虞鄉市心，恣鄉人所取，一日而盡。是時盜賊充斥，獨不入王官谷。河中士人依圖避難，獲全者甚衆。《五代史闕文》。

6 司空圖侍郎舊隱三峯。天祐末，移居中條山王官谷。其谷周迴十餘里，泉石之美，冠於此山。北巖之上有瀑水流注谷中，溉良田數頃。至今爲司空氏之莊宅，子孫猶存。《賈氏談録》。

7 司空圖隱於中條山，芟松枝爲筆管。人問之，曰：「幽人筆正當如是。」《汗漫録》（《雲仙雜記》一）。

8 見鄭谷1。

9 司空圖謂鏡曰：「容成侯金炯」，又曰「壽光先生」。《續博物志》（《類説》二三）。《白孔六帖》一三。案：此出司空圖《容城侯傳》。

## 劉崇彝

1 唐世劉崇望弟兄五人，内四人皆登進士第，仕至將相丞郎。其元昆崇彝不及第，官至省郎，生五男，每院各與一人爲後。崇彝留一男，少有才思，一旦心疾，唯染翰草制誥，褒貶朝中卿相，咸摭其實，骨肉間懼聞于外，旋取𤍽之。宛爲掌誥之美，竟廢于時。《北夢瑣言》一一。

## 劉崇龜

1 蔡州伯父院諸兄皆少孤，洎南海子長擢第之日，伯母安定胡氏已年尊矣。詰早僮僕捷至，穆氏長阿姨入賀北堂，伯母方起，未離寢榻。問安之後，慮驚尊情，不敢遽聞，但嬉笑於前。久之忽問曰：「小娘今日何喜色之甚耶？」對曰：「亦只緣有事甚喜。」伯母怡然久之，曰：「我知也，是郎將及第耶！」言訖滿目泫然，左右因之不覺皆流涕。吁！長仁之念周，而永慕之情至，誠非淳摯也，不能感物。《金華子》下。

2 見徐彦若1。

3 劉崇龜鎮南海之歲，有富商子少年而白皙，稍殊於稗販之伍。泊船於江岸，上有門樓，中見一姬年二十餘，艷態妖容，非常所覩，亦不避人，得以縱其目逆。乘便復言：「某黄昏當詣宅矣。」無難色，頷之，微哂而已。既昏暝，果啓扉伺之。此子未及赴約，有盗者徑入行竊，見一房無燭，即突入之。姬即欣然而就之，盗乃謂其見擒，以庖刀刺之，遺刀而逸。其家亦未之覺。商客之子旋至，方入其户，即踐其血，汰而仆地，初謂其水，以手捫之，聞鮮血之氣未已。又捫着有人卧，遂走出，徑登船，一夜解維，比明，已行百餘里。其家跡其血至江岸，遂陳狀之。主者訟窮詰岸上居人，云：某日夜，有某客船一夜徑發。即差人追及，械於圜室，拷掠備至。具實吐之，唯不招殺人。其家以庖刀納于府主矣。府主乃下令曰：「某日大設，合境庖丁宜集于毬場，以候宰殺。」屠者既集，乃傳令曰：「今日既已，可翌日而至。」乃各留刀於廚而去。府主乃命取諸人刀，以殺人之刀换下一口。來早，各令詣衙請刀，諸人皆認本刀而去，唯一屠最在後，不肯持刀去。府主乃詰之，對曰：「此非某刀。」又詰以何人刀，即曰：「此合是某乙者。」乃問其住止之處，即命擒之，則已竄矣。於是乃以他囚之合處死者，以代商人之子，侵夜斃之於市。竄者之家，旦夕潛令人伺之。既斃其假囚，不一兩夕，果歸家，即擒之。具首殺人之咎，遂置於法。商人之子夜入人家，以姦罪杖背而已。彭城公之察獄，可謂明矣。《玉堂閒話》（《廣記》一七二）。《疑獄集》三。《折獄龜鑑》一。

4　唐劉僕射崇龜以清儉自居，甚招物論。嘗召同列餐苦蕒饆饠，朝士有知其矯，乃潛問小蒼頭曰：「僕射晨餐何物？」蒼頭曰：「潑生吃了也。」朝士聞而哂之。及鎮番禺，效吳隱之爲人，京國親知貧乏者顒俟濡救，但畫荔枝圖，自作賦以遺之。後薨於嶺表，扶護靈櫬，經渚宮，家人鬻海珍珠翠于市，時人譏之。《北夢瑣言》三。又《廣記》二三八引。

5　廣南劉僕射崇龜常有台輔之望，必謂罷鎮，便期直上。羅浮處士夏侯生有道，彭城重之，因問將來之事，夏生言其不入相，發後三千里，有不測之事。洎歸闕，至中路得疾而薨。《北夢瑣言》七。又《廣記》二二三引。

## 劉崇魯

1　見李磎1。

## 趙光逢

1　光化二年，趙光逢放柳璨及第。光逢後三年不遷，時璨自内庭大拜，光逢始以左丞徵入。未幾，璨坐罪誅死，光逢膺大用，居重地十餘歲，七表乞骸，守司空致仕。居二年，復徵拜上相。《唐摭言》一五。又《廣記》一八四引。

2　趙光逢爲司徒致仕，光裔入相有日，省問其兄，語及政事。他日光逢署其户曰：「請不言中書事。」其端静也如此。《南部新書》癸。

3 太傅致仕趙光逢，仕唐及梁，薨於天成中。文學德行，風神秀異，號曰玉界尺。歷臺省，入翰林，御史中丞，梁時同平章事。時以兩登廊廟，四退丘園，百行五常，不欺暗室，縉紳仰之。《北夢瑣言》一九。又《廣記》一六四引。《南部新書》乙。《五總志》。

4 趙光逢奴往淮壖，偶得一石，四邊玲瓏類火。光逢愛之，名曰「圓光石」。《清異録》上。

## 孫揆

1 唐末，朝廷圍太原不克，以宰相張濬爲都統，華帥韓建爲副使，澤潞孫揆尚書以本道兵會伐。軍容使楊復恭與張相不叶，逗撓其師，因而自潰，由是貶張相爲繡州牧。孫尚書爲太原所執，詬罵元戎李公克用，以狗豬代之。李公大怒，俾以鋸解，雖加苦楚，而鋸齒不行。八座乃謂曰：「死狗豬，解人須用板夾，然後可得行，汝何以知之？」由此施板而鋸，方行未絶間，罵聲不歇。何乃壯而不怖，斯則君子之儒，必有勇也。近者劉知俊自梁奔秦，自秦奔蜀，驍暴之聲，天下咸聞焉。蜀先主坐其慘酷而誅之，受戮日，章皇萬端，乞命不暇，行刑者嗟而笑之。比孫帥，何勇怯之不侔也。孫揆尚書少年不慧，涕淚狼籍，蒙然而已。十五歲適然一變，非唯時俊，乃烈士也。《北夢瑣言》四。

# 趙崇

1 見夏侯澤1。

2 唐趙大夫崇凝重清介，門無雜賓。慕王濛、劉真長之風也，標格清峻，不爲文章，號曰無字碑。每遇轉官，舊例各舉一人自代，亞台未嘗舉人，云朝中無可代己也。世亦以此少之。梁相張策嘗爲僧，返俗應舉，亞台鄙之。或曰：「劉軻、蔡京，得非僧乎？」亞台曰：「劉、蔡輩雖作僧，未爲人知，翻然貢藝，有何不可？張策衣冠子弟，無故出家，不能參禪訪道，抗跡塵外，乃於御簾前進詩，希望恩澤。如此行止，豈掩人口？某十度知舉，十度斥之。」清河公乃東依梁主而求際會。蓋爲天水拒棄，竟爲梁相也。《北夢瑣言》三。又《廣記》五〇〇引。

3 見張策1。

4 見韓偓4。

5 唐昭宗時，翰林學士韓偓薦趙崇爲相，崇時爲御史大夫。梁祖嘗言於昭皇：「趙崇是輕薄團頭，於鄂州坐上佯不識駱駝，呼爲山驢王。」遂阻三事之拜。《實賓録》一四。《南部新書》甲。《諧噱録》（陶本《説郛》三四）。

6 見崔慎由4。

# 薛昭儉

1 薛昭儉，昭緯之兄也。咸通末數舉不第。先達每接之，即問曰：「賢弟早晚應舉？」昭儉知難而退。《唐摭言》一五。

# 薛昭緯

1 薛侍郎昭緯氣貌昏濁，杜紫微脣厚，温庭筠號温鍾馗，不稱才名也。薛侍郎未登第前，就肆買鞋，鞋主曰：「秀士脚第幾？」對曰：「與昭緯作脚來，未曾與立行第也。」《北夢瑣言》一〇。又《廣記》二五二引。

2 薛保遜，大中朝尤肆輕佻，因之侵侮諸叔，故自起居舍人貶洗馬而卒。其子昭緯，頗有父風，嘗任祠部員外，時李系任小儀，王蕘任小賓，正旦立仗班退，昭緯朗吟曰：「左金烏而右玉兔，天子旌旂。」蕘遽請下句，昭緯應聲答曰：「上李系而下王蕘，小人行綴。」聞者靡不大哂。天復中，自臺丞累貶登州司馬，中書舍人顔蕘當制，略曰：「陵轢諸父，代嗣其凶。」《唐摭言》一二。又《廣記》二五六引。《唐詩紀事》六七。

3 唐薛澄州昭緯，即保遜之子也，恃才傲物，亦有父風。每入朝省，弄笏而行，旁若無人。好唱《浣溪紗》詞。知舉後，有一門生辭歸鄉里，臨岐獻規曰：「侍郎重德，某乃受恩。爾後請不弄笏與唱《浣溪紗》，即某幸也。」時人謂之至言。有小吏常學其行步揖遜，公知之，乃召謂曰：「試於庭前，學得似則恕爾罪。」於是下簾擁姬妾而觀。小吏安詳傲然，舉動酷似。笑而舍之。《北夢瑣言》四。又《廣記》二六六引。

4 唐薛昭緯侍郎恃才與地，鄰於傲物。常以宰輔自許，切於大拜。于時梁太祖已兼四鎮，兵力漸大，有問鼎之心，速於傳禪。薛公銜命梁國，梁祖令客將約回。乃謂謁者曰：「大君有命，無容卻回。」速譫前邁。既至夷門，梁祖不獲已而出迎接，見薛公標韻詞辯，方始改觀。自是宴接，莫不款曲。一日，梁祖話及鷹鷂，薛公祗對，盛言鷙鳥之後，梁祖欣然，謂其亦曾放弄。歸館後傳語送鷂子一頭。薛生致書感謝，仍對來人戒僮僕曰：「令公所賜，真須愛惜，可以紙裹安鞲袋中。」來人失笑，聞於使衙。《北夢瑣言》一二。又《廣記》二六六引。

5 薛昭緯經巢賊之亂，流離道途，往來絶粮。遇一舊識銀工，邀昭緯飲食甚豐。以詩謝之曰：「一楪氊羹數十根，盤中猶更有紅鱗。早知文字多辛苦，悔不當初學治銀。」《南楚新聞》(張本《説郛》七三、陶本《説郛》四六)。又《類説》四五引。

6 南平王鍾傳在江西。有衙門吏孔知讓新治第，晝有一星隕於庭中。知讓方甚惡之，求典外戎，以空其第。歲餘，御史中丞薛昭緯貶官至豫章，傳取此第以居之，後遂卒於是。《稽神録》三。又《廣記》一四五引。

## 張道古

1 乾符中，道古在王鎔幕府，一日，久旱得雨，衆賓賦詩，道古最後曰：「亢陽今已久，嘉雨自雲傾。一點不斜去，極多時下成。」《唐詩紀事》七一。參見王敬傲1。

2 初，拾遺張道古貢「五危二亂」表，黜居於蜀。後聞駕走西岐，又遷東洛，皆契「五危」之事，悉歸「二亂」之源，因吟一章，上蜀王八丈，詩曰：「封章才達冕旒前，黜詔俄離玉座端。二亂豈由明主用，五危終被佞臣彈。西巡鳳府非爲固，東播鑾輿卒未安。諫疏至今如可在，誰能更與讀書看。」《鑒誡録》一。《唐詩紀事》七一。

3 昭宗之代，張拾遺道古因貢「五危二亂」表叙興廢之事，遂黜于蜀。時王太祖辟爲安撫判官。張所爲古僻，不徇時情，遂在導江縣名，賣卜遺日。及太祖登極，每思其賢，遣使詔之，屢徵不起。復上章疏，詞旨是非，帝遂誅之，瘞于五墓之地。鄭雲叟在華山聞之，吟詩哭曰：「曾陳章疏忤昭皇，撲落西南事可傷。豈使諫臣終屈辱，直疑天道惡忠良。生前賣卜居三蜀，死後馳名徧大唐。誰是亂來脩史者，説君須到筆頭忙。」《鑒誡録》四。

4 唐天復中，張道古，滄州蒲臺縣人。擢進士第，拜左補闕。文學甚富，介僻不羣。因上「五危二亂」表，左授施掾，爾後入蜀。先是，所陳「二亂」疏云：「只今劉備、孫權，已生於世矣。」懼爲蜀主所憾，無路棲託。洎逢開創，誠思徵召，爲幕寮排擯，卒不齒録，竟罹非命也。嘗自筮，遇凶卦，預造一穴，題表云：「唐左補闕張道古墓。」後果遇害而瘞之。人有獲其上蜀主書遺藁，極言幕寮掩其才學，不爲延譽。又非違時變，盤桓取禍之流也。補闕深於彖象，著書號《易題》數卷，行於世。《北夢瑣言》五。

5 道古，臨淄人。景福中進士，釋褐爲著作郎，遷右拾遺。播遷之後，方鎮阻兵，道古上危亂疏云：「只今劉備、孫權，已生於世矣。」謫施州司户參軍。後入蜀，王氏聞而憾之。乃變姓名，賣卜導江青城市中。建開國，召爲武部郎中，至玉壘關，謂所親曰：「吾唐室諫臣，終不能拳跽與鷄犬同食，雖召必再貶。

於死之日，葬我於關東不毛之地，題曰唐(佐輔)〔左〕補闕張道古墓。」後遇害。妻亦繼亡，蜀主憫之，俾祔葬焉。《唐詩紀事》七一。《十國春秋》四二。

## 楊貽德

1 唐乾寧中，補闕楊貽德，華族科名，德孤道直，不容於時，請告華陰。方屬京國擾攘，乃謀南來，藏跡於江陵閭巷，僦居不露行止，旅舍無烟，藜藿不給，未嘗隕穫。於時成中令延接朝客，士有依劉之言。弘農韜藏，不及門宇。一旦堂帖追回，成令驚訝，以爲聞聽不至，闕申情禮，兼以入翰苑秉鈞軸期之。補闕曰：「人之官職，又非妄圖，令公過飾，何當獎遇。今宰相何必要某，至於垂搜羅之命？他日不過作南中一刺史爾，此際必有奉擾。」中令贈三百緡，只受三十緡，辦裝所賸卻納。朝廷號爲「鐵補闕」。未久，除道州收，卻經江陵，告成令求十人散從官衣裝，五十千行資，他無所要。成令甚重之。他日棲南嶽，與玄泰布衲、遁希禪師同居車箱源雙泉。歸本長老得祖印於楊公。既歿，家人亦終，似得懸解之道也。本公得禪道於三賢，乃鄭起先輩爲愚話之。《北夢瑣言》一二。

## 裴廷裕

1 小歸尚書榜，裴起部與邠之李搏先輩舊友。搏以詩賀廷裕曰：「銅梁千里曙雲開，仙籙新從紫府來。天上也張新羽翼，世間無復舊塵埃。嘉禎果中君平卜，賀喜須斟卓氏盃。應笑戎藩刀筆吏，至今泥滓曝魚鰓。」既而復以二十八字譴之曰：「曾隨風水化凡鱗，安上門前一字新。聞道蜀江風景好，不知何似杏園春？」裴有六韻答曰：「何勞問我成都事，亦報君知便納降。蜀柳籠堤煙矗矗，海棠當户燕雙雙。富春不並窮師子，濯錦全勝旱曲江。高卷絳紗楊氏宅，時主文寓楊子巷，故有此句。半垂紅袖薛濤窗。浣花泛鷁詩千首，静衆尋梅酒百缸。若説絃歌與風景，主人兼是碧油幢。」《唐摭言》三。又《詩話總龜》前集二八引。《唐詩紀事》六一。

2 見姚洎2。

## 姚洎

1 唐韓偓與姚洎皆爲翰林學士，從昭宗幸岐。偓每與兩敕使會棋，兩使稍不勝，洎即以手壞之，偓呼爲「白鸚鵡」。如此者不一。若洎不在坐，兩使將輸，必大呼「白鸚鵡」，洎應聲而至，即爲壞局。偓曰：「求知之道，一何卑耶？」因撥局而起。《實賓録》八。

2 裴廷裕，乾寧中在内庭，文書敏捷，號爲下水船。梁太祖受禪，姚洎爲學士，嘗從容，上問及廷裕行止，洎對曰：「頃歲左遷，今聞旅寄衡水。」上曰：「頗知其人構思甚捷。」對曰：「向在翰林，號爲下水船。」太祖應聲謂洎曰：「卿便是上水船也。」洎微笑，深有慙色。議者以洎爲急灘頭上水船也。《唐摭言》一三。又《廣記》二五七引。《鷄跖集》（《類説》二九）。《唐詩紀事》六一。

3 後唐姚相名洎，善談吐，仍多辯捷。表兄弟崔沂侍郎戲之曰：「洎訓肉汁，胡爲名？」洎無以酬之。然洎亦訓至。《北夢瑣言》八。

## 顔蕘

1 顔給事蕘謫官，没於湖外。嘗自草墓誌。性躁急不能容物，其誌詞云：「寓于東吴，與吴郡陸龜蒙爲詩文之交，一紀無渝。龜蒙卒，爲其就木至穴，情禮不缺。其後即故諫議大夫高公丞之、故丞相陸公扆二君，於蕘至死不變。其餘面交，皆如攜手過市，見利即解攜而去，莫我知也。復有吏部尚書薛公貽矩、兵部侍郎于公兢、中書舍人鄭公撰三君子者，余今日已前不變，不知異日見余骨肉孤幼，復如何哉。」《北夢瑣言》六。又《廣記》二三五引。

## 張峴

1 張峴妻，顔蕘舍人猶女。峴有樊表兄者，來自江之南，告峴請叩蕘求宰字。峴許之，而蕘久不應，樊謂誑己，中心銜之頗切。一旦，謂峴曰：「弟卷軸不鄙，惡札可以佐弟。」峴欣然，以十餘軸授之，皆要切卷子，延引逼試，每軸頭爲札三兩紙而授之，峴鬱悒而已。《唐摭言》九。

## 盧駢

1 盧駢員外，才俊之士，忽一日晏抵青龍精舍，休於僧院，氣淒慘，如蓄甚憂者，吁嗟往復于軒檻間。

僧問，不對。逮夜，將整歸騎，徘徊四顧，促命毫硯，題於南楣曰：「壽夭雖云命，榮枯亦太偏。不知雷氏劍，何處更衝天。」題畢，草草而去。涉旬出官，未逾月卒。其詩至今在院，僧逢人輒話其異。《闕史》下。又《廣記》一四四引。《唐詩紀事》六六。

## 杜孺休

1 初，沈粲之攻杜儒林，儒林曰：「勿殺我，與你金。」粲曰：「殺爾，金將焉往？」遂殺之。儒林，延休異母兄弟也，同日而生，至是同日而死，異哉。《吴越備史》一。案：岑仲勉《元和姓纂四校記》考訂「儒林」爲「孺休」之誤。

## 戴司顔

1 見吴融6。

## 李克助

1 李克助爲大理卿，昭宗在華州，鄭縣令崔鑾，有民告舉放絁絹價，刺史韓建令計以爲贓，奏下三司定罪。御史臺、刑部奏罪當絞，大理寺數月不奏。建問李尚書：「崔令乃親情耶，何不奏？」克助云：「裨公之政也。」韓云：「崔令犯贓，奈何言我之過也？」李云：「聞公舉放，數將及萬矣。」韓曰：「我華州節度，華州民，我民也。」李曰：「華民乃天子之民，非公之民。若爾，則鄭縣民，乃崔令之民也。」建服其論，乃捨崔令之罪，謫潁陽尉。《聞奇録》（《廣記》五〇〇）。《玉泉子》。　案：李克助，《玉泉子》作「李克勤」。

## 薛廷珪

1　唐薛廷珪少師，右族名流，仕於衰世。梁太祖兵力日強，朝廷傾動，漸自尊大，天下懼之。孤卿爲四鎮官告使，夷門客將劉翰先來類會。恐申中外，孤卿佯言不會，謂謁者曰：「某無德，安敢輒受令公拜。」竟不爲屈。洎受禪之後，勉事於梁，而太祖優容之，壽考而終也。中間奉命册蜀先主爲司徒，館中舊疾發動，蜀人送當醫人楊僕射，俾攻療之。孤卿致書感謝，其書末請借肩輿歸京尋醫。蜀主訝之，乃曰：「幸有方藥，何不俟愈而行？」堅請且駐行軒。公謂客將曰：「夜來問此醫官，殊不識字。安可以性命委之乎？」竟不服藥而北歸。《北夢瑣言》五。

## 于晦

1　國子司業于晦，曾上崔相國公胤啓事數千字，上至堯舜，下及隋唐，一興一替，歷歷可紀。其末散漫，殊非簡略。所以儒生中通變者鮮矣。《北夢瑣言》七。

## 孔拯

1　唐孔拯侍郎作遺補時，朝回遇雨，不齎油衣，乃避雨於坊叟之廡下。滂注愈甚，已過食時，民家意其朝飢，延入廳事。俄有一叟，烏帽紗巾而出，迎候甚恭。因備酒饌，一一精珍，乃公侯家不若也。孔公慚謝之，且借油衣。叟曰：「某寒不出，熱不出，風不出，雨不出，未嘗置油衣。然已令鋪上取去，可以供借也。」孔公賞羨，不覺頓忘宦情。他日説於僚友，爲大隱之美也。《北夢瑣言》一〇。又《廣記》二〇二引。

## 竇禹鈞

1 竇禹鈞年三十，未獲嗣，夜夢祖父謂曰：「汝年過無子，又壽不永，當早修陰德。」禹鈞唯諾。家僕盜用數百千錢，懼事發，遂遁，寫卷繫女臂曰：「賣此女以償欠。」公憫而嫁之。僕感泣，歸訴前罪，公置不問。由是圖公像，日焚香以祝公年。又嘗入佛寺，得遺銀二百兩、金三十兩，黎明復入院，以伺失者。果一人泣涕而至，公問其故，曰：「爲父犯大辟，遍告諸親，貸得此物，用贖父罪。昨暮失去，父不復贖矣。」公驗實還之，更有所贈。又内外姻婭，有喪不舉，有女不嫁者，公一切周旋。歲之所入，除伏臘供給外，皆以周急。家尚儉素，建書院四十間，聚書萬卷，延文行師儒，有志於學者，聽其自至。是以由公門而貴者，前後接武。公歷官至左諫議大夫致仕。義風家法，實一時標準。生五子，並登第。儀，禮部尚書；儼，禮部侍郎；侃，左補闕；偁，參知政事；僖，起居郎。公一夕復夢祖父謂曰：「陰陽之理，大抵無異，善惡之報，或在見世，或在來世。天網恢恢，疏而不漏，無可疑者。汝本無子，又降年不永，以陰德故，天延汝壽三紀，賜汝五子貴顯，壽終當爲洞天真人。」公益進修，年八十二，沐浴别親舊，談笑而逝。《范文正公集》（《樂善録》二）。

2 諫議大夫竇禹鈞子五人，俱進士及第。馮道詩云：「燕山竇十郎，教子有義方。靈椿一株老，丹桂五枝芳。」時號竇氏五龍。《先公談録》（《類説》一五）。《楊文公談苑》（《宋朝事實類苑》一一）。《春明退朝録》（《宋朝事實類苑》二四）。《玉壺野史》二。《古今詩話》（《詩話總龜》前集二七）。

## 崔 瑑

1 唐天祐三年，拾遺充史館修撰崔瑑進狀，以堂叔母在孟州濟源私莊，抱疾加甚，無兄弟奉養，無强近告投，兼以年將七十，地絶百里，闕視藥膳，不遑曉夕，遂乞假躬往侍疾。勑旨依允，時人義之。或曰：「避禍而享義名者，亦智也。」《北夢瑣言》一五。

## 蘇 循

1 唐末，蘇循尚書謟媚苟且，梁太祖鄙之。他日至并門謁晉王，時張承業方以匡復爲意，而循忽獻晉王畫敕筆一對，承業愈鄙薄之。《北夢瑣言》一〇。又《廣記》二三九引。

## 蘇 楷

1 昭宗先謚聖穆景文孝皇帝，廟號昭宗，起居郎蘇楷等駮議，請改爲恭靈莊閔皇帝，廟號襄宗。蘇楷者，禮部尚書蘇循之子，乾寧二年應進士。楷人才寢陋，兼無德行，昭宗惡其濫進，率先黜落，由是怨望，專幸邦國之災。其父循，姦邪附會，無譽於時，故希旨苟進。梁祖識其險詖，滋不悦。時爲敬翔、李振所鄙。梁祖建號，詔曰：「蘇楷、高貽休、蕭聞禮，皆人才寢陋，不可塵污班行，並停見任，放歸田里。蘇循可令致仕。」河朔人士目蘇楷爲衣冠土梟。《北夢瑣言》一七。又《廣記》二三九引。《侯鯖録》三。

## 劉建封

1 唐天復中，湖南節度使劉建封淫其牽攏官陳忘其名。之婦，陳爲同列所戲，耻而發怒，伺便以蒺藜擊殺之。馬氏有其位，於今禁蒺藜，蓋懲彭城之遭罹也。《北夢瑣言》一二。

## 江彦温

1 梁祖圖霸之初，壽州刺史江彦温以郡歸我，乃遣親吏張從晦勞其勤。而從晦無賴，酒酣，有飲徒何藏耀者與之偕，甚昵。每事悮稟從晦，致命于郡。彦温大張樂邀不至，乃與藏耀食于主將家。彦温果疑恐曰：「汴王謀我矣。不然，何使者之如是也？」乃殺其主將，連誅數十人，而以狀白其事。既而又疑懼曰：「訴其腹心，亡我族矣。」乃自縊而死。梁祖大怒，按其事，腰斬從晦；留藏耀，列其贇，械斬于壽春市。《北夢瑣言》一六。又《廣記》二六四引。

## 劉自然

1 唐天祐中，秦州有劉自然者，主管義軍桉。因連帥李繼宗點鄉兵捍蜀，成紀縣百姓黄知感者妻有美髮，自然欲之，謂知感曰：「能致妻髮，即免是行。」知感之妻曰：「我以弱質託於君，髮有再生，人死永訣矣。君若南征不返，我有美髮何爲焉？」言訖，攬髮翦之。知感深懷痛愍，既迫于差點，遂獻于劉。知感竟亦不免繇戍，尋殁于金沙之陣。黄妻晝夜禱天號訴，是歲自然亦亡。《儆戒録》（《廣記》一三四）。

## 韓全誨

1 見崔胤8。

## 胡弘立

1 景福二年，四月十七日夜，見掃星長十餘丈。承旨陳匡用奏：「當有亂臣，將入宫内。」昭宗乳母名曰芥子，自即位加夫人，衆呼白婆。左神策軍天威都軍使胡弘立，先是軍中馬騎官，巧佞取容，朝廷達官多重之。楊復恭爲軍主，與改姓名爲楊守節。主上每出畋遊，經天威軍内，其楊守節以憸巧趨附，乞與主上爲兒，既而允從，頗生驕縱。於是引聖人入堂室，令妻妾對於庭簷，或入内中，經旬不出，致主有撫楹之咎，爲臣懷通室之非。承醉奏云：「玉印金箱，兒未曾識，望阿郎略將宣示，以慰平生。」其白婆在側，曰：「此寶非凡人得見，不用發言！」於是奏曰：「除此老嫗，才應太平。」從此白婆得罪，不見蹤由。兩神策軍以其事漸乖，必爲大禍，與諸王商議，須急去除。於重陽節向樞密院中排宴，喚入謝恩，卻出宣化門，供奉官似先知，袖劍揮之，諸王相次剸刃，以爲菹醢。《唐補紀》(《通鑑考異》二六)。　案：《通鑑考異》作大順二年十二月事。據《舊唐書·宦官傳》、《新唐書·宦者傳》，胡弘立從楊復恭改姓名楊守立，後昭宗賜姓名李順節。

## 孫德昭

1　見唐昭宗10。

## 嚴遵美

1　唐左軍容使嚴遵美，於閹宦中仁人也。自言北司爲供奉官袴衫給事，無秉簡入侍之儀。又云：「樞密使廨署，三間屋書櫃而已，亦無視事廳堂。狀後貼黃，指揮公事，乃是楊復恭奪宰相權也。」自是常思退休。一日發狂，手足舞蹈，家人咸訝。傍有一貓一犬，貓謂犬曰：「軍容改常也，顛發也。」犬曰：「莫管他，從他。」俄而舞定，自驚自笑，且異貓犬之言。遇昭宗播遷鳳翔，乃求致仕梁川。蜀軍收降興元，因徙於劍南，依王先主，優待甚異。於青城山下，卜別墅以居之。年過八十而終。其忠正謙約，與西門季玄爲季孟也。于時誅宦官，唯西川不奉詔，由是脱禍。家有《北司治亂記》八卷，備載閹宦忠佞好惡。嘗聞此傳，偶未得見。即巷伯之流，未必俱邪。良由南班輕忌太過，以致參商，蓋邦國之不幸也。《北夢瑣言》一

○。又《廣記》一四五引。

2 古者閹官擅權專制者多矣，其間不無忠孝，亦存簡編。唐自安、史已來，兵難薦臻，天子播越，親衛戎柄皆付大閹，魚朝恩、竇文場乃其魁也。爾後置左右軍、十二衛，觀軍容、處置、樞密、宣徽四院使，擬於四相也。十六宮使，皆宦者爲之。分卿寺之職，以權爲班行備員而已。供奉官紫綬入侍。後軍容使楊復恭俾其欄笏宣導，自弘農改作也。嚴遵美，内褐之最良也。嘗典戎。唐末致仕，居蜀郡，鄙叟庸夫，時得親狎。其子仕蜀至閤門使。曾爲一僧致紫袈裟，僧來感謝，書記所謝之語於掌中。方屬炎天，手汗模糊，文字莫辨。折腰而趨，汗流喘乏，只云：「伏以軍容」，寂無所道，抵掌視之，良久云：「貌寢人微，凡事無能。」嚴公曰：「不敢。」退而大咍。嚴公物故，蜀朝册贈，命給事中竇雍，堅不承命。雖偏霸之世，亦不苟且，士人多之。《北夢瑣言》六。《唐語林》八。

## 楊憚

1 楊憚内侍，字道濟。僖皇末，權樞密，出爲浙西監軍。朱梁篡後，竄身投武肅，居越中。長八尺，有黄白法，善壬課，事饌至精，四季皆牓廚。手寫九經三史百家，用蒲薄紙，字如蠅頭。年九十餘卒。《南部新書》癸。

## 趙匡凝

1 唐襄州趙匡凝令公，世勳嗣襲。人質甚偉，酷好修容，前後垂鏡以整冠櫛，往往以家諱刑人。相國崔公胤出鎮湖南，由峴首，趙令逢迎開宴，崔相從容而規之曰：「聞令公以文字刑人，甚無謂也。聞名心矍，但有顰蹙，豈可笞責及人耶？」俄而近侍以紅拂子於烏巾上拂之，相國又曰：「此尤不可也。」陪寮俛首而已。天水其後漢南失守，已而奔吴，路由夏口，杜洪念公郊迓，以主座遜之，遽尸其位。其不識去就，皆此類也。竟罹禍於淮甸，宜乎！《北夢瑣言》四。案：趙匡凝，原作「趙康凝」，避宋諱。

## 王行瑜

唐乾寧二年，邠州王行瑜會李茂貞、韓建入覲，決謀廢立。帝既睹三帥齊至，必有異謀，乃御樓見之，謂曰：「卿等不召而來，欲有何意？」茂貞等汗流浹背，不能對，但云：「南北司紊亂朝政。」因疏：「韋昭度討西川失謀，李磎麻下，爲劉崇龜所哭，陛下不合違衆用之。」及令宦官詔害昭度已下，三帥乃還鎮，内外冤之。初，王行瑜跋扈，朝廷欲加尚書令，昭度力止之曰：「太宗以此官總政而登大位，後郭子儀以六朝立功，雖有其名，終身退讓。今行瑜安可輕授焉！」因請加尚父。至是爲行瑜所憾，遽罹此害，後追贈太師。李磎字景望，拜相麻出，爲劉崇龜抱而哭泣，改授太子少傅。乃上十表及納諫五篇，以求自雪。後竟登庸，且訐崇龜之惡。時同列崔昭緯與韋昭度及磎素不相協，王行瑜專制朝廷，以判官崔鋌入闕奏事，與昭緯關通，因託鋌致意，由是行瑜率三鎮脅君，磎亦遇害。其子渷，有高才，同日害之。磎著書百卷，號「李書樓」。後追贈司徒。太原李克用破王行瑜後，崔昭緯貶而賜死。昭皇切齒，下詔捕崔鋌。亦冤報之一事也。《北夢瑣言》一四。又《廣記》一二三引。

# 李茂貞

1 見唐昭宗17。

2 天復元年，鳳翔李茂貞請入覲奏事，朝廷允之，蓋軍容使韓全誨與之交結。昭宗御安福樓，茂貞涕泣陳匡救之言，時崔胤密奏曰：「此姦人也，未足爲信，陛下宜寬懷待之。」翌日，宴於壽春殿，茂貞肩輿，衣駞褐，入金鑾門，易服赴宴，咸以爲前代跋扈，未有此也。時韓全誨深相交結，崔胤懼之，自此亦結朱全忠，竟致汴州迎駕，與鳳翔連兵。劫遷入洛之始，識者以王子帶召戎，崔胤比之。先是茂貞入闕，焚燒京城，是宴也，俳優安轡新號茂貞爲「火龍子」，茂貞慚惕俛首，宴罷有言：「他日須斬此優。」轡新聞之，因請假往鳳翔，茂貞遥見，詬之曰：「此優窮也，胡爲敢來？」轡新對曰：「只要起居，不爲求救。」茂貞曰：「貧儉如斯，胡不求乞？」安曰：「近日京中但賣麩炭，可以取濟，何在求乞？」茂貞大笑而厚賜，赦之也。《北夢瑣言》一五。又《廣記》二五二引。

3 昭宗教坊安轡新，從事岐帥李茂貞。時軍費不充，仍榷油官沽。或曰：「近日官油全賣不得。」蓋謂諸門放入松明，侵奪官利，宜速禁止。茂貞即令揭榜。安轡新曰：「此是大好，若是和月明斷却着更好。」茂貞大笑，遂寢前榜。《紀異録》(《類説》一二)。《易齋笑林》(《古今合璧事類備要》外集五四)以安轡新爲張廷範。

4 秦王李茂貞請三傳王利甫講《春秋》。利甫古僻性狷，然演經義文，亹亹堪聽，茂貞連月聽之不倦。利甫後寄褐於道門，改名晝。卒於洛中也。《北夢瑣言》一三。

# 韓　建

1 六宅諸王，准前商量，請置殿後都。韓建怨怒，進狀争論，與諸王互説短長，上乃縛韓王克良已下十人送韓建府。建以棘刺圍於大廳，經宿不與相見。軍吏諫，遂請諸王歸宫，散卻殿後都。《唐補紀》（《通鑑考異》二六）。

2 建以行宫卑庳，無眺覽之所，表獻城南别墅。建初修南莊，起樓觀，疏池沼，欲爲南内，行廢立之事。其叔父豐見其跋扈，謂建曰：「汝，陳、許間一民，乘時危亂，位至方鎮，不能感君父之惠，而欲以同、華兩州百里之地行廢立，覆族在旦莫矣。吾不如先自裁，免爲汝所累。」由是建稍弭其志。及李茂貞表請助營宫苑，又聞朱全忠繕治洛陽，累表迎駕，建懼，故急營葺長安，率諸道助役，而又親程功焉。《實録》（《通鑑考異》二七）。

3 見李克助1。

4 韓建龘暴好殺而重佛教。治華州，患僧衆龐雜，犯者衆，欲貸之則不可，盡治之則恐傷善類，乃擇其徒有道行者，使爲僧正以訓治之。而擇非其人，反私好惡予奪，修謹者不得伸，犯法者愈無所憚。建久之乃悟。一日，忽判牒云：「本置僧正，欲要僧正。僧既不正，何用僧正，使僧自正。」傳者雖笑，然亦適中理。《避暑録話》下。

5 韓建喪母，尋訪松楸之地。有術士云：「只有一穴，可置大段錢物，亦乃不久而散。若華州境内，即莫加於此也。」建乃廣收商税，二載之後，有見錢九百萬貫，後三年，盡爲朱全忠所有。《中朝故事》。又《廣記》三九〇引。

6 見李巨川2。

## 孫儒

1 荆南孫儒之亂，米斗四十千，持金寶換易，纔得一撮一合，謂之「通腸米」。言飢人不可食他物，惟煎米飲之，可以稍通腸胃。《南楚新聞》（《類説》四五、張本《説郛》七三、陶本《説郛》四六）。

2 初，楊行密軍師張某，或曰李某，頗善占算。前一日謂行密曰：「明日大水，亭午可獲孫儒。」時畏日曦赫，儒兵正勝，人皆哂其言。及詰旦，西北有雲大如箕，漸漸瀰漫，俄而澍雨，大水暴作。儒謂衆曰：「城中大水將及我，諸營自顧，無相救也。」俄而水深丈餘，城中知其號令，乃徑出兵邀擊儒營，他皆不救，因獲儒。軍師之言果驗。《吴越備史》一。

## 李罕之

1 李罕之，河陽人也。少爲桑門無賴，所至不容。曾乞食於滑州酸棗縣，自旦至晡，無與之者，擲鉢于地，毁僧衣，投河陽諸葛爽爲卒。罕之即僧號，便以爲名。素多力，或與人相毆，毆其左頰，右頰血流。爽尋署爲小校，每遣討賊，無不擒之。蒲、絳之北有摩雲山，設堡栅于上，號摩雲寨。前後不能攻取，時罕之下焉，自此號李摩雲。累歷郡侯、河南尹節將，官至侍中。卒於汴州。荆南成汭之流也。《北夢瑣言》一五。又《廣記》二六四引。

2 見張全義3。

## 王鎔

1 光啓元年，鎮州王鎔進耕牛一千頭，戎器九千三百事。表云：「庶資鬬士之功，聊備除凶之用。」《南部新書》丙。

2 景福中，幽州帥李匡威率兵救鎮州，軍次博水。會軍亂，推其弟匡儔充留後，諸軍皆散，乃以書報弟，付之軍政。南欲赴闕，泊於陸澤。鎮州趙王王鎔以匡威救難失國，因請税駕於常山府郭，以中離變。會匡威有幕客李貞抱自闕回，與匡威相遇，同登寺樓，觀鎮州山川之美，有愛戀之意，乃謀託親忌。王鎔既造之，逼以兵仗，同詣理所，乃入自子城東門。門内有鎔親騎，營中之卒忽掩其外關，復於闕垣中有一人識是王鎔，遽挾于馬上，肩之而去。匡威格鬬移時，與貞抱俱死。鎔年十六七，疏瘦，當與匡威並轡之時，雷電忽起，雨雹交下，而屋瓦皆飛，拔大木數株。明日，鎔但覺項偏痛，乃因有力者所挾，不勝其苦故也。訪之，則曰：「墨君和，鼓刀之士也。」天意冥數信然。鎔自脱此難，更在位三十餘年。不有神明扶持，何以獲免？《北夢瑣言》一三。

3 見墨君和1。

4 成德節度王鎔求長生不死，日延異人方士，坐邃宇，映水精金脈屏風焚香，謂飛昇可致。吏民莫不竊笑。《清異録》下。

## 墨君和

1 真定墨君和，幼名三旺。世代寒賤，以屠宰爲業。母懷妊之時，曾夢胡僧攜一孺子，面色光黑，授之曰：「與爾爲子，他日必大得力。」既生之，眉目稜岸，肌膚若鐵。年十五六，趙王鎔初即位，曾見之，悦而問曰：「此中何得崑崙兒也？」問其姓，與形質相應，即呼爲「墨崑崙」，因以皂衣賜之。是時常山縣邑屢爲並州中軍所侵掠，趙之將卒疲於戰敵，告急於燕王李匡威，率師五萬來救之。并人攻陷數城，燕王聞之，躬領五萬騎，徑與晉師戰於元氏，晉師敗績。趙王感燕王之德，椎牛釃酒，大犒於稾城，輦金二十萬以謝之。燕王歸國，比及境上，爲其弟匡儔所拒，趙人以其有德於我，遂營東圃以居之。燕主自以失國，又見趙主之方幼，乃圖之，遂矣伏甲，俟趙王旦至，即使擒之。趙王請曰：「某承先代基構，主此山河，每被鄰寇侵漁，困於守備。賴大王武略，累挫戎鋒，獲保宗祧，實資恩力。顧惟幼懦，夙有卑誠，望不忽忽，可伸交讓。願與大王同歸衙署，即軍府必不拒違。」燕王以爲然，遂與趙王並轡而進。俄有大風並黑雲起於城上，俄而大雨，雷電震擊。至東角門内，有勇夫袒臂旁來，拳毆燕之介士，即挾負趙主，踰垣而走。遂得歸公府。王問其姓名，君和恐其難記，但言曰：「硯中之物。」王心志之。左右軍士既見主免難，遂逐燕王。燕王退走於東圃，趙人圍而殺之。明日，趙王素服哭於庭，兼令具以禮斂，仍使告於燕主。匡儔忿其兄之見殺，即舉全師伐趙之東鄙，將釋其憤氣，而致十疑之書。趙王遣記室張澤以事實答之，其略曰：「營中將士，或可追呼。天上雷霆，何人計會。」詞多不載。趙主既免燕主之難，召墨生以千金賞之，兼賜上第一區，良田萬畝。仍恕其十死，奏授光禄大夫。終趙王之世，四十年間，享其富貴。當時閭里有生子或顔貌黑醜者，多云：「無陋，安知他日不及墨崑崙耶？」《劉氏耳目記》（《廣記》一九二）。

## 周 式

1 梁祖陷邢州，進軍攻王鎔于常山。趙之賓佐有周式者，性慷慨，有口才，謂王鎔曰：「事急矣！速決所向，式願爲行人。」即出見之。梁祖曰：「王公朋附并、汾，違盟爽信，弊賦已及於此，期于無舍。」式曰：「明公爲唐室之桓、文，當以禮義而成霸業。王氏今降心納質，願修舊好，明公乃欲窮兵黷武，殘滅同盟，天下其謂公何？」梁祖笑引式袂，謂之曰：「與公戲耳。」鎔即送牛酒幣貨數萬犒汴軍，仍令其子入質于汴，因而解圍。近代之魯仲連也。《北夢瑣言》一七。

## 劉仁恭

1 劉仁恭微時，曾夢佛旛於手指飛出。或占之曰：「君年四十九，必有旌幢之貴。」後如其説，果爲幽帥。自破太原軍於安塞城後，士兵精强，孩視鄰道，發管内丁壯，號三十萬，南取鄴中，圖袁、曹之霸。先下甘陵，無少長悉坑之。初治甘陵，城下有鵂鶹數頭飛下幄帳内，逐之復來，仁恭惡之。竟爲魏軍汴軍夾攻，大敗之，殺其名將單可及，仁恭單馬而遁。于時軍敗於內黃。爾後汴帥攻燕，亦敗於唐河。他日命使聘汴，汴帥開宴，俳優戲醫病人以譏之，且問病狀：「內黃以何藥可瘥？」其聘使謂汴帥曰：「內黃可以唐河水浸之，必愈。」賓主大笑，賞使乎之美也。《北夢瑣言》一四。又《廣記》二七八引。

## 王師範

1 王師範鎮青州，以其祖父版籍舊地，凡本縣令新到，必備儀注，躬往投刺，縣令畏懼出迎，不許之。師範令二三客，將挾縣令坐於廳上。命執事通曰：「百姓節度使王某。」參拜於庭中而出。縣令惶惑，步隨至府謝罪，加遜而遣之。從事多諫其非宜，請不行。師範曰：「以某之見則不然，將所以荷國恩而敬念先世，示子孫不忘於本故爾。」師範器宇英儁，短於寬恕，殺戮過差，人知其必敗。《金華子》上。

2 王師範性甚孝友，而執法不渝。其舅柴某酒醉毆殺美人張氏，爲其父詣州訴冤，師範以舅氏之故，不以部民目之，呼之爲父，冀其可厚賂和解，勉諭重疊。其父確然曰：「骨肉至冤，唯在相公裁斷爾。」曰：「若必如是，即國法，予安敢亂之！」柴竟伏法。其母恚之，然亦不敢少責。至今青州猶印賣王公判事。《金華子》下。

3 王師範非名族，世承姑息。及其死也而無辭，輒有長幼之序。三川之士多焉。《南部新書》癸。

## 成汭

1 見鄭準2。

2 唐荊州成令公汭，領蔡州軍戍江陵，爲節度使張瓌謀害之，遂棄本都，奔於秭歸。一夜爲巨蛇繞身，幾至于殞，乃曰：「苟有所負，死生唯命。」逡巡蛇亦亡去。爾後招輯户口，訓練士卒，沿流而鎮渚宮。尋授節旄，撫綏凋殘，勵精爲理。初年居民唯一十七家，末年至萬户。勤王奉國，通商務農，有足稱焉，朝廷號北韓南郭。韓即華州韓建。成令初姓郭，後歸本姓。有孔目官賀隱者，亦返俗僧也，端貞儉約，始爲腹心。凡有闕政，賴其規贊。自賀隱物故，率由胸襟，加以騁辯陵人，又多矜伐，爲識者所鄙。婦翁竺知章，乃餅匠也，言多不遜。又元子微過，皆手刃之，竟無系嗣。樓船之役，幕僚結舌，終至鄂渚之敗，惜哉！《北夢瑣言》四。又《廣記》四五九引。

3 荊州成令公汭，唐天復中，准詔統軍救援江夏。舟楫之盛，近代罕聞。已決行期，不聽諫諍，師次公安縣。寺有二金剛神，土人號曰二聖，亦甚有靈。中令艤舟而謁之，炷香虔誠，冥禱勝負。以求杯珓陰陽之兆。凡三十擲皆不吉，乃謂所信孔目官楊師厚曰：「卦之不吉，如之何？」師厚對曰：「令公數年造船，旌旗已啓，中路而退，將何面目回見軍民？」於是不得已而進，竟有破陣之敗。身死家破，非偶然也。向使楊子察人之情，幸其意怠，一言而止，則成氏滅亡，未可知也。《北夢瑣言》九。又《廣記》一四五引。

4 唐天祐中，淮師圍武昌不解，杜洪令公乞師於梁王。梁王與荊方睦，乃諷成中令帥兵救之。於是稟奉霸主欲親征，乃以巡屬五州事，力造巨艦一艘，三年而成，號曰和州載。艦上列廳事洎司局，有若衙府之制。又有齊山截海之名，其於華壯，即可知也。飾非拒諫，斷自己意，幕賓僉仰，不措一詞，唯孔目官楊厚贊成之。舟次破軍山下，爲吴師縱燎而焚之，中令溺死，兵士潰散。先是改名曰汭，汭字，即水内也。水内之死，豈非前兆乎？湖南及(郎)〔朗〕州軍入江陵，俘載軍人百姓，職掌伎巧，僧道伶官，並歸長沙。改汭之名，和州之説，蓋前定也。《北夢瑣言》五。又《廣記》一五八引。

5 成中令鎮荊南，請道士梁威儀行法事。俯伏奏章，頓首存想，因之不起，乃醉睡也。成公斥之，毁廢道場。《北夢瑣言》一〇。《秀水閒居録》（陶本《説郛》四一）。

6 見徐彦若2。

7 荊南舊有五花館，待賓之上地也。故蔣肱上成汭詩云：「不是上台名姓字，五花賓館敢從容。」《南部新書》癸。

## 董昌

1 董昌，臨安人也。始爲王團軍破山賊有功，爲石鏡鎮將，尋遷杭州。平彭城漢宏，復除越州。其始在餘杭，洎領越州，頗有廉儉之度，累授開府儀同三司、檢校太尉、同平章事，封隴西郡王。時屬京師喪亂，文籍多亡，越州有裴氏書樓，昌悉取其書以貢，授諸道採訪圖籍使。既而恣爲淫虐，凡按罪人，無輕重枉直，必命骰子，使之對擲，勝者宥之，否則殺之，而案牘不復參決，但一槩誅戮。而越州有白樓門，門外即殺戮之所，地爲之殷，守門者嘗夜聞鬼哭。凡軍中制度，多所改易。隸中軍者衣黄布，背印威儀二字；隸外軍者衣白布，字號如之。凡所器玩，無大小，皆號以元字，軍中文其臂者亦如之。識者以爲元者，錢之文也，皆當歸錢氏。昌建生祠，諸郡置土馬，有訴馬嘶發汗者，畢被賞。又立將吏木偶，悉用長釘以釘其足，曰更三二百年，免有顛踣。末年盈滿，遂圖僭亂，故妖人應智等竟以幻惑進，愚民俗吏致龜魚符印者，日以百數。又集無賴之徒，皆斷腕劈耳，號曰感恩都，以備腹心。及議立國號，有客使倪德儒語昌曰：「中和辰巳間，越中嘗有聖經云：『有羅平鳥主越人禍福，敬則福，慢則禍。』于是民間悉圖其形以禱之。今觀大王署名，與當時鳥狀相類。」乃出圖示昌，昌欣然遂以爲號。僭立之際，年月日時皆用卯，從妖言也。或云：古讖書云江東岸上重日生。昌以名應之，故悉用卯，以符日出之義也。《吴越備史》一。

2 董昌未遇前，有山陰縣老人爲上言於昌曰：「今大王善政及人，願萬歲帝爲越以福兆庶。三十年前已有謡言，正合今日，故來獻。其言曰：『欲識聖人姓，千里草青青；欲知聖人名，日從日上生。』」昌得之大喜，因讀曰：「天命早已歸我，我爲天子矣。」乃贈老人百縑，仍免其征賦。先遣道士朱思遠，立壇醮上帝。忽一夕云，天符降於函中，有碧紙朱書，其文人不可識。思遠言天命合興董氏。又有王守貞者，俗謂之王百藝，極機巧。初立生祠，雕刻形像，塑繪宫嬪，及設兵衞，狀若鬼神，皆百藝所爲也。妖僞之際，尤興百藝幻惑之術。昌每言：「我聞兔子上金牀，讖我也。我卯生，來歲屬卯。二月二日亦卯，即卯年卯月卯日，仍當以卯時，萬世之業，利在於此。」乾寧二年二月二日，率軍俗數萬人，僭衮冕儀衞，登子城門樓，赦境内，改僞號羅平國，年號天册，自稱聖人。及令官屬將校等，皆呼聖人萬歲，俯而曰言云云。畢，復欲舞蹈，昌乃連聲止之曰：「卿道得這許多言語，壓得朕頭疼，無奈何也！」蓋緣工人所製平天冠稍重，故有是言也。時人聞者，皆大笑之。《稽神録》一。《廣記》二九〇引作《會稽録》。

3 初，董昌未敗前，狂人於越中旗亭客舍多題詩四句，曰：「日日草重生，悠悠傍素城。諸侯逐白兔，夏滿鏡湖平。」初，人不曉其詞，及昌敗方悟。草重，董字；日日，昌字。素城，越城，隋越國公楊素所築也。諸侯者，猴乃錢鏐，申生屬也；白兔昌，卯生屬也。夏滿，六月也；鏡湖者，越中也。《會稽録》(《廣記》一六三)。

## 鍾傳

1 安陸郡有處士，姓馬忘其名，自云江夏人。少遊湖湘，又客於鍾陵十數年。嘗説江西鍾傳本豫章人，少倜儻，以勇毅聞於鄉里。不事農業，恒好射獵，熊鹿野獸，遇之者無不獲焉。一日，有親屬酒食相會，傳素能飲，是日大醉，唯一小僕侍行，比暮方歸。去家二三里，谿谷深邃，有虎黑文青質，額毛圓白，眈眈然自中林而出，百步之外，顧望前來。僕夫見而股慄，謂傳曰：「速登大樹，以逃生命。」傳時酒力方盛，膽氣彌麤，即以僕人所持白梃，山立而拒之。虎即直搏傳，傳亦左右跳躍，揮杖擊之。虎又俯伏，傳亦蹲踞。須臾，復相拏攫。如此者數四。虎之前足搭傳之肩，傳即以兩手抱虎之項。良久，虎之勢無以用其爪牙，傳之勇無以展其心計，兩相擎據，而僕夫但號呼於其側。其家人怪日晏未歸，仗劒而迎之，及見相捍，即揮刃前斫，虎腰既折，傳乃免焉。數歲後，江南擾亂，羣盜四集，傳以鬪虎之名，爲衆所服，推爲酋長。竟登戎帥之任，節制鍾陵，鎮撫一方，澄清六郡。唐僖、昭之代，名振江西，官至中書令。《耳目記》（《廣記》一九二）。

2 江西鍾傳微時亦以販鹾爲事，遇上藍和尚教其作賊而尅洪井，自是加敬。至於軍府大事，此僧皆得參之也。《北夢瑣言》（《廣記》二二四）。

3 國朝自廣明庚子之亂，甲辰，天下大荒，車駕再幸岐梁，道殣相望，郡國率不以貢士爲意。江西鍾傳令公起於義聚，奄有疆土，充庭述職，爲諸侯表式。而乃孜孜以薦賢爲急務，雖州里白丁，片文隻字求貢於有司者，莫不盡禮接之。至於考試之辰，設會供帳，甲於治平。行鄉飲之禮，常率賓佐臨視，拳拳然有喜色。復大會以餞之，筐篚之外，率皆資以桂玉，解元三十萬，解副二十萬，海送皆不減十萬。垂三十載，此志未嘗稍怠。時舉子有以公卿關節，不遠千里而求首薦者，歲常不下數輩。《唐摭言》二。又《廣記》一八四引。

4 鍾傳雖起於商販，尤好學重士。時江西士流有名第者，多因傳薦，四遠騰然，謂之曰英明。諸葛浩素有詞學，嘗爲泗州管驛巡官，仰傳之風，因擇其所行事赫赫可稱者十條，列於啓事以投之。十啓凡五千字，皆文理典贍。傳覽之驚歎，謂賓佐曰：「此啓事，每一字可以千錢酬之。」遂以五千貫贈，仍辟在幕下。其激勸如此。《五代史補》一。

5 見王潮1。

## 楊守亮

1 見李巨川2。

## 楊　晟

1 唐楊晟始事鳳翔節度李昌符，累立軍功，因而疑之，潛欲加害。昌符愛妾周氏愍其無辜，密告之，由是亡去而獲免也。後爲駕前五十四軍都指揮使，除威勝軍節度使，建節於彭州。撫綏士民，延敬賓客泊僧道輩，各得其所，厚於禮敬，人甚懷之。李昌符之敗，因令求訪周氏，既至，以義母事之。周氏自以少年，復有美色，恐有好合之請，弘農告誓天地，終不以非禮偶之。每旦未視事前，必伸問安之禮，雖厄在重圍，未嘗廢也。新理之所，兵力未完，遽爲王蜀先主攻圍，保守孤城，救兵不至，凡十日而爲西川所破而害焉。有馬步使安師建者，楊氏之腹心也，城克執之，蜀先主知其忠烈，冀爲其用，欲寬之。師建曰：「某受楊司徒提拔，不敢惜死。」先主歎賞而行戮，爲設祭而葬之。《北夢瑣言》五。又《廣記》一六八引。

## 顧彦朗　顧彦暉

1 東川顔彦朗，以蔡叔向爲副使，感微時之恩，雖爲戎倅而嘗加敬。其弟彦暉嗣襲，酷好潔浄，嘗嫌人臭，左右薰香而備給使。幕寮皆中朝子弟，亦涉輕薄。韋太尉昭度收復蜀城，以彦暉爲招討副使。在軍中，每旦率幕官同謁掌武，而蜀先主預焉，共輕忽之，雖昭度亦嫌其不恭。彥暉襲兄位，爾後爲蜀主所破，手刃一家，郎官温術等斃焉。先是蔡叔向職居元寮，乃顧氏之心膂，與所辟朝士優游尊俎，不相侔矣。小顧既是尊崇，嫌其掣肘。王先主因其隙，宣言以間之，且曰：「拈卻蔡中丞，看爾得否？」由是叔向辭職閒居，王乃舉軍而伐之。在蜀，有術士朱洽者，常謂人曰：「二顧雖位尊方鎮，生無第宅，死無墳墓。」人莫諭之。或曰：「二顧自天德軍小將，際會立功，便除東川，弟兄迭據。大顧相薨，遺命焚骸，歸葬豐州，會多事未果。至小顧狼狽之日，送終之禮又闕焉。即朱氏言於斯驗矣。」《北夢瑣言》（《廣記》一五八）。

2 見蔡京4。

## 王　珙

1 見王祝1。

2 王珙據陝州，集天下良工畫聖壽寺壁，爲一時妙絶。畫工凡十八人，皆殺之，同爲一坎，瘞於寺西廂，使天下不復有此筆。其不道如此。至今尚有十堵餘，其間西廊迎佛舍利、東院佛母壁最奇妙，神彩皆欲飛動。又有鬼母、瘦佛二壁差次，其餘亦不甚過人。《夢溪筆談》一七。　案：王珙，原作「王鉷」，誤。據史書，據陝州者爲唐末王珙。

## 陳　儒

1 岌兄儒，本黄巢之黨，尋降朝廷，授以饒州。光啓三年，率其部伍，自饒廳事直指衙門，而出入無預知者。且誡其下曰：「我自棄他郡，州人無負我，有殺掠者，斬。」由是市不易肆。既而徑趨衢州，知州玄泰迎于郊，儒詰之曰：「玄宗御容安在？」泰泣曰：「使君不見容矣。」時信安有玄宗銅容，泰毁之，故以是爲責，遂斬之而自據焉。凡在信安十年，頗有惠愛。每秋主司請納稼，儒必至城南緑野亭，觀其刈穫，始使輸之。又嘗見吏于倉所，輒振衣以避糠粃，儒怒而罰之。其所爲皆類此。南海節度使彭城宗黿道由信安，見其品裁，乃撫之曰：「此賊有士人之風。」儒亦欣然而謝之。及儒病時，岌入省之，因顧岌曰：「汝非偵我邪？今汝仁弱，其如諸校何？」乃召列校豪强者十餘人入卧内，皆斬之，遂以郡付岌。《吴越備史》一。